数字税务师（DTA）系列教材

数字税务师中级教材

企业涉税风险

数字税务师教材编委会　韩海敏／主编

图书在版编目(CIP)数据

企业涉税风险 / 数字税务师教材编委会，韩海敏主编．—上海：立信会计出版社，2021.8(2023.7 重印)
　ISBN 978－7－5429－6882－1

Ⅰ．①企… Ⅱ．①数… ②韩… Ⅲ．①企业管理—税收管理—风险管理—中国—教材 Ⅳ．①F812.423

中国版本图书馆 CIP 数据核字(2021)第 153342 号

策划编辑	王斯龙
责任编辑	王斯龙
封面设计	南房间

企业涉税风险
QIYE SHESHUI FENGXIAN

出版发行	立信会计出版社			
地　　址	上海市中山西路 2230 号	邮政编码	200235	
电　　话	(021)64411389	传　　真	(021)64411325	
网　　址	www.lixinaph.com	电子邮箱	lixinaph2019@126.com	
网上书店	http://lixin.jd.com	http://lxkjcbs.tmall.com		
经　　销	各地新华书店			
印　　刷	浙江天地海印刷有限公司			
开　　本	787 毫米×1092 毫米　　1/16			
印　　张	16.25			
字　　数	376 千字			
版　　次	2021 年 8 月第 1 版			
印　　次	2023 年 7 月第 3 次			
书　　号	ISBN 978－7－5429－6882－1/F			
定　　价	48.00 元			

如有印订差错，请与本社联系调换

"数字税务师"系列教材编写委员会

项目总指导：杨培丽

主　　编：韩海敏

副 主 编：庄佳强　中南财经政法大学
　　　　　　解洪涛　中南财经政法大学
　　　　　　李　琳　中南财经政法大学

委　员(排名不分先后)：
　　　　　　田志伟　上海财经大学
　　　　　　宫映华　上海国家会计学院
　　　　　　李恒群　东北财经大学
　　　　　　田　雷　东北财经大学
　　　　　　张久慧　国家税务总局税务干部学院(大连)
　　　　　　赵　凯　山西省财政税务专科学校

前　言

　　随着数字时代的到来，全社会各个领域都在进行智慧化体系的探索。其中，在税务系统，在国家"以数治税"的思想引领下，税务机关进行了深入而精确的税务数字化升级和智能化改造。数字化改革不仅体现在税收的日常征管方面，还深入到了税务稽查方面。国家税务总局依托税务大数据工具，发展协税、护税网络和打造"信用＋风险"双轮驱动的征管新模式，犹如天网监控着纳税人的申报信息、申报质量。在查处企业税收违法问题的技术手段日趋完善，涉税数据共享、交叉比对、构建模型、风险制导等一系列管理措施下，让"放管服"得以落地。通过针对性开展违法打击活动，让"放"得以保障、让"服"得以实施，让"无事不登门"真正落实到日常征管，让"登门必大事"成为事后惩戒的监管手段。正因为整个征管模式和环境发生了重大的变化，迫切需要构建一套企业数字化税务管理系统。不论是对日常涉税业务风险的把控，将风险排除在萌芽状态；还是在事中进行风险的排查、税负率的把控乃至事后对风险的接受，风险管理的补救，都需要我们对企业税务进行实时管理、系统管理、精确管理。目前，税务的大数据已经可以做到"运筹案头数据之间，知晓你家存货贵贱"。

　　鉴于此，上海东方数字财税技术发展研究院在全国首次推出了"数字税务师"认证项目（以下简称DTA）。通过建立权威的行业评测模型，联合国内知名财经院校，共同编写了国内首套以数字化方向为内容的专业教材，赋能全国的涉税工作者和财税专业学生。学员通过对专业课程的学习，可以申请数字化税务管理能力认定，DTA项目会按照行业能力标准模型和能力等级的要求，对申请学员进行测评，并鉴定申请学员的数字化税务管理水平。

　　本书将企业经营业务中的涉税风险定义为由于经济风险、税法适用上的不确定和信息处理的不准确，导致企业未遵循税收法规对涉税行为进行处理，从而造成未来税收结果的不确定性和未来利益的可能损失。本书从企业生命周期、财务处理与税务管理三个方面来介绍企业各环节和各类业务的涉税风险。生命周期方面重点说明企业在设立与投融资、生产经营、重组清算三个阶段中的涉税风险；财务处理方面着重提示财报项目和指标所反映的涉税风险；税务管理则强调企业在经营活动中遵从税法的实际表现与税法要求的规定之间存在的差异而导致的涉税风险。三方面既相互独立，又有所交叉，从而使读者能够全方位地把握企业涉税风险。

　　本书作为数字税务师（中级）认证项目系列教材之一，还包括《税收筹划基础》《企业税务管理》。在编写过程中，作者研读和参考了大量现行税法文件和企业涉税风险资料，并结合自身多年的教学经验和企业实践，从政策法规、风险分析、案例说明三个层面对每一个涉税风险点进行了说明。本书可作为企业财税部门工作人员、中介机构涉税工作人员的学习资料和参考手册,也可以作为高等院校税务硕士税收管理、税务审计等课程的教材或参考书。

由于作者的学识、水平有限,书中的不足与遗漏在所难免,恳请广大读者批评指正。由于财税政策法规变化较快,企业的涉税风险也并非一成不变,在使用本教材时,请结合最新的政策来进行涉税风险分析。

编　者
2021 年 7 月

目 录

第一章 概述 ... 1
第一节 企业涉税风险概述 ... 2
第二节 税收信息化与企业涉税风险 ... 6
第三节 "放管服"与企业税务管理 ... 15

第二章 企业设立、投融资的涉税风险 ... 21
第一节 企业设立的涉税风险分析 ... 22
第二节 企业融资的涉税风险分析 ... 30
第三节 企业投资的涉税风险分析 ... 41
第四节 企业投融资涉税风险管理 ... 47

第三章 企业生产经营涉税风险分析 ... 49
第一节 销售和取得收入的涉税风险分析 ... 50
第二节 采购和付款环节的涉税风险分析 ... 58
第三节 经营成本费用中的涉税风险分析 ... 63
第四节 生产经营中的涉税风险管理 ... 75

第四章 企业重组、清算的涉税风险分析 ... 79
第一节 企业重组的涉税风险分析 ... 80
第二节 企业清算、分立的涉税风险分析 ... 89
第三节 企业重组的涉税风险管理 ... 93

第五章 财务报表涉税风险分析 ... 97
第一节 资产负债表项目涉税风险分析 ... 98
第二节 利润表项目涉税风险分析 ... 128
第三节 现金流量表项目涉税风险分析 ... 141
第四节 财务报表指标涉税风险分析 ... 146
第五节 常见税会差异项目涉税风险分析 ... 158

第六章　日常税务管理风险分析 ··· 187
第一节　发票管理涉税风险与防范 ·· 188
第二节　税款缴纳风险与防范 ·· 194
第三节　税务检查风险与防范 ·· 205

第七章　企业涉税风险的法律责任 ··· 213
第一节　企业涉税风险的行政处理与处罚 ·· 214
第二节　企业涉税风险的刑事责任 ·· 227
第三节　企业涉税风险救济 ··· 242

参考文献 ··· 250

第一章

概 述

第一节 企业涉税风险概述

一、企业涉税风险的界定

近年来,全球经济联系日益密切,各国经济政策的外溢性明显增强,美国掀起的减税浪潮席卷了全球主要经济体。我国自 2008 年以来也进行了一系列税收领域的改革,如企业所得税的两税合并、增值税转型、营改增、个人所得税的费用扣除标准提高、消费税改革等。无论是从国内还是从国际环境看,当前的税收政策体系均呈现出复杂多变的发展态势,企业面临越来越多的涉税问题。与此同时,在"互联网+"时代,以及"营改增"全面实施的背景下,国家税务总局越加重视税收信息化建设,税务机关依托信息化技术和税收大数据构建税收征管新模式,管理服务不断创新,征管效能持续提升。复杂多变的税收政策环境和税务机关利用信息技术严征管、重稽查的税收监管措施均加大了企业未来税收结果的不确定性,涉税风险已成为企业经营管理过程中面临的重要风险之一。为引导大企业合理控制涉税风险,国家税务总局于 2009 年 5 月印发的《大企业税务风险管理指引(试行)》(国税发〔2009〕90 号,以下简称《指引》),对大企业税务风险管理的目标、原则、组织结构、税务风险识别和评估、应对策略和内部控制、信息与沟通、监督和改进等方面进行了规范。该《指引》的出台充分表明了我国企业实施涉税风险管理的必要性。一旦企业对于涉税问题处理不当,不但会直接影响到企业业绩,而且还有可能受到法律的追究,很可能因此承担不必要的税务处罚,情节严重者还将被追究刑事责任,对企业声誉产生极大的负面影响。

目前税收理论与实务界对企业涉税风险的理解并不完全一致,对其界定存在以下三种不同的观点:

第一种观点认为,企业涉税风险是指企业有意愿遵从国家法律法规,但因对税法规定不了解,或了解不充分、疏忽等造成的多交税款,或者无意中违反了税法相关规定而被处罚等;企业涉税风险不包括故意违反税法规定的风险,比如故意隐瞒收入、虚列开支等行为,明知故犯不能算是风险。该观点认为企业涉税风险不包括企业故意违反税法规定导致的风险。

第二种观点认为,企业涉税风险是指企业的涉税行为没有按照税收法规的具体规定处理,从而导致企业未来利益的可能损失,具体表现为企业涉税行为中影响纳税准确性的不确定因素。该观点并未区分违反税收法规的行为是故意还是无意。国家税务总局 2009 年发布的《大企业税务风险管理指引(试行)》指出:"本指引旨在引导大企业合理控制税务风险,防范税务违法行为,依法履行纳税义务,避免因没有遵循税法可能遭受的法律制裁、财务损失或声誉损害。"很明显是按照第二种观点将企业涉税风险界定为企业未遵循税法造成的利益损害(包括法律制裁、财务损失和声誉损害)。

第三种观点基于经济风险理论界定涉税风险,认为企业涉税风险是当前行为或活动

(或未能采取行为或开展活动)导致的未来税收结果的不确定性。导致未来税收结果不确定性的因素包括经济风险、税收不确定性和不准确的信息处理。其中,经济风险是一项投资的可能结果或回报的分布,由于企业管理层对投资结果的预测能力有限,经济风险将导致企业涉税风险增加,企业税收筹划和纳税申报将更加困难;税收不确定性主要来自税收政策和税收制度的调整,税法的复杂性、模糊性以及税收执法的灵活性等。具体而言,当前税法不确定性在我国立法层面上体现为税收实体法法律位阶高低不一、税制要素不全、税法要素口径不一、税制要素的复杂性,在执法层面上体现为政府及其部门未能严格依法行政以及对税法的理解因人而异造成不同的执法结果;不准确的信息处理产生于信息搜集和传递中的人为或机械错误(例如数据录入错误、软件缺陷或控制失败)以及激进的税务决策(普华永道,2004年),增加了企业出现合规问题的涉税风险。总体而言,企业涉税风险随着经济交易或事项的增加而增加,企业特定的交易和事项通过这三种渠道的组合,而不仅仅是与避税相关的交易和事项,增加总体的涉税风险。

总体而言,前两种观点侧重于从风险成因的视角界定企业涉税风险,第三种观点则侧重于从风险结果的视角界定企业涉税风险,鉴于企业故意或无意违反税收的行为均会导致未来税收结果的不确定性以及未来利益的可能损失,因此本书融合了第二种观点和第三种观点,将企业涉税风险界定为:由于经济风险、税法不确定性和信息处理不准确,导致企业未遵循税收法规对涉税行为进行处理,从而造成未来税收结果的不确定性和未来利益的可能损失。

在税收理论与实务界,关于涉税风险的表达方式还有税收风险、税务风险等,这些表述方式有时未进行严格界定,有时会根据研究主体进行区分。税收是政府的主要财政收入方式,所以有观点认为税收风险特指从税务机关在征税过程中,由于制度方面的缺陷,政策、管理方面的失误,以及种种不可预知和控制的因素所引起的税源状况恶化、税收调节功能减弱、税收增长乏力、最终导致税收收入不能满足政府实现职能需要的一种可能性,特指政府税收收入不足的风险,可以通过改善税制、强化管理等方法减少风险;而税务可以理解为纳税人的纳税义务,因此税务风险以纳税人为依据,是指纳税人的纳税义务可能增加的风险。还有观点认为,税收风险分为两部分:政府主体和企业主体,即税务部门的税收执法风险和企业的税收管理风险。但无论是哪一种定义方式,其根本问题在于需要首先明确研究主体是政府还是企业。有鉴于此,本书将研究对象界定为:在微观层面以企业为主体,从企业的角度出发分析其涉税行为产生的涉税风险。

二、企业涉税风险的类型

(一)按企业涉税风险形成环节分类

按照形成的具体业务环节,企业涉税风险可以分为:设立与投融资涉税风险、生产经营涉税风险、重组清算涉税风险、财务报表涉税风险、税务管理涉税风险。

设立与投融资涉税风险是指企业在设立、投资、融资环节所面临的涉税风险。设立地点、设立身份、不同类型的投资方式和融资方式在税收法律法规中的具体规定均有差异,产生的纳税结果也有不同,逐一剖析不同投融资方式的税收结果,有助于企业深入比较各类方式的优缺点,做出更为准确的判断。

生产经营涉税风险是指企业在生产经营活动中可能面临的税务风险。税收贯穿于企业采购、生产、销售等多个环节,包括原材料、固定资产的采购与付款,不同销售模式的收入确认,各项成本费用的税前扣除等。生产经营各环节均有可能出现税务问题,产生涉税风险,进而影响企业的正常生产经营。

重组清算涉税风险是指企业在发展过程中的法律结构和经济结构的改变。重组和清算涉及的法律法规种类多,税收成本是影响重组或清算业务成败的一项重要因素。税负风险可能造成阻碍重组清算正常推进,侵蚀收益,导致目的落空等结果。有效识别重组清算中的企业漏税、欠税、逃税风险,识别税务政策风险,税务备案和审批风险等,有助于重组清算的有效实施。

财务报表涉税风险是指企业财务报表项目及指标反映的涉税风险,财务报表是企业财务状况、经营成果和现金流量等有关的会计信息的综合反映,企业生产经营活动等一系列活动产生的涉税风险也隐含在财务报表中,税务机关在税收征管工作中越来越看重对财务报表的信息化数据处理,深入分析财务报表项目和指标有助于识别企业涉税风险并进行有效的风险管理。

税务管理涉税风险是指企业在经营活动中遵从税法时的实际表现与税法要求的规定之间存在的差异而产生的影响。一方面是企业的纳税行为不符合税收法律法规的规定,所面临的责令限期改正、补税、罚款、信用损失、刑事处罚等风险;另一方面是企业经营活动适用税法不准确,多缴纳了税款,承担了不必要的税收负担。根据税务管理事项可以将企业的税务管理风险划分为日常发票管理、税款征税、税务检查等;按照企业税务风险所可能面临的处罚可以分为行政责任和刑事责任。

(二)按企业涉税风险形成原因分类

1992年COSO公布的内部控制框架将内部控制定义为:企业的董事会、管理层和其他人员为实现运营的效益和效率、财务报告的可靠性和遵循适用的法律法规提供合理保证而实施的一套程序,该程序旨在确定可能影响企业的潜在事件,并在其风险偏好范围内进行风险管理。

普华永道会计师事务所基于COSO内部控制框架和企业风险管理框架,于2004年开发出了一套涉税风险管理(Total Risk Management,TRM)框架进行企业涉税风险管理,该框架用四种特定类型的涉税风险——交易风险、运营风险、合规风险和财务会计风险取代了内部控制的三个目标,此外还纳入了另外两个风险类别:管理风险和声誉风险。尽管自这一框架建立以来,税收环境发生了变化,但会计师事务所仍继续使用其基本理念来量化和管理企业涉税风险。表1-1将普华永道(2004年)的TRM模型与德勤(2014年)和安永(2014年)发布的最新模型关于企业涉税风险的分类进行了比较。除了管理风险,其他风险类型都存在于各大会计师事务所的TRM模型中,这表明会计实务界对企业涉税风险的理解基本一致。

表1-1 四大会计师事务所①对企业涉税风险的分类

风险类型	普华永道（2004年）	德勤（2014年）	安永（2014年）
交易风险	与公司进行的特定交易相关的风险敞口	与交易相关的涉税风险或涉税风险的战略方面影响公司的交易（例如税收影响选址和并购决策）；一些公司调整了其业务模式	与公司完成的交易相关的风险，因为对交易征税的方法可能在许多方面存在很大差异
运营风险	将税收法规应用于公司日常经营业务的风险	税收在运营方面存在超出技术性税收立场的风险	与税法在公司运营中的正确应用相关的风险
合规风险	满足税收遵从义务的风险	与税收遵从相关的涉税风险正在增加，尤其是因为许多辖区的税收政策都在变化	与税务机关的强制执行和公司适应法律变化的能力相关的风险
财务会计风险	与发布没有重大错误、如实反映公司经济活动的财务报表相关的风险	与信息报告相关的税务风险正在增加，无法得到必要的数据会增加涉税风险	与满足报告要求相关的风险——满足更高信息报告需求的资源不足和程序和技术不足可能导致涉税风险增加
管理风险	没有足够或多样的技术知识资本以正确整合不同部门和分部的涉税活动以成功管理涉税风险的风险	无	税务职能的资源不足导致的涉税风险增加
声誉风险	如果一个组织的行为被公众知晓可能会对该组织产生更广泛影响的风险	声誉和品牌风险可能来自媒体和非政府组织的负面关注；税收筹划可能会影响投资者、客户和其他利益相关者的决策	由于非政府组织和媒体的审查，与声誉和品牌有关的风险

（三）按企业涉税风险最终结果分类

按企业涉税风险的最终结果可将其分为少缴纳税款的风险和多缴纳税款的风险。

少缴纳税款的风险是指企业的纳税行为不符合税收法律法规的规定，应纳税而未纳税、少纳税，从而面临补税、罚款、加收滞纳金、刑罚处罚以及声誉损害等风险。

多缴纳税款的风险是指由于企业经营行为适用税法不准确，没有用足有关优惠政策，多缴纳了税款，承担了不必要的税收负担。

三、企业涉税风险的特征

作为企业风险的一个组成部分，企业涉税风险除具有其他风险普遍的特征之外，还表现出客观性、预先性和可控性的特征。

（一）客观性

税收的强制性、无偿性和固定性决定了企业必须及时缴纳税款并接受税务机关的监

---

① 毕马威会计师事务所未发布明确的TRM框架，但提供了这一服务项目并为客户提供涉税风险管理建议。

督。纳税义务是客观存在的，且税法对于纳税义务发生时间、征税对象、税率等有明确的规定，所以企业承担的纳税义务是明确的。然而，企业无法预测外部环境的变化，如税收政策的调整、税务部门的纳税评估以及稽查，这些因素导致企业涉税风险客观存在。税法的复杂性、模糊性以及税收执法的灵活性等使得纳税人和税务机关之间甚至不同税务机关之间对同一涉税业务很可能存在不同理解，这也将导致企业涉税风险的客观存在。国家税收执法环境不断变化，以及企业管理者、财务工作者对相应政策法规理解程度的有限性，更使企业管理者难以完全规避涉税风险，并使得涉税风险对企业经营带来潜在的持续影响。

（二）预先性

在生产经营管理过程中，企业以企业价值最大化作为最终目标，为了实现该目标而追求税务成本最小化的动机与税收本身的强制性存在矛盾。企业和政府间的信息不对称导致不论企业的生产经营状况如何，在企业从事日常经营活动与财务核算时，涉税风险已预先存在于企业实际缴纳各项税费之前的相关涉税行为中。企业出于税务成本最小化实施的涉税业务核算和调整等行为，很可能与税收政策、法规等出现矛盾甚至背离，也就是说，企业涉税风险先于税务责任履行行为而存在。因此，如果能够提前识别到涉税风险，将有利于企业及时调整自身涉税行为，减少不必要的损失。了解企业涉税风险的预先性特征，有利于企业建立正确的涉税风险控制观，及时掌握税收法规的制定及变动，切实降低企业涉税风险。

（三）可控性

涉税风险具有风险的普遍特征，因此也是可以有效控制的。企业在对涉税风险进行识别和评价后对可能的风险点实施针对性的管理措施，能够将风险控制在企业可以承受的风险范围之内。国家税务总局出台的《大企业税务风险管理指引（试行）》（国税发〔2009〕90号）要求企业税务部门应参与企业战略规划和重大经营决策的制定，并跟踪和监控相关税务风险。鉴于风险只能控制不能消除，为了减少涉税风险对企业未来利益的损害，企业必须建立起涉税风险防控意识和防控体系，定期进行涉税风险评估，深入分析涉税风险存在的原因和影响，提高企业税务处理的信息化程度，从而合理控制涉税风险，依法履行纳税义务。

第二节 税收信息化与企业涉税风险

小资料1-1 中国税收管理信息化正在为世界作出更大贡献

全球国际税收界最具影响力的杂志《国际税收评论》（International Tax Review）撰文专题介绍中国税务部门助力新冠肺炎疫情防控和经济社会发展举措，向世界分享中国税务方案。"2020年，中国税务部门采取多项措施，支持新型冠状病毒肺炎（以下简称新冠肺炎）疫情防控和经济社会发展。"中国税务报社社长付树林介绍：2020年1～11月，全国累计办理主要涉税业务中,"非接触式"办理的占比近9成,纳税人、缴费人对网上办税缴费的满意度达97.3%,"非接触式"办税缴费成为常态。据国家税务总局统计,2020年1~11月,2020年出台的支持疫情防控和经济社会发展税费优惠政策新增减税降费16 408亿元,为服务"六稳""六保"大局作出贡献。

"中国税收管理信息化正在为世界作出更大贡献。"东北财经大学马国强教授认为,中国税收管理信息化既是世界税收管理信息化的组成部分,也是世界税收管理信息化的推动力量。2020年中国推出"非接触式"办税方案,既是税收管理信息化的必然结果,也为各国疫情时期信息化税收管理发挥了示范性作用。

一、信息技术在我国税收管理中的应用与发展

税收信息化是利用信息技术提供的可能性改造税收工作,实现税收管理机制的现代化,使税收工作水平不断跃上新台阶的过程。随着信息技术的诞生和发展,它逐渐成为税收管理的重要手段,成为税收管理领域的重要生产力。"没有税收信息化就没有税收现代化",信息技术对推进我国税收管理现代化发挥着重要影响,提升了税收管理效率,推动了税收管理乃至政府管理的进步。税收信息化的发展取决于税收管理方面的需求、信息技术提供的可能性、政策法律、社会环境和人的主观能动性等因素,是一个渐进发展的过程。随着信息技术本身的迅速发展及其对税收领域影响的日益深入,我国税收信息化的发展经历了三十多年的丰富历程。

(一)税收信息化初始形成阶段

20世纪80年代前后我国税务部门开始探索信息技术应用,启动了计算机在会计、统计报表、税收电子月报处理等方面的应用,标志着我国税收信息化建设的开端。1985年,国家税务总局对税务系统开发运用计算机工作做出了统一部署,拉开了全国税务系统计算机开发和应用的帷幕。1988年,国家税务总局成立了计算机管理处。

随着国家领导层对信息技术在税收管理中应用的深入理解和高度重视以及国家税务总局对于信息技术在税收领域应用的贯彻落实和积极推进,1990年召开的全国税务系统第一次计算机应用工作会议将税收电子化提上重要议事日程。1994年,国家税务总局信息中心成立。该阶段将税收征管电子化作为信息技术的应用目标,计算机应用领域从税务系统内部延伸到外部,从报表拓展到包括基层征管、出口退税、涉外税收等税收征管的各个方面,建立了简单的纳税人档案和纳税申报资料,征管软件中建立了征管数据和会统账有机联系和监控关系,计算机应用从省市一级逐步转移到了征管第一线,县市级基层单位普遍使用微机办理征税业务;技术层次有所提高,普遍使用局域网,并开始尝试小型机应用;出台了《税收征管软件业务规范》《税收业务分类代码》等规范性文件。

(二)税收信息化加速发展阶段

税收信息化的快速发展始于1994年实施的以增值税为核心的税制改革,实施凭专用发票扣税的增值税制后,犯罪分子利用增值税专用发票大量偷骗国家税款的犯罪活动一

度非常猖獗，根据党中央国务院的指示国家税务总局开始建设旨在加强增值税专用发票监控管理、打击利用发票进行犯罪活动的金税工程。在世纪之交，"信息化"一词在"十一五"期间正式进入国家规划，2001年国家税务总局发布了《税务管理信息系统一体化建设总体方案》，提出了信息化建设的一体化思想，并进行一体化的总体规划和设计。2001年通过的新征管法第一次将税收信息化和现代化写进法律。2002年召开的全国税务系统信息化工作会议明确提出，要充分利用高科技尤其是以计算机和网络为核心的现代信息技术，为税收管理提供现代化手段。国家税务总局根据新时期税收工作总的指导思想和税收工作主题，结合新阶段税收信息化的实际，提出税收信息化建设必须坚持一体化要求和统筹规划、统一标准、突出重点、分步实施、整合资源、讲究实效、加强管理、保证安全的原则，进一步明确了税收信息化建设的总体目标和主要内容，加强了信息化建设的集中统一领导，调整了信息化建设的工作机制，将信息化各项工作全面纳入一体化管理。

1994年2月，国务院召开专题会议，指示要尽快建设以加强增值税发票管理为主要目标的金税工程。1997年，金税工程被确立为国家信息化建设重大项目。虽然税收信息化建设远非增值税管理信息化这一项内容，但由于金税工程已广为人知，已成为税收信息化建设的代名词。

1. 金税工程一期

1994年，原航天工业部和电子工业部各自开发了相互独立运行的防伪税控系统和交叉稽核系统，即金税工程一期（以下简称金税一期），下半年增值税计算机交叉稽核系统开始在50个大中城市试点。虽然金税一期实现了利用计算机网络进行的增值税专用发票交叉稽核，对加强增值税征收管理起到了积极作用，但是，当时采集增值税专用发票信息需要由税务机关组织手工录入，错误率高，覆盖面窄。所以，金税一期到1996年底便停止运行。

2. 金税工程二期

1998年6月金税工程二期正式立项（以下简称金税二期）。2000年8月，国务院领导正式批准金税二期总体设计方案和推行方案，金税二期由增值税防伪税控开票子系统、防伪税控认证子系统、增值税稽核子系统、发票协查信息管理子系统四大系统组成，于2001年7月1日在全国全面开通。2003年7月底，防伪税控开票子系统全面覆盖全国所有约140万增值税一般纳税人，从2003年8月1日起，一般纳税人使用手写版专用发票的历史从此宣告结束。金税工程二期建设目标圆满完成。

3. 金税工程三期

在对金税二期工程进行延伸的基础上，国家税务总局将税收信息化建设的总体目标确定为建立和完善中国税收管理信息系统，即金税工程三期（以下简称金税三期）。各税收管理信息化需求都一体化地在金税三期中实现。

金税三期系统是我国税收管理信息系统工程的总称，围绕着"一个平台、两级处理、三个覆盖、四个系统"的总体目标（如图1-1所示）而建立。一个平台，指包含网络硬件和基础软件的统一的技术基础平台；两级处理，指依托统一的技术基础平台，逐步实现数据信息在总局和省局集中处理；三个覆盖，指应用内容逐步覆盖所有税种，覆盖所有工作环节，覆盖国地税局并与相关部门如工商、海关联网；四个系统，指通过业务重组、优化和规范，逐步形成一个以征管业务系统为主，包括行政管理、外部信息和决策支持在内的四大应用系统软件。金税三期建成后要形成一个年事务处理量超过100亿笔、税务机关内部用户超过80万人、纳税人及外部用户超过亿人（户）的全国税收管理信息化系统。

2005年9月7日，国务院审议通过了金税三期工程项目建议书。2008年9月24日，金税三期工程第一阶段中央投资部分初步设计和投资概算获得国家发改委的批准，金税三期工程正式启动。2009年，国家税务总局全面启动金税三期工程第一阶段建设工作，应用软件的开发、测试，以及全国广域网及试点单位计算存储、安全等基础设施建设工作先后组织实施。2013年2月，金税三期工程主要征管应用系统在重庆市国税局、地税局成功实现单轨运行。2013年10月，金税三期工程核心征管系统、个人税收管理系统等应用在山西、山东全省国税局、地税局单轨上线运行。2014年10月至年底，经过优化完善后的金税三期主要应用系统在广东、河南、内蒙古国地税正式上线运行。至此，金税三期第一阶段6个试点省、直辖市全部成功上线运行。2014年底金税三期工程第一阶段完成工程综合验收。2015年起，国家税务总局开展了金税三期主要应用系统在全国的推广工作，至2015年底，完成河北、宁夏、贵州、云南、广西、湖南、青海、海南、西藏、甘肃、安徽、新疆、四川、吉林14省、自治区推广。2016年7月上旬，辽宁、江西、福建、上海、青岛、厦门6省市完成正式上线运行。2016年8月和10月，北京、天津、黑龙江、湖北、陕西、大连、江苏、浙江、宁波和深圳10省市分两批完成正式上线运行，从而实现了金税三期的"全覆盖"和"大合龙"。这个全国统一的税收信息系统投入运转，标志着中国的税收管理步入"大数据"集成管理时代。

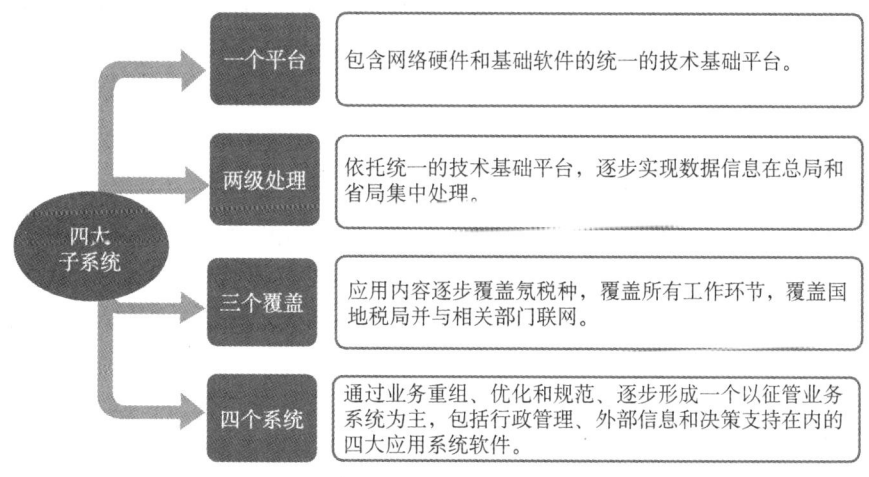

图1-1 金税三期系统总体目标

（三）税收信息化纵深推进阶段

2015年两会期间，全国人大代表、腾讯公司董事会主席兼首席执行官马化腾提出《关于以"互联网+"为驱动，推进我国经济社会创新发展的建议》的议案，这一提议被当年政府工作报告采纳并写入。以此为基础,国务院进一步提出了作为国家战略的"互联网+"行动计划。作为响应,在2015年9月,税务部门也提出了"互联网+税务"行动计划,从此"互联网+税务"成为税收信息化新的代名词。

基于顶层决策的制度设计,"互联网+税务"的文本政策基础不断完善,《国务院关于积极推进"互联网+"行动的指导意见》(国发〔2015〕40号)、《国务院关于印发促进大数据发展行动纲要的通知》(国发〔2015〕50号)、《国务院关于印发新一代人工智能发展规划的通知》(国发〔2017〕35号)、《国家税务总局关于印发〈"互联网+税务"行动计划〉的通知》(税总发〔2015〕113号)等文件,指出了大数据、互联网(移动互联网)、物联网、人工智能、云计算、区块链等信息技术的发展趋势。其中,在税收方面,重点推进发票、信息、办税服务、智能应用和社会协作5大板块,涵盖申报缴税、电子发票、涉税云服务等20项具体行动。

2015年12月,国家税务总局开展了首批11类28项的"互联网+税务"试点示范工作任务。2016年9月制定了电子税务局信息数据规范,2016年10月金税三期经过周密部署和边试边改,最终全覆盖推广上线,使全系统税务征管软件完整统一,促进了征管信息化"高速公路"再度优化。2019年3月1日,金税三期(并库版)正式上线,如期实现了原国税、地税两套金税三期系统的并库,金税三期原国税系统和原地税系统两个数据库合并成一个数据库,同时对征管流程和岗责体系进行梳理和配置,实现岗位设置、工作流程以及参数配置等统一。两套征管信息系统在合二为一之后,将从根本上解决纳税人"面对一个税务机关,通过两套系统办税"的问题,最大限度地降低了办税成本并缩短办税时间,优化纳税人的办税体验。稽查合并后的大数据储存信息更加全面透明,日常监管纳税评估及纳税人财务数字分析抓取比对也会更加的精准和便捷,所有数字分析随着国地税稽查合并,体现出更加的全面性和更强的针对性。因此金税三期系统(并库版)的全面应用也将进一步提升税收征管效能,提高税收风险防控水平,为高质量推进税收现代化提供坚强保障,营造更加稳定公平、透明高效的税收营商环境,充分激发市场主体活力,使纳税人更明显体会到减税降费的红利和实惠。

在推进税收信息化的背景下,"互联网+税务"将继续获得强有力的发展支撑,各种基于大数据的信息技术将会运用到税收征管的各个领域,税款流失现象将会大幅减少,信息治税无疑是识别企业涉税风险的主要技术手段,也是保证税收收入稳步增长的重要举措。

二、税收信息化下的企业涉税风险识别

在"互联网+"时代,营改增全面实施的背景下,国家税务总局对税收信息化的建设越来越加重视,在"互联网+税务"战略的引导下,税收信息化展现出电子税务局、智慧税务、全信息化税务系统、云上税务等区别于传统的信息发展路径。为更好适应国税地税征管体制改革后的新形势、新要求,2019年7月国家税务总局制定出台了《税收征管操作规范》,进一步规范税费业务办理,聚焦解决纳税人、缴费人痛点难点问题,进一步降低税费

遵从成本,提高税费征管效率,全面试行税收征管规范也相继提上日程。在金税三期大数据严征管、重稽查的税收环境下,企业随时着面临税务危机。

小资料 1-2

在"智税·2019"大数据竞赛上,国家税务总局深圳市税务局代表队,在短短几个小时的时间里,围绕增值税、企业所得税、财产和行为税三类减税降费政策,建立起数据模型,对庞杂的数据进行深入分析,最终,从全国、行业和单户企业三个维度,勾勒出纳税人一系列风险画像。而这,仅仅是税务机关大数据分析实力的一个缩影。

金税工程是我国税收征管信息化的主线,而金税三期对税收现代化建设更具有里程碑的意义。金税三期是依托于互联网,集合大数据评估、云计算功能,覆盖各级国地税、所有税种、所有工作环节的全国性的智能税收系统,在涉税数据采集、风险防控、平台构建等方面都有极大的改进,真正实现了全国范围内的税收大数据共享和税种全覆盖,打破了税务系统部门和层级间的各种限制,解决了不同管理系统分割的问题。自 2016 年全面上线,实现了我国税收数据的全网管理。在征管、税政、评估、稽查、法制等各个环节强化了对企业信息的监控,利用互联网大数据平台对企业税务数据进行整合分析处理,对企业的涉税风险进行监控、分析、推送,大大提高了涉税风险推送的精确性与及时性,加强了税收违法行为的监管力度,使得虚开发票、虚假注册等税收违法行为无处遁形。金税三期工程应用架构如图 1-2 所示。

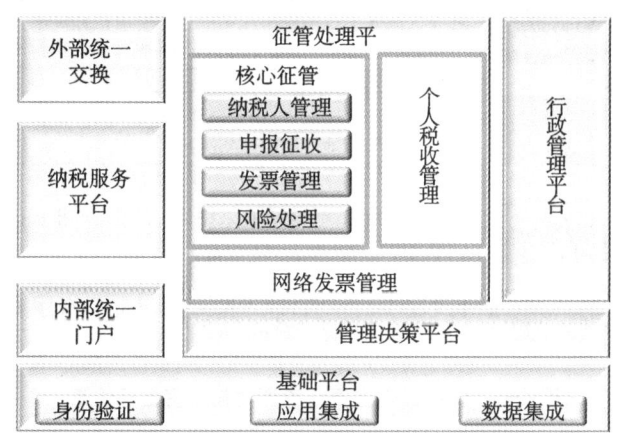

图 1-2 金税三期工程应用架构

2019 年金税三期并库后,企业的税务信息更加全面、透明。依托金税三期,税务机关可从企业的收入、成本、利润、库存、银行账户和应纳税额等多个纬度来判断企业的税务问题,企业所有的经营行为都在税务机关的监控范围,涉税风险将大大提高。

(一)增值税发票系统识别企业涉税风险

2015 年 1 月 1 日,增值税发票系统升级版全国上线,实现了发票在线开具,发票信息经税控系统安全认证后,实时上传至电子底账系统。2017 年 1 月 1 日起,销售方开具发票时,需填写购买方的纳税人识别号或统一社会信用代码,否则不能作为税收凭证。2018年1月1日起,纳税人需从《商品和服务税收分类编码表》选取商品和服务类型,并打印在发票票面上。2018年3月1日起,成品油发票需通过专用模块开具。2018年12月31日前电子发票服务平台需升级完毕。

随着进销两端信息系统数据采集和存储能力的提升,纳税人将获得更低的发票管理成本,更为灵活和快速的纳税申报。税务机关应用大数据技术,可以对各系统发票数据进行整合,实现发票信息的纵向、横向分析比对,从算力和数据处理模式上对纳税人实施全维税务管理。金税三期拥有强大的预警功能,税务机关通过大数据系统可以追踪每张发票的交易轨迹,逐一采集、存储、查验、对比发票全要素信息,掌握每笔款项的进出,利用开票软件中的商品编码和单位编码,估算企业的库存,结合税务登记系统中所录的经营范围,对无真实经济交易而虚开虚抵的增值税发票,对企业进销数据严重不匹配的行为,税务比对系统都能进行智能化识别。

金税三期主要纳税评估与预警指标体系如图1-3所示。

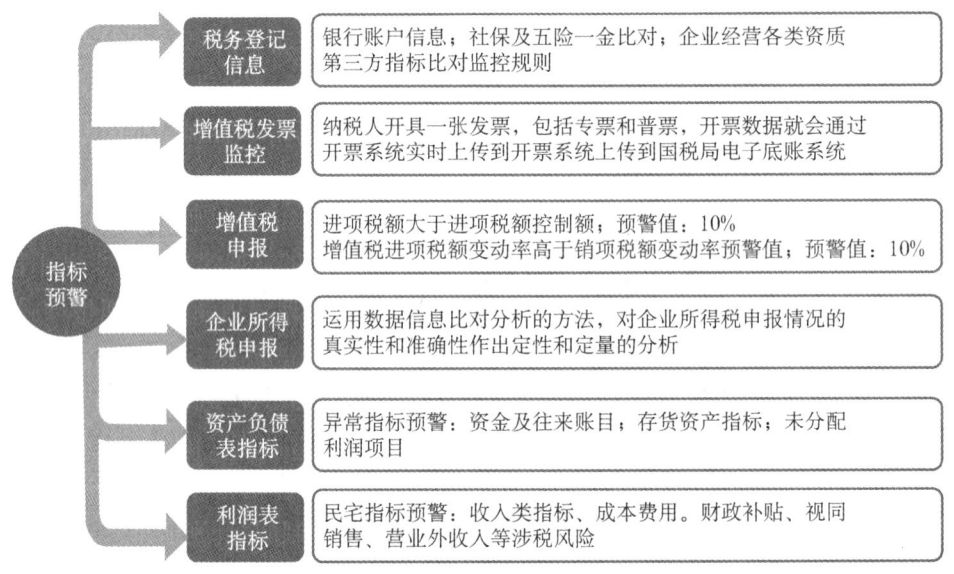

图1-3　金税三期主要纳税评估与预警指标体系

【**案例1-1**】　国家税务总局山西省阳泉市城区税务局税务人员在分析企业数据时发现阳泉市R公司、W公司、T公司等9户煤炭贸易企业发票领购情况异常。9户企业相继办理税务登记并申请为增值税一般纳税人后,随即开始频繁申请临时增票,成立3个月时间内,平均每户每月申领近百份发票。从金税三期系统和电子底账系统中调取9户企业信息实施案头分析得出:9户煤炭贸易企业经营都"两头在外";9户企业存在关联关系企业主要人员有交叉任职现象,法定代表人电话均无法接通。

经查,阳泉市R公司、W公司等9户煤炭贸易企业从北京、大连等9个地市的34户企业非法取得发票882份,价税合计1.02亿元,涉及税额1 500万元。在虚抵进项后,向河北、河南等10个省市的22户企业虚开增值税专用发票927份，价税合计1.06亿元，涉及税额1 500万元。由于涉案企业和相关人员已外逃，目前阳泉市税务局稽查局已将案件移交公安机关进一步查处。

（二）纳税评估指标预警识别企业涉税风险

纳税评估是指税务机关运用数据信息比对分析的方法，对纳税人和扣缴义务人申报纳税的真实性、准确性进行分析，通过税务函告、税务约谈和实地调查等方法进行核实，对纳税人所申报应纳税额与税源经济关系的真实准确性做出判断，并采取进一步征管措施的管理行为。金税三期采用基于J2EE的B/S/S三层架构，数据层负责搭建数据仓库为纳税评估提供资源，支持财务与申报数据的自动采集，应用层将通过基础数据平台采集的数据进行整合、加工，再根据系统预置的评估指标体系及其预警值，利用评估指标因子、行业分析及纳税评估模型开展工作，查找企业涉税数据的错误与偏差。

金税三期系统中存在数百种纳税评估指标，可以自动扫描与预警，且各项指标与预警值会根据实际情况随时更新与完善。企业往期的经营和纳税数据会在征管系统中留存，税务机关通过对评估对象相关经营指标、前后各期纳税指标、所处行业各类指标平均值以及波动区间进行测算、比对与综合分析，如果纳税人各期指标波动异常，金税三期系统就会预警。税务机关一般会按地区分行业确定预警税负率，假定食品制造业增值税税负率为4.15%，与预警值相比，企业该指标值低于4.15%为异常。鉴于企业实际情况的复杂性，在核算出企业实际税负率后，会通过横向的税负差异率、纵向的税负变动率指标深入筛查。如果变化幅度范围超过所设定指标值的上下限，系统就会有预警提示。此后税务机关还需对预警提示的疑点进一步核查予以确认，通过调取纳税申报数据、财务数据、生产经营与核算信息、各类登记注册信息、银行结算数据、投入产出数据、工资发放数据、价格类等相关信息来佐证企业涉税数据。因此企业办税人员应掌握税务机关常用的纳税评估预警风险指标，结合自身的业财进行纳税筹划，做到各个期间纳税指标变化平稳，有效管控企业涉税风险。

【案例1-2】 国家税务总局宁波市税务局通过金税三期系统监控发现，A贸易公司近几年的税负率一致，而且比正常的税负率低2%左右。于是，稽查人员对A公司进行实地勘察。稽查人员查阅A公司的账簿和报表后发现，该公司的存货期初和期末余额都很大。鉴于贸易公司对现金会有大量需求，存货过多会对运营周转不利，所以认为公司的存货疑点较大。

A公司负责人表示公司近年来从国外进口了大量的废铜入库，准备到期货市场价格提高的时候售出，所以导致积累大量存货。为了核实解释的真实性，稽查人员到公司仓库实地盘存，竟然发现仓库空空如也。负责人称仓库被盗。

由于存货被盗是因公司管理不善引起的，所以宁波市税务局依法对A贸易公司追缴被盗货物多抵扣的进项税款690余万元。

(三)第三方信息共享识别企业涉税风险

2016年6月国务院全面推进"五证合一",工商、税务、质监、社保、统计五大部门实现数据互通、信息共享,为运用第三方信息比对纳税申报数据提供支持与保障。金税三期工程在实现数据信息在总局和省局集中处理的同时,还为银行、证券、海关、通讯、水电等第三方系统接入平台预留接口。税收征管第三方信息共享机制的建立,使得纳税人涉税信息可随时向金税三期系统传递,大数据的完美对接,使企业的财务小数据处于全方位监控之中,任何财税违规行为将随时接受税务稽查。2019年1月1日起,社会保险费由税务部门统一征收,依托金税三期系统,企业财务报表职工薪酬信息、个人所得税申报工资薪金所得信息、企业所得税申报的职工薪酬支出及纳税调整信息、社保与公积金缴纳信息、企业人数信息、银行工资发放信息实现实时共享和相互比对。目前,金税三期个人税收管理系统平稳运转,为个税与财产税改革提供了数据支撑。以大数据、云计算、区块链、人工智能和物联网等新技术为标志的"智慧税务"变革正纵深发展,实现全国征税数据大集中,统一规范外部信息交换通道。智能时代的税务更多强调大数据和智能分析的主动发现,当数据壁垒被打破时,税务管控将从局部走向全面。

【案例1-3】 2017年6月,眉山市某商业银行依照《金融机构大额交易和可疑交易报告管理办法》向眉山市人民银行反洗钱中心提交了一份有关黄某的重点可疑交易报告。眉山市人民银行立即通过情报交换平台向眉山市地税局传递了这份报告。

黄某在眉山市某商业银行开设的个人结算账户,在2015年5月1日至2017年5月1日期间共发生交易1 904笔,累计金额高达12.28亿元。这些交易主要通过网银渠道完成,具有明显的异常特征。其账户大额资金交易频繁,大大超出了个人结算账户的正常使用范畴。而且该账户不设置资金限额,不控制资金风险,不合常规。黄某本人身份复杂,是多家公司的法定代表人,其个人账户与其控制的公司账户间频繁交易,且资金通常是快进快出,过渡性特征明显。

最终税务机关查出黄某2015年从其控股的眉山市公司取得股息、红利所得2亿元,未缴纳个人所得税4 000万元。

(四)大数据企业画像识别企业涉税风险

以数据为画笔,利用可以被跟踪和记录的纳税人多维度的海量数据,描绘企业360度立体形象,对于加大税收管控力度、提升服务理念和优化服务质量等方面都大有裨益。税务部门借助关联分析、聚类分析等多种数据挖掘方法,聚合了政府部门、金融机构等社会公共数据以及征管、税政、风控等内部数据资源,建立了公共数据共享平台与案源数据管理平台。大量数据源的高度聚合,各类分散数据的多维共享,依托大数据技术的分析整合,可以将企业的基本情况、行为模式通过更为直观易懂的"图像"呈现,它涵盖了多个成像元素,并将不同渠道获得的海量数据进行加工处理,全面、深度地对企业全貌进行描述。

国内税务机关如大连、厦门、青岛等都将纳税人"画像"工作常态化,依靠涉税数据扫描,稽查人员可以更有效地搜寻、了解目标企业,涉税风险分析将更为准确,税务检查工作更具针对性。过去由于征、纳双方信息不对称,信息处理的平台能力不足和信息挖掘运用的水平不高等问题,税务机关往往无法对企业形成一个立体化的描述。在税务稽查时,税务人员反复切换查询多个系统,容易造成企业隐藏信息不易发现。大数据"画像"可以将企业位置图标、关系图谱和交易对象立体呈现。纳税人识别号可以直接定位企业的坐标、经营、发展、产业链上下游企业布局;人员身份信息可以理顺同一法人、出资人、董事等企业关系网;增值税发票可以标识交易双方所属地、银行税务信息以及开票数量与额度。随着部门间数据交换接口的开放,企业画像平台成像要素会愈加丰富,更能对企业做出客观的评价。有鉴于此,企业尤其是大企业的管理决策层,迫切需要提高对大数据分析背景下涉税风险的认识,转变理念,重视税务信息化管理的价值,实施全方位的企业涉税风险管控。

【案例1-4】 国家税务总局河南省税务局第一税务分局有关负责人表示,业务流程较长的企业,各个环节都有可能发生涉税风险点。如果企业税法遵从意愿不强,风控措施不力,其税务风险点很容易被"画像"。以房地产行业为例,其业务流程,主要包括土地获取、规划设计、融资、建筑施工、房屋预售、项目清算六大环节。该局通过自主开发的"金三决策平台税收经济预警分析模块",对房地产行业进行测试时,就发现了房地产企业不少常见的税务风险点。比如,一些企业收到土地出让金返还款后,记入"专项应付款""资本公积""其他应付款""长期应收款"等科目,不申报企业所得税;还有企业一次性列支应由各期分摊的土地成本,未按规定进行归集分摊等。

第三节 "放管服"与企业税务管理

高效便利的征管信息系统是优化纳税服务、管控税收风险、规范税收执法的主支撑。国家税务总局在《关于进一步深化税务系统"放管服"优化税收环境的若干意见》(税总发〔2017〕101号)中从优化金税三期系统功能、完善增值税发票管理新系统、加快推进电子税务局建设、集成整合信息系统、加快对接国家数据共享交换平台、推动数据融合联通六个方面部署改革措施,为税务部门深入推进"放管服"改革,全面优化营商环境,打下了坚实的基础。

一、"放管服"改革的内涵与要求

党的十八大以来,党中央、国务院把处理好政府与市场关系、转变政府职能作为全面深化改革的关键。2015年5月12日,国务院召开全国推进简政放权放管结合职能转变工作电视电话会议,首次提出"放管服"改革的概念。此后国务院每年都要就此主题召开一次全国性的电视电话会议,回顾过去一年"放管服"改革和优化营商环境工作情况,部署下一阶段工作任务。2020年5月22日,国务院总理李克强在发布的2020年政府工作报告中提出,"放管服"改革纵深推进。

"放管服"改革作为转变政府职能的重大举措,是指围绕处理好政府与市场关系,简政放权、放管结合、优化服务三管齐下推动政府职能转变,优化营商环境,以激发市场活力和社会创造力,促进经济持续健康发展。"放"即简政放权,降低准入门槛;"管"即创新监管,促进公平竞争;"服"即高效服务,营造便利环境。

简政放权就是以减少行政审批为主要抓手,将不该由政府管理的事项交给市场、企业和个人,减少政府的微观管理,减少政府对资源的直接配置和对经济活动的直接干预,激发市场主体的活力;放管结合就是在简政放权的同时加强事中事后监管,从"严进宽管"转向"宽进严管",转变监管理念,创新监管方式,强化公正监管,维护公平竞争的市场秩序;优化服务就是强化服务意识、创新服务方式,优化办事流程,推行"互联网+政务服务",提升政务服务水平,为企业和公众提供高效便捷的政府服务。

近年来,各地区、各部门认真贯彻落实党中央、国务院关于深化"放管服"改革、优化营商环境的决策部署,主动作为、探索创新,涌现出了一大批创新做法和鲜活经验,市场规则更加透明、市场竞争更加公平、监管执法更加规范、办事创业更加便利,企业和群众的获得感、满意度不断提升。

二、我国税务系统"放管服"改革

税收是影响投资决策的重要因素,是营商环境的重要组成部分。世界银行从2003年9月首次发布《2004年营商环境报告》后,开始每年发布该报告,自2006年开始纳入纳税指标,该指标成为评价一个国家或地区营商环境的十一类指标之一。为深入贯彻落实党中央、国务院关于优化营商环境和推进"放管服"改革的系列部署,进一步深化税务系统"放管服"改革,优化税收环境,激发市场主体创业创新活力,国家税务总局于2017年9月14日发布了《关于进一步深化税务系统"放管服"改革优化税收环境的若干意见》(税总发〔2017〕101号),从深化简政放权、创新监管方式、优化纳税服务等5个方面提出了30项改革措施,将进一步深化简政放权摆在首要位置。一方面,持续取消税务行政审批和前置性审核事项,另一方面,制定科学规范的权责清单运行体系,加强对下放权力的监督指导,做到"应放尽放、放了接上",防止"一放了之、形成乱象"。2020年9月,经国务院同意,国家税务总局、国家发改委、财政部、人社部等十三个部门联合印发了《关于推进纳税缴费便利化改革优化税收营商环境若干措施的通知》(税总发〔2020〕48号),作为落实深化"放管服"改革优化营商环境决策部署的重头戏,通知从持续推进减税降费政策直达快享等五个方面入手,旨在通过凝聚多部门合力,更加有效地解决市场主体的关切,进一步推进纳税缴费便利化改革,加快打造市场化法治化国际化税收营商环境。

全国税务系统贯彻落实党中央、国务院决策部署,以"放要彻底且有序、管要规范且有效、服要优质且有感、放管服三措并举且有联"为目标,作好顶层设计,集成联动推进,"放管服"工作取得了突破性进展,为营造良好的营商环境,保证市场公正有序、充满活力作出了积极而有效的努力。

（一）加大"放"的力度

"十三五"以来，国家税务总局先后两批取消了 26 种涉税文书报表，三批共取消 60 项税务证明事项，对符合规定的增值税纳税人年申报增值税次数由 12 次简并为 4 次，对仅保留的 6 项税务行政许可事项，进一步简化办理程序；进一步清理纳税人向税务机关报送资料事项，2018 年底前精简四分之一以上，2020 年年初，在此基础上再精简 25% 以上；推出《纳税服务规范》和《税收征管操作规范》，实现纳税人报送资料精简 42% 以上，纸质表证单书精简幅度 25% 左右。世界银行 2019 年 10 月发布的《全球营商环境报告》显示，我国全年纳税次数为 7 次，明显优于 OECD 高收入国家 10.2 次的平均值，排名进入全球前 20 位。

国税地税征管体制改革、"一窗通办""一键咨询""一网办理"，让纳税人彻底告别了国地税"两头跑"的历史；企业开办涉税事项由部门间"串联"办理转变为"并联"办理；报告类、发票类、申报类、备案类、证明类 5 大类 105 个事项，只需到税务机关进行一次办理或者全程网上办理。

通过全面清理非行政许可，下放审批权限，持续推行纳税人"承诺制""容缺办理"和纳税申报"提醒纠错制"，优化税务注销免办即办服务等措施，办税效率持续提升。

（二）优化"管"的方式

2016 年，随着金税三期工程圆满竣工，保证数据真实，税收信息化建设在"十三五"期间进入大跨越发展阶段。依托信息化技术和税收大数据，深入推进电子税务局建设，构建税收征管新模式，实现管理服务再创新，征管效能再提升。2020 年全国纳税信用评价结果显示，纳税信用等级最高的 A 级企业数量大幅上升到 172 万户，较去年增加 46 万户，增长 37%。税务总局 2015 年起实施的"互联网+税务"行动计划在为纳税人提供更加便利的网上服务的同时也推动了征管效能的大幅提升。

（三）提升"服"的水平

服务水平的是"放管服"的最终目的。围绕提升服务水平，税务部门连续开展"便民办税春风行动"，纳税服务水平持续提升。推进纳税信用增值，推行税银互动等各项增值服务项目。

三、"放管服"下的企业税务管理

为了大力深化"放管服"改革，税务系统在简政放权上做减法，大幅削减税务行政审批，进一步优化审批流程；但在后续管理上做加法，在加快转变税收征管方式的同时，依托大数据系统（金税三期系统和增值税发票管理新系统）加强后续管理及风险提示，健全事中事后的管理体系。各地税务机关结合实际制定落实税务总局要求的各类工作方案，形成了覆盖三级、相互衔接、集成联动的制度管理体系，为税务部门进一步深化"放管服"改革提供了坚实的制度保障；坚持预防为主，加强风险处置能力，形成了以税收大数据为依托，以"实名办税制+分类分级+信用积分+风险管理"为核心的闭环管理机制，筑牢了严密衔接的风险管理屏障;持续实施"互联网+税务"行动计划,以打通电子税务局、增值税发票管理系统、金税三期三个系统为突破口,加强大数据的集成,形成了集成互联的智慧管理体系。在办税越来越"简"的同时,税务部门的"管"也正越来越精准高效,"放管服"改革后,企业可以根据税法规定自助办理各类税务事宜,包括开票、缴税、享受优惠政策等,减少了很多审批流程,相关资料也无需提交税局仅企业留档即可,但后续税务部门会根据大数据信息,加大抽查力度及比例,一旦查出企业有偷、逃税款或违反税法相关规定的情况,税局会采取降低企业纳税评级、收取滞纳金等相应措施。由此可见,虽然企业下获得了更多自主权,但"放"是前提,"管"是基础,"服"是目的,"放管服"改革对企业税务管理工作提出了更高的要求。

(一) 税务审批环节的减少要求企业建立全过程税务管理体系

税务审批环节的减少意味着企业税务处理过程中审核把关环节的减少和各环节涉税风险的增加。国家税务总局在《关于进一步深化税务系统"放管服"改革 优化税收环境的若干意见》(税总发〔2017〕101号)明确强调,加强税务稽查"双随机、一公开"监管,进一步强化金税三期双随机工作平台的运用和管理,结合信用管理、"黑名单"合理确定随机抽查的比例和频次,及时公开随机抽查事项清单和查处结果,提高稽查随机抽查的针对性、有效性和透明度。拓展跨区域稽查范围,提升税务稽查资源的配置效率。"放管服"改革中取消了大量的税务审批事项,转为由企业自主判断是否有资格享受相关政策。企业需自主承担办税人员对涉税事项的判断结果。税务审批事项减少给企业带来的便利与风险共存,切实需要企业建立全过程税务管理体系以有效应对"放管服"改革下税务部门的创新监管,以涉税风险管理为导向,提高纳税遵从度,依法依规的前提下才能充分享受到"放管服"改革带来的便利。

(二) 税务备案资料报送的减少要求企业完善税务档案管理

税务备案资料报送的减少,意味着企业资料审核和资料保管等工作的增加。税务备案资料是证明企业能够享受某项政策的重要依据,因此在税务管理中非常重要。税务系统"放管服"改革在减少税务审批的同时,也大量减少了备案资料的报送,改为"留存备查",将以前需要报送给税务部门备案的资料改为由企业自行保存,以备税务机关检查。过去税务机关会对企业报送资料进行审查,发现资料不全或不符合税法要求的,会要求企业予以补充。税务资料改为企业留存备查相当于减少了一个税务检查环节和涉税风险提示环节。企业可能未按税法规定收集齐全相关资料就享受了相关税收政策,也可能未能在留存备查涉税资料保管期限内保存好涉税资料,造成相关资料遗失、毁损或者不全,都有可能造成企业的涉税风险。因此,企业需完善税务档案管理工作以有效应对企业未按税法规定收集资料的涉税风险和未有效保管资料的涉税风险。

(三) 税务专管员制度的取消要求企业办税人员补足技能短板

随着金税三期系统的完善、金税四期系统的到来,取消税务专管员制度已是必然趋势。全国多地税务部门宣布取消税管员固定管户关系,由"管户"模式向数据化"管事"模式转变,对本应属于纳税人的权利和责任"还权还责",对税务部门的职责事项则通过大数据风险管理来履职尽责。以深圳为例,纳税人办事不用再找税管员了,涉税事项通过电子税务局、微信税务局等互联网平台可以便捷地办理,即使是上门办理的业务,也只需要在前台提交,税务部门通过后台流转处理。数据化管事模式改革,就是要取消管理员制度,摒弃保姆式管理与服务理念,这也意味着企业办税人员被动接受培训和与税务机关直接沟通的机会减少。取消税管员固定管户关系后,税务系统面向更广大纳税人的税务服务保障体系还需要时间来搭建和完善,多层次满足纳税人的咨询需求的普适性咨询渠道还需进一步拓宽,纳税人必定存在很多个性化问题亟待解决,对于涉税风险的关注与把控也有可能放松。特别是在我国税收制度和会计准则改革的背景下,税收优惠政策越来越多,税法和会计准则体系不断修订完善,办税人员在知识技能等方面存在的短板很容易增加企业在纳税申报过程中面临的涉税风险,"放管服"改革背景下企业迫切需要提高办税人员职业操守和专业胜任能力。

第二章

企业设立、投融资的涉税风险

第一节 企业设立的涉税风险分析

一、货币资金出资涉税风险

（一）政策法规

根据《中华人民共和国公司法》（2015年版，以下简称《公司法》）规定，自2014年3月1日起，将注册资本实缴登记制改为认缴登记制。注册资本认缴登记制是我国工商登记制度的一项改革措施，注册资本实缴登记制改为认缴登记制涉及企业如何进行账务处理、税务处理和股权转让的涉税处理。如果处理不当，则将面临一定的法律、税务和财务风险。

1. 印花税的处理

《国家税务总局关于资金账簿印花税问题的通知》（国税发〔1994〕25号）规定，生产经营单位执行《企业财务通则》和《企业会计准则》后，其"记载资金的账簿"的印花税计税依据改为"实收资本"与"资本公积"两项的合计金额。其"实收资本"和"资本公积"两项的合计金额大于原已贴花资金的，就增加的部分补贴印花。

2. 个人所得税的处理

《财政部 国家税务总局关于规范个人投资者个人所得税征收管理的通知》（财税〔2003〕158号）规定，纳税年度内个人投资者从其投资企业（个人独资企业、合伙企业除外）借款，在该纳税年度终了后既不归还，又未用于企业生产经营的，其未归还的借款可视为企业对个人投资者的红利分配，依照"利息、股息、红利所得"项目计征个人所得税。

3. 企业投资者投资未到位而发生的利息支出的企业所得税处理

《国家税务总局关于企业投资者投资未到位而发生的利息支出企业所得税前扣除问题的批复》（国税函〔2009〕312号）的规定，凡企业投资者在规定期限内未缴足其应缴资本额的，该企业对外借款所发生的利息，相当于投资者实缴资本额与在规定期限内应缴资本额的差额应计付的利息，其不属于企业合理的支出，应由企业投资者负担，不得在计算企业应纳税所得额时扣除。

（二）风险分析

资金缴纳与实际经营需求不一致会产生税收风险。企业注册资金过多，但实际无法足额缴纳的，企业经营缺乏资金而向银行借款，产生的利息（相当于未缴纳出资部分的利息）不能在企业所得税前扣除（国税函〔2009〕312号）；企业注册资金较多，已全部足额缴纳的，由于企业前期经营规模较小，但设立阶段的注册资金过多，且全部到位，那么较多的投入资金则会闲置，企业只能将闲置的大部分资金存入银行，或者购买理财产品，那么就会造成企业资金的闲置浪费，同时还要考虑资金收益的税务成本。

对于印花税，将注册资本实缴制改为认缴制后，公司只能按股东实缴的实收资本申报缴纳印花税，而未缴足的实收资本部分不缴纳印花税。

对于个人所得税，如果公司对未收到股东的注册资本在会计上"借：其他应收款，贷：实收资本"账务处理，不仅要按照实收资本金提前缴纳印花税，还要将挂在"其他应收款"上的股东未缴足的注册资本视为自然人股东向公司借款，超过一年期限的，要依法按照那20%的税率缴纳个人所得税。因此，注册资本实缴制改为认缴制后，对于自然人股东未缴足的注册资本部分绝对不能在"其他应收款"会计科目核算，应不进行账务处理。

对于未缴付资本金的股权转让，当股东转让股权时，如果股权转让合同生效之前，股东未缴足的部分注册资本仍然未缴足，根据《公司法》的规定，未缴足部分的注册资本必须由股权受让方在接受股权后继续补足，则该补缴足的部分注册资本一定不含在股权转让价格中，股权转让所得是股权转让价格减去实收资本（股东向公司实际缴纳的部分注册资本）。

对于投资者实缴资本额与在规定期限内应缴资本额的差额应计付的利息，其不属于企业合理的支出，应由企业投资者负担，不得在计算企业应纳税所得额时扣除。在注册资本认缴制度下，根据税法规定，对企业来说，如果企业设立时认缴的注册资本过大，逾期未缴足资本金将面临对应数额借款利息无法在企业所得税前进行扣除。

【案例 2-1】 某贸易有限公司于 2017 年 3 月登记成立，注册资本为 500 万元，由甲和乙两人发起认缴，在公司章程中约定，甲出资 300 万元，乙出资 200 万元。企业章程规定甲出资 300 万元于 2018 年 5 月 1 日投入公司，甲到期实际投资 350 万元，乙出资 200 万元于 2020 年 5 月 1 日投入公司。其中 2019 年 1 月 1 日至 2019 年 2 月 28 日，该公司向当地银行申请流动资金贷款 1 000 万元，发生的年利息为 100 万元。2020 年 3 月 1 日，自然人股东乙转让其在该贸易公司的全部股权给丙，转让价格为 400 万元，乙未出缴清的出资额由新股东丙缴纳，请分析该贸易公司登记成立到转让股权的财务和税务处理。

1. 财务处理

（1）2017 年 3 月公司登记成立，不需要做任何账务处理，实收资本为 0，不需要缴纳个人所得税。

（2）2018 年 5 月 1 日甲出资 300 万元并于 2018 年 5 月 1 日投入公司，甲到期实际投资 350 万元的账务处理：

借：银行存款　　　　　　　　　　　　　　　　　　　　　　3 500 000
　　贷：实收资本——甲股东　　　　　　　　　　　　　　　　3 000 0000
　　　　资本公积——甲（资本溢价）　　　　　　　　　　　　　 500 000

（3）乙出资 200 万元并于 2020 年 5 月 1 日投入公司的账务处理：

借：银行存款　　　　　　　　　　　　　　　　　　　　　　2 000 000
　　贷：实收资本——乙股东　　　　　　　　　　　　　　　　2 000 000

2. 税务处理

（1）缴纳印花税。

2018年5月缴纳印花税时：

借：管理费用——印花税　　　　　　　　　　　　　（3 500 000×0.5‰）1 750
　　贷：银行存款　　　　　　　　　　　　　　　　　　　　　　　　　 1 750

2020年5月缴纳印花税时：

借：管理费用——印花税　　　　　　　　　　　　　　　　　　　　　　 1 000
　　贷：银行存款　　　　　　　　　　　　　　　　　　　　　　　　　 1 000

（2）企业投资者投资未到位而发生的利息支出的企业所得税处理。

2019年度，该贸易公司不可以在企业所得税前扣除的利息＝100×200÷1 000＝20（万元）。

（3）股权转让的个人所得税处理。

根据国家税务总局发布的《股权转让个人所得税管理办法（试行）》（国家税务总局公告2014年第67号）第十五条第（一）项的规定，以现金出资方式取得的股权，按照实际支付的价款与取得股权直接相关的合理税费之和确认股权原值。因此，2020年3月1日，乙股东转让股权给丙，乙股东应申报缴纳股权转让的个人所得税处理＝（400－0）×20%＝80（万元）。

二、非货币资产出资涉税风险

（一）政策法规

非货币性资产，是指现金、银行存款等货币性资产以外的资产，包括股权、不动产、技术发明成果以及其他形式的非货币性资产。非货币性资产投资，就是以这些非货币性资产出资设立新的企业，或者以非货币性资产出资参与企业增资扩股、定向增发股票、重组改制以及其他类似的投资（包括股权换股权）。

自然人以货物投资增值税的规定，根据《中华人民共和国增值税暂行条例实施细则》（以下简称《增值税暂行条例实施细则》）第四条规定：单位或者个体工商户的下列行为，视同销售货物：即将自产、委托加工或者购进的货物作为投资，提供给其他单位或者个体工商户；由于自然人并非单位或个体工商户，自然人以货物投资的行为不视同销售不缴纳增值税。

自然人以无形资产（含土地使用权）、不动产投资的增值税，根据《营业税改征增值税试点实施办法》第十条、第十一条规定：销售服务、无形资产或者不动产，是指有偿提供服务、有偿转让无形资产或者不动产；有偿，是指取得货币、货物或者其他经济利益。因此，自然人以无形资产或不动产投资获取目标公司股权，属于有偿获得经济利益，应缴纳增值税。

对于个人所得税的缴纳，根据《财政部　国家税务总局关于个人非货币性资产投资有关个人所得税政策的通知》(财税〔2015〕41号)规定:①个人以非货币性资产投资,属于个人转让非货币性资产和投资同时发生。对个人转让非货币性资产的所得,应按照"财产转让所得"项目,依法计算缴纳个人所得税。②个人以非货币性资产投资,应按评估后的公允价值确认非货币性资产转让收入。非货币性资产转让收入减除该资产原值及合理税费后的余额为应纳税所得额。个人以非货币性资产投资,应于非货币性资产转让、取得被投资企业股权时,确认非货币性资产转让收入的实现。③个人应在发生上述应税行为的次月15日内向主管税务机关申报纳税。纳税人一次性缴税有困难的,可合理确定分期缴纳计划并报主管税务机关备案后,自发生上述应税行为之日起不超过5个公历年度内(含)分期缴纳个人所得税。④个人以非货币性资产投资交易过程中取得现金补价的,现金部分应优先用于缴纳;现金不足以缴纳的部分,可分期缴纳。个人在分期缴税期间转让其持有的上述全部或部分股权,并取得现金收入的,该现金收入应优先用于缴纳尚未缴清的税款。

对于自然人以货物投资入股的印花税的缴纳,根据《中华人民共和国印花税暂行条例》(以下简称《印花税暂行条例》)规定,自然人以货物投资入股,按照购销合同的3‰缴纳印花税。自然人以无形资产、不动产投资入股的印花税的缴纳,根据《印花税暂行条例》规定,产权转移包括财产所有权和版权、商标专用权、专有技术使用权等转移。因此自然人以无形资产、不动产投资,应按照产权转移缴纳印花税。

自然人以货物及无形资产投资入股不会涉及土地增值税,但是自然人以不动产投资入股,会涉及土地增值税。根据土地增值税相关规定,转让国有土地使用权、地上的建筑物及其附着物并取得收入的单位和个人,为土地增值税的纳税义务人。所谓取得收入,是指以出售或者其他方式有偿转让房地产的行为。根据《关于调整房地产交易环节税收政策的通知》(财税〔2008〕137号)相关规定,对个人销售住房暂免征收土地增值税。

对于法人以货物出资的增值税的缴纳,《中华人民共和国增值税法暂行条例实施细则》(以下简称《增值税法暂行条例实施细则》)第四条规定,企业将自产、委托加工或购进的货物作为投资,提供给其他单位或者个体工商户的要视同销售依法缴纳增值税。

(二) 风险分析

从以上法规出发,对于自然人而言,自然人以货物投资,增值税不视同销售,不用缴纳增值税;自然人以无形资产、不动产投资获取被投资公司股权属于有偿转让无形资产或者不动产应按照规定缴纳增值税。个人以非货币资产投资并未区分非货币资产的类型一律按照财产转让所得缴纳个人所得税,同时可以在不超过5个公历年度内分期缴纳。自然人以货物投资入股和以无形资产、不动产投资入股是有差异的。自然人以货物投资入股,按照购销合同税目的0.3‰缴纳印花税;自然人以无形资产和以不动产投资入股,按照产权转移税目的0.5‰缴纳印花税。自然人以投资入股方式,将商业房产投资到公司名下,是以不动产为对等价换取了被投资企业的股权,属于有偿转让房地产的行为,应当缴纳土地增值税。如果自然人投资入股的房产为住宅房产的话,免征收土地增值税。

对于法人投资者,在投资实践中,以设备和存货等动产进行投资,存在的涉税风险主要体现为:没有把投资的设备和存货视同销售,做出进一步的税务处理,即申报缴纳增值税和企业所得税,同时没有给被投资企业开具发票进行入账,而被投资企业收到投资者作价投资的设备和存货,往往以资产评估事务所的评估报告中的评估价作为入账价值,从而对该投资的设备进行计提累计折旧,在企业所得税前不能扣除。

2016年5月1日起,全面推开营改增试点后,企业发生无形资产、不动产投资入股、股权转让行为,是否需要缴纳增值税尚未明确。但根据营改增不增加纳税人负担的税制改革理念,对于企业以无形资产、不动产投资入股,参与接受投资方利润分配共同承担投资风险的行为,以及股权转让行为,均不应缴纳增值税。

【案例2-2】 张先生2018年以其持有的一项专利投资入股到境内A企业,取得20%的股权,出资时该专利评估价格为200万元,开发成本20万元,入股时发生的合理税费共2万元。

假设张先生选择按照财税〔2015〕41号文件的规定,因专利转让取得被投资企业股权时,确认收入实现,则张先生应纳个人所得税=(200-20-2)×20%=35.6(万元)。

【案例2-3】 张先生2018年以其持有的一项专利投资入股到境内A企业,取得20%的股权,出资时该专利评估价格为200万元,开发成本20万元,入股时发生的合理税费共2万元。张先生选择递延纳税方式缴纳所得税。

假设日后张先生将这部分股权以300万元的价格转让,则该部分股权转让时,应缴纳个人所得税=(300-20-2)×20%=55.6(万元)。依据财政部和国家税务总局联合颁布的《关于完善股权激励和技术入股有关所得税政策的通知》(财税〔2016〕101号),以及《国家税务总局关于股权激励和技术入股所得税征管问题的公告》(国家税务总局公告2016年第62号),查账征收的居民企业或个人以技术成果对居民企业投资,并且所获对价全部为股票的,可以选择投资入股当期暂不缴纳所得税,而递延至该部分股权转让时,按股权转让收入减去技术成果原值和合理税费后的差额,确认所得。

【案例2-4】 营改增后,企业以专利投资入股是否需缴纳增值税。财政部和国家税务总局联合颁布的《关于全面推开营业税改征增值税试点的通知》(财税〔2016〕36号)仅笼统规定销售无形资产应当缴纳增值税;同时纳税人持有关书面合同和科技主管部门审核意见证明文件报主管税务机关备查,可以于技术转让环节免征增值税。而对于专利技术投资入股是否包含在专利技术转让范畴,一并属于征收增值税的类型,以及是否有免税空间,该文件则未予明确。从北京市税务局、上海市税务局回复来看,企业以专利出资入股需要交纳增值税,理由为投资入股时一定有专利技术所有权的转移,任何一个股份制企业的股权价值都是明确的,投资人投资时取得的股权性质为经济利益,构成有偿,依法应当缴纳增值税,税率为6%。

三、企业股权架构涉税风险

(一)政策法规

个人直接持股通常是投资者最初始的一种股权架构,这一组织形态,在各个阶段的税负成本分析如下：

在运营阶段，个人分红后需缴纳20%的个人所得税。根据《中华人民共和国个人所得税法》（以下简称《个人所得税法》）第三条的规定，特许权使用费所得，利息、股息、红利所得，财产租赁所得，财产转让所得，偶然所得和其他所得，适用比例税率，税率为20%。

根据财政部、国家税务总局《关于继续实施全国中小企业股份转让系统挂牌公司股息红利差别化个人所得税政策的公告》（财政〔2019〕78号）的规定：个人持有挂牌公司的股票，持股期限超过1年的，对股息红利所得暂免征收个人所得税；个人持有挂牌公司的股票，持股期限在1个月以内（含1个月）的，其股息红利所得全额计入应纳税所得额；持股期限在1个月以上至1年（含1年）的，其股息红利所得暂减按50%计入应纳税所得额；上述所得统一适用20%的税率计征个人所得税。对个人持有的上市公司限售股，解禁后取得的股息红利，按照本通知规定计算纳税，持股时间自解禁日起计算；解禁前取得的股息红利继续暂减按50%计入应纳税所得额，适用20%的税率计征个人所得税。

就资本运作而言，自然人股东作为主体进行并购重组，交易双方无法符合特殊性税务处理的要求，不能享受递延纳税的优惠待遇；加之《财政部 国家税务总局关于企业重组业务企业所得税征收管理若干问题的公告》（财税2009年第59号）明确了企业重组当事各方中的自然人应按个人所得税的相关规定进行税务处理，而并购重组的金额又十分庞大，导致交易税负成本巨大；从整体来看，由于现有公司承载基本运营功能，个人股东直接持股不利于公司横向、纵向的扩张，也无法进行避税的安排。

在投资退出过程中，根据《股权转让所得个人所得税管理办法（试行）》的规定，个人转让股权，以股权转让收入减除股权原值和合理费用后的余额为应纳税所得额，按财产转让所得缴纳个人所得税，税率为20%。若公司并购重组后出现三级子公司，则在投资退出时，需要先交纳一道25%的企业所得税，然后再缴纳一道20%的个人所得税，税负较重。

根据财政部、国家税务总局、证监会联合发布的《关于个人转让上市公司限售股所得征收个人所得税有关问题的通知》（财税〔2009〕167号），自2010年1月1日起，针对IPO形成的限售股，在上市首日至解禁期间内，由所持有的股票及产生的送、转股，按照财产转让所得，适用20%的比例税率征收个人所得税；其中，应纳税所得额＝限售股转让收入－（限售股原值＋合理税费）。如果纳税人未能提供完整、真实的限售股原值凭证的，不能准确计算限售股原值的，主管税务机关一律按限售股转让收入的15%核定限售股原值及合理税费。

通过合伙企业间接持股是近年来许多投资者采纳的一种方式。但是，必须指出的是，合伙企业在税收上被视为透明实体，直接针对股东纳税，实行先分后税，因此，本质上与直接持股并无实质差异。但是，借助于合伙企业可以实现一个目的，就是将个人的纳税地点由被投资企业所在地变为合伙企业所在地。

根据《关于合伙企业合伙人所得税问题的通知》（财税〔2008〕159号），合伙企业年度应纳税所得额的范围是合伙企业生产经营所得和其他所得，包括合伙企业分配给所有合伙人的所得和企业当年留存的所得（利润）。具体应纳税所得额的计算按照《关于个人独资企业和合伙企业投资者征收个人所得税的规定》(财税〔2000〕91号)及《关于调整个体工商户个人独资企业和合伙企业个人所得税税前扣除标准有关问题的通知》(财税〔2008〕65号)的有关规定执行。

相比较于自然人直接持股,该类型在资本运作方面有一定的优势,持股平台公司仅仅作为投资扩张、资本运作的平台,在实现横向、纵向扩张时,对现有实体运营公司架构不会造成冲击,同时,可以积极申请特殊性税务处理,降低交易的税负,降低交易双方的交易成本,有利于资本运作的顺利推进。

根据《中华人民共和国企业所得税法》(以下简称《企业所得税法》)(中华人民共和国国务院令第512号)第二十六条的规定,符合条件的居民企业之间的股息、红利等权益性投资收益为免税收入;根据《中华人民共和国企业所得税法实施条例》(以下简称《企业所得税法实施条例》)的规定,居民企业之间的股息、红利等权益性投资收益免税有两大条件:①直接投资。②不包括持有股份公司公开发行股票不足12个月的情形,企业持有上市公司股票不足12个月的,上市公司分红时要缴纳企业所得税。符合上述两个条件的,自然人通过公司间接持股从上市公司取得分红时不需要缴纳企业所得税,不会增加税负。持股平台公司分红时,自然人股东缴纳20%的个人所得税。需要注意的是,因为持股公司是非上市公司,因而自然人股东不能享有《关于继续实施全国中小企业股份转让系统挂牌公司股息红利差别化个人所得税政策的公告》(财政〔2019〕78号)规定的应纳税所得额暂减优惠。

通过公司间接持股的缺陷在于,投资退出过程中,需要交两道以上的税。公司转让限售股时,公司按25%的税率缴纳企业所得税,公司向自然人股东分红时,自然人股东按20%的税率缴纳个人所得税。例如,2007年中国平安公司数千名员工股东通过三家持股公司代持数百亿市值的股票,3年后,限售股解禁,按照税法规定需要交两道税,迫于税负压力,持股公司进行税收迁移,将注册地由深圳迁移至西部地区,才解决了这一难题。

(二)风险分析

不同的持股方式对税负产生重要影响,在投资设立企业时,企业投资者在设立企业初期,首先需要考虑设立公司制企业,还是个人独资企业、合伙企业,不同的组织形式将面临不同的所得税,即企业所得税或个人所得税。

公司制企业包括有限责任公司和股份有限公司,具有法人资格。属于企业所得税的纳税人,需要缴纳企业所得税;公司对税后利润进行分配时,投资者个人获得的股息、红利、收入需要按照20%的税率缴纳个人所得税。

投资者在进行税负率分析时需要结合企业的具体情况,比如期限性税收优惠、区域性税收优惠、行业性税收优惠的具体情况,准确计算其税负率,为正确选择组织形式奠定基础。

非公司制企业主要指个人独资企业和合伙企业。个人独资企业和合伙企业不具有法人资格,因此不适用企业所得税法,既无须缴纳企业所得税。投资者个人的生产经营所得比照"个体工商户的生产、经营所得"项目,按照5%~35%的五级超额累进税率缴纳个人所得税。所得额越高,税负率越高,所得额越低,税负率越低。

那么,企业在获得的生产经营所得相同的情况下,合伙企业投资者的税负率低于个人独资企业的税率,因为个人所得税是以每位投资者取得的所得而非企业整体所得为依据计算个人所得税的。投资者人数越多,每位投资者获得的所得越少,在超额累进税率下适用的税率越低,缴纳的个人所得税就越少。

当然,不同的组织形式会有不同的税收效果,也对应不同的法律责任,合伙企业的合伙人需要以个人财产对企业债务承担无限连带责任;而公司制企业虽然存在经济性重叠征税,但是其投资者是以投资额为限对公司承担有限责任。故企业在成立初期需考虑企业的盈亏状况、预计负债情况以及今后的发展等因素,综合考虑之后选择企业的组织形式。

【案例2-5】 2007年平安保险上市之前,由于个人不能成为上市保险公司的股东,所以将员工受益计划设计为法人持股,即:由新豪时公司和景傲实业这两家员工投资集合相关公司代表员工持股,股权架构为:平安保险员工→新豪时公司、景傲实业公司→平安保险上市公司。2010年4月,首批平安保险限售股解禁,根据计算1.9万名平安保险员工平均每个人出售所持股票获利为200万元,但是出售股票的主体是新豪时公司和景傲公司,200万元按照25%税率缴纳企业所得税后,只剩下150万元,分给员工的时候尚需要扣缴20%的个人所得税30万元,因此以出售股票获利为200万元为例,员工需要负担80万的个人所得税,财富大幅缩水,受益打了六折(即税负率达到了40%)。

在这种背景之下,合伙制持股平台应运而生,即注册成立股权投资类的合伙企业(目前大多数采用有限合伙企业组织形式)。有限合伙是指一名以上普通合伙人(GP)与一名以上有限合伙人(LP)所组成的合伙。普通合伙人对外代表合伙企业,而有限合伙人不执行合伙事务,不得对外代表有限合伙企业。所以普通合伙人可以通过较少的出资获得合伙企业的控制权,因此成为国内股权投资基金和员工股权激励常见的组织形式。在员工持股合伙企业中,通常由拟上市公司高管或控股股东担任普通合伙人,被激励对象担任有限合伙人。

自然合伙人取得股权转让所得(包括限售股转让),是按财产转让所得的个税税率计算缴纳个人所得税还是按生产经营所得计算缴纳个人所得税,财政部和国家税务总局并未出台文件予以明确,目前全国各省市税务机关对此有不同的地方规定。各省市为了争取税源,纷纷出台地方优惠政策,对股权投资类合伙企业的合伙人,取得的所得缴纳的个人所得税中地方留存部分,以财政补贴和财政奖励的方式给予一定比例的返还,如宁波、舟山、梅山、江西新余、新疆、宁夏和西藏等地,从而使个人所得税税负降低到12%～14%。

四、注册地优惠涉税风险

(一) 政策法规

部分地区针对当地的经济发展情况,制定了一些地方性的税收优惠政策,即"税收洼地"。企业在有税收优惠的园区注册公司,或者成立分公司,把原企业的一些业务分包给新成立的公司,进行利润转移,新成立的公司在当地园区缴税,从而享受园区的一些税收优惠政策。一方面合法缓解了企业税负压力,另一方面也带动了当地经济发展。这种方法享受税收优惠是合法合规的,企业的风险也是最低的,企业享受的税收优惠政策,包括了核定征收政策和返税政策。核定征收政策指的是个人独资企业核定征收,适用于缺少进项成本企业所得税居高的企业。个人独资企业无需缴纳企业所得税,核定利润率10%,2019年增值税降为1%后,综合税率在2~3个点左右。返税政策指的是在园区成立有限公司,对企业缴纳的增值税和企业所得税进行一定比例的返还。其中增值税地方留存50%,对留存部分的45%~80%进行返还;企业所得税地方留存40%,对留存部分的企业税的所得税按40%~85%的比例进行返还。返还的具体比例根据企业在园区实际缴纳的税额来定,一般返还时效都是企业当月缴纳税款后,次月就能返还到企业账户。

(二)风险分析

在税务部门强大的金税三期系统下,滥用核定征收正是当前稽查的重点。最典型的案例是霍尔果斯。霍尔果斯位于新疆西北端,距离北京上海等经济中心4 500多公里,远离中国经济腹地。为了招商引资,霍尔果斯出台了一系列大力度的优惠政策,成为最著名的税收洼地。注册公司也直线上升。数据显示,2015年末霍尔果斯注册企业859户,2016年注册企业2 490户,2017年1~9月注册企业超过8 500户,新增企业大规模爆发式增长。然而到了2018年,霍尔果斯开始收紧。先是暂停了增值税返还和个人所得税优惠两项地方性政策,后来又要求企业注册一址一照、实体办公,并有2 118家企业被要求税务自查。这时,疯狂避税的企业开始拼命注销。然而,税务机关要求凡是享受企业所得税免税备案的企业,十年之内不能注销,注销要查账,发现问题则要求补税。到了2018年10月,已经注销的公司也需要补缴税款。

【案例2-6】 甲公司属于增值税一般纳税人,由于利润较大,便在税收洼地又成立了一家一般纳税人的商贸公司乙公司,这样甲公司先以较低的价格卖给乙公司,乙公司再按照正常价格卖给客户,让甲公司把利润和税收入转移到税收洼地,从而享受当地的财政税收返还。

上述情形带有不合理的商业目的,属于有意偷逃税款,在税收洼地成立的乙企业没有实质业务,仅仅为了走票。这种企业属于空壳企业,涉税风险非常大。

第二节 企业融资的涉税风险分析

一、留存收益转增股本融资税收风险

(一)政策法规

根据《企业所得税法》第二十六条第(二)款的规定,符合条件的居民企业之间的股息、

红利等权益性投资收益，为免税收入。根据《企业所得税法实施条例》第八十三条的规定：①直接投资于其他居民企业取得的投资收益。②不包括连续持有居民企业公开发行并上市流通的股票不足12个月取得的投资收益。

根据《国家税务总局关于贯彻落实企业所得税法若干税收问题的通知》（国税函〔2010〕79号）第四条的规定，被投资企业将股权（票）溢价所形成的资本公积转为股本的，不作为投资方企业的股息、红利收入，投资方企业也不得增加该项长期投资的计税基础。

根据《国家税务总局关于股份制企业转增股本和派发红股征免个人所得税的通知》（国税发〔1997〕198号）第一条规定，股份制企业用资本公积金转增股本不属于股息、红利性质的分配，对个人取得的转增股本数额，不作为个人所得，不征收个人所得税。

根据《国家税务总局关于原城市信用社在转制为城市合作银行过程中个人股增值所得应纳个人所得税的批复》（国税函〔1998〕289号）第二条的规定，《国家税务总局关于股份制企业转增股本和派发红股征免个人所得税的通知》（国税发〔1997〕198号）中所表述的"资本公积金"是指股份制企业股票溢价发行收入所形成的资本公积金。将此转增股本由个人取得的数额，不作为应税所得征收个人所得税。而与此不相符合的其他资本公积金分配个人所得部分，应当依法征收个人所得税。

（二）风险分析

企业留存收益是体现在企业的盈余公积金和未分配利润，留存收益转增资本主要是指盈余公积金转资本和未分配利润转增资本两种情况。在现行公司法制度下，一般盈余公积分为两种：①法定盈余公积金。公司的法定盈余公积金按照税后利润的10%提取，法定盈余公积金累计额已达注册资本的50%时可以不再提取。②任意盈余公积金。任意盈余公积金主要是公司按照股东大会的决议提取。法定盈余公积金和任意盈余公积金的区别就在于其各自计提的依据不同。前者以国家的法律或行政规章为依据提取；后者则由公司自行决定提取。

盈余公积金转增资本的涉税处理，涉及个人股东需要缴纳个人所得税。根据《国家税务总局关于盈余公积金转增注册资本征收个人所得税问题的批复》（国税函〔1998〕333号）的规定，公司将从税后利润中提取的法定盈余公积金和任意盈余公积金转增注册资本，实际上是该公司将盈余公积金向股东分配了股息、红利，股东再以分得的股息、红利增加注册资本。因此，对属于个人股东分得并再投入公司（转增注册资本）的部分应按照利息、股息、红利所得项目征收个人所得税。

公司将从税后利润中提取的法定盈余公积金和任意盈余公积金转增注册资本，实际上是该公司将盈余公积金向股东分配了股息、红利，股东再以分得的股息、红利增加注册资本。《企业所得税法》第二十六条规定，企业的下列收入符合条件的居民企业之间的股息、红利等权益性投资收益为免税收入。《企业所得税法实施条例》第八十三条规定：企业所得税法第二十六条第（二）项所称符合条件的居民企业之间的股息、红利等权益性投资收益，是指居民企业直接投资于其他居民企业取得的投资收益。企业所得税法第二十六条第（二）项和第（三）项所称股息、红利等权益性投资收益，不包括连续持有居民企业公开发行并上市流通的股票不足12个月取得的投资收益。因此,如果股东为法人或公司,被投资企业的盈余公积转增资本时,法人股东按照投资比例增加的部分注册资本免征企业所得税。

【案例2-7】 嘉诚有限公司,注册资本3 000万元,其中丰诚投资公司出资2 100万元(占股70%),张三出资900万元(占股30%)。2018年5月股东会决议,以发起设立方式,嘉诚有限公司依法整体变更为鑫鑫股份有限公司。丰诚投资公司按原出资比例持有鑫鑫股份有限公司70%的股份,张三持有30%。截至2017年12月31日,嘉诚有限公司经审计的净资产值为9 000万元,其中,盈余公积1 000万元,未分配利润5 000万元。嘉诚有限公司整体变更为鑫鑫股份有限公司,原股本依法按照1∶1的比例全部折为鑫鑫股份有限公司股份,留存收益6 000万元,全部转为资本公积。然后,再将资本公积直接转为鑫鑫股份有限公司的资本,即9 000万元(丰诚投资公司占股70%,张三占股30%)。

通过对以上政策及案例的分析可知,公司以股权(票)溢价所形成的资本公积转增股本,居民企业的法人股东税务上不需要确认收入,自然无须缴纳企业所得税。自然人股东也不征收个人所得税。由于没有纳税,此时股东的股本原值仍然为原始股本,即丰诚投资公司原值股本2 100万元,张三原值股本900万元。

(1)假设,未来鑫鑫公司的股份以15 000万元全部对外转让。

$$丰诚投资公司应纳企业所得税 = (15\,000 \times 70\% - 2\,100) \times 25\% = 2\,100(万元)$$
$$张三应纳个人所得税 = (15\,000 \times 30\% - 900) \times 20\% = 720(万元)$$

(2)假设,嘉诚有限公司当初先将6 900万元留存收益进行分配,再对鑫鑫股份公司进行追加投资分配收益。

$$丰诚投资公司应纳企业所得税 = 6\,000 \times 70\% \times 0 = 0$$
$$张三应纳个人所得税 = 6\,000 \times 30\% \times 20\% = 360(万元)$$

追加投资后再以15 000万元进行转让,此时,丰诚投资公司原值股本6 300万元,张三原值股本2 700万元。

$$丰诚投资公司应纳企业所得税 = (15\,000 \times 70\% - 6\,300) \times 25\% = 1\,050(万元)$$
$$张三应纳个人所得税 = (15\,000 \times 30\% - 2\,700) \times 20\% = 360(万元)$$

(3)分析两种不同的形式。采用第一种形式,用留存收益转增资本后再转让股份,丰诚投资公司应缴纳企业所得税2 100万元,张三应缴纳个人所得税720万元;采用第二种形式,先将留存收益进行分配,再追加投资,转让股份,丰诚投资公司累计缴纳企业所得税1 050万元,张三累计缴纳个人所得税720万元。很显然,第二种形式优于第一种形式,所以,在企业发生类似业务时,一定提前筹划规避未来的税收风险。

二、信托基金融资税收风险

(一)政策法规

根据《财政部 国家税务总局关于明确金融 房地产开发 教育辅助服务等增值税政

策的通知》(财税〔2016〕140号)、《财政部 国家税务总局关于资管产品增值税有关问题通知》(财税〔2017〕56号)等规定,自2018年1月1日起,资管产品管理人运营资管产品过程中发生的增值税应税行为,暂适用简易计税方法,按照3%的征收率缴纳增值税及附加税费。

(二) 风险分析

信托,是指委托人基于对受托人的信任,将其财产权委托给受托人,由受托人按委托人的意愿以自己的名义,为受益人的利益或者特定目的,进行管理或者处分的行为。

根据委托人数量的不同,信托可以分为单一信托与集合资金信托;根据信托收益的不同,可分为固定收益信托与非固定收益信托(无预期收益率);根据受益对象及信托目的的不同,还可以分为私益信托与公益信托。

信托业的投资范围广泛,常见的有股权投资、债权投资、证券投资、未来收益权投资等等。近期,随着信托行业不断探索与跨界整合,信托业务模式日趋新颖,例如五矿信托影视投资基金集合资金信托计划,将信托资金以股权和债权的形式投入禾和(上海)影业有限公司(即投资平台公司)当中,再由平台公司投入具体影视项目。又如百瑞信托2019年推出国内首款教育消费信托——百瑞恒益323号教育消费信托计划(伊顿游学),将产业链前端的融资需求与后端的消费需求有机结合。

信托计划在募集资金时不允许有任何保底承诺,仅描述为预期收益率,且均让委托人签署《认购风险申明书》,即表示投资具有风险。尽管如此,当信托计划向融资方提供贷款时,可以与债务人约定固定或保底收益,对于此类情形,依据《财政部 国家税务总局关于全面推开营业税改征增值税试点的通知》(财税〔2016〕36号)的附件1《营业税改征增值税试点实施办法》下所含附件《销售服务、无形资产、不动产注释》的规定,以货币资金投资收取的固定利润或者保底利润,按照贷款服务缴纳增值税。因此,投资人取得的利息应当按照贷款服务缴纳增值税,计税依据为未扣除信托手续费前的利息全额。

信托计划用于债权投资的,机构投资者取得的信托收益需并入应纳税所得额,缴纳企业所得税;信托计划用于债权投资的,对于个人投资者而言,取得的利息收入因当按照利息、股息、红利所得缴纳个人所得税。信托计划投资于基金、期货等金融产品,在现行税制尚未明确(按"经国务院财政部门确定征税的其他所得"征税)之前,暂不征收个人所得税。

受益人向合格投资者转让其持有的信托受益权时,由信托公司为受益人办理相关手续。信托收益权与股权类似,不同于可以在公开交易的二级市场自由流通的股票、债券,故信托受益权不具有金融商品的属性,投资者转让信托受益权不属于财税〔2016〕36号文件中规定的"金融服务——金融商品转让"的征税范围,不征增值税。信托公司作为受托人取得的管理费收入需按咨询服务、商务辅助服务等服务项目缴纳增值税,并确认应纳税所得额。

房地产行业是信托融资采用较多的行业,且创新模式不断出现。房地产资金信托又分股权型房地产信托、债权型房地产资金信托、特定资产收益权信托。房地产信托涉税主要体现在土地增值税方面,且信托债务融资和信托股权融资也各有不同。

根据《国家税务总局关于土地增值税清算有关问题的通知》(国税函〔2010〕220号)第三条关于房地产开发费用的扣除问题明确:①财务费用中的利息支出,凡能够按转让房地产项目计算分摊并提供金融机构证明的,允许据实扣除,但最高不能超过按商业银行同类同期贷款利率计算的金额。其他房地产开发费用,在按照"取得土地使用权所支付的金额"与"房地产开发成本"金额之和的5%以内计算扣除。②凡不能按转让房地产项目计算分摊利息支出或不能提供金融机构证明的,房地产开发费用在按"取得土地使用权所支付的金额"与"房地产开发成本"金额之和的10%以内计算扣除。

信托债务融资方面,房地产开发企业信托债务融资所支付的利息应该能够提供金融机构证明,比如融资合同及利息单据,且融资合同一般明确了具体开发项目专款专用,也可以做到按转让房地产项目计算分摊利息。但是应该注意,信托公司虽然属于金融机构但不属于商业银行,其所收取的利息及融资顾问费不会低于商业银行同类同期贷款利率计算的利息金额。如果按照据实扣除,房地产企业信托利息支出超过部分就不能计入开发费用扣除。另外,由于融资顾问费形式上取得的是服务业发票,能否作为利息资本化处理也较为牵强。因此,由于高额信托利息的扣除问题房地产企业难免损失土地增值税部分税收利益,客观上等于又增加了融资成本。

信托股权融资方面,与信托债务融资不同,房地产企业到期后需要股权溢价赎回信托公司所持股份,股权转让溢价所得即为信托公司实质上的利息收入,实质上也即为房地产企业的融资成本。信托股权融资由于不能够在税前列支融资成本,因此,企业会承担额外多缴的土地增值税和企业所得税。

【案例2-8】 房地产企业A公司的X项目预计总投资9亿元,项目前期已投入1亿元并取得了相应的《国有土地使用证》《建设用地规划许可证》和《建设工程规划许可证》以及《建筑工程施工许可证》。尽管开工证件齐全,但其2亿元的注册资本,不能满足30%最低投资的贷款政策要求,银行不提供信贷支持,工程面临资金断流。A公司为缓解资金紧张状况,吸收B信托投资公司2亿元股权融资,并办理X项目公司工商增资变更手续,正常施工后,剩余开发资金通过预售收入和银行信贷解决,从而满足了项目开发资金需要。双方合同约定,项目开发结束后,B信托公司持有的X项目公司2亿元股权由A公司以2.6亿元溢价赎回。

在这笔信托股权融资中,X项目公司吸收B信托公司资金,会计处理为"借:银行存款 贷:实收资本",按自有资金处理。B信托公司将来转让股权,X项目公司的会计处理仅改变股东结构即可,若A公司无力购买股权,则X项目公司可以按减资处理。但这样处理有一个问题,即A公司支付的股权融资费用难以作为土地增值税扣除项目。由于X项目公司取得的是股权融资,按照现行土地增值税政策规定,其融资成本也不能作为开发费用扣除,即便X项目公司直接按照10%计算可扣除开发费用,仍然会小于其实际融资成本,难免额外要多承担一笔土地增值税支出。

不仅如此,按照企业所得税法的规定,X项目公司的股权融资成本也不能够在税前列支,其融资成本0.6亿元(2.6-2)应在企业所得税后支出,不考虑土地增值税抵扣的因素,即相当于税前支付0.8亿元[0.6÷(1－25%)]融资费用。

三、明股实债融资税收风险

(一) 政策法规

明股实债的本质是借款,投资人要求对投出的本金能收回,并收取固定利息,根据上文提到的财税〔2016〕36号文件附件1中关于贷款服务的相关注释规定:以货币资金投资收取固定利润或者保底利润的,按照贷款服务缴纳增值税。按此规定,若投资人要求收取固定利润或保底利润,或者以强制分红、预分配、股权维持费等形式要求固定收益并不承担经营风险的,都构成了文件中所述的具有贷款性质的利息收入,应缴纳增值税。

明股实债业务构成即《国家税务总局关于企业混合性投资业务企业所得税处理问题的公告》(国家税务总局公告2013年第41号)中所述的混合性投资业务,该文第一条规定,企业混合性投资业务是指兼具权益和债权双重特性的投资业务。同时符合下列条件的混合性投资业务,按本公告进行企业所得税处理:①被投资企业接受投资后,需要按投资合同或协议约定的利率定期支付利息(或定期支付保底利息、固定利润、固定股息,下同)。②有明确的投资期限或特定的投资条件,并在投资期满或者满足特定投资条件后,被投资者没有或很少承担投资风险的一种投资,实际为企业一种融资形式投资企业需要赎回投资或偿还本金。③投资企业对被投资企业净资产不拥有所有权。④投资企业不具有选举权和被选举权。⑤投资企业不参与被投资企业日常生产经营活动。即只需达到条件,则借款人向投资人实际支付的利息可以所得税前扣除,同时股权投资与赎回的价差也可作为债务重组收益(损失)计入当期损失。

对借款人来说,同样一笔支出,若支付的是债务利息,可以在所得税前扣除,有抵税效果,对借款人更有利。若支付的是股权分红,则不能在税前扣除。但国家税务总局在适用利息税前扣除时又加入了上述5个条件,该文件的效果则大打折扣,实操中也很少企业能实际享受。

【案例2-9】 某A公司拟出资4亿元投资B公司进行高新项目研发及销售,但因研发资金不足,引入C公司投资1亿元,工商登记A公司股权出资占比80%,C公司股权出资占比20%。A公司与C公司约定,C公司每年按投资额的6%计算固定收益,不参与公司任何经营,待研发项目成功取得利润后一次性分红收益,且A公司需在3年后以1.1亿元回购C公司的20%股权。3年后研发项目成功并取得净利润1亿元,其中C公司按投资额1亿元计算每年6%收益,共取得分红1 800万元,剩余8 200万元归A公司分红所有,另A再以1.1亿元回购20%股权,C公司在账面按取得股息红利所得1 800万元纳税调减作免税所得,按取得股权转让收入1 000万元缴纳企业所得税。

对于被投资企业支付的利息,投资企业应于被投资企业应付利息的日期,确认收入的实现并计入当期应纳税所得额;被投资企业应于应付利息的日期,确认利息支出,并按《企业所得税法》和《国家税务总局关于企业所得税若干问题的公告》(国家税务总局公告

2011年第34号)第一条的规定,进行税前扣除。因此,上述案例中C公司收取的固定收益共计1 800万元,如果符合公告中的五个条件,投资企业应于被投资企业应付利息的日期,确认收入的实现并计入当期应纳税所得额,不能按股息红利所得作纳税调减。

四、集团"资金池"转贷税收风险

(一) 政策法规

根据财税〔2016〕36号文件附件1的相关规定,一般纳税人的贷款服务的增值税税率为6%。同时,根据附件中的《销售服务、无形资产、不动产注释》第一条第(五)项的规定,贷款是指将资金贷与他人使用而取得利息收入的业务活动,各种占用、拆借资金取得的收入,包括金融商品持有期间(含到期)利息(保本收益、报酬、资金占用费、补偿金等)收入、信用卡透支利息收入、买入返售金融商品利息收入、融资融券收取的利息收入,以及融资性售后回租、押汇、罚息、票据贴现、转贷等业务取得的利息及利息性质的收入,按照贷款服务缴纳增值税。

根据《企业所得税法实施条例》第三十八条的规定:非金融企业向金融企业借款的利息支出、金融企业的各项存款利息支出和同业拆借利息支出、企业经批准发行债券的利息支出准予扣除。

(二) 风险分析

1. 集团资金池有两种运行模式

(1) 通过结算中心管理资金池集团母公司设立的结算中心是办理集团内部各成员现金收付和往来结算业务的专门机构,一般隶属于财务部门,不具有法人资格,也不具备经营金融业务的许可。结算中心主要借助网上银行对资金池进行管理。根据集团与银行之间就资金池业务签订的协议,集团及纳入资金池管理的下属企业必须在指定银行开户,采取收支两条线的方式。一般情况下,集团结算中心对于上存资金的子公司,按照银行同期活期存款利率支付息;对使用资金的子公司,按照银行同期贷款利率收取利息。这样,集团结算中心的收入来源由两部分组成:一是资金池存款在银行与拨付下级公司之间存在的利差收入;二是向子公司收取的贷款利息。

集团公司在计算增值税时,将贷款利息收入全额计征增值税。根据与银行的协议,有些公司委托银行计算并代扣代缴,有些公司则自行计算缴纳。有的集团公司遵循谨慎性原则,未使用增值税发票。如中煤能源集团,其向下属公司收取的利息收入未给对方开具正式发票,主要是由于集团公司认为自身为非金融机构,无法针对利息使用发票。对于资金池内的子公司而言,子公司从资金池中取得的收入为将存款上拨至总公司账户从而取得的利息收入。对于这部分利息收入,总公司认为是子公司的存款利息收入,所以子公司在取得收入时也未缴纳增值税。

(2) 通过财务公司管理资金池。与结算中心管理资金池不同,财务公司是集团子公司之一,是经中国银监会批准成立的非银行金融机构,具有独立的法人地位。财务公司提供的服务类似于商业银行,主要功能是解决集团内部融资、资金信贷风险的平台。在运作中,财务公司同样采取收支两条线的管理,操作层面比结算中心模式更自由和便捷。简而言之,谁的钱入谁的账,用款自由,存款有息。在支付环节,成员单位可自主支配各自在财务公司账户上的存款,只需在集团公司系统中给财务公司一个申请用款指令,财务公司即会将款项随时划拨至成员单位的指定银行账户。在成员单位需要贷款时,可向财务公司申请,财务公司根据集团的长远规划,逐笔审批,将可动用资金池的资金贷予成员单位。

另外,也可通过银行同业拆借市场,调动资金满足成员单位用款需求。资金池只用于短期贷款,一般期限为3个月、6个月、1年。作为财务公司,其收入主要由三部分组成:①资金池在银行存款的利差收入。②向成员单位收取的贷款利息收入。③利用资金池资金做风险较小的一级证券市场的投资收入。由于财务公司的职能定位,投资收入只占一小部分。目前对于后两种收入,财务公司已按规定缴纳增值税,在票据使用上,主要使用自制的经银监局备案的票据,未使用增值税票。

2. 运行风险

结算中心管理的资金池模式下,子公司从集团公司结算中心收取存款利息,是资金占用而收到的收入,必须缴纳增值税。财务公司属于金融机构,资金池成员企业从财务公司取得的存款利息,和在银行取得存款利息一样不需要缴纳增值税。无论是资金结算中心模式,还是财务公司模式,只要是成员企业从资金池借入资金,都属于企业拆借行为,因此,集团母公司向成员企业收取的资金池借(贷)款利息应缴纳增值税。

由于财务公司属于非银行金融机构,成员单位支付给它的利息支出可全额扣除。而采用结算中心管理的资金池,成员单位的利息支出则只能在不超过金融企业同期同类贷款利率计算的金额内准予扣除。

无论是财务公司还是结算中心的管理模式,集团母公司与成员企业都会形成关联关系。为了实现企业集团利益最大化,为了减轻集团整体的税收负担,集团企业往往借助关联企业相互之间的存贷款,通过资金池设定不同的存贷利率水平调节公司利润。为防止关联企业通过转让定价的方法转移利润,操纵整个集团所属企业的税负水平,《企业所得税法》规定,企业与关联方的业务往来不符合独立交易原则而减少企业或其关联方应纳税所得额的,税务机关可以按照符合独立交易原则的定价原则和方法进行调整。另外,《财政部 国家税务总局关于企业关联方利息支出税前扣除标准有关税收政策问题的通知》(财税〔2008〕121号)文件规定,一般企业的关联债资比为2∶1,项目公司从资金池接受的债权性投资(借款)与权益性投资超过2∶1部分而发生的利息支出,不得在计算应纳税所得额时扣除。

在实务中,税务机关对财务公司开具的经银监局备案的票据通常予以认可,各子公司可以凭此票据做税前扣除;而对结算中心开具的收据,税务机关通常认定为不合规票据,不允许在所得税税前列支。此时企业可到税务机关代开利息发票,但代开利息发票时,税务机关则要求收取利息的企业缴纳增值营业税及附加,收取利息为个人的,还要缴纳股息红利个人所得税。

根据《印花税暂行条例》规定,在借款合同中,银行及其他金融组织和借款人(不包括银行同业拆借)所签订的借款合同按借款金额0.05‰贴花,纳税义务人为立合同人,单据作为合同使用的,按合同贴花。因为财务公司属于金融组织,所以,它和子公司签订的借款合同应缴纳印花税;而结算中心不是金融机构,它与项目公司签订的借款合同不用缴纳印花税。

【案例2-10】 某集团公司是一家以工业为主体,集商贸、房地产开发、科研、宾馆服务、金融投资于一体的综合性大型企业集团,税务审计时发现该集团公司应收应付往来款金额达数十亿,经调查是与旗下的关联方之间的融资款。部分融资款是集团从银行等金融机构借入后分借给关联企业,并按支付给金融机构的借款利率水平向关联企业收取利息,未发现涉税问题;但是还有部分融资款是集团通过无偿占用下属企业资金再分拨给其他企业使用,违反关联企业间独立交易原则相关税收政策,存在严重的税务风险。按《企业所得税法》规定,税务机关核定其下属拆出资金企业利息收入并按规定缴纳企业所得税。

五、融资租赁税收风险

(一) 政策法规

财税〔2016〕36号文件明确规定(不含营改增之前的选择延续处理的业务):区分融资租赁和融资性售后回租业务。①融资租赁是指经人民银行、银监会或者商务部批准从事融资租赁业务的试点纳税人,提供融资租赁服务,以取得的全部价款和价外费用,扣除支付的借款利息(包括外汇借款和人民币借款利息)、发行债券利息和车辆购置税后的余额为销售额。②融资性售后回租业务是指经人民银行、银监会或者商务部批准从事融资租赁业务的试点纳税人,提供融资性售后回租服务,以取得的全部价款和价外费用(不含本金),扣除对外支付的借款利息(包括外汇借款和人民币借款利息)、发行债券利息后的余额作为销售额。

《财政部 国家税务总局 海关总署关于深化增值税改革有关政策的公告》(财税〔2019〕39号)规定,有形动产融资租赁服务适用税率13%,不动产融资租赁服务适用税率9%,融资性售后回租服务按照"贷款服务"适用税率6%。

对于税收优惠,经人民银行、银监会或者商务部批准从事融资租赁业务的试点纳税人中的一般纳税人,提供有形动产融资租赁服务和有形动产融资性售后回租服务,对其增值税实际税负超过3%的部分实行增值税即征即退政策。这里需要注意的是,不动产融资租赁服务和融资性售后回租不能享受即征即退优惠政策。老合同可选择适用政策。试点纳税人根据2016年4月30日前签订的有形动产融资性售后回租合同,在合同到期前提供的有形动产融资性售后回租服务,可继续按照有形动产融资租赁服务缴纳增值税。

对于承租人,根据《企业所得税法实施条例》第四十七条的规定:以融资租赁方式租入的固定资产发生的租赁费支出,按照规定构成融资租入固定资产价值的部分应当提取折旧费用,分期扣除。根据《企业所得税法实施条例》第五十八条的规定:融资租入的固定资产,以租赁合同约定的付款总额和承租人在签订租赁合同过程中发生的相关费用为计税基础,承租合同未约定付款总额的,以该资产的公允价值和租赁人在签订租赁合同过程中发生的相关费用为计税基础。根据《国家税务总局关于融资性售后回租业务中承租方出售资产行为有关税收问题的公告》(国家税务总局公告 2010 年第 13 号)的规定:融资性售后回租业务中,承租人出售资产的行为,不确认为销售收入,对融资性租赁的资产,仍按承租人出售前原账面价值作为计税基础计提折旧。租赁期间,承租人支付的属于融资利息的部分,作为企业财务费用在税前扣除。

(二)风险分析

融资租赁的两种业界操作方式:一种是直租租赁,这是最为传统的租赁方式,形式上就是购入融资方所要使用的设备等资产再出租,所有权属于融资租赁公司;另一种是售后回租,是典型的融资方式,并非真的有设备需求,而是承租方以自己拥有的旧设备售后回租的方式进行融资。售后回租大大冲击了银行业的正常业务,但是目前仍是主流的操作方式在存在着。

【案例 2-11】 A 公司是一家美国公司。长期与德国的 B 公司合作。B 公司厂房设施建立在 A 公司内,为其提供氢气,氢气的价格由两家公司根据市场价格而定。由于处于长期合作关系,A 与 B 签订了一份氢气供气协议书,协议书有效期为 15 年,协议书内容主要阐明供应氢气外,还另载明每月支付 82 万元(不含税)的基本气费的费用,这笔费用是不管生产还是不生产,都必须支付(但是,根据居民消费价格指数 CPI 的变化,有可能每月支付对方的金额大于 82 万元)。A 公司以此为依据,做了一份融资租赁资产报告,确认的融资租赁固定资产价值为 4 624 万元,长期应付款 11 615 万元。A 公司认为,该项协议的融资租赁资产符合《企业会计准则第 21 号——租赁》的确认条件,即使资产的所有权不转让,但租赁期占租赁资产使用寿命的大部分。由此 A 公司将其确认为融资租赁资产,并于 2011 年报主管税务机关备案。

税务机关于 2013 年 6 月对 A 公司进行 2012 年所得税专项检查。经账面检查发现,A 公司 2012 年营业利润大幅度下滑,影响 A 公司营业利润下滑的主要原因不是市场因素,而是融资租赁资产影响公司利润。

A 公司的会计处理如下:

合同条款每月支付给 B 公司 82 万元的基本气费视同融资资产费用,以 2012 年 12 月记账凭证为例。

(1)确定费用时的会计处理。

借:制造费用——生产过程其他消耗　　　　　　　　　　847 448
　　贷:应付账款——非关联公司 RNI(B)　　　　　　　　847 448

(2)收到发票时的会计处理。

借:应付账款——非关联公司 RNI　　　　　　　　　　847 448
　　应交税金——进项税额　　　　　　　　　　　　　144 066.2
　　贷:应付账款——非关联公司　　　　　　　　　　　991 514.2

（3）分配融资资产费用的会计处理。

借：财务费用——利息支出　　　　　　　　　　　　　　521 149.37
　　制造费用——生产过程其他消耗　　　　　　　　　338 461.46
　　贷：制造费用——生产过程其他消耗　　　　　　　　　　847 448

注：贷方与借方产生的差额12 162.83元，是美方账与中方账产生的差异调整的制造费用，实际并未支付。

（4）折旧费的会计处理。

借：制造费用——折旧费　　　　　　　　　　　　　　385 341.67
　　贷：累计折旧　　　　　　　　　　　　　　　　　　　385 341.67

以上4笔分录，证明该公司每月支付给B公司82万元（不含税），会计上确认的固定资产原值4 624万元，按10年计提折旧。

综合上述会计处理，一笔融资租赁资产，既作为生产过程中的制造费用，进入当期的生产成本，又当作融资租赁资产计提了固定资产折旧，增加了制造费用。根据《财政部国家税务总局关于将铁路运输和邮政业纳入营业税改征增值税试点的通知》（财税〔2013〕106号），及该文件附件二《营业税改征增值税试点有关事项的规定》第一条第（四）款第1项对融资租赁公司的销售额进行的规定，融资租赁资产使用权应在A公司，而A公司视同融资租赁的资产使用权在B公司。A公司确定的融资租赁资产其实质是根据企业会计准则的实质重于形式及谨慎性原则进行了单方面的确认，B公司并未确定其资产中有融资租出资产，B公司总固定资产为39 928 921.59元，已全部计提折旧4 299 118.95元，账务未处理。以上证据表明，A公司所谓的"融资租赁资产"，不符合税法规定的融资租赁资产条件。

六、职工融资税收风险

企业与个人股东间借款的涉税风险主要体现在两方面：一方面，企业无偿借用个人股东的借款需要缴纳营业税（营改增之后缴纳增值税）；股东无偿借用公司资金在年末没有归还的，则要缴纳20%的个人所得税。另一方面，个人股东以其房屋或车辆向银行抵押贷款后，再贷给其企业使用，企业代股东付给银行的利息不能在企业所得税前扣除，因为款项是股东向银行贷的，银行发出的利息票据上的付款人是股东的名字，在税前计入成本得不到税务局的认可。

针对以上税收风险，采取下列防范措施：①企业使用个人股东的借款应支付利息。根据《关于企业向自然人借款的利息支出企业所得税税前扣除问题的通知》（国税函〔2009〕777号）文件的规定，企业应与股东签订借款合同，向股东借款的总额在一个会计年度内不高于股东在公司内的注册资本的2倍，同时要到当地税务局去代开发票入账。股东借用公司资金必须支付利息（在一个会计年度内可以无偿或在一个会计年度末必须把向公司借的钱归还给公司）。②投资者不能将企业资金用于消费性支出或财产性支出，否则视为企业对个人投资者的股利分配，要缴纳20%的个人所得税。③如果股东向银行贷款，再把资金贷给自己企业使用，必须在贷款合同中的"资金使用用途"一栏中注明企业使用，然后与银行协商,把银行贷款直接汇入企业账号。但根据实质重于形式的原则,可以在税前进行扣除。

【案例 2-12】 王某从银行贷款 50 万元借给 A 企业使用,王某是 A 企业的正式员工。企业支付给个人员工的利息支出,如何列支?王某需要给 A 企业代开发票吗?

银行向自然人王某贷款 50 万元,属于贷款服务,按财税〔2016〕36 号文件规定,收取利息收入时按 6% 税率缴纳增值税,按规定银行需向王某开具增值税普通发票。按照印花税税目税率表及相关法规规定,银行及其他金融组织和借款人(不包括银行同业拆借)所签订的借款合同按借款金额 0.05‰ 借贷双方贴花,银行应缴纳印花税 25 元。王某将向银行借款 50 万元后再转贷款给 A 企业,也属于贷款服务。按照财税〔2016〕36 号文件的相关规定,王某可以向税务局申请代开增值税普通发票,代开发票时税务局按现行规定代扣增值税、城建税及附加等税费。王某取得利息收入按照"利息、股息、红利"税目征收个人所得税,利息所得以个人每次取得的收入额为应纳税所得额,不得从收入额中扣除任何费用,即应纳个人所得税=利息收入额×20%。

A 企业向其员工王某借款属于民间借贷,二者不属于关联方,则 A 企业的利息支出税前扣除受借款利率方面因素的限制。根据《国家税务总局关于企业向自然人借款的利息支出企业所得税税前扣除问题的通知》(国税函〔2009〕777 号)的规定,企业向股东或其他与企业有关联关系的自然人以外的内部职工或其他人员借款的利息支出,其借款情况同时符合以下条件的,其利息支出在不超过按照金融企业同期同类贷款利率计算的数额的部分,根据《企业所得税法》第八条和《企业所得税法实施条例》第二十七条规定,准予扣除。但准予扣除的前提是企业与个人之间的借贷是真实、合法、有效的,并且不具有非法集资目的或其他违反法律、法规的行为;企业与个人之间签订了借款合同。

且借款利息必须符合如下条件才可以税前扣除:①必须取得代开增值税普通发票。②提供同期同类贷款利率情况说明。③与生产经营活动有关的利息支出。④企业与个人之间的借贷是真实、合法、有效的,并且不具有非法集资目的或其他违反法律、法规的行为。⑤企业与个人之间签订了借款合同。

借款产生的印花税也存在税收风险,按照印花税税目税率表及相关法规规定,银行及其他金融组织和借款人(不包括银行同业拆借)所签订的借款合同按借款金额 0.05‰ 借贷双方贴花,A 企业与自然人王某签订的借款合同不需要缴纳税印花税。

第三节 企业投资的涉税风险分析

一、固定资产投资涉税风险

(一)政策法规

固定资产有不同的取得方式,不同方式会导致不同的税负。固定资产的取得方式主要有租赁方式和购买方式。两种方式都要承担税负，但由于性质的不同，在所得税扣除项目上存在差异，因此，两种方式缴纳所得税也存在巨大的差异。一般来说，租赁与购买比较，租赁可获得双重好处：①可以减轻和降低因长期拥有机器设备而承受的负担和风险，可以避免企业购买机器设备的资金负担和免遭设备陈旧过时的风险。②可在经营活动中以支付租金的方式冲减企业的利润，从而减轻税负。同时，租金的支付比较稳定，与购买机器设备相比，具有较大的均衡性。租赁支付租金的方式可在签订合同时双方共同商定，这样承租企业可从减轻税负的角度出发，通过租金的平衡支付使利润在各个年度均摊，以减轻税负。

《财政部 国家税务总局关于租入固定资产进项税额抵扣等增值税政策的通知》（财税〔2017〕90号）规定，2018年1月1日起，纳税人租入固定资产、不动产，既用于一般计税方法计税项目，又用于简易计税方法计税项目、免征增值税项目、集体福利或者个人消费的，其进项税额准予从销项税额中全额抵扣。

根据《企业所得税法实施条例》第四十七条的规定，企业根据生产经营活动的需要租入固定资产支付的租赁费，按照以下方法扣除：①以经营租赁方式租入固定资产发生的租赁费支出，按照租赁期限均匀扣除。②以融资租赁方式租入固定资产发生的租赁费支出，按照规定构成融资租入固定资产价值的部分应当提取折旧费用，分期扣除。

（二）风险分析

常见的固定资产涉税风险包括下列内容：

（1）固定资产处置所得，未计入应纳税所得额。应核查其他业务收入、其他应付款等科目，审核资产处置合同，看是否按《企业所得税法》规定进行纳税调整。

（2）固定资产损失未按规定审批直接在税前申报扣除，未作纳税调整。应核查企业发生的资产损失是否经过审批或申报后在税前扣除，申报的损失是否符合税法文件规定。政策依据：《企业资产损失所得税税前扣除管理办法》（国家税务总局公告2011年第25号）第五条。

（3）无形资产摊销年限不符合税法规定，未作纳税调整。应核查企业累计摊销科目中发生摊销时间是否低于税法规定的最低摊销年限。政策依据：《企业所得税法实施条例》第六十七条。

（4）停止使用的固定资产继续计提折旧，未作纳税调整。应核查长期停工费用科目，结合企业财务报告，审核停工项目费用明细，对不符合《企业所得税法》规定的项目进行纳税调整。

（5）将固定资产作为低值易耗品核算，一次性列支，未作纳税调整。应审查周转材料或低值易耗品等科目，将应按固定资产核算的低值易耗品，进行纳税调整。

（6）不征税收入形成资产折旧在税前扣除，未作纳税调整。如企业取得来源于政府有关部门的港建费补贴，按不征税收入确认，但支出所形成的资产仍然计提折旧在税前重复扣除。政策依据：《企业所得税法实施条例》第二十八条和《财政部国家税务总局关于专项用途财政性资金有关企业所得税处理问题的通知》（财税〔2009〕87号）规定，应核查企业取得来源于政府及其有关部门的财政补助、补贴、贷款贴息和港建费分成收入等不征税财政专项资金,其支出所形成的费用,或其资产所形成的折旧、摊销是否在计算应纳税所得额时扣除。

【案例2-13】 某设计公司作为固定资产管理的计算机已经老化,严重影响了工作效率,公司决定全部更换成新的计算机。更换计算机现有两个方案,一是自购,二是租赁。假设该公司要更换200台计算机,如果自购,价格为3 000元/台(含税价),收到计算机后款项于1周内一次付清;如果租赁(可以取得13%的增值税专用发票),租金为第一年150元/月,第二年80元/月,第三年30元/月,于每年末付款。

(1) 选择自购方式。

采购200台计算机的现金支出＝200×3 000＝600 000(元);

200台计算机的进项税额可节省附加税＝增值税×(7%＋3%)＝69 026.55×10%＝6 902.66(元);

200台计算机的折旧每年可以节省企业所得税(3年合计)＝168 141.59×3×25%＝126 106.19(元);

3年后200台计算收回残值＝200×3 000×5%＝30 000(元);

3年后收回残值应纳增值税＝(200×3 000×5%)÷(1＋13%)×13%＝3 451.33(元);

3年后收回残值应纳附加税＝3 451.33×(3%＋7%)＝345.13(元)。

因此,采用选择自购方式,在不考虑时间价值因素前提下,净现金支出(不考虑计算使用中带来的收入)＝600 000－6 902.66－126 106.19－30 000＋3 451.33＋345.13＝440 787.62(元);考虑时间因素,折现率按3年期的银行贷款利率9%计算,自购净现金支出的现值＝(600 000－6 902.66－168 141.59)×25%×(P/A,9%,3)－30 000×(F/A,9%,3)＋(3 451.33＋345.13)×(F/A,9%,3)＝400 776.54(元)。

(2) 选择租赁方式。租赁费支出如下:

第一年支出＝150×200×12＝360 000(元);

第二年支出＝80×200×12＝192 000(元);

第三年支出＝30×200×12＝72 000(元);

租赁费支出合计624 000元。

200台计算机租赁费的进项税可节省附加税如下:

第一年节省＝360 000÷(1＋13%)×13%×(7%＋3%)＝4 141.59(元);

第二年节省＝192 000÷(1＋13%)×13%×(7%＋3%)＝2 208.85(元);

第三年节省＝72 000÷(1＋13%)×13%×(7%＋3%)＝823.32(元);

节省附加税合计7 173.76元。

采用租赁费节省企业所得税可按照租赁期限均匀扣除来计算,每年可节省企业所得税＝(150＋80＋30)×200×12×25%÷3＝52 000(元)。因此,选择租赁方式,在不考虑时间价值因素的前提下,净现金支出为(不考虑计算使用中带来的收入)458 933.34元;考虑时间因素,折现率按3年期的银行贷款利率9%计算,租赁净现金支出的现值＝

$360\ 000\times(F/A,9\%,1)+192\ 000\times(F/A,9\%,2)+72\ 000\times(F/A,9\%,3)-4\ 141.59\times(F/A,9\%,1)-2\ 208.85\times(F/A,9\%,2)-823.32\times(F/A,9\%,3)-52\ 000.00\times(P/A,9\%,3)=404\ 218.87(元)。$

通过比较两种方式现金支出计算结果可知,在不考虑时间因素情况下,自购方式现金支出 400 776.54 元小于租赁方式的 458 933.34 元,因此不考虑时间因素选择自购方式能让企业税后利益最大化。如果把时间因素考虑进去,结论恰恰相反,租赁方式更能让企业税后利益最大化(440 787.62 元大于 404 218.87 元)。

二、金融产品投资涉税风险

(一) 政策法规

根据《财政部 国家税务总局关于全面推开营业税改征增值税试点的通知》(财税〔2016〕36 号)和《财政部国家税务总局关于明确金融房地产开发、教育辅助服务等增值税政策的通知》(财税〔2016〕140 号)的规定,金融商品转让,是指转让外汇、有价证券、非货物期货和其他金融商品所有权的业务活动。而其他金融商品转让包括基金、信托、理财产品等各类资产管理产品和各种金融衍生品的转让。

(二) 风险分析

由于实体投资金额大、回收期限长,很多企业选择将闲置资金用于金融投资,如购买基金产品、信托产品或银行理财产品等金融产品。该类金融产品一般可以分为保本收益和非保本收益,以下将从增值税角度分析机构投资者购买理财产品的税务筹划情况,从而了解投资的涉税风险。

对于非保本理财产品,若机构投资者(包括一般纳税人和小规模纳税人,下同)持有至到期,收回的投资款及收益均不需要缴纳增值税。若未持有至到期,一般纳税人按转让金融商品、税率 6% 缴纳增值税,收益不需要缴纳增值税;小规模纳税人按转让金融商品、征收率 3% 缴纳增值税,收益不需要缴纳增值税。对于保本理财产品,若机构投资者持有至到期,收回的投资款不缴纳增值税,但是持有期间取得的收益缴纳增值税,一般纳税人按税率 6% 缴纳,小规模纳税人按征收率 3% 缴纳。若未持有至到期,一般纳税人转让金融商品和取得收益均按税率 6% 缴纳增值税;小规模纳税人转让金融商品和取得收益均按征收率 3% 缴纳增值税。因此,机构投资者可以登记为一般纳税人或小规模纳税人,选择收益不同或持有期限不同的金融产品进行增值税税务安排。

【案例 2-14】 甲公司为一般纳税人,2020 年 11 月初购买了两款理财产品,本金均为 100 万元,期限均为 30 天,其中:A 理财产品,购买合同中明确约定承诺到期可收回全部本金,预计月化收益率为 0.35%;B 理财产品风险较大,甲公司在购买时被要求签署了相关风险承诺书,预计月化收益率为 0.4%;2020 年 12 月初,两款理财产品到期,甲公司收回投资款,分别取得收益为 3 500 元和 4 000 元。

对于 A 理财产品,属于保本收益理财产品,按金融服务-贷款服务(6%)缴纳增值税,因此取得3 500元收益时,应交增值税=3 500÷1.06×6%=198.11元;对于B理财产品,属于非保本收益理财产品,其在持有期间取得的4 000元收益,不属于利息或利息性质的收入,不缴纳增值税;该两类产品若在到期前转让,按金融商品转让(按照卖出价扣除买入价的余额为销售额)缴纳增值税,转让金融商品出现的正负差,按盈亏相抵后的余额为销售额,但是不可以跨年相抵,也不得开具增值税专用发票。

如果甲公司购买的A理财产品和B理财产品均在2020年11月中赎回(未到期赎回),赎回金额均为110万元,两款理财产品在持有期间取得的收益分别为1 000元和2 000元。对于A保本理财产品,其到期前赎回,按金融服务-金融商品转让(6%)应交增值税=(1 100 000-1 000 000)÷1.06×6%=5 660.38元,其在持有期间取得的1 000元收益按金融服务-贷款服务(6%)缴纳增值税,应交增值税=1 000÷1.06×6%=56.60元,合计应纳增值税=5 660.38+56.60=5 716.98元;对于B非保本理财产品,其到期前赎回,按金融服务-金融商品转让(6%)应交增值税=(1 100 000-1 000 000)÷1.06×6%=5 660.38元,其在持有期间取得的2 000元收益,不属于利息或利息性质的收入,不缴纳增值税,合计应纳增值税为5 660.38元。

三、长期股权投资涉税风险

(1) 对外投资时。投资额为实际缴纳的金额而不是认缴金额,如果在未完成认缴期间将股权转让,在计算税款时允许扣除的金额是实际缴纳的金额,因此在股权转让协议中一定要明确双方对未认缴部分是如何处理的,否则会导致多缴税款。对于代持股,目前在法律上对代持股问题争论较多,在税收上,除了《国家税务总局关于企业转让上市公司限售股有关所得税问题的公告》(国家税务总局公告2011年第39号)对限售股代持问题加以承认之外,基本上只承认股权的显名股东,代持股之间的更名视为股权转让,需要缴纳税款。

(2) 在持有股权期间。无论是以现金还是非货币性资产对股东进行分配,都要按照利息股息红利所得项目缴纳个人所得税,如果分配的非货币性资产涉及房产、股权等资产,还需要对资产的价值进行评估确定。目前,除用非货币性资产增资(参照本文上面非货币性资产投资的税收风险)外,目前没有税务文件明确对增资过程征收税款。但不公平增资应视同股权转让。

(3) 出售股权时。根据《国家税务总局关于发布〈股权转让所得个人所得税管理办法(试行)〉的公告》(国家税务总局公告2014年第67号)的规定,股权转让应按照财产转让征收个人所得税。对股权的卖价是否公允、股权原值如何确定、税务机关是否核定等问题都存在税收风险。对于股权转让后取得的后续收入,要并入此次转让所得中征税,但后续产生的损失,税务机关不予考虑,也不允许退税。如果公司回购股权,无论谁接手股权,对放弃股权方都视为股权转让,应当缴纳个人所得税。

(4) 发行人首次公开发行新股时,被投资企业股东将其持有的股份以公开发行方式一并向投资者发售。虽然没有转让协议,但仍然视为股权转让。换股形式的重组,双方均视为股权转让,与出售股权的税收风险相同,但有可以分期 5 年缴纳税款的优惠。除换股之外的以股权进行其他非货币性交易,虽然转让方没有获得现金,但仍视为股权转让,纳税义务发生后就要全额缴纳税款,无法享受分期 5 年缴纳税款的优惠,且存在税务机关核定股权转让收入和取得的非货币性资产要进行评估的双重风险。

(5) 股东撤资时,根据《国家税务总局关于个人终止投资经营收回款项征收个人所得税问题的公告》(国家税务总局公告 2011 年第 41 号)文件的规定,对个人因各种原因终止投资、联营、经营合作等行为,视为股权转让,按照财产转让所得征收个人所得税。企业改制,就是按照净资产进行折股,因此对于个人股东,应该对企业留存收益部分按照利息股息红利所得征收个人所得税。

(6) 转让企业内部股权时,对于根据相关法律、政府文件或企业章程规定,并有相关资料充分证明转让价格合理且真实的本企业员工持有的不能对外转让股权的内部转让,可以低价或平价转让股权,也就是说不会产生税款。目前很多税收筹划都想利用这条实现合理避税的目的,但这种内部股权并不是真正意义上的股权,它是只作为取得股息红利依据的股权,只存在于企业内部不能对外转让。

2015 年 1 月 1 日(执行国家税务总局发布的《股权转让所得个人所得税管理办法(试行)》的公告)前,对赠与或无偿让渡股权不征税,因而很多人通过制定阴阳合同而逃避税款。目前,非合理性的赠与或无偿让渡股权要视为股权转让,对赠与人或让渡人要核定转让收入,按照财产转让所得征收个人所得税。这个合理性,目前文件只明确直系亲属之间的赠与视为合理,其他原因是否为合理需要税务机关界定,因此采用此方法筹划风险很大。

【案例 2-15】 A 有限责任公司和 B 集团有限公司共同出资成立 C 投资管理有限公司,初始投资为 1.2 亿元。2016 年 1 月,A 公司新增出资 2.7 亿元,并与 B 集团签订《股权(增资部分)回购协议》,约定了回购时间和回购价格。A 公司于 2016 年 7 月收回投资款,实现投资收益 1 036 万元。

案例中,税务机关和企业就增资款的性质产生了争议。A 公司财务经理认为,增资款为股权投资,该笔收益为股权转让收入,且被投资方为非上市公司,股权不属于有价证券范畴,不需缴纳增值税。税务机关认为,根据《财政部 国家税务总局关于全面推开营业税改征增值税试点的通知》(财税〔2016〕36 号)中关于贷款服务的定义,金融商品持有期间(含到期)利息包括保本收益收入,应按照贷款服务缴纳增值税。A 公司在此次投资中最低能获得 7% 的年回报率,具有保本收益性质,应补缴增值税。最终经过反复沟通,企业认可了税务机关的意见,并作了相应整改。

案例中,A 公司的股权投资属于明股实债,是一种介于股权和债权的特殊投资结构。形式上来看,A 公司以股权投资方式投资于目标公司,但从实质上看,通过定期固定收益、回购权利设置等刚性兑付的保本约定,使 A 公司不承担股权投资风险,实质上具备债权投资的属性。在这种投融资安排中,一方面,融资方可以满足资金需求,在账目上扩大股本金,不占用授信额度,有效降低资产负债比;另一方面,投资方可以在较低风险前提下获得相应收益,并利用模糊的经济性质来规避纳税义务。同时,在会计核算中,投资方把债权投资包装成股权投资,使得这种交易模式更具隐蔽性。因此,在是否纳税的问题上,企业一定要透过现象看本质,根据交易实质来判定纳税义务,否则将带来税务风险。

第四节　企业投融资涉税风险管理

一、企业融资涉税风险管理

对于筹入资金缺乏依据,导致多计费用。要确保筹入资金记录的真实性、准确性。财务部门要对筹资进账单、批文、借款合同等原始凭证进行详细审核并保存,据以登记入账。必要时,抽查部门融资财务记录,检查财务部门是否保存融资相关资料,并进行审核。

对于财务信息不能完整、真实反映融资、担保行为,导至多计费用。为确保所有的融资行为均得到准确记录。财务部门定期获取贷款卡查验信息,核对债券融资的真实、完整性。

按照融资过程中的风险点:如贷款使用企业与利息负担企业不一致。从非金融机构借款利息支出超过按照金融机构同期同类贷款利率计算的数额,未进行纳税调整。从关联方接受的债权性投资与权益性投资的比例超过规定标准而发生的利息支出,是否按税法规定进行调整;是否将资本化支出(购置、建造固定资产、无形资产和经过 12 个月以上的建造才能达到预定可销售状态的存货发生借款的,在有关资产购置、建造期间发生的合理的借款费用,应当作为资本性支出)计入"财务费用"账户;是否将发行债券的利息支出,计入"财务费用"账户。因特别纳税调整而被加收的利息,已按照会计准则的规定计入当期损益的,是否按税法规定调增应纳税所得额。购入交易性金融资产和可供出售金融资产时,支付的交易费用(手续费、经纪人佣金)和交易税金不计入对外投资的成本,而是计入期间费用在税前扣除。

对于以上风险点,结合"短期借款""长期借款"账户,检查每笔贷款的金额、利率、用途、贷款期限和利息支付方式,查清每笔借款资金的流向,核实有无转给其他单位使用并为其负担利息的情况。检查有关凭证,核实有无将高于金融机构同类、同期利率以上的利息支出计入财务费用。审查企业成立章程,核实企业资金来源、购销渠道,确定企业间是否在资金、经营、购销等方面存在直接或者间接的控制关系;是否直接或者间接地同为第三者控制;是否在利益上具有相关联的其他关系,以此确认双方企业是否构成关联关系;检查借款合同,明确关联企业投资的性质;检查企业从其关联方接受的债权性投资与权益性投资的比例是否超过规定标准,不超过标准的借款利率是否超过金融机构同类、同期利率。结合"长期借款"账户贷方发生额与"在建工程"账户借方发生额及相关贷款合同相互核对,核实有无将固定资产竣工决算前或建造期在 12 个月以上,才能达到预定可销售状态的存货发生的利息计入财务费用,检查列入财务费用的资本利息支出是否真实、合理。

二、企业投资涉税风险管理

企业投资一般存在以下风险：投资记录和核算不准确、不完整，缺乏监督留痕，导致少计投资收益，投资成本费用化。为确保有关投资财务信息准确、有效，进行了完整的核算。财务部门建立投资备查账，对财务记录进行补充，并与财务记录保持一致。财务部门保管有关投资协议、审批程序、权益证书等书面文件的副本。财务部门的备查或财务记录与投资部门的记录定期核对。对于股权投资项目，财务部定期获取被投资单位的财务报表、经营情况、会计政策等资料，进行相应的会计核算（如权益法，准备计提）。向财务部门获取定期了解被投资单位有关资料，检查核算的正确性和及时性。

对于长期股权投资，应关注自产、委托加工或购买的货物用于对外投资，是否按视同销售申报纳税；或者计税依据错误，少缴增值税。其他还应关注：①投资转让所得挂往来账或应付职工薪酬。②多计投资转让成本，少计投资转让所得。③多计股权投资转让损失。④超限额弥补股权投资转让损失。⑤重复弥补以前年度股权投资转让损失。

对于持有金融资产，持有"交易性金融资产""持有至到期投资""可供出售金融资产"期间，关注是否有以下涉税问题：利用"应收利息"等往来账户截留投资收益；将实现的投资收益直接用于发放职工福利；将实现的投资收益作为投资成本的收回；滥用溢（折）价摊销少计债券投资利息收入；利用会计权益法确认的长期股权投资损失冲减当期投资收益；取得的股票红利不并入应纳税所得额。

第三章 企业生产经营涉税风险分析

第一节 销售和取得收入的涉税风险分析

一、价外费用涉税风险

（一）政策法规

企业经营取得销售收入首先面对增值税及附加税的纳税义务，按照 2017 年新修订的《中华人民共和国增值税暂行条例》第六条规定，增值税所指的销售额为纳税人发生应税销售行为收取的全部价款和价外费用，但是不包括收取的销项税额。其中关于价外费用在《增值税暂行条例实施细则》第十二条特别规定：价外费用，包括价外向购买方收取的手续费、补贴、基金、集资费、返还利润、奖励费、违约金、滞纳金、延期付款利息、赔偿金、代收款项、代垫款项、包装费、包装物租金、储备费、优质费、运输装卸费以及其他各种性质的价外收费，但不包括下列项目：①受托加工应征消费税的消费品所代收代缴的消费税。②同时符合条件的代垫运输费用。③同时符合条件代为收取的政府性基金或者行政事业性收费。④销售货物的同时代办保险等而向购买方收取的保险费，以及向购买方收取的代购买方缴纳的车辆购置税、车辆牌照费。

营改增后关于价外费用的界定发生了变化，根据《财政部 国家税务总局关于全面推开营业税改征增值税试点的通知》（财税〔2016〕36 号）第三十七条规定，价外费用，是指价外收取的各种性质的收费，但不包括以下项目：①代为收取并符合本办法第十条规定的政府性基金或者行政事业性收费。②以委托方名义开具发票代委托方收取的款项。不再强调向购买方收取，不再列举价外费收费名目，同时采用了反向排除法，哪些不属于价外费用。

（二）风险分析

增值税暂行条例中之所以对价外费用进行了详细规定，是因为很多企业在实际取得销售收入时，将原本属于营业收入中的一部分进行分离，列入"营业外收入"故意规避增值税，并将这部分收入在合同中列入手续费、奖励费、包装费、延期付款利息、赔偿费等内容，以区别于合同中的主要收入，从而规避了这部分收入应缴纳的增值税。

然而，也并非所有的价外费用均需列入营业收入缴纳增值税，企业对收入性质判断不准，容易造成多缴税收或少缴税收面临稽查风险。企业应从收入性质上判断，如果一项收入并未对应有发生增值税的应税项目，则这种情况下收取的诸如手续费、违约金等就肯定不需要缴纳增值税。如合同还没有实施就终止了，其中任何一方收取违约方支付的违约金。而如果是销售方向购买方支付的诸如手续费、违约金等也不需要缴纳增值税。此外，税收法规明确排除不属于价外费用的不需要缴纳增值税。而如果符合应税性和方向性两个条件，销售方收取的各种性质的收费，就要缴纳增值税了，同时要注意经济利益的流入方不一定仅仅局限于购买方，还可能包括第三方。也就是说销售方取得的各种经济利益包括但不限于购买方支付的。

价外费用在开票处理上,与价款在税目上具备同质性,也就是说,不管价外费用是属于什么性质的收费,它都应当和价款选择同一个税目计缴增值税,使用同一个编码开具发票。例如:建筑服务—违约金、建筑服务—延期付款利息等。价外费用开专票还是普票,和所销售的货物、劳务、服务、无形资产、不动产应保持一致。例如:热力-采暖费-违约金,如果是居民供热开的是免税发票,则该违约金也是免税发票;如果放弃免税,那开具的就是带税率的发票。会计处理上,单位收到价外费用,要根据税法和会计制度的规定,结合业务实质进行判断,不宜一刀切处理。价款价费可能计入主营业务收入、其他业务收入、营业外收入、冲减财务费用等会计科目。

【案例3-1】 甲公司与乙公司签署产品供应协议,约定由甲公司向乙公司供应商品10万件,其中,该商品某零部件由乙公司提供,甲公司将零部件组装入商品后向乙公司交货。后因乙公司未向甲公司提供该零部件,致使甲公司无法交付商品。甲公司向人民法院提起诉讼。人民法院判令乙公司向甲公司支付补偿款,补偿款金额=(商品单价−某零部件装配工资−包装工资−运费−利润−税费)×商品数量。

税务机关认为,甲公司与乙公司之间系商品买卖关系,根据《增值税暂行条例》第六条的规定,销售额为纳税人销售货物或者应税劳务向购买方收取的全部价款和价外费用。因此认定甲公司取得的补偿款属于价外费用,应当缴纳增值税。

甲公司认为,乙公司违反合同的约定,导致合同无法实现,人民法院判决其承担赔偿损失的违约责任,所支付的补偿款是甲公司截至诉讼时,为生产商品已经承担的成本和费用,未包含后续生产成本及商品最终销售的利润和税费,不属于销售货物所应取得的货款。况且其未向乙公司交付商品的所有权,不构成《增值税暂行条例实施细则》规定的转让货物所有权,依照税收法定原则,征税权的行使限定在法律规定的范围内,确定征纳双方的权利义务以法律规定为依据。因此,取得的补偿款无需缴纳增值税。

案例中,甲公司虽未完成销售货物的应税行为,但是,其取得的补偿款是基于商品单价和商品数量计算而来,具有有偿性和独立性。特别是2018年1月1日开始实行的《企业会计准则第14号——收入》后,关于收入的确认要对合同进行分析。本案例中甲方虽未完成货物的移交,但合同已进入履行阶段,前期甲方已经投入成本进行产品生产,由于乙方核心部件无法提供,但合同已经履行了一部分。甲方要求的赔偿也正是基于所履行的合同义务主张取得的收入。因此,甲方应就违约金缴纳增值税,可按照加工定制其他服务业开具增值税发票。

【案例3-2】 某公司以生产销售气体为主,销售给客户时,同时收取气瓶租金及其他运杂费,均计入价外费用,为客户开具了增值税专用发票。客户在使用过程中,气瓶损坏后要向该公司支付气瓶赔款。那么,该公司收到的气瓶赔款是否要交流转税?

根据《增值税暂行条例实施细则》第十二条规定:"条例第六条第一款所称价外费用,包括价外向购买方收取的手续费、补贴、基金、集资费、返还利润、奖励费、违约金、滞纳金、延期付款利息、赔偿金、代收款项、代垫款项、包装费、包装物租金、储备费、优质费、运输装卸费以及其他各种性质的价外收费。"因此你公司收取的气瓶赔偿款应当纳入增值税的价外费用申报缴纳增值税。

【案例3-3】 某公司与另一家公司签订的钢材购买合同因2008年市场价格大幅下滑而单方面违约,根据合同应赔偿对方1亿元,经过双方多次协商最后赔给对方0.6亿元。现该笔赔偿金税务机关提出要有发票才可以税前列支,但赔偿金根本不可能开具发票,因为该笔赔偿金既不符合开具增值税发票的要求也不符合开具营业税发票的要求,现在对方只给某公司开了收据,某公司可以提供协议还有银行的付款记录。请问这笔赔偿金能否税前列支?

根据现行增值税规定,纳税人在未销售货物或者提供加工、修理修配劳务的情况下收取的违约金,不属于增值税的征税范围,不征收增值税。依据发票管理办法的规定,在没有发生购销商品、提供或者接受服务以及从事其他经营活动的情况下,因对方未履行合同而致的违约收取的违约金,不是经营活动,不属于开具发票的范围。该公司可依违约金收款收据、相关合同协议及银行的付款凭据在税前列支。

二、视同销售涉税风险

(一)政策法规

在增值税、企业所得税和会计上都有视同销售的概念,但是范围是不同的。增值税上的视同销售本质为增值税抵扣进项并产生销项的链条终止,比如将货物用于非增值税项目,用于个人消费或者职工福利等,而会计上没有做销售处理;企业所得税上的视同销售代表货物的权属发生转移,而会计上没有做收入处理;会计上的视同销售是指没有产生收入但是视同产生收入了。

《增值税暂行条例实施细则》第四条规定,以下8种行为视同销售:①将货物交付他人代销。②销售代销货物。③设有两个以上机构并实行统一核算的纳税人,将货物从一个机构移送至其他机构用于销售,但相关机构设在同一县(市)的除外。④将自产、委托加工的货物用于非应税项目。⑤将自产、委托加工或购买的货物作为投资,提供给其他单位或个体经营者。⑥将自产、委托加工或购买的货物用于分配给股东或投资者。⑦将自产、委托加工的货物用于集体福利或个人消费。⑧将自产、委托加工或购买的货物无偿赠送他人。

营改增后,《营改增试点实施办法》(财税〔2016〕36号附件1)第十四条中规定,下列情形视同销售服务、无形资产或者不动产:①单位或者个体工商户向其他单位或者个人无偿提供服务,但用于公益事业或者以社会公众为对象的除外。②单位或者个人向其他单位或者个人无偿转让无形资产或者不动产,但用于公益事业或者以社会公众为对象的除外。③财政部和国家税务总局规定的其他情形。

(二)风险分析

视同销售容易产生税收风险在于其并不符合会计确认收入的条件,即一般情况下并未有现金流入到企业中。企业将资产移送他人的情形很多,因资产所有权属已发生改变而不属于内部处置资产,应按规定视同销售确定收入。如用于市场推广或销售、用于交际应酬、用于职工奖励或福利、用于股息分配、用于对外捐赠、其他改变资产所有权属的用途。企业发生上述情形时,应按企业同类资产同期公允价值确定销售收入,如表 3-1 所示。

表 3-1 视同销售的收入确认汇总表

项目	会计	增值税	所得税
(1) 将货物交付他人代销	确认收入	销售 销项税	销售 征收
(2) 销售代销货物	确认收入	销售 销项税	销售 征收
(3) 设有两个以上机构并实行统一核算的纳税人,将货物从一个机构移送其他机构用于销售,但相关机构设在同一县(市)的除外	不确认收入	销项税	不视同销售 不征收
(4) 将自产或委托加工的货物用于非应税项目	不确认收入	视同销售 销项税	不视同销售 不征收
(5) 将购买的货物作为投资,提供给其他单位或个体经营者	确认收入	视同销售 销项税	视同销售 征收
(6) 将购买的货物分配给股东或投资者	确认收入	视同销售 销项税	视同销售 征收
(7) 将购买的货物无偿赠送他人	不确认收入	视同销售 销项税	视同销售 征收
(8) 将自产、委托加工的货物作为投资,提供给其他单位或个体经营者	确认收入	视同销售 销项税	视同销售 征收
(9) 将自产、委托加工的货物分配给股东或投资者	确认收入	视同销售 销项税	视同销售 征收
(10) 将外购的货物用于非应税项目(企业内的)	不确认收入	不视同销售 进项税转出	不视同销售 不征收
(11) 外购的货物用于集体福利和个人消费	不确认收入	不视同销售 进项税转出	视同销售 征收
(12) 将自产、委托加工的货物用于职工个人福利、集体福利	确认收入	视同销售 销项税	视同销售 征收
(13) 将自产、委托加工的货物无偿赠送他人	不确认收入	视同销售 销项税	视同销售 征收
(14) 将本企业生产的产品用于市场推广,交际应酬	不确认收入	视同销售 销项税	视同销售 征收

【案例 3-4】 某公司在无锡市注册后,为了便于销售,在外地设立了仓库,无营业执照和银行账号,所有与仓库有关的费用和开支、销售发票的开具和货款的回收均由该公司负责,公司只是将货物移送到仓库用于存放,这种情况的移送货物是否要缴纳增值税?

根据《增值税暂行条例实施细则》第四条第（三）款规定，设有两个以上机构实行统一核算的纳税人，将货物从一个机构移送其他机构用于销售的应视同销售，但相关机构设在同一县（市）的除外。根据《国家税务总局关于企业所属机构间移送货物征收增值税问题的通知》（国税发〔1998〕137号）的规定，将货物从一个机构移送其他机构用于销售，是指受货机构发生以下情形之一的经营行为：①向购货方开具发票。②向购货方收取货款。受货机构的货物移送行为有上述两项情形之一的，应当向所在地税务机关纳增值税；未发生上述两项情形的，则应由总机构统一缴纳增值税。因此，该公司向其在外地设立的仓库移送货物的行为，不属于视同销售业务，不需缴纳增值税。

【案例3-5】 2017年5月，某地国税局在对某企业开展联合税务稽查时发现，该企业在2016年1月购买礼品赠送给客户，取得增值税普通发票，金额为10万元，企业将该笔礼品支出计入业务招待费。该企业为增值税一般纳税人，当年销售收入为40 352 123.7元，业务招待费为346 009.41元。税务人员在检查中发现，该企业在向客户赠送礼品的涉税业务处理中，仅在汇算清缴时调增了业务招待费144 248.79元，未涉及其他相关税种的处理。经深入调查取证，检查人员发现，该企业存在少缴增值税和少代扣代缴个人所得税的问题。

（1）涉及增值税。本案中，纳税人未根据购进货物的用途来区分增值税处理方法，只简单地认为购进的礼品未抵扣增值税进项税额，故赠送时也未计算销项税额，这种处理方式是不正确的。本案中，因纳税人购买礼品时取得的是增值税普通发票，进项税额不能抵扣，而视同销售的增值税销项税额＝100 000÷(1＋13%)×13%＝11 504.42（元），所以要补缴增值税款11 504.42元。

（2）涉及个人所得税。《财政部 国家税务总局关于个人取得有关收入适用个人所得税应税所得项目的公告》（财政部 税务总局公告2019年第74号）第三条规定，企业在业务宣传、广告等活动中，随机向本单位以外的个人赠送礼品（包括网络红包，下同），以及企业在年会、座谈会、庆典以及其他活动中向本单位以外的个人赠送礼品，个人取得的礼品收入，按照"偶然所得"项目计算缴纳个人所得税，但企业赠送的具有价格折扣或折让性质的消费券、代金券、抵用券、优惠券等礼品除外，全额适用20%的税率缴纳个人所得税。该条款明确了礼品收入的应纳税所得额按照《财政部 国家税务总局关于企业促销展业赠送礼品有关个人所得税问题的通知》（财税〔2011〕50号）第三条规定计算。本案中，企业向个人客户赠送礼品，未意识到其已成为个人所得税代扣代缴义务人，所以未履行代扣代缴义务。因此，该企业向个人客户赠送礼品，应按照"其他所得"项目代扣代缴个人所得税20 000元（100 000×20%）。

（3）涉及企业所得税。本案中，企业向客户赠送礼品应视同销售，该企业应确认视同销售收入10万元，同时结转视同销售成本10万元，不会对应纳税所得额产生直接影响。但由于礼品支出属于业务招待费用，而业务招待费的扣除限额是发生额的60%，但最高不超过当年销售（营业）收入的0.5%，因此，在计算业务招待费扣除限额时既要加上礼品支出算清按发生额60%计算的扣除限额，又要将视同销售收入计入当年销售（营业）收入,算清按当年销售(营业)收入0.5%计算的扣除限额。

【案例3-6】 某公司2017年销售目标完成得非常好,为了奖励员工,将外购的一批华为手机发放给员工。该批手机进价45万元(增值税专用发票认证通过),公允售价50万元。财务部做了如下会计分录,企业所得税该如何处理?

```
借:管理费用——福利费                           526 500
    贷:应付职工薪酬——职工福利                  526 500
借:应付职工薪酬——职工福利                      526 500
    贷:库存商品                                450 000
        应交税费——应交增值税(进项税额转出)      76 500
```

《企业所得税法实施条例》第二十五条规定:企业发生非货币性资产交换,以及将货物、财产、劳务用于捐赠、偿债、赞助、集资、广告、样品、职工福利或者利润分配等用途的,应当视同销售货物、转让财产或者提供劳务,但国务院财政、税务主管部门另有规定的除外。这笔业务涉及的A105010《视同销售和房地产开发企业特定业务纳税调整明细表》如何填报,如表3-2所示。

表3-2 A105010 视同销售和房地产开发企业特定业务纳税调整明细表

行次	项 目	税收金额	纳税调整金额
		1	2
1	一、视同销售(营业)收入(2+3+4+5+6+7+8+9+10)		
5	(四)用于职工奖励或福利视同销售收入	500 000	500 000
11	二、视同销售(营业)成本(12+13+14+15+16+17+18+19+20)		
15	(四)用于职工奖励或福利视同销售成本	450 000	-450 000

(1)收入调整50万元,对应成本调整-45万元,税法的应纳税所得是5万元,这5万元在会计账簿上并没有产生,却因为视同销售税法需要将纳税所得调增5万元来纳税。由于纳税调增了5万元,会导致当期多缴纳企业所得税。

(2)由于视同销售收入归于营业收入计算口径,所以在进行限额扣除计算时,如业务招待费扣除限额要考虑销售(营业)收入的5‰,广告宣传费扣除限额为销售(营业)收入的15%(化妆品制造及销售,医药制造,饮料制造为30%),可以提高扣除的限额。

三、特殊销售涉税风险

《关于全面推开营业税改征增值税试点的通知》(财税〔2016〕36号)附件1《营业税改征增值税试点实施办法》第四十四条规定,纳税人发生应税行为价格明显偏低或者偏高且不具有合理商业目的的,主管税务机关有权按照下列顺序确定销售额:①按照纳税人最近时期销售同类服务、无形资产或者不动产的平均价格确定。②按照其他纳税人最近时期销售同类服务、无形资产或者不动产的平均价格确定。③按照组成计税价格确定。组成计税价格的计算公式为：

$$组成计税价格 = 成本 \times (1 + 成本利润率)$$

成本利润率由国家税务总局确定。

根据以上文件，以下4S店经销的车辆常年处于折价销售的案例，有被认定为价格不合理，需进行纳税调整的风险。

【案例3-7】 某汽车4S店销售福特车系，因客观原因，其所经销车辆普遍存在价格倒挂的现象，经了解，每辆车倒挂价格约5 000余元。客户购车时，会同时选购一定金额的汽车装具，市场价值以3 000~5 000元居多。2018年8月1日，该4S店销售车辆一辆，销售价格498 500元，含价值（标价）3 500元的装具。4S店购进车辆的成本价为500 000元，装具的成本价为1 500元。为避免出现销售装具不开具发票的风险，该4S店与顾客分别签署了两份合同并分别开具了发票。一份合同为汽车销售合同，合同价格为450 000万元；一份合同为装具销售合同，合同价为3 500元。该4S店的上述做法有什么涉税风险？

汽车销售与装具销售原本是一项销售行为，二者累加的销售额才是一项活动的真正的销售额。如果案例中的销售业务在一个合同体现，则每单合同实际的亏损额为3 000余元[498 500－(500 000＋1 500)]；税务检查时，如果按照一个合同进行评估，则单笔合同的亏损额较低，未来即使面临纳税调整，调整的额度也会偏低；如果按照4S店目前的做法，税务机关会把装具销售作为单独的经济业务分析，汽车销售作为单独的业务分析。如此，汽车销售亏损额过大，税务检查时，如认定汽车销售价格长期偏低，需要进行纳税调整，则调整的金额会很大，对企业不利。

该笔销售的两份合同合起来看，汽车销价偏低，装具价格偏高，会有被税务机关认定故意低开汽车价格，协助客户偷逃车辆购置附加税的嫌疑。正确做法是4S店应重新调整销售合同的签约方法，将拆分的合同重新合并成一个合同。合同中约定购汽车及装具的价格，并约定总计给予一定金额的折扣。上述案例可如此签署合同：车辆价款480 000元，装具3 500元，给与3 000元的折扣，总计合同价款485 000元。合同中一定不要出现购汽车"赠装具"的字眼，规避被市场监督管理局认定为商业贿赂的风险。发票开具的正确方法是：4S店开发票时，根据税法规定，应该将汽车和装具开到一张发票上，汽车标注合同约定价格480 000元，装具标注合同约定价格3 500元，同一张发票标注折扣3 000元，总价合计485 000元。这样，单笔销售合同的汽车的销价与进价比较，亏损额度减小，配比后期取得的销售返利，税务机关要求进行纳税调整的风险小。

四、混合销售涉税风险

（一）政策法规

《财政部 国家税务总局关于全面推开营业税改征增值税试点的通知》（财税〔2016〕36号）附件1《营业税改征增值税试点实施办法》第四十条规定：一项销售行为如果既涉及

服务又涉及货物,为混合销售。实践中,实际上界定一项业务是否属于混合销售,应同时满足以下条件,缺一不可:①属于一项销售行为。②销售货物、提供服务同时存在。③提供服务是因销售货物而衍生,两个业务密不可分。对于适用税率,文件又补充,"从事货物的生产、批发或者零售的单位和个体工商户的混合销售行为,按照销售货物缴纳增值税;其他单位和个体工商户的混合销售行为,按照销售服务缴纳增值税。本条所称从事货物的生产、批发或者零售的单位和个体工商户,包括以从事货物的生产、批发或者零售为主,并兼营销售服务的单位和个体工商户在内。"

(二)风险分析

从规定可以看出,根据纳税人经营业务不同,而适用不同税目。归根结底,是销售货物和提供服务的税率不同。以房地产企业为例,在房地产一般纳税人一般计税项目的相关业务中,按照目前的税率,采购货物适用13%的税率,建筑服务适用9%的税率。税率的不同,导致购销双方产生了利益的博弈。

购销双方对混合销售中货物、服务分别核定不含税价款,开具发票时,按照发票税率支付税款,事实上目前很多企业尚不能做到精细化管理,销售有时就变成了匡算。

兼营业务中对分别核算提出了要求。《财政部 国家税务总局关于全面推开营业税改征增值税试点的通知》(财税〔2016〕36号)附件1《营业税改征增值税试点实施办法》第三十九条规定,纳税人兼营销售货物、劳务、服务、无形资产或者不动产,适用不同税率或者征收率的,应当分别核算适用不同税率或者征收率的销售额;未分别核算的,从高适用税率。因此,适用不同税率的项目应分别开具。但可以在同一张发票上开具。

混合销售中也存在一些特殊业务,国家税务总局单独发文明确了处理方式:

一是,《国家税务总局关于进一步明确营改增有关征管问题的公告》(国家税务总局公告2017年第11号)第一条规定:纳税人销售活动板房、机器设备、钢结构件等自产货物的同时提供建筑、安装服务,不属于《营业税改征增值税试点实施办法》(财税〔2016〕36号文件印发)第四十条规定的混合销售,应分别核算货物和建筑服务的销售额,分别适用不同的税率或者征收率。

二是,《国家税务总局关于明确中外合作办学等若干增值税征管问题的公告》(国家税务总局公告2018年第42号)第六条规定:一般纳税人销售自产机器设备的同时提供安装服务,应分别核算机器设备和安装服务的销售额,安装服务可以按照甲供工程选择适用简易计税方法计税。一般纳税人销售外购机器设备的同时提供安装服务,如果已经按照兼营的有关规定,分别核算机器设备和安装服务的销售额,安装服务可以按照甲供工程选择适用简易计税方法计税。

综合上述两个文件,对于销售活动板房、机器设备、钢结构件等自产货物分开核算是必须的;对于采购自产机器设备同时采购安装服务的,安装服务可以选择增值税计税方式。

2018年8月1日,国家税务总局办公厅对国家税务总局公告2018年第42号文件发布了解读——《关于〈国家税务总局关于明确中外合作办学等若干增值税征管问题的公告〉的解读》,其中,第六条"关于纳税人销售机器设备同时提供安装服务,安装服务的计税方法及后续机器设备维护保养服务的适用税率问题"明确,纳税人销售机器设备同时提供安装服务,包括以下两种情形:①纳税人销售自产机器设备的同时提供安装服务。②纳税人销售外购机器设备的同时提供安装服务。

【案例 3-8】 甲公司是一家贸易公司,属于增值税一般纳税人,从事货物批发零售,同时也提供运输服务。其在销售货物时,与客户分别签订货物销售合同与运输合同,在会计上货物销售收入与运输收入分别核算;在税务上货物销售收入按照13%税率缴纳增值税,运输收入按照9%税率缴纳增值税。2019年5月至2020年底,甲公司取得货物销售收入8 000万元(不含税,下同),运输收入600万元,缴纳增值税为8 000×13%+600×9%=1 094(万元)。

税务机关认为,甲公司的行为属于混合销售,即使其签订两份合同,也不能改变混合销售的实质,统一适用13%税率,甲公司应缴增值税为(8 000+600)×13%=1 118(万元),应补缴增值税为1 118-1 094=24(万元),并加收滞纳金。

第二节 采购和付款环节的涉税风险分析

一、付款与发票取得的涉税风险

(一) 政策法规

根据发票管理办法规定,纳税人有下列属于未按规定取得发票的行为的,由税务机关责令限期改正,没收非法所得,可以并处10 000元以下罚款:①应取得而未取得的发票。②取得不符合规定的发票。③取得发票时要求开票方或自行变更品名、金额或增值税额。④自行填开发票入账。⑤其他未按规定取得发票的行为。

(二) 风险分析

在采购环节进项税处理中,存在多计进项税额风险,包括:

(1) 混淆增值税一般计税方法和简易计税方法风险,取得的增值税专用发票用于一般计税方法项目抵扣;融资租赁企业将营改增之前签订的尚未执行完毕的有形动产融资租赁合同、不动产融资租赁合同,抵扣租赁标的物等进项税额。

(2) 通过取得增值税专用发票虚列成本费用,多抵扣进项税额风险,部分农产品收购企业如园林绿化行业,可能存在虚开农副产品收购发票,或扩大农产品范围的情况。

(3) 购进农产品单价不实或业务不实少缴增值税风险,生产企业购进的主要农产品,可能存在购进的单价差异过大,农产品价格不计算农产品进项税额的风险。

(4) 购进农产品原材料未按核定扣除办法计算抵扣进项税额少缴增值税风险,如自

2012年7月1日起,以购进农产品为原料生产销售液体乳及乳制品、酒进农产品无论是否用于生产上述产品,增值税进项税额均按照农产品增值税进项税额核定算抵扣进项税额,可能发生少缴税金的风险。

(5)抬高买价虚增材料采购成本,多抵扣进项税额风险,包括虚增农产品平均购买单价指标、虚增材料采购成本、虚抵进项税额的情况,少缴增值税的风险。

(6)将与贷款直接相关的投融资顾问费等对应增值税作为进项税额抵扣风险,企业向银行贷款,银行一般开增值税普通发票,因为企业接受贷款服务向贷款方支付的利息及与该笔贷款直接相关的投融资顾问费、手续费、咨询费等费用,均不得抵扣增值税进项税额的风险。

【案例3-9】 税务机关在检查D中医药企业时,检查人员发现该企业存在大量的农产品收购发票,以个人名义开具的收购发票金额从几千元到几十万元不等,检查人员因此进一步核实了企业的存货出入库情况和银行资金往来情况。通过比对,发现存货、资金和发票的数量金额不符,实际材料库存没有达到发票数量,采购材料的实际付款与账面金额有差异。

对此,企业财务人员解释,由于中药原材料大多直接向农户采购,材料品种多达上百种,且采购地方分布广泛,采购以现金交易为主,财务管理难度大,导致财务在库存、资金的账务处理上比较混乱,不可避免与实际业务存在差异。

检查人员认为,从农户直接收购中药原材料,由采购方出具农产品收购发票,没有购销双方的制约,存在较大的随意性。特别是在农产品收购业务数量多,大部分现金交易情况下,若纳税人虚开收购发票或多开收购金额,不仅多抵扣增值税,而且可能多列生产成本,减少应纳税所得额,增加了税务风险,且该风险涉嫌虚开行为。

出现上述问题既有客观因素,也有主观原因。一是部分药企受到中药材主产区减产或购销渠道不畅等因素影响,不得不直接面向农户收购,并大量使用现金,通过金融机构无法查清资金流向。二是企业对税收法规不熟悉。一些企业对免税农副产品的范围不了解,何种情况可开具收购发票不甚清楚。经税务机关检查,才知道许多收购发票不符合规定,其进项税额不允许抵扣。三是主观故意为之。由于收购发票由收购单位自行填开,自行申报抵扣,没有购销双方的约束机制。有的企业就将收购凭证当成调节税款的工具,有的甚至把其当成偷税的手段。

从税收风险控制角度,一是企业应建立专门的中药原材料收购台账。对农产品经营者及加工企业,在台账中登记售货人姓名、身份证号码、联系电话和地址等基本信息。中药原材料的购进和出库等各环节要有专人记录、签字。二是企业应主动寻求税务机关的辅导,积极配合上报企业的生产规模、生产能力和合理损耗等信息,从而规避企业虚开发票、虚增成本的税务风险。三是企业内部应加强对采购人员及财务人员的培训,让其熟悉农产品的采购流程和发票使用、索取和开具等相关知识,避免因常识性错误导致无可挽回的经济和声誉损失。

二、进项税额处理中的涉税风险

(一) 政策法规

根据《中华人民共和国增值税暂行条例》(2019)第十条规定,下列项目的进项税额不得从销项税额中抵扣:①用于简易计税方法计税项目、免征增值税项目、集体福利或者个人消费的购进货物、劳务、服务、无形资产和不动产。②非正常损失的购进货物,以及相关的劳务和交通运输服务。③非正常损失的在产品、产成品所耗用的购进货物(不包括固定资产)、劳务和交通运输服务。④国务院规定的其他项目。

(二) 风险分析

进项税额转出处理错误会导致以下税额计算错误风险:

(1) 购买货物或者应税劳务、服务发生退货、中止未按规定转出进项税额风险,企业可能存在未按规定进行进项税额转出少缴纳增值税的风险。

(2) 外购用于非增值税应税项目、简易计税方法计税项目、免征增值税项目、集体福利或个人消费,未按规定转出进项税额风险。

(3) 管理不善造成非正常损失的原材料、库存商品未按规定转出进项税额风险,材料、商品被依法没收、销毁未按规定作进项税额转出,少缴纳增值税的风险。

(4) 管理不善造成不动产以及该不动产所耗用的购进货物及服务非正常损失未按转出进项税额风险。

(5) 管理不善造成在建工程非正常损失未按规定转出进项税额风险,税额未进行进项转出的风险。

(6) 不予退还的质保金未按规定转出进项税额风险,如按合同约定,如没有问题再将扣留的质保金退还给销售单位,超过合同约定时间未退还给销售单位的应进行进项转出。

营改增之后,减税降费政策的陆续出台也增加了企业适用政策的难度。如纳税人依法合规享受增值税进项税额加计抵减优惠政策时发现,纳税人在享受优惠政策时容易出现三类税务风险:①不符合享受优惠条件。②加计抵减比例适用错误。③进项税额转出却未相应调减加计抵减额。

【案例 3-10】 A 酒店是增值税一般纳税人。A 酒店在 2019 年 4 月至 2020 年 4 月实际加计抵减累计金额,大于实际抵扣进项税金额乘以计提比例 15% 的金额,差额为 717.77 元。经分析,A 酒店可能存在超标准计提加计抵减额,或者进项税额转出但未相应调减加计抵减额的违规行为。经逐笔对照,发现 A 酒店有一笔 4 785.14 元的增值税进项税额不符合抵扣条件,已作进项税额转出处理,对应的加计抵减额 717.77 元(4 785.14×15%)却未作调减处理。对此,A 酒店财务人员答复称,在做进项税额转出时,忘记相应调减加计抵减额。

根据《财政部 国家税务总局关于明确生活性服务业增值税加计抵减政策的公告》(财政部 国家税务总局公告 2019 年第 87 号)第三条规定,生活性服务业纳税人应按照当期可抵扣进项税额的15%,计提当期加计抵减额。按照现行规定不得从销项税额中抵扣的进项税额,不得计提加计抵减额;已按照15%计提加计抵减额的进项税额,按规定作进项税额转出处理的,应在进项税额转出当期,相应调减加计抵减额。据此,A酒店调减了这部分加计抵减额,重新进行了纳税申报。由于酒店进项税额大,不需补税。财务人员或税务人员,在进行进项税额转出处理时,要谨慎操作,注意数据之间的相关性,避免出现操作错误。

三、"三流"不一致的涉税风险

(一)政策法规

所谓的"三流"统一是指资金流(银行的收付款凭证)、票流(发票的开票人和收票人)和物流(劳务流)相互统一,具体而言是指不仅收款方、开票方和货物销售方或劳务提供方必须是同一个经济主体,而且付款方、货物采购方或劳务接受方也必须是同一个经济主体。如果在经济交易过程中,不能保证资金流、票流和物流(劳务流)相互统一,则会出现票款不一致,涉嫌虚开发票,将被税务部门稽查判定为虚列支出,虚开发票,承担一定的行政处罚甚至遭到刑事处罚的法律风险。为了解决票款不一致的涉税风险问题,建议企业应注重审查符合以下条件的发票才可以入账:在有真实交易的情况下,必须保证资金流、物流和票流的"三流"统一,即银行收付凭证、交易合同和发票上的收款人和付款人和金额必须一致。

《国家税务总局关于加强增值税征收管理若干问题的通知》(国税发〔1995〕192号)第一条第(三)项规定:纳税人购进货物或应税劳务,支付运输费用,所支付款项的对象,必须与开具抵扣凭证的销货单位、提供劳务的单位一致,才能够申报抵扣进项税额,否则不予抵扣。基于此规定,货物流、资金流、票流一致,在可控范围内可以安全抵扣,票面记载货物与实际入库货物必须相符,票面记载开票单位与实际收款单位必须一致,必须保证票款一致。

《国家税务总局关于纳税人对外开具增值税专用发票有关问题的公告》(国家税务总局公告2014年第39号)规定,纳税人通过虚增增值税进项税额偷逃税款,但对外开具增值税专用发票同时符合以下情形的,不属于对外虚开增值税专用发票:①纳税人向受票方纳税人销售了货物,或者提供了增值税应税劳务、应税服务。②纳税人向受票方纳税人收取了所销售货物、所提供应税劳务或者应税服务的款项,或者取得了索取销售款项的凭据。③纳税人按规定向受票方纳税人开具的增值税专用发票相关内容,与所销售货物、所提供应税劳务或者应税服务相符,且该增值税专用发票是纳税人合法取得、并以自己名义开具的。受票方纳税人取得的符合上述情形的增值税专用发票,可以作为增值税扣税凭证抵扣进项税额。

《中华人民共和国发票管理办法》(财政部令第6号,以下简称《发票管理办法》)第二十二条规定,任何单位和个人不得有下列虚开发票行为:①为他人、为自己开具与实际经营业务情况不符的发票。②让他人为自己开具与实际经营业务情况不符的发票。③介绍他人开具与实际经营业务情况不符的发票。

(二) 风险分析

基于以上税收政策依据,可以得出以下结论:一是,国税发〔1995〕192 号文件第一条第(三)项立法的根本目的是防止企业发生虚开增值税专用发票、洗钱和避税的行为,而给国家造成税收流失。二是,《国家税务总局关于纳税人对外开具增值税专用发票有关问题的公告》(国家税务总局公告 2014 年第 39 号)第二条在国税发〔1995〕192 号文件第一条第(三)项的基础上,增加了一个条款:纳税人向受票方纳税人取得了索取销售款项的凭据。这一条的含义是指当企业存在形式上"三流"不一致,实质上"三流"一致的情况,不属于虚开增值税发票的行为,是可以抵扣增值税进项税金。三是,在"三流"不一致的情况下,符合一定的条件(该条件是委托方与受托方之间构成债权债务关系),通过三方委托付款或收款协议(该三方协议的法律实质是索取销售款项的凭据)的行为,不是虚开增值税的行为,可以抵扣增值税进项税金。

"三流"不一致情况下可以通过合同签订技巧规避增值税进项税金不能抵扣的风险。在存在"三流"不一致的情况下,要实现抵扣扣增值税进项税金,往往可以通过签订三方合同进行解决。具体体现两方面:一方面,在符合委托方与受托方存在债权债务关系的情况下,通过签订三方委托支付协议或三方委托收款协议,可以实现抵扣增值税进项税;另一方面,如果委托方与受托方不存在债权债务关系的情况下,则通过签订三方委托支付协议或三方委托收款协议,不可以实现抵扣增值税进项税。

【案例 3-11】 甲公司从乙公司购进钢材,取得乙公司开具的增值税专用发票 174 份,发票注明价款 15 208 984.80 元,税额 2 585 527.42 元,价税合计 17 794 512.22 元,甲公司据此申报抵扣了增值税进项税。甲公司从乙公司购进的货物(钢材),主要是乙公司从丙公司购进的。甲公司欠乙公司货款 8 552 769 元,乙公司欠丙公司货款 9 155 302.33 元。甲公司直接支付给丙公司 8 552 769 元。

本案例的实质是乙公司委托甲公司支付款项给丙公司,代为乙公司偿还丙公司的债务。甲公司支付给丙公司的款项(资金流)与从乙公司获得增值税进项发票(票流)的情况,是一种票款不一致的情况,根据国税发〔1995〕192 号文件第一条第(三)项关于"纳税人购进货物或应税劳务,支付运输费用,所支付款项的单位,必须与开具抵扣凭证的销货单位,提供劳务的单位一致,才能够申报抵扣进项税额,否则不予抵扣"的规定,甲公司从乙公司取得发票、而将购货款支付给丙公司 8 552 769 元所对应的增值税进项税额 1 242 710.03 元不得抵扣。为了规避不能抵扣增值税的涉税风险,甲、乙、丙三家公司签订三方抵债协议:甲公司直接支付丙公司 8 552 769 元,代乙公司偿还丙公司的债务 8 552 769 元,甲公司不再欠乙公司货款,乙公司只欠丙公司 602 533.33 元。首先,三方抵款协议是为清偿债权债务关系而签订的,此项行为符合合同法的相关规定,而且甲公司整个过程业务真实发生,并未漏税,增值税链条并未间断此进项税额应该予以抵扣。其次,三方转账属于企业正常的债权债务清偿方式,实质上最终收款方与增值税专用发票上开具的收款单位是一致的,三方抵款协议下,增值税进项税额的抵扣实质上并不违背国税发〔1995〕192号文件的规定。

第三节 经营成本费用中的涉税风险分析

一、工资薪金、福利费扣除中的涉税风险

(一)政策法规

2018年12月21日,为贯彻落实新修改的《个人所得税法》及其实施条例,国家税务总局制定了《个人所得税扣缴申报管理办法(试行)》(以下简称《办法》)并发布,自2019年1月1日起施行。

《办法》第二条规定:扣缴义务人,是指向个人支付所得的单位或者个人。扣缴义务人应当依法办理全员全额扣缴申报。全员全额扣缴申报,是指扣缴义务人应当在代扣税款的次月十五日内,向主管税务机关报送其支付所得的所有个人的有关信息、支付所得数额、扣除事项和数额、扣缴税款的具体数额和总额以及其他相关涉税信息资料。

《办法》第三条规定:扣缴义务人每月或者每次预扣、代扣的税款,应当在次月十五日内缴入国库,并向税务机关报送《个人所得税扣缴申报表》。

《办法》第四条规定:实行个人所得税全员全额扣缴申报的应税所得包括:①工资、薪金所得。②劳务报酬所得。③稿酬所得。④特许权使用费所得。⑤利息、股息、红利所得。⑥财产租赁所得。⑦财产转让所得。⑧偶然所得。

《办法》第五条规定:扣缴义务人首次向纳税人支付所得时,应当按照纳税人提供的纳税人识别号等基础信息,填写《个人所得税基础信息表(A表)》,并于次月扣缴申报时向税务机关报送。

(二)风险分析

风险一:员工多处取得工资薪金,多处扣除费用标准,少代扣代缴个人所得税。根据个人所得税相关规定,为了有利于征管,对雇佣单位和派遣单位分别支付工资、薪金的,采取由支付者中的一方减除费用的方法,即只由雇佣单位在支付工资、薪金时,按税法规定减除费用,计算扣缴个人所得税;派遣单位支付的工资、薪金不再减除费用,以支付全额直接确定适用税率,计算扣缴个人所得税。

风险二:发放的过节费、免税旅游、高温补贴等人人有份的福利,未代扣代缴个人所得税。根据个人所得税法相关规定,个人因任职或受雇而取得的工资、薪金、奖金、年终加薪、劳动分红、津贴、补贴以及与任职或受雇有关的其他所得,都为工资薪金所得。这就是说,个人取得的所得,只要是与任职、受雇有关,不管其单位的资金开支渠道或以现金、实物、有价证券、旅游、福利等形式支付的,都是工资、薪金所得项目的课税对象。

风险三：公司以现金发放或报销的形式，向员工支付超标准的车辆补贴、通信补贴，未代扣代缴个人所得税。个人因公务用车和通信制度改革而取得的公务用车、通信补贴收入，扣除一定标准的公务费用后，按照工资、薪金所得项目计征个人所得税。公司无论是以现金或报销油料、维修、租赁费、通信费等形式向员工支付车辆补贴或通信补贴超过当地政府部门规定的公务用车、通信补贴标准的，都需要并入工资薪金缴纳个人所得税。

风险四：公司为员工报销的 MBA、EMBA 等社会学历教育或非学历教育费用，未代扣代缴个人所得税。根据职工教育经费使用相关规定，企业职工参加社会上的学历教育以及个人为取得学位而参加的在职教育，所需费用应由个人承担，不能挤占企业的职工教育培训经费。虽然该费用由公司承担，实际上应作为员工在任职期间取得的其他所得，应代扣代缴个人所得税。

风险五：企业在产品促销活动中，以社会公众为对象，随意发放的促销礼品，未代扣代缴个人所得税。根据个人所得税法相关规定，企业在业务宣传、广告等活动中，随机向本单位以外的个人赠送礼品，对个人取得的礼品所得，按照其他所得项目，全额适用20%的税率缴纳个人所得税。

风险六：企业在年会、展销会、开业庆典等活动期间，向员工家属赠送的礼品，未代扣代缴个人所得税。根据个人所得税法相关规定，企业在年会、座谈会、庆典以及其他活动中向本单位以外的个人赠送礼品，对个人取得的礼品所得，按照其他所得项目，全额适用20%的税率缴纳个人所得税。

风险七：个人股东在公司借款逾期，既未用于公司生产经营，也未归还，未代扣代缴个人所得税。根据个人所得税法的相关规定，企业个人股东向企业借款，在纳税年度终了后既未归还，又未用于企业生产经营，应按照利息、股息、红利所得的20%税率计征个人所得税。

【案例3-12】 深圳市税务局第一稽查局对某实业有限公司展开稽查。该公司经营范围为投资兴办工业实业和其他实业，注册类型为合资经营企业。稽查人员调取了该公司2013年1月至2014年12月两个年度的账册、凭证、会计报表等涉税资料，就相关的涉税问题以及公司的经营情况、纳税情况进行了询问。经检查发现，该公司的财务人员对个人所得税税收政策规定不甚清楚，尤其是对支付董事会费、赠送给员工个人礼品、住房补贴等方面具体税收政策竟毫不知晓。该公司对在公司任职受雇的部分董事会成员发放董事会费，依然按劳务报酬税目代扣代缴个人所得税，未按规定与其当月发放的工资薪金合并计入当月应纳税所得额计算代扣代缴个人所得税。稽查人员还发现该公司在某高级管理人员生日时赠送价值几万元的礼物，并未按照规定计入当月应纳税所得额代扣代缴个人所得税，同时还存在以现金形式发放的员工住房补贴，未按照规定代扣代缴个人所得税的情形。检查结束，该公司未按税法规定处理造成少代扣代缴个人所得税的行为，被处以罚款14万余元。

二、业务招待费扣除中的涉税风险

(一) 政策法规

业务招待费是指企业在生产、经营等业务中,合理需要而接待应酬而支付的费用。税务机关通常将招待费的支付范围界定为餐饮、住宿费、香烟、食品、礼品、正常的娱乐活动、安排客户旅游等项目。《企业所得税法实施条例释义》(国务院令第714号)中解释,招待客户的住宿费和景点门票可以作为业务招待费核算。

《企业所得税法实施条例》第四十三条规定:企业发生的与生产经营活动有关的业务招待费支出,按照发生额的60%扣除,但最高不得超过当年销售(营业)收入的5‰。业务招待费的税前扣除,应同时满足以上两个标准。对于一些公司来说,业务招待费涉及的财税问题依旧模糊不清。

核算不清也可能带来个税风险,根据《财政部 国家税务总局关于个人取得有关收入适用个人所得税应税所得项目的公告》(财政部 国家税务总局公告2019年第74号)的规定,企业在业务宣传、广告等活动中,随机向本单位以外的个人赠送礼品(包括网络红包,下同),以及企业在年会、座谈会、庆典以及其他活动中向本单位以外的个人赠送礼品,个人取得的礼品收入,按照"偶然所得"项目计算缴纳个人所得税,全额适用20%的税率缴纳个人所得税。

(二) 风险分析

并非所有的餐费都能计入业务招待费。比如,员工培训时合规餐费,应计入职工教育经费;公司开董事会发生餐费,应计入董事会会费;影视公司因拍摄发生剧中餐费,应计入影视成本;工会组织员工活动期间发生餐费,应计入工会经费;公司筹建期发生餐费,应计入开办费;以现金发放给员工餐补,应计入工资薪金等。

不能混淆业务宣传费与业务招待费。比如,委托加工、对公司形象、产品宣传作用的,作为业务宣传费;因业务洽谈会、展览会的餐饮住宿费,作为业务宣传费;搞促销活动时赠送给客户的礼品,作为业务宣传费等。要严格区分给客户的回扣、贿赂等非法支出,对此不能作为业务招待费而应直接作纳税调整。

不能混淆职工福利费和业务招待费。员工年终聚餐、午餐、加班餐,应计入应付福利费。注意福利餐费,都不是以应酬为目的。不能将所有差旅费计入业务招待费,员工出差途中符合标准的餐费,应计入差旅费。与公司的来宾接待产生的费用要区分开。不能将所有会议费都计入业务招待费。管理层在宾馆开会发生的餐费,应计入会议费。若公司计入会议费时,需要详细的证明资料,具体内容包括会议时间、地点、参与人、目的、费用标准等相关证明材料,作为税局备查资料。若没有,则需要调整为其他费用进行核算。

通常业务招待费引起的涉税风险包括:将属于业务招待费的项目计入其他费用,可能会影响企业所得税、增值税、个人所得税;将与生产经营活动无关的业务招待费计入与生产经营活动有关的业务招待费,全额不得扣除的项目按限额扣除;取得不合规的业务招待费票据,不得税前扣除;将不属于业务招待费的计入业务招待费,可全额扣除;未实际发生的业务招待费,不得税前扣除;商业贿赂支出,不得税前扣除;筹建期与正常期间业务招待费,扣除政策不同;业务招待费计算基数适用不准确,可能导致税前扣除不准确;无法证明真实性的业务招待费,不得扣除;业务招待费未单独核算,导致不能准确确定金额的,税务局根据相关法规规定,有权按合理方法进行核定。

【案例3-13】 宁波市税务局2018年在对某公司进行纳税检查中,发现在业务招待费中列支费用163 634元,用于购买礼品赠送给外单位个人,未按规定代扣代缴其他所得个人所得税。公司表示目前已无法对应到个人,无法追扣补缴该部分个人所得税。根据以上事实和单位的记账凭证、发票、企业说明等作为证据。税务机关作出行政处罚,处罚依据:《中华人民共和国税收征收管理法》(以下简称《税收征收管理法》)第六十九条的规定。处罚结果:对为扣缴义务人未按规定履行扣缴义务且造成应扣未扣税款无法追缴的行为,处以应扣未扣税款1.5倍罚款,计49 090.2元(163 634×20%×1.5)。

三、广告费和业务宣传费扣除中的涉税风险

(一) 政策法规

大部分企业在计算企业所得税时都十分注意广告费与业务宣传费扣除的问题,扣除方法出现错误,可能直接影响企业所得税汇算清缴。首先,广告费和业务宣传费基数需要根据《国家税务总局关于企业所得税执行中若干税务处理问题的通知》(国税函〔2009〕202号)第一条规定:企业在计算业务招待费、广告费和业务宣传费等费用扣除限额时,其销售(营业)收入额应包括《企业所得税法实施条例》第二十五条规定的视同销售(营业)收入额。因此,企业计算广告费和业务宣传费扣除限额的基数销售(营业)收入包括主营业务收入、其他业务收入和视同销售收入。

根据《国家税务总局关于查增应纳税所得额弥补以前年度亏损处理问题的公告》(国家税务总局公告〔2010〕20号)第一条的规定:税务机关对企业以前年度纳税情况进行检查时调增的应纳税所得额,凡企业以前年度发生亏损、且该亏损属于企业所得税法规定允许弥补的,应允许调增的应纳税所得额弥补该亏损。弥补该亏损后仍有余额的,按照企业所得税法规定计算缴纳企业所得税。对此,查补收入可以作为计提广告费和业务宣传费的基数。

广告费和业务宣传费有三类扣除比例:①0%。烟草企业的烟草广告费和业务宣传费支出,一律不得在计算应纳税所得额时扣除。企业在筹建期间,发生的广告费和业务宣传费,可按实际发生额计入企业筹办费,并按有关规定在税前扣除。②15%。根据《企业所得税法实施条例》第四十四条的规定,企业发生的符合条件的广告费和业务宣传费支出,除国务院财政、税务主管部门另有规定外,不超过当年销售(营业)收入15%的部分,准予扣除;超过部分,准予在以后纳税年度结转扣除。③30%。根据《财政部 国家税务总局关于广告费和业务宣传费支出税前扣除有关事项的公告》(财政部 国家税务总局公告

2020年第43号)规定,2021年1月1日至2025年12月31日,对化妆品制造或销售、医药制造和饮料制造(不含酒类制造)企业发生的广告费和业务宣传费支出,不超过当年销售(营业)收入30%的部分,准予扣除;超过部分,准予在以后纳税年度结转扣除。

(二)风险分析

广告费和业务宣传费的涉税风险之一来自关联企业。根据《财政部 国家税务总局关于广告费和业务宣传费支出税前扣除有关事项的公告》(财政部 国家税务总局公告2020年第43号)的规定,对签订广告费和业务宣传费分摊协议(以下简称分摊协议)的关联企业,其中一方发生的不超过当年销售(营业)收入税前扣除限额比例内的广告费和业务宣传费支出可以在本企业扣除,也可以将其中的部分或全部按照分摊协议归集至另一方扣除。另一方在计算本企业广告费和业务宣传费支出企业所得税税前扣除限额时,可将按照上述办法归集至本企业的广告费和业务宣传费不计算在内。

另一风险来自筹建期间的费用核算。根据《关于企业所得税应纳税所得额若干税务处理问题的公告》(国家税务总局公告2012年第15号)规定,企业在筹建期间,发生的与筹办活动有关的业务招待费支出,可按实际发生额的60%计入企业筹办费,并按有关规定在税前扣除;发生的广告费和业务宣传费,可按实际发生额计入企业筹办费,并按有关规定在税前扣除。

【案例3-14】 H公司和D公司是关联企业,H公司地处少数民族地区,适用15%税率,而其关联公司D公司地处内陆省份,适用基本税率25%纳税。根据分摊协议,H公司在2019年发生的销售收入税前扣除限额比例内的广告费和业务宣传费的30%归集至D公司扣除。假设2019年H公司销售收入为2 000万元,当年实际发生的广告费和业务宣传费为500万元,D公司销售收入为5 000万元,当年实际发生广告费和业务宣传费为1 000万元。H公司和D公司2019年的广告业务宣传费应如何分摊和结转呢?其中的税务风险何在?

对于H公司来说:2019年,H公司销售收入为2 000万元,当年实际发生的广告费和业务宣传费为500万元,其广告费和业务宣传费的扣除比例为销售收入的15%,可税前扣除的广告费和业务宣传费限额=2 000×15%=300(万元)。H公司可转移到D公司扣除的广告费和业务宣传费,应为扣除限额的30%,即300×30%=90(万元),而非500×30%=150(万元)。在本企业扣除的广告费和业务宣传费=300−90=210(万元),结转以后年度扣除的广告费和业务宣传费=500−300=200(万元),而非500−210=290(万元)。

对于D公司来说:2018年D公司销售收入为5 000万元,当年实际发生广告费和业务宣传费为1 000万元,其广告费和业务宣传费的扣除比例为销售收入的15%,可税前扣除的广告费和业务宣传费限额=5 000×15%=750(万元)。

根据财政部、国家税务总局公告2020年第43号文件的规定,接受归集扣除广告费和业务宣传费的关联企业,其接受扣除的费用不占用本企业的扣除限额。因此,D公司除可按规定比例计算的广告费和业务宣传费限额扣除外,还可以将 H 公司未扣除而归集来的广告费和业务宣传费 90 万元在本企业扣除,即 D 公司本年度实际扣除的广告费和业务宣传费＝750＋90＝840(万元),结转以后年度扣除的广告费和业务宣传费＝1 000－750＝250(万元),而非 1 000－840＝160(万元)。

H 公司按关联协议划转广告业务宣传费 90 万元给关联方 D 公司。这样一来,节省集团所得税额＝90×(25％－15％)＝9(万元)。

H 公司税率低于关联方 D 公司税率,所以当年把广告业务宣传费一部分划转到 D 公司扣除,有利于降低集团所得税负担水平。但是,如果 H 公司和 D 公司的税率都一样,那么这种关联方之间划转广告宣传费对于集团整体税负不会产生任何影响。

税务检查风险防范要点:企业必须加强风险评估和自查,核查关联方之间的广告费和业务宣传费用划转是不是出于合理商业目的,是否符合《企业所得税法》规定的独立交易原则要求。位于低税地区的关联方是否存在实际发生广告费和业务宣传费超过当年扣除限额情况下仍然按照实际发生数额的协议分摊比例计算划转给另一个位于高税地区的关联方。关联方在就广告费和业务宣传费划转给另一关联方税前扣除之前,不得把业务招待费随意转为业务宣传费用(因为广告业务宣传费最高扣除比例远比业务招待费高)从而虚增业务宣传费用获得更多税前扣除减少所得税缴纳,这样的风险比较大。

四、研发费用扣除中的涉税风险

(一) 政策法规

根据《财政部 国家税务总局 科技部关于完善研究开发费用税前加计扣除政策的通知》(财税〔2015〕119 号)的规定,下列活动不适用税前加计扣除政策:①企业产品(服务)的常规性升级。②对某项科研成果的直接应用,如直接采用公开的新工艺、材料、装置、产品、服务或知识等。③企业在商品化后为顾客提供的技术支持活动。④对现存产品、服务、技术、材料或工艺流程进行的重复或简单改变。⑤市场调查研究、效率调查或管理研究。⑥作为工业(服务)流程环节或常规的质量控制、测试分析、维修维护。⑦社会科学、艺术或人文学方面的研究。

根据《财政部国家税务总局科技部关于完善研究开发费用税前加计扣除政策的通知》(财税〔2015〕119 号)的规定,以下行业不适用税前加计扣除政策:①烟草制造业。②住宿和餐饮业。③批发和零售业。④房地产业。⑤租赁和商务服务业。⑥娱乐业。⑦财政部和国家税务总局规定的其他行业。上述行业以《国民经济行业分类与代码(GB/4754—2011)》为准,并随之更新。

根据《财政部国家税务总局科技部关于完善研究开发费用税前加计扣除政策的通知》(财税〔2015〕119 号)的规定,允许加计扣除的研发费用:①人员人工费用。②直接投入费用。③折旧费用。④无形资产摊销。⑤新产品设计费、新工艺规程制定费、新药研制的临床试验费、勘探开发技术的现场试验费。⑥其他相关费用。⑦财政部和国家税务总局规定的其他费用。

根据《国家税务总局关于研发费用税前加计扣除归集范围有关问题的公告》(国家税务总局公告2017年第40号)的规定,直接从事研发活动的人员、外聘研发人员同时从事非研发活动的,企业应对其人员活动情况做必要记录,并将其实际发生的相关费用按实际工时占比等合理方法在研发费用和生产经营费用间分配,未分配的不得加计扣除;以经营租赁方式租入的用于研发活动的仪器、设备,同时用于非研发活动的,企业应对其仪器设备使用情况做必要记录,并将其实际发生的租赁费按实际工时占比等合理方法在研发费用和生产经营费用间分配,未分配的不得加计扣除;用于研发活动的无形资产,同时用于非研发活动的,企业应对其无形资产使用情况做必要记录,并将其实际发生的摊销费按实际工时占比等合理方法在研发费用和生产经营费用间分配,未分配的不得加计扣除。

根据《企业所得税法》的规定,收入总额中的下列收入为不征税收入:①财政拨款。②依法收取并纳入财政管理的行政事业性收费、政府性基金。③国务院规定的其他不征税收入。根据《财政部国家税务总局关于专项用途财政性资金企业所得税处理问题的通知》(财税〔2011〕70号)的规定,企业从县级以上各级人民政府财政部门及其他部门取得的应计入收入总额的财政性资金,凡同时符合以下条件的,可以作为不征税收入,在计算应纳税所得额时从收入总额中减除:①企业能够提供规定资金专项用途的资金拨付文件。②财政部门或其他拨付资金的政府部门对该资金有专门的资金管理办法或具体管理要求。③企业对该资金以及以该资金发生的支出单独进行核算。根据《企业所得税法实施条例》的规定,企业的不征税收入用于支出所形成的费用或者财产,不得扣除或者计算对应的折旧、摊销扣除。

(二) 风险分析

研发活动,是指企业为获得科学与技术新知识,创造性运用科学技术新知识,或实质性改进技术、产品(服务)、工艺而持续进行的具有明确目标的系统性活动,要满足先进性、创新性。有部分企业由于缺乏对研发项目的合规管理,只追求形式上的要求,未重视对研发活动实质性把控,导致一些研发项目在税务检查时被否定。另外,如果企业确实无法准确把握是否属于研发活动,可以向科技部门咨询。

并不是所有行业发生研发活动都适用研发费用加计扣除政策,重点关注6个行业负面清单。研发费用的归集口径有多种,通常有会计核算口径、高新技术企业认定口径和加计扣除税收规定口径,不同的口径存在诸多差异。会计核算口径由企业根据自身生产经营自行判断,对应属于研发活动支出外,没有过多的限制。高新技术企业认定口径主要是为了判断企业研发投入强度、科技实力是否达到高新技术企业标准。但是加计扣除税收规定口径对允许扣除的研发费用的范围采取的是正列举方式,对没有列举的项目,不可以享受加计扣除优惠。因此,会计口径、高新技术口径一般大于加计扣除口径,能享受研发费用加计扣除的范围应小于在其他口径下归集的研发费用支出。如果企业对研发费用归集口径不能准确把握,可以向税务部门咨询。

研发费用归集不合理,对于既从事研发活动又从事非研发活动的人员,既用于研发活动又用于非研发活动的仪器、设备以及形成的无形资产,其相关费用应当按实际工时占比等合理方法在研发费用和生产经营费用间分配,未分配的不得加计扣除。

税收优惠政策选择不当,作为不征税收入处理的财政性资金用于研发活动所形成的费用或无形资产,不得计算加计扣除或摊销。但是 2018 年 1 月 1 日至 2020 年 12 月 31 日,企业开展研发活动中实际发生的研发费用,未形成无形资产计入当期损益的,在按规定据实扣除的基础上,再按照实际发生额的 75% 在税前加计扣除;形成无形资产的,在上述期间按照无形资产成本的 175% 在税前摊销。由此可见,现阶段研究开发费用税前加计扣除比例进一步提高,所以当企业取得不征税收入用于研发项目时,在税收优惠政策的选择上可以做出一定的安排,择优选择对企业更为有利的税收优惠政策。如果选择不征税收入税收优惠,则用于研发活动所形成的费用或无形资产,不得计算加计扣除或摊销,如果放弃不征税收入税收优惠,则可享受研发费用加计扣除税收优惠政策。

【案例 3-15】 A 公司是一家高新技术企业,该企业在检查所属期内虽有科研成果,但是人工费用、折旧费用和其他相关费用列支明显违规,存在很高的税务风险,面临税务调整甚至处罚。税务人员经过仔细对比发现,A 公司研发费用中"在职人员费用"一项填列的数额过大,十几人的项目团队配置,居然列支了高达数百万元的人工费用。税务人员随即调取了该项目组的成员名单,同时要求企业提供并检查项目执行期间公司员工的花名册和其中部分人员的工作合同。发现其中不乏公司部门领导和销售部门采购人员。其中薪水高的人员并不是直接参与该项目研发活动的核心技术人员,而有的只是起辅助作用的。如此多不直接参与研发的人员工资充斥其中,自然就形成了一笔巨大的人工费用(存在这种问题的企业千万别偷笑,立即调整才是良策)。

根据《财政部 国家税务总局 科学技术部关于完善研究开发费用税前加计扣除政策的通知》(财税〔2015〕119 号)的规定,直接从事研发活动人员的工资、薪金、基本养老保险费、基本医疗保险费、失业保险和住房公积金,外聘研发人员的劳务费用准予加计扣除。必须是直接从事研发活动的人员。

税务人员在查看人工费用项目明细时又发现了第二个问题:人工费用名目繁多。除了基本的工资和五险一金之外,还有诸如高温补贴和交通补助等费用,部分财务人员会抱有侥幸心理,但依然会引起检查人员的注意。根据财税〔2015〕119 号文件的规定,人工费用中可以加计扣除的项目包括:工资、薪金、五险一金以及外聘研发人员的劳务费用。请注意,这里的规定是正列举,并不包含其他费用。总而言之,只要不在规定范围内的一律不得加计扣除。因此 A 公司收到税局人员给出的纳税调整的处理建议。

在人工费用检查完毕后,税务人员又发现了新的问题,那就是专门用于研发活动的有关折旧费、租赁费和运行维护费。检查人员调取了 A 公司关于折旧费的明细账及记账凭证,发现企业存在不少"固定资产清理"直接结转折旧费的账务处理记录。参照《财政部 国家税务总局关于完善固定资产加速折旧企业所得税政策的通知》(财税〔2014〕75 号)的规定:对所有行业企业 2014 年 1 月 1 日后新购进的专门用于研发的仪器和设备,单位价值不超过 100 万元的,允许一次性计入当期成本费用在计算应纳税所得额时扣除,不再分年度计算折旧;单位价值超过 100 万元的,可缩短折旧年限或采取加速折旧的方法。根据

《国家税务总局关于进一步完善固定资产加速折旧企业所得税政策的公告》（国家税务总局公告 2015 年第 68 号）的规定，该项优惠可以和加计扣除叠加享受。

在 A 公司财务人员得知可以叠加享受加计扣除优惠后，将研发项目使用过的总价值不超过 100 万元的设备都作了一次性列支扣除的账务处理，通过"固定资产清理"科目将设备全部残值结转入当期研发费用并申报加计扣除。然而严重忽视了其中不少设备存在的两个关键问题：一是 2014 年之前购进，二是除了该项目使用之外，设备还用作企业其他的科研活动。这两个问题直接导致这些设备不符合文件规定的享受优惠的先决条件。

五、利息支出、财务费用扣除中的涉税风险

全面营改增以后，利息支出须凭增值税发票作为税前扣除凭证之一，这将成为今后税务机关重点检查事项。企业发生与生产经营活动无关的借款利息支出不得税前扣除。如无偿转贷的利息支出。企业借款后没有投入企业的生产经营，而是无偿转贷给他人，根据《企业所得税法》第十条的规定，与取得收入无关的支出不得税前扣除。

资本金未按期缴足部分的借款利息支出不得税前扣除。根据《国家税务总局关于企业投资者投资未到位而发生的利息支出企业所得税前扣除问题的批复》（国税函〔2009〕312 号）的规定，凡企业投资者在规定期限内未缴足其应缴资本额的，该企业对外借款所发生的利息，相当于投资者实缴资本额与在规定期限内应缴资本额的差额应计付的利息，其不属于企业合理的支出，应由企业投资者负担，不得在计算企业应纳税所得额时扣除。也就是说，企业的投资者没有按章程或工商法律法规的出资期限出资，正好在这个期间企业又对外有借款利息支出。

企业债资比超标部分借款利息支出不得税前扣除。根据《企业所得税法》第四十六条的规定，企业从其关联方接受的债权性投资与权益性投资的比例超过规定标准而发生的利息支出，不得在计算应纳税所得额时扣除。《企业所得税法实施条例》第一百一十九条规定，《企业所得税法》第四十六条所称债权性投资，是指企业直接或者间接从关联方获得的，需要偿还本金和支付利息或者需要以其他具有支付利息性质的方式予以补偿的融资。债资比例具体参照《财政部 国家税务总局关于企业关联方利息支出税前扣除标准有关税收政策问题的通知》（财税〔2008〕121 号）规定。

企业发生的不合理的借款利息支出部分不得扣除。根据《企业所得税法实施条例》第三十八条的规定，非金融企业向非金融企业借款的利息支出，超过金融企业同期同类贷款利率计算的数额的部分不得扣除。同期同类贷款利率参照《国家税务总局关于企业所得税若干问题的公告》（国家税务总局公告 2011 年第 34 号）的规定，需要企业自证利息支出的合理性。

根据《国家税务总局关于企业向自然人借款的利息支出企业所得税税前扣除问题的通知》（国税函〔2009〕777 号）的规定，企业向自然人（包括关联方和非关联方）借款实际生的借款利息支出，超过金融企业同期同类贷款利率计算的数额的部分不得扣除。同期同类贷款利率同样参照《国家税务总局关于企业所得税若干问题的公告》（国家税务总局公

告2011年第34号),需要企业自证利息支出的合理性的规定。

法人企业内的非法人机构间利息支出不得税除。根据《企业所得税法实施条例》第四十九条的规定,企业之间支付的管理费、企业内营业机构之间支付的租金和特许权使用费,以及非银行企业内营业机构之间支付的利息,不得扣除。

企业未按规定代扣代缴非居民企业预提所得税,却计入当期成本费用的利息支出不得税前扣除。根据《国家税务总局关于非居民企业所得税管理若干问题的公告》(国家税务总局公告2011年第24号)的规定,中国境内企业和非居民企业签订与利息、租金、特许权使用费等所得有关的合同或协议,如果未按照合同或协议约定的日期支付上述所得款项,或者变更或修改合同或协议延期支付,但已计入企业当期成本、费用,并在企业所得税年度纳税申报中作税前扣除的,应在企业所得税年度纳税申报时按照企业所得税法有关规定代扣代缴企业所得税。

已计入资本化的借款利息支出不符合税前扣除规定。例如:计入固定资产的资本化的借款利息支出,其中固定资产计提折旧中的相当于利息支出折旧部分不得税前扣除。类似的还包括无形资产、存货、投资性房地产等。

企业年末计提未实际支付的利息出不得税前扣除。例如:企业在年末计提了利息支出,但在所得税汇算清缴前也没有实际支付该借款利息。

企业实际运营过程中未投入使用资产而调增处理的利息支出不得税前扣除。例如:未投入使用的除房屋、建筑物以外的固定资产计提折旧中的相当于利息支出折旧部分不得税前扣除。

【案例3-16】 A公司的生产、经营范围为其他园艺作物种植,企业注册类型为有限责任公司。税务机关在采集A公司2016年度纳税数据时发现,该企业2016年度的财务费用占企业所得税税前扣除费用总额的99.83%,税收风险较高。在随后的全面核查中,税务机关发现,A公司自2014年以来,一直未开展任何实质性的生产、经营活动,其产生的财务费用均为向银行抵押贷款所产生的利息支出,且所贷款项全部用于B公司开展种植园建设以及农产品种植等经营活动。鉴于财务费用占比过高,税务机关对A公司开展了深入调查。调查后发现,B公司与A公司属于同一法定代表人控制,且该法定代表人还注册了C、D和E另外3家公司。A、C、D和E这4家公司专门用于银行贷款,并将贷款全部投入B公司,供其开展农业生产、经营活动。通过实地核查,A、C、D和E 4家公司2016年全年银行贷款利息支出共计148.91万元,B公司发生的财务费用总额为109.37万元,5家企业属于关联企业,资金流转的税务处理不合规。

《财政部 国家税务总局关于全面推开营业税改征增值税试点的通知》(财税〔2016〕36号附件1)第十四条规定,单位或者个体工商户向其他单位或者个人无偿提供服务,视同销售服务、无形资产或者不动产。同时,《销售服务、无形资产、不动产注释》(财税〔2016〕36号附件1)规定,贷款指将资金贷与他人使用而取得利息收入的业务活动,各种占用、拆借资金取得的收入,按照贷款服务缴纳增值税。因此,关联企业间资金拆借行为应视同销售服务,按照规定缴纳增值税。A、B、C、D和E公司属于关联企业,A、C、D

和E公司将资金提供给B公司使用,属于关联企业间的资金拆借行为,其收到的贷款利息应视同销售,计算缴纳增值税。根据《企业所得税法实施条例》第三十七条的规定,企业在生产经营活动中发生的合理的、不需要资本化的借款费用,准予扣除。企业为购置、建造固定资产、无形资产和经过12个月以上建造才能达到预定可销售状态的存货发生借款的,在有关资产购置、建造期间发生的合理的借款费用,应当作为资本性支出计入有关资产的成本,并依照《企业所得税法实施条例》的规定,在企业所得税前扣除。税务机关在对B公司开展核查时确认,B公司2016年度发生的财务费用总额为109.37万元,其中37万元为B公司正常经营的贷款费用,72.37万元是B公司为建造农产品生产基地而产生的支出。因此,B公司当期可在企业所得税税前扣除的金额为37万元。其72.37万元的建造支出应予以资本化而不得在本期扣除。由此,税务机关责令A、B、C、D和E公司纳税调整并补缴税款。

六、佣金扣除中的涉税风险

销售佣金是指企业在销售业务发生时支付给中间人的报酬,中间人必须是有权从事中介服务的单位或个人,但不包括本企业的职工。在企业的日常生产经营中,为了推广新产品、拓展销售渠道以及提高市场占有率通常会采用该方法。根据《财政部 国家税务总局关于企业手续费及佣金支出税前扣除政策的通知》(财税〔2009〕29号)第五条的规定:企业支付的手续费及佣金不得直接冲减服务协议或合同金额,并如实入账。

销售佣金支出具有超额限制,根据《财政部 国家税务总局关于企业手续费及佣金支出税前扣除政策的通知》(财税〔2009〕29号)第一条规定:企业发生与生产经营有关的手续费及佣金支出,不超过以下规定计算限额以内的部分,准予扣除;超过部分,不得扣除。其他企业:按与具有合法经营资格中介服务机构或个人(不含交易双方及其雇员、代理人和代表人等)所签订服务协议或合同确认的收入金额的5%计算限额。

【案例3-17】 拉力保健品有限公司(以下简称拉力公司)是一家成立于2015年3月的其他有限责任公司,注册资本500万元,主要从事女性美容类、老年保健类、学生营养类等保健食品的生产、销售及进出口业务,属于增值税一般纳税人。2020年6月,税务机关对该公司2019年度纳税事项实施了税务检查。如《A105000纳税调整项目明细表》所示,检查人员发现该公司当年全额列支佣金和手续费支出240万元,那么,该公司的税务处理是否正确呢?针对该问题检查人员展开了核实,具体查补情况如下。

经了解,2019年8月,拉力公司为推广新型保健产品与45名自然人签订销售服务协议,协议约定受托方自然人应按照拉力保健品公司指导价格240元/盒销售产品,每销售一盒拉力公司支付销售佣金24元,即佣金比例为10%。货款结算时,受托方只需将销售总额扣除销售佣金后的余额支付给拉力公司即可。此外,受托方取得销售佣金收入需要向拉力公司提供发票作为其税前列支的合法有效票据。

经该公司统计受托方当年共计销售10万盒,当年应收账款——个人应收款2 400万元,应支付销售费用——佣金费用240万元,实际应收到货款2 160万元。在取得受托方

提供的发票后,拉力公司将佣金支出 240 万元全部在税前列支扣除。在结转收入时,拉力公司账务处理如下:

借:应收账款——个人应收款　　　　　　　　　　　　　　　　21 600 000
　　贷:主营业务收入　　　　　　　　　　　　　　　　　　　　19 115 000
　　　　应交税费——应交增值税(销项税)　　　　　　　　　　 2 485 000
借:银行存款——收回个人应收款　　　　　　　　　　　　　　　21 600 000
　　贷:应账款——个人应收款　　　　　　　　　　　　　　　　21 600 000

(1) 将佣金支出冲减销售收入,该公司当年由受托方实现的销售收入应为 2 400 万元,然而,该公司却按照冲减销售佣金 240 万元后的余额 2 160 万元结转收入,少计销售收入 240 万元。因此,针对该问题应补征增值税=240÷(1+13%)×13%=27.61(万元);由于少计销售收入 240 万元所对应的成本已经结转,因此应补征企业所得税=(240-27.61)×25%=53.10(万元)。

(2) 超限额列支扣除销售佣金支出,根据上述法规规定,公司可以在税前扣除的佣金支出限额=2 400×5%=120(万元),针对该问题应补征企业所得税=(240-120)×25%=60(万元)。

七、资产折旧、摊销、提取减值中的涉税风险

根据国税函〔2010〕79 号文件第五条的规定,企业固定资产投入使用后,由于工程款项尚未结清未取得全额发票的,可暂按合同规定的金额计入固定资产计税基础计提折旧,待发票取得后进行调整。但该项调整应在固定资产投入使用后 12 个月内进行。

根据《企业所得税法实施条例》第三十七条第(二)款的规定,企业为购置、建造固定资产、无形资产和经过 12 个月以上的建造才能达到预定可销售状态的存货发生借款的,在有关资产购置、建造期间发生的合理的借款费用,应当作为资本性支出计入有关资产的成本,并依照本条例的规定扣除。

根据《企业所得税法实施条例》第三十八条第(二)项的规定,企业在生产经营活动中发生的非金融企业向非金融企业借款的利息支出,不超过按照金融企业同期同类贷款利率计算的数额的部分,准予扣除。

根据《企业所得税法实施条例》第五十九条的规定,固定资产按照直线法计算的折旧,准予扣除。企业应当自固定资产投入使用月份的次月起计算折旧;停止使用的固定资产,应当自停止使用月份的次月起停止计算折旧。

根据《国家税务总局关于企业所得税纳税所得额若干问题的公告》(国家税务总局公告 2014 年第 29 号)的相关规定,企业固定资产采用的会计折旧年限长于《企业所得税法》规定的最低折旧年限,视同会计与《企业所得税法》无差异,不需要在年度汇算清缴时进行纳税调减。

根据《企业所得税法》及其实施条例的规定,自行建造的固定资产,以竣工结算前发生的支出为计税基础,从固定资产投入使用月份的次月起按规定年限和方法提取折旧税前扣除。

【案例 3-18】 甲公司需建设一栋办公楼,由乙建筑公司承建,合同金额 1 800 万元,

工程结算金额1 950万元,因工程进度、质量等方面的原因,与乙建筑公司产生结算分歧,甲公司迟迟未支付工程结算款,乙建筑公司也未对甲公司开具发票。然而,该办公楼甲公司已于2017年1月1日投入使用,对于未取得发票的固定资产,纳税有何风险?

甲公司应当在办公楼投入使用后,进行在建工程转为固定资产的账务处理,同时按规定计提固定资产的折旧,但应在2017年12月31日前取得结算发票,同时根据发票金额进行固定资产原值调整。如果未取得发票,那么,在2017年的企业所得税汇算清缴时,将进行纳税调整,所计提折旧不得在企业所得税前扣除。

【案例3-19】 甲公司建设了一栋办公楼,建设投入金额1 800万元,由于公司资金周转困难,特向关联企业丙公司借款(未超过债资比),共产生建设期间的利息费用130万元,甲公司按年息12%支付给丙公司利息,金融企业的同期同类贷款利率为10%。那么,甲公司在利息资本化上,有何纳税风险?

甲公司支付给关联企业的利息费用,虽然按会计处理原则可以资本化进入固定资产原值,但固定资产使用期间所计提的折旧,在企业所得税汇算清缴时应进行纳税调整,超过金融企业同期同类贷款利率计算利息的部分,不得在企业所得税前扣除。

【案例3-20】 甲公司建设了一栋办公楼,合同金额1 800万元,工程结算单结算金额1 950万元,企业财务在进行在建工程结转固定资产时,预计净残值率为5%,在使用过程中,每年也会对固定资产净残值进行重新评估调整。

根据《企业会计准则第4号——固定资产》应用指南讲解,企业应当至少于每年年度终了,对固定资产的预计净残值进行复核,预计净残值预计数与原先估计数据有差异的,应当调整预计净残值。也就是说,《企业会计准则》确认的预计净残值与《企业所得税法》确认的预计净残值是有差异。在确认标准上,没有明确的标准,都由企业分析预计;在变化上,企业会计准则可以调整预计净残值,而企业所得税法一经确定不得调整。因此,企业固定资产预计净残值发生变动时,在企业所得税汇算清缴时,需要调整回来,不得变动。

第四节 生产经营中的涉税风险管理

一、销售环节涉税风险管理

对于销售收款业务不相容、职务未分离,导致实现销售收入不入账或不及时入账,为了保证与销售收款相关的不相容职务的分离,形成相互制约和监督,应设置以下风险控制体系:①销售部门(或岗位)主要负责处理订单、签订合同、执行销售政策和信用政策、催收货款,将以上岗位分别设立。②发货部门(或岗位)主要负责审核销售发货单据是否齐全并办理发货的具体事宜。③财会部门(或岗位)主要负责销售款项的结算和记录、监督管理货款回收。④单位不得由同一部门或个人办理销售与收款业务的全过程。参考的管理程序包括:检查公司销售、库房、财务工作流程记录,评价岗位分离是否恰当。

对于无健全的合同审批、保管制度,导致实现销售收入不入账或不及时入账的情况,应建立健全的合同审批、保管制度,保证经营效率和效益。建立健全的合同审批制度,保管制度,审批人员按授权范围对销售价格、信用政策、发货、收款条件严格把关。所有销售合同由销售部统一负责,连续编号并连续使用,登记合同台账,根据相关原始单据记录合同的执行情况。检查公司合同样本的确定、重大合同的签订是否有法律事务部门或法律顾问的审核意见。检查公司合同审批制度和保管制度,抽取重大销售合同是否经审批,核查销售合同是否连续编号并登记台账,记录合同执行情况。

对于发货手续不健全,导致漏记销售收入,应保证所发货物与相关合同订货单等一致。发货部门或人员根据发票提货联或运货单,确认手续完备后发货。必要时,检查发货部门是否核对提货联或运货单,确认手续完备后发货。

对于无完善的销售台账,导致漏记销售收入,应对所有销售做完整准确记录,设置销售台账,并附有客户订单、销售合同、客户签收回执等相关单据。必要时,检查销售台账,并确定其是否附有客户订单、销售合同、客户签收回执等相关单据。

对于财会部门的销售记录与销售部门、发货部门记录不一致,导致漏记销售收入,应保证财会部门的销售记录完整、准确并与销售部门、发货部门记录一致。定期将财会部门的销售明细账(台账)与销售部门台账、发货(仓储)部门实物账核对。检查财会部门、销售部门、发货部门三方的核对记录和调整记录。

对于退货未经审批导致公司销售损失,应确保所有的退货符合公司退货条件、经销售主管审批后才能执行。检查销售退货单是否有销售主管的审批签字。质检部门对所退货物进行检验并出具检验证明。仓储部门在清点货物后填制退货接受表。必要时,检查销售退货单是否有质检部门的检验证明,以及检查销售退货单是否有仓储部门清点数量的记录。

二、采购环节涉税风险管理

针对存在计划外采购,容易导致账外经营,接受虚开发票列支成本,应确保计划外采购均先纳入采购计划、并全部入账。计划外采购,需填列计划外采购申请单,由采购部部长批准后进入正常采购程序。必要时,询问实际执行情况;抽查计划外采购的实际执行记录及签字手续。

对于采购单传递、保管等不完整,导致账外经营,接受虚开发票列支成本,应确保采购单传递、保管的完整性。采购单由全公司统一管理,连续编号并连续使用,使用时需要填制采购单领用表。对于无真实的采购行为发生,导致账外经营,接受虚开发票列支成本,应保证采购单与相应的收货单统一保管、归档。检查归档的采购单是否均附有收货单。

对于选择关联方作为供应商,导致关联交易涉税风险,应确保供应商严格执行独立交易原则。应由采购、财务、技术部等部门共同参与比质比价的采购管理,对大宗材料、重大金额采购采用招标方式。应询问公司供应商的选择程序,检查比质比价的书面记录,抽查大宗材料、大额采购的执行记录。

对于采购业务不签订采购合同,导致接受虚开发票,多列成本、费用,应保证所有采购业务都签订采购合同,确保采购业务真实合法,所有采购单均要求记录采购合同号。必要时,询问公司供应商的选择程序,检查比质比价的书面记录,抽查大宗材料、大额采购的执行记录。

对于采购发票传递不及时,导致人为调节利润,应确保采购发票及时传递,记入正确的会计期间。建立采购发票台账,采购人员督促供应商单据的传递并形成记录。采购人员应及时将发票交由财务部及时入账。必要时,询问采购发票的传递情况,检查采购发票台账,抽查督促供应商传递单据的记录。

对于应付账款等债务核算单位与实际债权人不一致,导致接受虚开发票多列成本费用和违规抵扣进项税金,应确保债务核算单位与实际债权人一致,保证债务核算单位名称与发票单位完全一致。必要时,检查核算单位与发票开票单位的一致性,询问对账情况,抽查余额调节表。

三、生产环节涉税风险管理

针对计划外生产不入账情况,导致账外循环,应确保计划外生产均纳入账务核算。计划外生产,需填列计划外生产申请单,由生产部长批准后纳入生产计划,询问实际执行情况,抽查计划外生产的实际执行记录及签字手续。

针对领料单无签字审批程序,导致虚列成本,应确保领料单经适当授权审批。领料单需经经办人、经办部门领导、库管员等签字确认。必要时,检查领料单的签字审批情况。

针对无实际材料的发出也进行了账务处理,导致虚列成本,应确保账务处理均有实际材料的发出。根据领料单,仓库建立好材料收发存台账,严格保证库房实际库存材料与台账保持一致,各车间及部门相应建立好材料台账。必要时,核对收发记录与领料单是否一致,年末盘存实物数与库存台账是否一致。

对于成本核算方法与生产情况严重脱节,导致虚增成本,应确保成本核算方法符合企业生产特点,并严格一贯执行。要根据企业生产部提供的生产工艺图,财务部对各环节设置会计处理方法;材料消耗、工时消耗、费用支出和废品损失以及在产品转移、产成品完工入库的原始凭证经记录和审核,月末交由财务部。必要时,询问各生产环节的实物流程后判断成本核算情况,询问原始凭证的形成及处理流程,检查其签字手续。

对于产品成本分配不准确,导致多列成本,应确保产品成本分配准确。成本核算人员按照受益原则,在各期之间、各产品之间以及完工产品和在产品之间分配生产费用,并编制产品成本计算单。对于各成本核算环节产品数量不准确,导致多列成本,应确保各成本核算环节产品数量准确。要根据生产部提供的生产进度报告进行成本的分摊核算,月末通过对单位成本的横向、纵向分析发现是否存在成本核算不完整、准确问题,并分析成本变动异常原因。

对于费用核算不真实,导致虚增成本,应确保费用核算真实准确。费用核算员检查费用相应原始单据的真实性、完整性。若系预提费用,费用核算岗对需根据合同计提的费用金额进行复核。

对于存货发生损坏、变质、被盗等风险,导致少转出进项税,应确保将存货发生损坏、变质、被盗等可能性降低到最低程度。存货的实物应由专职保管员控制,应设置分离且封闭的仓库区域,只有经授权批准的人才能进入,应严格限制接触存货。必要时,询问存货的管理情况及将存货发生损坏、变质、被盗等可能性降低到最低程度方面采用了哪些措施,检查标签及卡片情况,检查授权批准情况,查看存货的存放情况并评价其合理性。

第四章

企业重组、清算的涉税风险分析

第一节　企业重组的涉税风险分析

一、股权收购的涉税风险分析

(一) 政策法规

根据《财政部　国家税务总局关于企业重组业务企业所得税处理若干问题的通知》(财税〔2009〕59号)的规定,所谓的股权收购,是指一家企业(以下称收购企业)购买另一家企业(以下称被收购企业)的股权,以实现控制被收购企业的交易。从股权收购定义看,股权收购交易的对象是被收购企业的股权。在股权收购过程中,涉及收购企业、被收购企业及被收购企业股东三方。基于以上分析,实现对被收购企业的控制是股权收购的重要特征。

对于股权收购业务的税务处理。根据财税〔2009〕59号文件的有关规定,股权收购业务的税务处理分为一般性税务处理和特殊性税务处理。

对于股权收购业务的一般性税务处理。当收购企业支付的对价包括固定资产、无形资产等非货币资产时,虽然财税〔2009〕59号文件未明确规定应确认所涉及非货币资产的转让所得或损失,但由于资产的所有权属发生了变化,因此收购企业以固定资产、无形资产等非货币资产进行支付的,应按税法规定确认资产的转让所得或损失。

对于取得被收购企业股权计税基础的确定。由于收购企业支付的对价无论是股权支付,还是非股权支付均是按公允价值支付的,依据财税〔2009〕59号文件的规定,收购企业应按公允价值确定被收购企业股权的计税基础。

对于被收购企业股东的税务处理。在股权收购过程中,被收购企业股东放弃被收购企业股权而取得收购企业支付的股权和非股权,其实质应分解为两项业务,即先转让被收购企业股权,然后再以转让收入购买股权或非股权支付,因此依据财税〔2009〕59号文件的规定,被收购企业股东应确认股权转让所得或损失。

对于取得股权支付和非股权支付计税基础的处理。由于被收购企业股东确认了放弃被收购企业股权的转让所得或损失,因此,对其取得的股权支付和非股权支付均应按公允价值确定计税基础。

(二) 风险分析

根据《财政部　国家税务总局关于促进企业重组有关企业所得税处理问题的通知》(财税〔2014〕109号),收购企业购买的股权不低于被收购企业全部股权的比例已经从75%降低到50%,企业享受特殊性重组的条件得到放宽。但是,财税〔2009〕59号文件第十条关于股权收购的分步交易如何税务处理,到目前为止仍没有后续文件对作出补充规定,给企业打"擦边球"留下了机会。

因此,税务机关在实际检查过程中,要把握好尺度,具体问题具体分析,摸清重组方案的路径,结合实际,透过现象看本质,尽早发现风险点,及时采取应对措施。大企业也要准确把握税收法规的相关规定,根据自身发展需求合理开展税务筹划,不要一味为了降低税负而出现税务风险。

【案例 4-1】 A 公司是一家集团企业,B 公司是 A 公司直接控股的全资子公司。A 公司与 B 公司共同出资注册成立了 C 公司,并分别持有 C 公司 49% 和 51% 的股权。2013 年 7 月,A 公司与 B 公司签订协议,将其所持 25%C 公司的股权转让给 B 公司,B 公司支付给 A 公司银行存款,该项交易在转让当年完成股权变更手续。转让后,A 公司和 B 公司分别持有 C 公司 24% 和 76% 的股权。2013 年 11 月,A 公司与 B 公司签订协议,B 公司将所持有 76% 的股权转让给 A 公司,A 公司以所持有的其他公司股权作为支付对价转让给 B 公司。短时间内如此操作很不合常理,引起了税务机关的关注。

税务人员发现,第一笔股权收购业务中,A 公司作为转让方已经就转让所得缴纳了企业所得税;在第二笔股权收购业务中,A 公司与 B 公司按照财税〔2009〕59 号文件第六条第(六)款规定,享受了特殊性税务处理,均未确认转让所得。单从重组交易的备案资料上来看,第二笔业务符合特殊性税务处理形式上的要件,应该享受特殊性重组递延纳税的优惠。但税务机关近日对 A 公司开展深入调查时发现,上述两笔股权交易行为不符合常规。

税务人员在重新梳理 A 公司两笔股权收购业务的关联关系时发现了玄机。根据两笔业务的协议,A 公司先是将持有的 C 公司 25% 的股权转让给 B 公司,4 个月之后又从 B 公司手中收购 B 公司持有 C 公司 76% 的股权。总体来看,两项业务后的实质是:B 公司用持有 51% 的 C 公司股权和银行存款置换了 A 公司持有的其他公司的股权。税务机关在深入调查后发现,A 公司之所以分步收购股权,是为了达到特殊性税务处理条件而实行的税务筹划,违反了适用特殊性税务处理"具有合理的商业目的,且不以减少、免除或者推迟缴纳税款为主要目的"的规定。因此,这两笔股权收购行为应视为一项重组交易,第二笔股权收购业务不符合特殊性税务处理条件中的"收购企业购买的股权不低于被收购企业全部股权的 75%"这一硬性条件,A 公司和 B 公司应该各自确认转让所得。

二、资产收购的涉税风险分析

(一)政策法规

实操中多数企业更倾向采取股权收购,主要原因就是为了规避高额的增值税、土地增值税等税负问题。股权收购的方式主要是所得税的负担,通过获取项目公司股权达到实际控制项目公司的目的,从而间接持有标的资产。尽管如此,因股权收购容易受到项目公司本身的债权债务的影响,因此不能适用所有收购情况,资产收购则不然,只要是能够用来正常交易的资产都可以适用,而且比较容易实现风险切割。

资产收购的优势在于,资产收购风险易于控制,无需与被收购方的债权债务牵连,这是资产收购最大的优点,也是最大的特点。如果目标公司股东结构复杂,资产收购无需受到被收购方企业内部的争端影响。特别是股权收购时,必须要取得全体股东书面一致同意(因存在股东优先权的问题)。因此,收购股权的难度较大,进度较慢。另外由于任何股东对其他股东对外转让的股权均享有优先购买权,因此当股权收购遇到少数股东阻挠时,则收购风险增大。资产收购则可有效避开上述限制。如进行股权收购,收购企业股权也就意味着被收购企业的员工也归属于收购方,如要进行职工解聘,也需要承担一定的劳动赔偿责任。资产收购则不会存在上述问题,只针对目标资产进行,与企业职工无关。

依据财税〔2009〕59号文件规定,企业资产收购需同时满足以下条件方可适用特殊性税务处理:①具有合理的商业目的,且不以减少、免除或者推迟缴纳税款为主要目的。②被收购、合并或分立部分的资产或股权比例符合本通知规定的比例。③企业重组后的连续12个月内不改变重组资产原来的实质性经营活动。④重组交易对价中涉及股权支付金额符合本通知规定比例。⑤企业重组中取得股权支付的原主要股东,在重组后连续12个月内,不得转让所取得的股权。需注意第⑤点规定,取得股权支付的原主要股东(持有20%以上股权)在12个月内不得转让所取得的股权。

(二)风险分析

并购重组交易方式,可归纳为股权收购和资产收购两种,其中,股权交易中被收购公司的税务风险将会由新股东承继,资产交易则不会。同时,选择资产交易将面临动产及不动产产权变动而带来的增值税、土地增值税等税负。相比较而言,股权交易一般不需要缴纳流转税以及土地增值税。

如果要适用特殊性税务重组,资产收购规避风险需要重点把握如下几点:资产收购要有合理商业目的。比如阿里巴巴收购雅虎,由于雅虎作为一个在国内搜索市场占据重要位置的搜索品牌,可以为阿里巴巴带来丰富产品,包括搜索技术、门户网站、即时通信软件等,所以这项资产收购就是有合理的商业目的。资产收购不能以减少、免除或者推迟缴纳税款为主要目的。企业如果以减少、免除或者推迟缴纳税款为主要目的,刻意使资产收购中的股权支付比例符合特殊性税务处理的,税务机关可予以否决。企业在收购另一家企业的实质经营性资产后,必须在收购后的连续12个月内仍运营该资产,从事该项资产以前的营业活动。比如,A企业购买了B企业的一个纺织品生产车间,如果其在购买后12个月内,将纺织品生产线变卖,利用该场地重新购置设备从事食品加工,则不能适用资产收购的特殊性税务处理。

在符合上述前提的情况下,如果资产收购中受让企业收购的资产不低于转让企业全部资产的50%,且受让企业在该资产收购发生时的股权支付金额不低于其交易支付总额的85%。

【案例4-2】 A公司是一家大型纺织品生产企业。为扩展生产经营规模,A企业决定收购位于同城的B纺织企业。由于该企业已经负债累累,为避免A企业整体合并B企业后承担过高债务的风险,A企业决定仅收购B企业从事纺织品生产的所有资产。2009年5月1日,双方达成收购协议,即A企业收购B企业涉及纺织品生产地所有资产,具体情况如下:B企业所有资产在2009年4月15日作了资产评估,经评估后的资产总额为1 750万元。A企业以B企业的资产总价值1 730万元为准,向B企业支付了两项对价,一项是支付现金130万元，另一项是A企业将其持有的其全资子公司20%的股权合计800万股，支付给B公司。该项长期股权投资的公允价值为1 600万元，计税基础为800万元。假设A企业该项资产收购是为了扩大生产经营，具有合理的商业目的，且A企业承诺收购B企业纺织品资产后，除进行必要的设备更新后，在连续12个月内仍用该项资产从事纺织品生产。

考察收购资产比例和股权支付比例这两个指标：受让企业A收购转让企业B的资产总额为1 730万元，B企业全部资产总额经评估为1 750万元，A企业收购转让B企业的资产占B企业总资产的比例为98.9%（1 730÷1 750×100%＝98.9%），超过了75%；A企业在资产收购中，股权支付金额为1 600万元，非股权支付金额为130万元，股权支付金额占交易总额的92.5%（1 600÷1 730×100%＝92.5%），超过85%。因此，A企业对B企业的这项资产收购交易可以适用特殊性税务处理。

转让方B企业的税务处理：转让企业取得受让企业股权的计税基础，以被转让资产的原有计税基础确定。由于转让方B转让资产，不仅收到股权，还收到了130万现金的非股权支付。根据财税〔2009〕59号文件第六条第（六）款规定，应确认非股权支付对应的资产转让所得或损失。计算公式为：

$$\text{非股权支付对应的资产转让所得或损失} = \left(\text{被转让资产的公允价值} - \text{被转让资产的计税基础}\right) \times \left(\text{非股权支付金额} \div \text{被转让资产的公允价值}\right)$$

因此转让方B企业非股权支付对应的资产转让所得或损失＝（1 730－1 470）×130÷1 730＝19.54（万元）。B企业需要就其非股权支付对应的资产转让所得缴纳19.54万元企业所得税。B企业取得现金的计税基础为130万元。B企业取得A企业给予的其持有的全资子公司800万股股份的计税基础＝（1 470＋19.54－130）＝1 359.54（万元）。

受让方A企业的税务处理：受让企业取得转让企业资产的计税基础，以被转让资产的原有计税基础确定。受让方被转让资产两项，一项是其持有的子公司800万股的股权，计税基础为800万元，现金的计税基础为130万元，合计930万元。我们必须将被转让资产的计税基础930万元在A企业取得的四项资产中按公允价值进行分配。

设备的计税基础＝930×560÷1 730＝301.04（万元）；

生产厂房的计税基础＝930×800÷1 730＝430.06（万元）；

存货的计税基础＝930×220÷1 730＝118.27（万元）；

应收账款的计税基础＝930－301.04－430.06－118.27＝80.63（万元）。

三、吸收合并的涉税风险分析

（一）政策法规

吸收合并是指两个或两个以上的企业合并成为一个单一的企业，其中吸收方存续，被吸收公司解散。相比需要注销两个公司后再成立新公司，耗时长、过程繁琐的新设合并，一般较多采用简单快捷的吸收合并方式。通过企业吸收合并，可以有利于企业内外资源的整合,充分发挥规模效应和协同效应。

就吸收合并而言,应该把《财政部 国家税务总局关于企业重组业务企业所得税处理若干问题的通知》(财税〔2009〕59号)、《财政部 国家税务总局关于企业清算业务企业所得税处理若干问题的通知》(财税〔2009〕60号)和《企业重组业务企业所得税管理办法》(国家税务总局公告2010年第4号)中相关规定结合起来看。财税〔2009〕59号文第一条第(五)项:合并是指一家或多家企业(以下称为被合并企业)将其全部资产和负债转让给另一家现存或新设企业(以下称为合并企业);财税〔2009〕59号文第四条第(四)项2:被合并企业及其股东都应按清算进行所得税处理;国家税务总局公告2010年第4号文件第十三条:企业发生《通知》第四条第(四)项规定的合并,应按照财税〔2009〕60号文件规定进行清算;财税〔2009〕60号文件第三条(一)项和第(六)项:企业清算的所得税处理包括以下内容:全部资产均应按可变现价值或交易价格,确认资产转让所得或损失,向股东分配的剩余财产、应付股息等。

如果将合并分解为先作股权收购再由母公司解散子公司,这样由于被合并企业不再存在,只能是被合并企业解散且实际作清算处理,但与财税〔2009〕59号文件规定的"被合并企业及其股东"都"应按清算进行处理"的设定不符;或者分解为先作股权收购再母子公司合并,即使不考虑母子公司合并本身的争议,也无法满足财税〔2009〕59号文件规定的"将其全部资产和负债转让给另一家现存或新设企业"的合并定义,以及被合并企业股东不同于合并企业的设定。所以,尽管理论上合并可以有先股权收购再母子合并解散,但确与现有法规设定情形不符。

由此可见,一个典型吸收合并业务,重组规则将其分解视为被合并方向合并方资产转让业务,应适用财产交换规则;被合并方向其股东清算的业务,应适用一般清算规则。

(二) 风险分析

1. 吸收合并税收风险

吸收合并面临的税收争议和风险包括以下几方面:

(1) 吸收合并当年的汇算。依据国家税务总局公告2010年第4号文件规定,企业重组适用一般性税务处理时,应按财税〔2009〕60号文件规定进行清算并报送《企业清算所得纳税申报表》;适用特殊性税务处理时并未要求按财税〔2009〕60号文件规定进行清算,只要求提供相关证明文件等。按财税〔2009〕59号文件规定,特殊性税务处理相关所得税事项由合并企业承继。国家税务总局公告2010年第4号文件规定,承继的所得税事项仅限于尚未确认的资产损失、分期确认收入的处理以及尚未享受期满的税收优惠政策(文件中虽然有等字,但税务一般都认为是正列举的),在汇算过程中出现原本按全年支付的费用、未及时到票的支出导致是否要纳税调整的问题,以及超限额列支的可结转以后年度的广告费、职工教育经费、捐赠等事项(所谓超限额,有些是因为收入、工资、利润大多在年末实现,全年考虑是不超限额的)。如果做了纳税调整,被合并的企业要被注销,那么这些事项还能否承继到合并方调回。

(2) 合并当年是否要按总分机构要求分配。依据《跨地区经营汇总纳税企业所得税征收管理办法》(国家税务总局公告2012年第57号)的规定,当年由于重组等原因从其他企业取得重组当年之前已存在的二级分支机构,并作为本企业二级分支机构管理的,该二级分支机构不视同当年新设立的二级分支机构,应按本办法规定计算分摊并就地缴纳企业所得税。重组后的企业吸收合并时进行了企业所得税汇算,缴纳了企业所得税,合并当年再从年初开始参与总分机构分配缴纳企业所得税,在一个自然年度里缴纳两次企业所得税。比如11月份吸收合并,注销时要求将1～11月的所得税进行汇算,注销后成为分公司再按比例分配1～12月份的总机构汇总计算的企业所得税,是否合理?

(3) 注销前预缴的企业所得税如何处理。如果注销前进行企业所得税汇算,结果为多缴企业所得税,是退税还是延续给合并方作为预缴款? 如果按适用特殊性税务处理则不用进行企业所得税汇算,而由合并方在年终汇算时一并进行汇算,并被合并方转为合并方的分支机构。在合并当年按国家税务总局公告2012年第57号文件的要求进行分配缴纳企业所得税,原已预缴的企业所得税转为合并方分支机构的预缴税款,则比较合理。

2. 增值税方面风险

依据《国家税务总局关于纳税人资产重组增值税留抵税额处理有关问题的公告》(国家税务总局公告2012年第55号)的规定,尚未抵扣的进项税额可结转至合并方继续抵扣。具体规定:增值税一般纳税人(以下称原纳税人)在资产重组过程中,将全部资产、负债和劳动力一并转让给其他增值税一般纳税人(以下称新纳税人),并按程序办理注销税务登记的,其在办理注销登记前尚未抵扣的进项税额可结转至新纳税人处继续抵扣。原纳税人主管税务机关应认真核查纳税人资产重组相关资料,核实原纳税人在办理注销税务登记前尚未抵扣的进项税额,填写《增值税一般纳税人资产重组进项留抵税额转移单》(以下简称《转移单》)。但国家税务总局公告2010年第4号文件没要明确是否要进行注销清算,如果将尚未到期的待抵扣进项税额直接转为进项税额是否有风险(一般认为资产重组后增值税事项应转移到重组方)? 如果不将尚未到期的待抵扣进项税额直接转为进项税额,又如何将待抵扣进项税额转到合并方? 国家税务总局公告2012年第55号文件里的《转移单》也没地方可填。

【案例4-3】 A公司向B公司支付125万元(其中现金60万元、发行股份65万元),并吸收合并B公司的全资子公司C公司,C公司全部资产、负债由A公司承继后解散。合并基准日C公司账面净资产的计税基础为80万元,可变现价值为100万元(评估取得);B公司对C公司长期股权投资的计税基础为50万元,如图4-1所示。

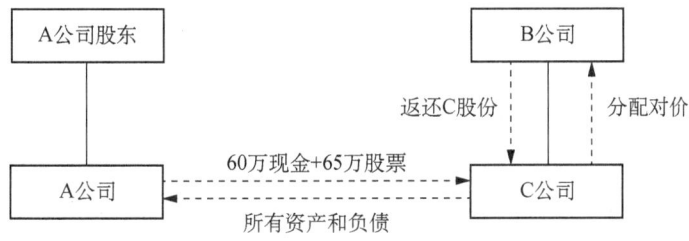

图4-1 A、B、C公司股权结构图

(1) 吸收合并的税务处理。

由于交易中股权支付额为交易支付总额的52%,低于85%(财税〔2009〕59号),本吸收合并适用一般性税务处理。按照国家税务总局公告2010年第4号文件第十三条的规定,合并一般性税务处理应按财税〔2009〕60号文件规定进行清算,因此被合并方C公司应按财税〔2009〕60号文件第三条的规定进行清算。

(2) C公司(被合并方)的税务处理。

全部资产的成交价格为125万元,计税基础为80万元,清算所得45万元;应缴清算所得企业所得税为11.25万元[(125−80)×25%];向股东B公司分配的剩余财产为113.75万元(48.75+65),其中未累计未分配利润33.75万元(45−11.25)。

(3) B公司(股东)的税务处理。

分得资产113.75万元(48.75+65),其中33.75万元应确认为股息所得,剩余金额应确认为投资转让所得30万元(80−50),应缴企业所得税7.5万元。根据财税〔2009〕60号文件第五条第(三)款的规定,B公司取得A公司股票的计税基础为65万元。

假设按被合并方直接清算向股东分配财产,合并方是清算资产的购买方。按清算规则适用的《税法》,其处理结果与按重组规则分解处理的结果相同,也说明了吸收合并税务处理可以视为被合并方向合并方清算处置资产和将取得的对价向股东分配的统一结合这种交易实质认识的正确性。

四、债务重组的涉税风险分析

财税〔2009〕59号文件第五条规定,企业重组同时符合下列条件的,适用特殊性税务处理规定:①具有合理的商业目的,且不以减少、免除或者推迟缴纳税款为主要目的。②被收购、合并或分立部分的资产或股权比例符合本通知规定的比例。③企业重组后的连续12个月内不改变重组资产原来的实质性经营活动。④重组交易对价中涉及股权支付金额符合本通知规定比例。⑤企业重组中取得股权支付的原主要股东,在重组后连续12个月内,不得转让所取得的股权。并非每种重组行为(包括债务重组)都必须同时符合这5个条件,其中债务重组只需符合第①项、第⑤项的条件;对于债务重组中的债转股行为,笔者认为如果同时符合第①项合理商业目的原则以及第⑤项在重组后连续12个月内不转让所取得的股权,就符合特殊性税务处理条件;对于其他类型的债务重组(包括非货币性资产偿债、现金偿债、股权+非股权偿债等),如果重组所得超过50%,只要符合第①项合理商业目的原则即可。

财税〔2009〕59号文件第六条规定,企业债务重组确认的应纳税所得额占该企业当年应纳税所得额50%以上可选择特殊性税务处理。财税〔2009〕59号文件第四条第(二)项明确规定:①以非货币资产清偿债务,应当分解为转让相关非货币性资产、按非货币性资产公允价值清偿债务两项业务,确认相关资产的所得或损失。②债务人应当按照支付的债务清偿额低于债务计税基础的差额,确认债务重组所得。从该表述来看,对于非货币资产偿债需区分资产转让所得和债务重组所得两种类型,表明这一所得(损失)与文中债务重组所得（损失）在税收上存在差异。财税〔2009〕59号文件第六条明确规定了企业债务重组确认的应纳税所得额占该企业当年应纳税所得额50%以上，才可以享受递延5年纳税的优惠待遇。注意，文件写的是"企业债务重组确认的应纳税所得额"，不是"企业在债务重组中确认的应纳税所得额"。这也就意味着，在非货币资产偿债的债务重组中，只有债权人债务让步部分确认的债务重组所得可以享受递延5年纳税的优惠待遇，非货币资产视同销售确认的所得或损失没有这个税收待遇。

财税〔2009〕59号文件第六条规定的50%到底是"股权支付部分对应的债务重组所得占比"还是"全部的债务重组所得占比"？债务重组所得是指每次债务重组所得还是指当年发生的全部债务重组所得？关于这些问题，实务中在计算50%比例时，应当采取股权支付和非股权支付总的债务重组所得额进行计算，即在判断是否可以适用特殊性税务处理时，应当采用"总额"的观点。判断完如果适用特殊性税务处理之后，再就股权支付部分对应的债务重组所得按照5年平均分摊。

用子公司股权偿债和增发自身股份偿债的区别是什么？各自的税会处理方法又是什么？根据《公司债权转股权登记管理办法》（国家工商总局令第57号）及财税〔2009〕59号第四条第（二）款等文件的规定，企业发生的债权转股权业务，可以分解为债务人清偿债务和股权投资两项经济业务。显然，债权人的投资对象是债务人，而不是债务人持有的其他公司，因此，债转股的转股范围不包括债务人持有的其他公司股权。债务人以其控股企业的股份作为对价清偿债务的债务重组，属于非货币性资产（《税法》上定义的"权益性投资资产"）清偿债务，应适用财税〔2009〕59号文件第六条第（一）项"5年递延纳税"的规定，而不适用于第六条第（一）项中专门针对"债转股"作出的特别规定。

如果在一个债务重组中，债务人混合使用了现金、非股权的非货币性资产（存货、设备等）、股权性质的非货币性资产（其控股企业的股权）和自身增发的股份（债转股）作为对价清偿债务的话，则针对"债转股"部分应当单独适用第六条第（一）项中"债转股"的规定。

【案例4-4】 2019年10月甲公司向乙公司购货，合同约定11月份支付货款100万元。由于甲公司财务发生困难，经双方协商，甲公司以其对控制的子公司的部分股权偿还债务。该股权账面价值与计税基础均为50万元，公允价值70万元。该债务重组具有合理的商业目的，且不以减少、免除或者推迟缴纳税款为主要目的。甲公司当年实现应纳税所得额50万元，适用所得税税率25%。

甲公司的会计处理如下：

借：应付账款　　　　　　　　　　　　　　　　　　　　　1 000 000
　　贷：长期股权投资　　　　　　　　　　　　　　　　　　　500 000
　　　　其他收益——债务重组收益　　　　　　　　　　　　　500 000

注：根据新《企业会计准则第12号——债务重组》的规定处理。

甲公司债务重组收益合计50万元，其中资产转让所得20万元（70—50），债务重组所得30万元（100—70）。债务重组所得30万元占当年应纳税所得额50万元的比例为

60%，超过50%，符合特殊性税务处理条件，可选择在5个纳税年度期间内均匀计入各年度应纳税所得额。当年计入应纳税所得额6万元，调减的应纳税所得额24万元递延计入以后年度，即按照税法规定可以确定其计税基础24万元，而账面价值为0，形成应纳税暂时性差异24万元，应确认递延所得税负债6万元（24×25%）。

借：所得税费用 60 000
　　贷：递延所得税负债 60 000

递延计入以后每年的应纳税所得额6万元，每年减少递延所得税负债1.5万元。

借：递延所得税负债 15 000
　　贷：所得税费用 15 000

【案例4-5】 案例4-4中，甲公司定向增发20万股普通股（每股面值1元）来偿还对乙公司的欠款。甲公司作出增发决定时，每股市价为3.5元，同时，增发价也为每股3.5元。假设12个月后，甲公司股价为每股5元，乙公司全部减持，减持所得为120万元（假设乙公司未计提坏账准备或公允价值变动损益）。

会计处理根据新《债务重组准则》规定，对债转股，债权人放弃债权的公允价值与账面价值之间的差额，应当计入当期损益；债务人所清偿债务账面价值与权益工具确认金额之间的差额，应当计入当期损益。

（1）甲公司的会计处理如下。

借：应付账款——乙公司 1 000 000
　　贷：股本 200 000
　　　　资本公积（股本溢价） 500 000
　　　　投资收益——债务重组损益 300 000

（2）乙公司的会计处理如下。

借：长期股权投资 700 000
　　投资收益——债务重组损失 300 000
　　贷：应收账款 1 000 000

（3）特殊性税务处理。

上述案例在《企业所得税法》上可以视为两个步骤：一是甲公司用70万元现金偿还乙公司100万元的债务，乙公司豁免30万元；二是乙公司以70万元现金投资甲公司，购买甲公司面值20万元公允价值70万元的股票。如果此次债转股具有合理商业目的，且乙公司在债转股后12个月内不出售所取得的甲公司股票，双方可以选择特殊性税务处理，即对债务清偿和股权投资两项业务暂不确认有关债务清偿所得或损失，股权投资的计税基础以原债权的计税基础确定。企业的其他相关所得税事项保持不变。具体到本案，甲公司暂不确认债务重组所得30万元，债权人乙公司也暂不确认债务重组损失30万元，乙公司取得甲公司股权的计税基础为100万元。

第二节　企业清算、分立的涉税风险分析

一、企业分立的涉税风险分析

依据财税〔2016〕36号附件2《营业税改征增值税试点有关事项》的规定,在资产重组过程中,通过分立方式,将全部或者部分实物资产以及与其相关联的债权、负债和劳动力一并转让给其他单位和个人,其中涉及的不动产、土地使用权转让行为,不征收增值税。

依据《国家税务总局关于纳税人资产重组有关增值税问题的公告》的规定,纳税人在资产重组过程中,通过分立方式,将全部或者部分实物资产以及与其相关联的债权、负债和劳动力一并转让给其他单位和个人,不属于增值税的征税范围,其中涉及的货物转让,不征收增值税。因此,采用存续分立的,符合上述条件的,被分立企业分立过程中涉及的货物转让、不动产、土地使用权转让,不征收增值税。

根据《关于纳税人资产重组增值税留抵税额处理有关问题的公告》国家税务总局公告2021年第55号的规定,自2013年1月1日起,增值税一般纳税人在资产重组过程中,将全部资产、负债和劳动力一并转让给其他增值税一般纳税人,并按程序办理注销税务登记的,其在办理注销登记前尚未抵扣的进项税额可结转至新纳税人处继续抵扣。因此,如果是采用新设分立,符合上述规定的,原公司注销时留抵进项税额可以在新公司继续抵扣。

企业分立活动的企业所得税处理方式分为一般性税务处理和特殊性税务处理。

1. 企业分立的一般性税务处理

依据财税〔2009〕59号文件的规定,企业分立,当事各方应按下列规定处理:①被分立企业对分立出去资产应按公允价值确认资产转让所得或损失。②分立企业应按公允价值确认接受资产的计税基础。③被分立企业继续存在时,其股东取得的对价应视同被分立企业分配进行处理。④被分立企业不再继续存在时,被分立企业及其股东都应按清算进行所得税处理。⑤企业分立相关企业的亏损不得相互结转弥补。

2. 企业分立的特殊性税务处理

(1) 依据财税〔2009〕59号文件的规定,如果分立满足以下几个条件,则可以使用特殊税务处理:①具有合理的商业目的,且不以减少、免除或者推迟缴纳税款为主要目的。②企业分立后的连续12个月内不改变分立资产原来的实质性经营活动。③取得股权支付的原主要股东,在分立后连续12个月内,不得转让所取得的股权。④被分立企业所有股东按原持股比例取得分立企业的股权,分立企业和被分立企业均不改变原来的实质经营活动,且被分立企业股东在该企业分立发生时取得的股权支付金额不低于其交易支付总额的85%。

(2) 特殊税务处理方法如下:①分立企业接受被分立企业资产和负债的计税基础,以被分立企业的原有计税基础确定。②被分立企业已分立出去资产相应的所得税事项由分

立企业承继。③被分立企业未超过法定弥补期限的亏损额可按分立资产占全部资产的比例进行分配,由分立企业继续弥补。④被分立企业的股东取得分立企业的股权,如需部分或全部放弃原持有的被分立企业的股权,新股的计税基础应以放弃旧股的计税基础确定。如不需放弃旧股,则其取得新股的计税基础可从以下两种方法中选择确定:一是直接将新股的计税基础确定为零;二是或者以被分立企业分立出去的净资产占被分立企业全部净资产的比例先调减原持有的旧股的计税基础,再将调减的计税基础平均分配到新股上。暂不确认有关资产的转让所得或损失的,其非股权支付仍应在交易当期确认相应的资产转让所得或损失,并调整相应资产的计税基础。

【案例4-6】 A公司为有限责任公司,主要经营水泥生产及销售业务,拥有新型干法水泥资产、立窑水泥资产和水泥业务的相关资产,注册资本500万元。该公司共有31名股东,其中1名企业股东持有公司股份70%,其他30%的股份由30位自然人平均持有。为进一步做大做强,2009年5月,A公司准备将新型干法水泥的相关资产分立后成立新公司,由新公司和一家大型央企水泥企业合资经营。截至2008年底,A公司未超过法定弥补期限的亏损额为50万元。A公司分立前资产总额账面价值为1 620万元,净资产账面价值为780万元。该公司自成立后未进行过增资和股息分配。根据分立协议,A公司将下列资产、负债经评估后分立成立B企业,同时将100名员工划归B企业。A公司在工商部门办理了减资手续,并按2∶1的比例等比例缩股,即原股东持有2股,缩股后变为持有A公司1股。分立的新企业B的注册资本为1 170万元,股东结构维持不变。

从上述案例来看,首先,A公司的分立完全是有合理的商业目的的。同时,A公司以原有资产继续从事立窑水泥生产,也完全符合重组不改变原实质性经营活动的条件。其次,A公司分立后,其原有股东取得的全部是B企业的股权,无任何非股权支付,且仍是按原持股比例取得B企业股权的。假设分立后,取得B企业股权的股东承诺在分立后12个月内都不转让B企业股权,这样的分立就完全符合财税〔2009〕59号文件中特殊性税务处理的规定了。

对于A公司,被分立企业无需对分立出去的资产按公允价值确认资产转让所得或损失。A公司分立出去资产对应的相关所得税事项由B企业继承。对于B企业,分立企业接受被分立企业资产和负债的计税基础,以被分立企业的原有计税基础确定。因此,B企业取得的资产的计税基础为1 070万元,负债的计税基础为600万元。未弥补亏损的分配=50×1 110÷1 620=34(万元)。因此,34万元和16万元亏损分别由分立企业B和被分立企业A在《企业所得税法》规定的剩余期限内弥补。

被分立企业股东取得B企业股权的计税成本:根据A公司的分立方案,分立后A公司进行了减资和缩股处理,因此,被分立企业的股东是以放弃旧股的方式获得新股。根据财税〔2009〕59号文件的规定,新股的计税基础应以放弃旧股的计税基础确定。以A公司的企业股东为例,A公司企业股东初始投资为350万元,占公司70%的股份。由于A公司按2∶1的比例进行了等比例缩股,因此,A公司的企业股东在分立后持有的A公司股份的计税基础就变为175万元,其持有的B企业股份的计税基础按放弃旧股的计税基础确定,即用 350 万元减去 175 万元,得到其持有 B 企业股份的计税基础为 175 万元。

如果 A 公司只减资不缩股,采用让产分股式分立的,根据财税〔2009〕59 号文件规定, A 公司原有股东持有的 B 企业股份的计税基础有两种方式确定:一是直接将其持有的 B 企业股份的计税基础确定为零;二是以被分立企业分立出去的净资产占被分立企业全部净资产的比例先调减原持有的旧股的计税基础,再将调减的计税基础平均分配到新股上。仍以 A 公司企业股东为例,其取得的 B 企业股份的计税基础=500×(1 110-720)÷780×70%=175(万元),其持有的原 A 公司股份的计税基础=350-175=175(万元)。

由于本案例属于存续分立,被分立企业股东取得的对价应视同被分立企业分配进行处理。以 A 公司的企业股东为例,A 股东取得了 B 企业 70%的股权,该股权的公允价值为 819 万元(B 企业注册资本 1 170×70%),因此,A 公司的企业股东取得的 819 万元股权应视为 A 公司对其的股息分配。由于符合条件的居民企业间的股息红利所得是免税的,因此 A 公司的企业股东取得 B 企业价值 819 万元的股权免于缴纳企业所得税。此时,该企业股东持有的 A 公司股份的计税基础仍为 350 万元,B 企业股份的计税基础为 819 万元。但是,对于 A 公司 30 名自然人股东取得的合计 351 万元的 B 企业股份,A 公司应适用"利息、股息、红利"税目,按 20%的税率扣缴个人所得税。

二、企业清算的涉税风险分析

(一) 政策法规

企业办理注销清算的原因很多,根据《公司法》和现行的税收政策规定,主要有以下几种情形:

(1) 企业解散清算,合资、合作、联营企业在经营期满后,不再继续经营而解散;合作企业的一方或多方违反合同、章程而提前终止合作关系解散,需要办理税务注销清算。

(2) 企业重组中不适用特殊性税务处理的企业合并分立中,被合并企业及其股东都应进行清算,被分立企业不再继续存在时,被分立企业及其股东都应进行清算。

(3) 企业由法人转变为个人独资企业、合伙企业等非法人组织,或将登记注册地转移至中华人民共和国境外(包括港澳台地区),应视同企业进行清算、分配,股东重新投资成立新企业,企业应进行清算。但企业因住所、经营地点变动等法律形式简单改变,涉及改变税务登记机关的而向原税务机关申请注销,根据财税〔2009〕59 文件的规定,除登记注册地转移至中华人民共和国境外(包括港澳台地区)外,可直接变更税务登记,因此,这种情形不需要进行清算。

(4) 其他原因清算。企业因自然灾害、战争等不可抗力遭受损失,无法经营下去,应进行清算;企业因违法经营,造成环境污染或危害社会公众利益,被停业、撤销,应当进行清算。

(二) 风险分析

企业注销清算,纳税主体资格将随之消亡,税务机关对其资产所隐含的增值或者损失行使课税权属于最后一道环节,资产权属已发生改变,因此资产无论是否实际处置,一律视同转让,需确认资产的增值或者损失,并入清算所得。注销企业以货抵债、将资产分配或赠送给股东或者债权人,都属于税法销售的范畴。

企业对清算资产(包括存货)的处置一般来说有几种情况:一是分配给股东或投资者;二是资产作为投资或清偿债务;三是无偿赠送他人;四是如果对已经没有使用价值的资产作废弃处理;五是在清理中资产的盘亏。对于不同情况作出的税务处理也不同。

1. 在增值税处理上

当清算资产分配给股东或投资者时,根据《增值税暂行条例实施细则》第四条的规定,按资产公允价值作视同销售处理;当清算资产作为投资或清偿债务时,根据财税〔2009〕59号文件的规定,按非货币性资产公允价值转让非货币性资产业务,作视同销售处理;当清算资产无偿赠送他人时,根据《增值税暂行条例实施细则》第四条的规定,按资产公允价值作视同销售处理;当对没有使用价值的清算资产作废弃处理时,根据《增值税暂行条例》第十条的规定,增值税一般纳税人对已抵扣的进项税额应作进项转出处理,小规模纳税人无需处理,但企业应提供专业部门或中介机构的鉴定报告;当清理的资产出现盘亏损失时,根据《增值税暂行条例》第十条的规定,增值税一般纳税人对已抵扣的进项税额应作进项转出处理,小规模纳税人无需处理,但企业应提供相关资料。

2. 在企业所得税处理上

(1) 清算期的确定。根据财税〔2009〕60号文件的规定,企业应将整个清算期作为一个独立的纳税年度计算清算所得。也就是说企业如果在年度中间终止经营,该年度终止经营前属于正常生产经营年度,企业取得的为生产经营所得,对于这部分的所得,应以当年1月1日至企业终止生产经营之日作为一个独立的纳税年度,根据《企业所得税法》的相关规定,在自实际经营终止之日起60日内,按《企业所得税汇算清缴管理办法》的相关规定向税务机关办理当期企业所得税汇算清缴。而从企业终止生产经营之日到企业注销税务登记之前,为清算期。

(2) 清算所得的计算。清算所得是企业的全部资产可变现价值或交易价格,减除资产的计税基础、清算费用、相关税费,加上债务清偿损益等后的余额。其计算公式为:

$$\text{清算所得} = \text{企业的全部资产可变现价值或交易价格} - \text{资产的计税基础} - \text{清算费用} - \text{相关税费} + \text{债务清偿损益} - \text{弥补以前年度亏损}$$

企业清算的所得税处理包括以下内容:①全部资产均应按可变现价值或交易价格,确认资产转让所得或损失。②确认债权清理、债务清偿的所得或损失。③改变持续经营核算原则,对预提或待摊性质的费用进行处理。④依法弥补亏损,确定清算所得。⑤计算并缴纳清算所得税。⑥确定可向股东分配的剩余财产、应付股息等。

同时根据《国家税务总局关于企业所得税若干业务问题的通知》(国税发〔1997〕191号)第三条的规定:纳税人清算期间不属于正常生产经营,其清算所得不能享受法定减免税照顾。

(3) 股东清算所得。在股东层面,公司清算完成后,公司的股东还应确认其投资转让所得或损失。公司股东作为企业所得税纳税人,应就其投资该公司所取得的投资转让所得依法缴纳企业所得税;个人股东则应根据个人所得税法的规定,就其投资的股息所得和投资转让所得依法缴纳个人所得税。

【案例4-7】 苏州市税务局20×8年11月对甲公司进行税务检查,检查中发现,甲公司20×2年向注册在无锡市的乙公司投资50万元,占乙公司30%的股权。甲公司于20×7年9月已经收回该投资,但是未缴纳企业所得税。经过税务协查,检查人员收集到的相关资料如下:

(1)乙公司于20×7年5月20日由于经营不善进行清算,清算前的资产负债表显示:现有资产的账面价值和计税基础都是4 000万元,可变现净值4 230万元,负债的账面价值和计税基础都是3 700万元、最终清偿额3 590万元,企业清算期内支付清算费用70万元,支付职工安置费、法定补偿金100万元,清算过程中发生的相关税费为20万元。清算时乙公司未分配利润和盈余公积为80万元。

(2)乙公司于20×7年9月清算完毕后将剩余财产对股东进行了分配。

(3)乙公司在清算前办理了20×6年度的企业所得税汇算清缴,应纳税所得额为-35万元。

(4)乙公司20×7年1月至5月生产经营亏损,应纳税所得额为-55万元。

(5)乙公司20×2年的亏损截至清算前还有60万元没有弥补。

资料(1):乙公司20×2年的60万元亏损只能结转到20×7年1月至5月的汇算清缴中弥补,20×7年1月至5月应纳税所得额为-55万元,无法弥补,也不得再结转到以后年度。因为清算期间是独立的纳税年度,即相当于20×8年度,乙公司的清算所得=(4 230-4 000)-(3 590-3 700)-70-100-20-可弥补亏损(35+55)=60(万元)。

资料(2):乙公司应缴纳清算企业所得税=60×25%=15(万元)。

资料(3):乙公司可供股东分配的剩余财产=4 230-70-100-20-15-3 590=435(万元)。

资料(4):甲公司分得剩余财产=435×30%=130.5(万元)。

资料(5):甲公司应缴纳企业所得税=(130.5-投资成本50-股息免税80×30%)×25%=14.125(万元)。

第三节 企业重组的涉税风险管理

一、并购重组的涉税风险管理

并购重组中可能存在的风险包括:在股权收购的情形下,被收购公司的所有历史遗留税务问题都将被新股东承继。实务中,可能存在的历史遗留税务问题通常包括假发票、纳税申报不合规、偷税、欠缴税款等。

对于跨境并购而言，公司架构税务筹划非常重要，由于不同国家（地区）之间适用不同的税收政策，并购架构会引发迥异的税负差异。比如，一个美国公司收购一个中国公司，如果选择直接收购，收购后假定一年税后的利润是1 000万美元，则应交100万美元的所得税；如果通过在香港的公司间接收购，所得税则是50万美元。

并购重组交易方式，可分为股权收购和资产收购两种。其中，股权交易被收购公司的税务风险将会由新股东承继，资产交易则不会。同时，选择资产交易将面临动产及不动产产权变动而带来的增值税、土地增值税以及印花税等税负。相比较而言，股权交易一般不需要缴纳流转税以及土地增值税。因此，要审慎选择并购重组的交易方式。

特殊性税务处理可以实现递延纳税的效果，节约现金流。按规定，企业并购重组适用特殊性税务处理要满足"没有避税的目的""收购资产或股权要大于50%""股权支付额不低于整个交易的85%"等5个方面的条件，同时，符合条件的企业需要到税务机关进行备案。实务中，有的企业符合上述五大条件，但没有备案，后续也未做纳税申报，这种情况被税务局发现会认定为偷税。

国家税务总局国际司针对间接股权转让的纳税调整案件越来越多，最为常见的情形为境外公司通过转让香港控股空壳公司的股权转让内地子公司的股权。在非居民企业通过转让一家非居民中间控股公司的股权而间接转让其中国居民公司股权的情形下，如果该中间控股公司的存在仅仅为规避纳税义务而缺乏商业实质，中国税务机关可以运用一般反避税原则来否定该中间控股公司的存在。

为应对以上风险，首先，在并购重组前积极进行税务尽职调查，及时识别并购公司隐藏的致命税务缺陷，以便及时作出判断（交易是否要继续下去，是否需要重新评估交易价格）。同时，通过税务尽职调查，也有利于收购方全面了解被收购方的真实营运情况，发现未来税务优化的机遇等等。其次，规划并购重组税务架构与交易方式。企业并购重组中应结合公司战略、经营情况，选择最优并购重组税务架构及交易方式，如通过事前规划争取进行特殊性税务处理，可以节约一笔巨额现金流，保证并购重组的顺利进行。最后提升并购重组税务风险管理水平。资本交易项目是目前税务稽查的重点，按照相关文件要求，及时申报纳税，也是企业需要切实做好的一项基本税务管理工作。

二、企业清算的涉税风险管理

（一）政策法规

根据《公司法》和现行的税收政策规定，企业清算主要有以下几种情形：一是企业解散清算，是指合资、合作、联营企业在经营期满后，不再继续经营而解散；合作企业的一方或多方违反合同、章程而提前终止合作关系解散，需要办理税务注销清算。二是企业重组中不适用特殊性税务处理的企业合并分立时，被合并企业及其股东都应进行清算，被分立企业不再继续存在时，被分立企业及其股东都应进行清算。三是企业由法人转变为个人独资企业、合伙企业等非法人组织，或将登记注册地转移至中华人民共和国境外（包括港澳台地区），应视同企业进行清算、分配，股东重新投资成立新企业时应进行清算。但企业因住所、经营地点变动等法律形式简单改变（涉及改变税务登记机关的应向原税务机关申请注销），根据财税〔2009〕59号文件规定，除登记注册地转移至中华人民共和国境外（包括港澳台地区）外，可直接变更税务登记，因此，这种情形不需要进行清算。

（二）风险分析

1. 税务注销清算风险

（1）企业未规范履行税务注销清算程序。其主要表现在：有些企业被工商等部门吊销营业执照而发生解散、终止经营等情形，但企业怠于履行清算程序；有些企业在清算期间对应该，或者可以进行处置的流动资产（如存货）、固定资产（如机器设备、房屋）和无形资产（如土地使用权）等不进行处置，对有关债权和债务不及时进行清理处置；有些企业尽管履行了清算程序，但清算前并不通知税务部门，税务部门被排除在清算之外，企业办理税务注销时也不提供清算报告。这些未规范履行税务注销清算程序的行为，都为企业在注销清算中带来了涉税风险。

（2）税务部门对税务注销清算缺乏有效的监管。目前，税务机关内部负责税务注销清算工作一般由税收管理员承担，但税收管理员由于日常工作量大、业务素质参差不齐，实施注销清算的时间和精力有限等原因，致使有些税收管理员很少会到实地去查看注销企业的实际情况，了解企业注销的真实意图，仅凭企业提供的书面说明情况及账面财务数据就对企业出具了税务注销清算报告。此外，税务部门对企业注销时并没有强制要求企业事前告知，只是在企业申请注销时要求缴销发票、税务登记证件等，账面上没有欠税基本就可办结，并不涉及清算所得。同时，由于企业会计人员不清楚如何进行会计处理，造成企业清算资产处理不规范，甚至不进行账务处理，从而使清算活动在会计财务上失去了控制。

（3）注销清算涉及的税收政策缺乏操作性。尽管涉及企业税务注销清算的有关税收法规和政策规定得很详细，但在实际操作过程中，却存在不尽人意的地方，主要表现在：企业申请注销时有意不对相关资产进行交易处理，税务部门由于没有资产评估方面的专业知识，难以确定资产的可变现价值，进而影响清算所得的确定；比如一些企业在成立时低价购入土地、房产，经过若干年后，这些资产的市值和企业购建时的原值相比较，都有很大的升值，有的企业在注销时虽进行了一定程度的清算，但对有些资产采用按原值计价的方法进行清算，也不请中介机构进行资产评估，以致最后清算所得为零，体现不出清算所得。

（4）相关管理部门之间缺乏沟通与协调。工商、银行、国税、地税部门之间在企业注销方面缺乏衔接和基础信息的交换平台，有时会出现工商部门已经办理企业注销，而企业银行账户和税务登记尚未注销；同一地区的国、地税部门对税务清算管理的把握也不一致等。

2. 降低涉税风险

企业在注销清算时涉及的清算资产可变现价值或交易价格、延期分摊收益处理、已计提但未实际发生费用处理、剩余资产分配都会影响清算所得带来的涉税风险。为降低涉税风险，企业可做如下准备：

（1）对企业注销清算时，应邀请律师事务所、会计师事务所等社会中介机构共同参与清算，组成清算组，并通知税务部门。清算组对企业的各类资产根据不同情况做好分类，并对清算资产可变现价值作一个精确的评估，作出资产评估报告，以便在处理清算资产时有理有据。再根据资产的分类和不同情况进行资产处理，这样在一定程度上就规避了清算资产变现价值明显偏低又无正当理由和资产不以公允价格转让、以明显不合理的价格进行交易等问题。

（2）结合所得税时间性差异台账对企业按原《企业所得税法》规定已作递延所得确认的项目（包括股权投资所得、非货币性资产投资转让所得、债务重组所得和捐赠所得）余额，在原规定的递延期间的剩余期间内继续均匀计入各纳税期间的应纳税所得额根据具体情况进行处理，正确划分清算企业的经营所得和清算所得，因为清算所得不能享受税收优惠政策，只能依照法定税率缴纳企业所得税。

（3）按照《企业所得税法》规定，企业实际发生的支出才能在税前扣除。有的企业在会计处理时是采取计提的方法，这类支出实际并未发生，如应付福利费、职工教育经费等。企业注销时，应将已计提但未实际发生的费用调增应纳税所得额，因此，企业应对已计提但未实际发生费用或虽已发生尚未取得合法凭证的费用进行清查，及时处理。

（4）按照规定，投资方企业从被投资方分得的剩余资产超出股息所得后的余额，超过或者低于投资成本的部分，应当确认为投资转让所得或者损失，但《企业所得税法》第二十六条规定：符合条件的居民企业之间的股息、红利等权益性投资收益是免税的，因此，企业注销清算时应正确核算权益性投资收益和财产转让收益。

第五章

财务报表涉税风险分析

财务报表是反映企业财务状况、经营成果和现金流量等有关会计信息的载体,财务报表使用者(包括投资者、债权人、政府及其有关部门和社会公众)通过提取报表数据,运用数据分析手段进行数据加工处理,形成有助于财务报告使用者做出经济决策的基础信息。财务报表是企业利益者评价并掌握企业经济状况的重要途径,投融资、生产经营、清算重组等一系列经济活动的结果最终反映在财务报表上,因此几乎所有与企业经济活动相关的信息都可以通过财务报表分析衍生而来。税务部门最为关注的税务信息是财务报表所反映的重要信息之一,企业经济活动所产生的涉税风险也隐含在财务报表中。随着税收信息化水平的不断提高和税务系统放管服改革的不断推进,税务检查人员进入企业核查逐渐被高效的数据处理所取代。鉴于财务报表能够综合反映企业涉税信息的真实性和完整性,税务部门在税收征管工作中越来越重视对财务报表的信息化数据处理,通过对财务报表数据的深度剖析来解读企业涉税情况,企业涉税风险暴露的可能性日益增加。

财务报表分析是税务部门对纳税企业的涉税信息进行评价、监控和筛选的基础。由于税务部门与企业之间的征纳关系,企业涉税风险管理过程中最为关键的就是税务检查风险。企业进行涉税风险管理应转换视角,以税务检查人员的工作思维来识别企业涉税风险,通过对财务报表项目或涉税指标的深度透析,降低企业在税务检查层面的涉税风险。

具体而言,财务报表涉税风险分析包括财务报表项目涉税风险分析和财务报表指标涉税风险分析。其中,财务报表项目涉税风险分析是根据财务报表项目的性质及变化规律等因素综合考虑项目存在的合理性,发现企业异常项目,识别异常项目可能导致的涉税风险,主要结合资产负债表、利润表和现金流量表项目进行分析。财务报表指标涉税风险分析是运用数据信息对比分析的方法,结合税务机关纳税评估指标进行配比分析,识别出异常指标可能导致的涉税风险,具体包括财务类指标涉税风险分析和税种类指标涉税风险分析。鉴于近年来金融工具、收入等企业会计准则的大规模修订以及税制改革的持续推进导致税法与会计准则之间的差异进一步扩大,本章还介绍了常见税会差异项目的涉税风险。

第一节 资产负债表项目涉税风险分析

资产负债表亦称财务状况表,表示企业在一定日期(通常为各会计期末)的财务状况(即资产、负债和所有者权益的状况)的主要会计报表。它是一张揭示企业在一定时点财务状况的静态报表,根据"资产=负债+所有者权益"的基本关系,依照一定的分类标准和一定的次序,将某一特定日期的资产、负债和所有者权益的具体项目予以适当的排列编制而成。它表明企业在某一特定日期所拥有或控制的经济资源、所承担的现时义务和所有者对净资产的要求权。

一、资产项目涉税风险分析

(一) 货币资金

货币资金是指在企业生产经营过程中处于货币形态的资金。在企业日常的生产经营过程中,大量经济活动通过货币资金收支进行,如原材料购进、商品销售、工资发放、税费缴纳、现金股利与利息支付等事项。货币资金按其存放地点和用途不同分为库存现金、银行存款和其他货币资金。其中,其他货币资金包括外埠存款、银行汇票存款、银行本票存款、信用卡保证金存款、信用卡存款、存出投资款等。企业货币资金数量与企业生产经营密切相关,如该项目异常需结合收支渠道分析其来源并确认其对纳税的影响。

1. 货币资金期末余额过大

(1) 是否存在账外经营。企业货币资金期末余额长期很大,但资产负债表上"应付账款""预收账款"等资金往来项目数额不大,利润表上收入和利得类项目的发生额较少,企业经营规模也无显著变化,表明企业收入与货币资金长期不匹配,可能存在企业收到销售款后长期挂往来,不确认收入,不缴纳或者延迟缴纳税款的涉税风险。

(2) 是否存在"白条抵库"。其具体情况包括:①账外成本费用支出,企业发生的支出无法取得真实、有效、合法的税前扣除凭证,不符合规定的发票不得作为财务报销凭证,企业无法进行账务处理,无法在企业所得税前扣除。②企业股东或员工借款未入账且未归还,根据财税〔2003〕158号文件的规定,纳税年度内个人投资者从其投资的企业(个人独资企业、合伙企业除外)借款,在该纳税年度终了后既不归还,又未用于企业生产经营的,其未归还的借款可视为企业对个人投资者的红利分配,依照"利息、股息、红利所得"项目计征个人所得税,从而产生企业投资者或其他人员借款未还按上述文件处理的个人所得税涉税风险。

【案例5-1】 在专项检查中,大连市税务局第三稽查局查处了某房地产置业公司虚开发票一案。因为事先得知该公司与大连某劳务公司虚开发票案有关,该局检查组决定以检查发票违法行为作为切入点,税警联合办案,对该企业突击检查,确定了大连某劳务公司给该公司分两次虚开970万元的劳务费发票的事实。检查组在浏览电子账套时发现,大连某房地产置业公司2011~2013年取得了多家劳务公司开具的劳务费发票。检查组怀疑,该公司其他劳务费发票也可能存在问题。于是,检查组抽取了该公司3年来取得的13张劳务费发票和2张饮食业发票,经专业鉴定,这些发票果然全是假发票。检查组还发现,该公司有大量劳务费支出和其他费用支出以白条入账,在询问该公司财务经理时,这位财务经理极其不配合,百般抵赖,一会儿说"有发票没来得及贴到凭证后面",一会儿说"这是上一任会计做的,我不清楚"。最终,在检查组人员的讲解和铁证面前,该财务经理承认,截至2013年,该公司以白条入账金额达约1 800万元。大连税务局第三稽查局依法对该公司进行了处理处罚,追缴税款、加征滞纳金、处罚款合计265.7万元。

2. 货币资金期末余额过低甚至出现负数

(1) 是否存在账外收入。"货币资金"项目出现负数表明企业可能存在收入未入账,存在漏缴相关税费的涉税风险。

【案例5-2】 某房地产开发有限公司资产负债表中,2014年初"货币资金"余额19 027 029.41元,年末余额－23 314 717.19元。该市税务局经实地核查发现,该公司2014年末银行存款余额为负,原因是企业销售部门未将部分销售房款及时传递财务部门,财务部门未入账。经该公司确认,截至2014年底未计入预收账款的销售房款共23 314 717.19元,故应补缴营业税金及附加、土地增值税和印花税合计1 795 233.22元。

(2) 是否虚开发票。如果货币资金期末余额过低,而利润表的收入类项目发生额很大,现金流量表中的经营活动现金流量也很小,表明企业收入与货币资金长期不匹配,存在虚开发票的涉税风险。

【案例5-3】 2009年5月,河南省南阳市税务局在对税负异常纳税人进行筛选分析的过程中,发觉某金属炉料有限公司的相关税收及财务指标明显异常,初步推断该公司有虚开增值税专用发票的嫌疑。在分析中发现,某金属炉料有限公司当年1~4月实现销售收入4 637万元,实现增值税税款33.3万元,增值税税负0.72%,比行业预警下限的1.13%还低0.41个百分点。由于该公司销售额较大,税负偏低,被初步确定为疑点企业。在对该公司的进一步分析中,稽查人员通过对数据指标的查询、比对,发现了该公司的诸多疑点。其中该公司相关财务指标数据比对存在异常。稽查人员又查看了该公司资产负债表等报表,发现该公司"货币资金"期初无余额,期末余额11.78万元;"固定资产"期初也无余额,期末余额为34.22万元;"存货"期初无余额,期末余额为4 000元;"应付职工薪酬"期初、期末均无余额。同时,"应收账款""应付账款""短期借款"等资金往来等科目基本上也无发生额,货币资金少、资金往来少、又未发生借款支出,这么大的销售额如何实现? 同时,该公司基本上没有存货,这也不符合一般工业企业的经营常规。通过以上分析,稽查人员初步判断该公司有虚开增值税专用发票的嫌疑,于是将该公司交由南阳市税务局稽查局查处。在专案组的强大威慑下,该公司经营负责人供认,该公司成立以来,在没有真实货物交易的情况下,陆续通过中间人介绍,向省内9家企业虚开增值税专用发票45份,涉案金额381万元,税额64万元。

(二) 应收账款

"应收账款"项目,是指企业因销售商品、提供服务等经营活动应收取的款项。该项目应根据"应收账款"科目和"预收账款"科目所属各明细账的期末借方余额合计数,减去"坏账准备"科目中相关坏账准备期末余额后的金额填列。"预收账款"项目,是指销货方根据与购货方的约定预先收取的一部分供货价款,是企业的一项流动负债,一般通过日后提供商品或劳务进行偿还。该项目应根据"预收账款"科目和"应收账款"科目所属各明细账的期末贷方余额合计数填列[①]。

[①] 根据财政部2017年修订后的《企业会计准则第14号——收入》的规定,企业在销售商品或提供劳务或提供服务过程中按照与客户之间的合同约定已收或应收客户对价而应向客户转让商品的义务应确认为合同负债,"合同负债"项目根据"合同负债"科目的明细科目期末余额分析填列。

1. 应收账款期末余额长期挂账

(1) 是否虚开发票。由于企业虚开发票不存在真实的业务交易，不会有对应的资金流入，因此会形成应收账款的长期挂账，此时税务稽查人员往往会函证长期挂账的应收账款的真实性。

(2) 是否通过关联交易转移利润。企业与关联方处于同一方控制之下，对关联方资金结算的时间要求较为放松，应收账款长期挂账可能反映出企业通过关联方交易把利润转移到关联方进行避税操作。

2. 应收账款期末余额大幅增加

通常情况下应收账款对应的贷方科目是"主营业务收入"或"其他业务收入"，所以应收账款与营业收入应同方向变动，否则企业可能存在将借方发生额直接对应存货等账户，隐匿销售收入的问题。如果应收账款的增加数大于利润表上的营业收入×(1+企业适用的增值税税率)，则企业可能存在确认应收账款时，对应科目未计入收入的问题。

3. 应收账款期末余额大幅减少或出现负数

(1) 是否挂账预收账款延迟确认收入。大量预收账款证明企业的商品属于紧俏型商品，但这种情况只会出现在极个别的企业或者行业之中。一般企业如果应收账款明细账贷方余额长期过大，表明企业可能将收到的款项一直挂在应收账款的贷方作为预收账款处理，从而隐匿收入。

【案例5-4】 某房地产公司企业向税务部门提供的财务报表反映2019年度期初应收账款余额为－416 522 607.98元，期末余额为6 579 549.81元，不符合会计核算常规。经税务机关核实，该房地产公司将2014年收取的某市金融安居工程代建房款(根据相关政策不符合代建房的规定，实为收取的销售房款)424 474 560.26元，记入了"应收账款"科目的贷方，逃避缴纳流转税及附加等相关税种的税款。

(2) 特殊行业的"预收账款"是否及时应缴或预缴税款。采取预收货款方式销售货物，增值税纳税义务发生时间为货物发出的当天，但生产销售生产工期超过12个月的大型机械设备、船舶、飞机等货物，为收到预收款或者书面合同约定的收款日期的当天。纳税人提供租赁服务采取预收款方式的，其纳税义务发生时间为收到预收款的当天。纳税人提供建筑服务取得预收款，应在收到预收款时，以取得的预收款扣除支付的分包款后的余额，按照预征率预缴增值税(适用一般计税方法计税的项目预征率为2%，适用简易计税方法计税的项目预征率为3%)。房地产开发企业采取预收款方式销售所开发的房地产项目，在收到预收款时按照3%的预征率预缴增值税。

(3) 计提坏账准备是否调整应纳税所得额。未经核定的准备金支出在计算应纳税所得额时不得扣除，企业应进行纳税调整。根据《国家税务总局关于企业所得税资产损失资料留存备查有关事项的公告》(国家税务总局公告2018年第15号)第一条的规定，企业向税务机关申报扣除资产损失，仅需填报企业所得税年度纳税申报表《资产损失税前扣除及纳税调整明细表》，不再报送资产损失相关资料，相关资料由企业留存备查；第二条规定，企业应当完整保存资产损失相关资料,保证资料的真实性、合法性。根据以上规定,企业发生的资产损失,税务机关不再审批,不再受理备案,甚至不需要中介机构出具的鉴证报告,但需要法定代表人、主要负责人和财务负责人对资产损失的真实性和合法性负责,企业存在相应涉税风险。

【案例5-5】 甲公司是湖南一家生产履带的企业,评估人员在对该企业2019年所得税纳税评估时发现,该企业年初有应收账款900多万元,年末余额为0。对一个制造业来讲,没有应收账款不太正常,而且该企业年初有应收账款,年末大幅减少至余额为0。经与会计约谈,会计解释该企业2019年9月份之前自产自销,历年以来累计的应收账款达到900多万元也很正常,但该企业在2019年9月份被当地一家上市公司收购股权,变成上市公司的子公司以后,它所有的产品全部卖给母公司,母公司因为与它是一家,所以它收到母公司款项的时候再确认收入,账上不再产生新的应收账款,而年初的应收账款随着时间的推移慢慢收回,因此年末的应收账款余额为0。评估人员认为企业收入确认的时间应该是在子公司向母公司销售的时点确认收入,而不应该是收到款项时确认收入,对企业收入确认的时点进行了调整;另外企业期初的应收账款900多万元是历年以来累计的,全额收回的可能性不大,后进一步落实企业是对没收回的应收账款全额计提了坏账准备,造成了报表中应收账款的余额为0,而企业没有在所得税年度纳税申报表中进"减值准备金"的调整,因此对企业计提的坏账准备也进行了纳税调增。

(三)其他应收款

"其他应收款"项目,应根据"应收利息""应收股利"和"其他应收款"科目的期末余额合计数,减去"坏账准备"科目中相关坏账准备期末余额后的金额填列。其他应收款是指企业除应收票据、应收账款、预付账款以外的其他各种应收、暂付款项。其主要内容包括:①应收的各种赔款、罚款,如因企业财产等遭受意外损失而应向有关保险公司收取的赔款等。②应收的出租包装物租金。③应向职工收取的各种垫付款项,如为职工垫付的水电费、应由职工负担的医药费、房租费等。④存出保证金,如租入包装物支付的押金。⑤其他各种应收、暂付款项。

"其他应收款"项目期末大额借方余额长期挂账,会存在如下的涉税风险。

1. 个人借款及为个人购买房屋或其他财产是否代扣代缴个人所得税

根据财税〔2003〕158号文件的规定,纳税年度内个人投资者从其投资企业(个人独资企业、合伙企业除外)借款,在该纳税年度终了后即不归还,又未用于企业生产经营的,其未归还的借款可视为企业对个人投资者的红利分配,依照"利息、股息、红利所得"项目计征个人所得税。企业借款给个人股东,包括以长期挂账股东借款的方式抽逃出资、变相向个人股东分红等,存在被视同向个人股东分配红利而要求为个人申报扣缴个人所得税税款的涉税风险。

【案例5-6】 博皓公司系由宁波博皓投资控股有限公司、苏忠合、倪宏亮、洪作南共同投资成立的有限责任公司。截至2010年初,博皓公司借款给其股东苏忠合300万元、洪作南 265 万元、倪宏亮 305 万元,以上共计借款 870 万元,在 2012 年 5 月归还,该借款未用于博皓公司的生产经营。2013 年 2 月 28 日,黄山市税务局稽查局对博皓公司涉嫌税务违法行为立案稽查,于 2014 年 2 月 20 日对博皓公司作出税务处理决定,其中认定博皓公司少代扣代缴 174 万元个人所得税,责令博皓公司补扣、补缴。

根据《财政部 国家税务总局关于企业为个人购买房屋或其他财产征收个人所得税问题的批复》(财税〔2008〕83 号)第一条规定,符合以下情形的房屋或其他财产,不论所有权人是否将财产无偿或有偿交付企业使用,其实质均为企业对个人进行了实物性质的分配,应依法计征个人所得税:①企业出资购买房屋及其他财产,将所有权登记为投资者个人、投资者家庭成员或企业其他人员的。②企业投资者个人、投资者家庭成员或企业其他人员向企业借款用于购买房屋及其他财产,将所有权登记为投资者、投资者家庭成员或企业其他人员,且借款年度终了后未归还借款的应依法征税。第二条规定,对个人独资企业、合伙企业的个人投资者或其家庭成员取得的上述所得,视为企业对个人投资者的利润分配,按照"个体工商户的生产、经营所得"项目计征个人所得税;对上述企业以外的其他企业个人投资者或其家庭成员取得的上述所得,视为对个人投资者的红利分配,按照"利息、股息、红利所得"项目计征个人所得税;对企业其他人员取得的上述所得,按照"工资、薪金所得"项目计征个人所得税。

【案例 5-7】 某市税务局稽查局在进行个人所得税专项检查的时候,发现某机械制造公司"其他应收款"挂账过大,且均为员工个人借款,而且每人每月借款金额均在 3 000 元左右,截至 2016 年 12 月 31 日挂账金额高达 625 万元。以上借款实际为公司每月给所有员工变相发放的各种补贴,包括交通补助、加油补贴、房屋补贴等,公司财务人员为了让员工少缴个人所得税,人为地把工资薪金性质的补贴以借款的形式挂账"其他应收款"。根据稽查处理决定,该公司补缴了 2015 年度、2016 年度漏缴的个人所得税 48 万元,并缴纳了 0.5 倍罚款 24 万元,以及税收滞纳金 4 万元,合计 76 万元。

2. 借款利息收入是否缴纳增值税

根据财税〔2016〕36 号文件的规定,各种占用、拆借资金取得的收入,包括金融商品持有期间(含到期)利息(保本收益、报酬、资金占用费、补偿金等)收入、信用卡透支利息收入、买入返售金融商品利息收入、融资融券收取的利息收入,以及融资性售后回租、押汇、罚息、票据贴现、转贷等业务取得的利息及利息性质的收入,按照贷款服务缴纳增值税。

财税〔2016〕36 号文件规定,统借统还业务中,企业集团或企业集团中的核心企业以及集团所属财务公司按不高于支付给金融机构的借款利率水平或者支付的债券票面利率水平,向企业集团或者集团内下属单位收取的利息免征增值税。统借方向资金使用单位收取的利息,高于支付给金融机构借款利率水平或者支付的债券票面利率水平的,应全额缴纳增值税。根据《关于明确养老机构免征增值税等政策的通知》(财税〔2019〕20 号)第三条的规定,自 2019 年 2 月 1 日至 2020 年 12 月 31 日,对企业集团内单位(含企业集团)之间的资金无偿借贷行为,免征增值税。应关注企业集团借款业务是否符合上述规定。

3. 关联企业无偿借款的涉税风险

（1）增值税风险。根据财税〔2016〕36号文件的规定，单位或者个体工商户向其他单位或者个人无偿提供服务，视同销售服务，缴纳增值税（用于公益事业或者以社会公众为对象的除外）。关联企业之间无偿拆借资金应视同提供贷款服务计征增值税；视同贷款的利息收入按照出借方同类贷款利率确定，无同类贷款的，按金融企业同期同类贷款利率确定；未签订书面合同或者书面合同未确定付款日期的，按照主管税务机关核定的纳税期限申报缴纳增值税。因此其他应收款中对其他单位和个人的借款即使签订无偿资金使用协议，仍需视同销售缴纳增值税，且资金使用方不得抵扣进项税额。

【案例5-8】 某市稽查局在进行专项检查的时候，发现该市一家家具制造企业"其他应收款"挂账8 000万元，经核查明细，属于老板向另一家关联公司的借款，而且借款时间已达1年之久。税务人员依法要求企业缴纳了增值税28.8万元（8 000×同期贷款利率6%×一般纳税人贷款服务适用增值税税率6%），并依法处以1倍罚款以及相应滞纳金。

（2）企业所得税风险。根据《企业所得税法》的规定，企业与其关联方之间的业务往来，不符合独立交易原则而减少企业或者其关联方应纳税收入或者所得额的，税务机关有权按照合理方法调整。

【案例5-9】 2017年，济宁市税务局通过对济宁房地产公司关联申报审核、同期资料管理、企业财务报表分析时，发现2014年、2015年存在大额其他应收款项，该房地产公司存在关联企业融通资金无偿借款的避税可能。经过调查，最终税务局按照可比非受控价格对其进行了特别纳税调整，该房地产公司借给集团公司的资金应收而未收利息为9 246.81万元，按照当时有效规定应纳营业税及附加522.45万元。集团公司一直亏损，济宁房地产公司盈利，二者企业所得税实际税负存在差异，2014～2015年度应补交企业所得税2 181万元。

4. 关联方无偿借款占用资金利息是否税前列支

金融借款的利息中，属于被关联方无偿占用资金所对应的利息，很可能被认为是与取得经营收入无关的支出，不允许税前扣除。

【案例5-10】 K投资公司向银行、证券公司等多家金融机构贷款并支付利息费用，但K投资公司借款并非全部用于本公司生产经营，而是被两家股东YH公司和HS公司长期占用。虽然在此过程中，两家股东公司有借有还，但K投资公司"其他应收款"项目始终保持较高余额。YH公司和HS公司2015年12月31日的资产负债表信息显示，共计占用K投资公司资金逾20亿元人民币，而K投资公司将这些借款资金产生的近2亿元利息支出全部计入当年财务费用并在税前进行了列支。检查人员认为，K投资公司的借款超过了自身经营需要，被股东企业长期占用并且未合理分担利息支出，因此企业需要对税前不合理列支的财务费用进行纳税调整。经核算，检查期内K投资公司税前共多列支利息费用2.47亿元。

5. 是否为无票费用支付

如果有证据表明其他应收款是挂账的费用,同样能按照费用进行会计处理,但不允许在所得税前扣除。劳务费用应计入相关成本费用科目,即使对方无法开具发票。公司也应凭支出证明,劳务合同等附件入账,只需要在汇算清缴时调增。如果将没有取得发票又没有证据表明挂账的其他应收款是费用的项目,直接费用化处理,除了不能在所得税前扣除,还可能面临被认定偷逃个税的涉税风险。

6. 股利和利息是否确认收入

应收股利是指企业因股权投资而应收取的现金股利以及应收其他单位的利润,包括企业购入股票实际支付的款项中所包含的已宣告发放但尚未领取的现金股利和企业对外投资应分得的现金股利或利润等。应收利息是指债券投资实际支付的价款中包含的已到付息期但尚未领取的债券利息,包括短期债权投资和分期付息长期债权投资的应计未收利息。

应结合"投资收益"项目进行分析应收股利和应收利息,关注是否已按《企业所得税法》规定将尚未收到的股利确认为投资收益。如果企业有借给其他企业的资金或有委托贷款,因重点关注是否按期核算应收利息,确认收入。①

【案例 5-11】 某水泥公司 2019 年度资产负债表中"应收股利"期末余额比期初余额增加 25 000 元,同时,当年利润表"投资收益"项目金额为 0,需查看相关的股权投资资产性质,结合利润表"投资收益"项目,核查企业是否已按《企业所得税法》规定将尚未收到的股利确认为应税投资收益。税务机关经实地核查发现,该公司将应收而尚未收取得股利贷记"其他应付款",应做账务调整,借记"其他应付款",贷记"投资收益"。

(四) 应收票据

应收票据是企业持有的、尚未到期兑现的商业汇票。商业汇票是一种由出票人签发的,委托付款人在指定日期无条件支付确定金额给收款人或者持票人的票据。商业汇票的付款期限最长不得超过 6 个月,根据承兑人不同,分为商业承兑汇票和银行承兑汇票。应收票据项目的涉税风险主要体现在带息票据利息收入和贴现利息扣除方面。

1. 带息票据利息是否作为价外费用计税

采用商业汇票结算方式销售货物,向购货方收取的违约付款利息收入(包括承兑息和贴现息),应纳入价外费用的计税范围,按规定计算应纳税额。

【案例 5-12】 税务机关评估某大型集团公司 2019 年度财务报表及申报表,发现资产负债表中"应收票据"期末余额较大,利润表中"财务费用"发生额较小,结合企业所得税申报表中的财务费用明细账,得知是应收票据为带息应收票据且产生的利息收入冲减了财务费用。税务机关下一步将会重点关注增值税申报表,核查公司是否将带息票据产生的利息收入计入价外费用作为增值税申报计税依据。

---

① 详细分析见"投资收益"项目。

2. 票据贴现利息能否税前扣除

企业可能由于资金紧张在票据到期前将其申请贴现,应关注不同贴现方式下贴现利息的税务处理差异。

(1) 销售方或持票人向银行申请票据贴现。根据《票据管理实施办法》第十条和《支付结算办法》第九十二条的规定,申请票据贴现的持票人与出票人或者直接前手必须具有真实的商业交易关系和真实的债权债务关系,否则属于违法行为,贴现息不得在企业所得税前进行扣除。

(2) 采购方开出商业汇票并合同约定承担对方贴现息。销售方与采购方在销售合同中约定,采购方向销售方开具银行承兑汇票或商业承兑汇票,并承诺承担因销售方向银行申请票据贴理所产生的票据贴现利息。销售方收取的票据贴现利息是一种价外费用,应向采购方开具增值税专用发票或普通发票,依法缴纳增值税。采购方凭销售方开具的增值税专用发票或普通发票进成本就可以在企业所得税前进行扣除。

(3) 向非金融企业贴现票据的贴现息。票据持有人急需资金时,可能在没有真实交易的情况下将票据向其他企业或中介机构进行贴现。未经中国人民银行批准,中介机构擅自从事票据业务是一种非法金融业务活动,向非金融企业贴现票据的贴现息不属于企业的合理支出,不可以在企业所得税前进行扣除。

(五) 存货

存货是指企业在日常活动中持有以备出售的产成品或商品、处在生产过程中的在产品、在生产过程或提供劳务过程中耗用的材料和物料等。存货区别于固定资产等非流动资产的最基本的特征是,企业持有存货的最终目的是出售。报表中的存货项目应根据"原材料""材料采购""在途物资""材料成本差异""库存商品""发出商品""受托代销商品""受托代销商品款""委托加工物资""生产成本""周转材料""存货跌价准备""工程施工"减去"工程结算"科目的正差额(如果是负差额则列入"应付账款")"商品进销差价"等总账科目余额相加或相减后填列。

1. 存货期末余额虚高或大幅增加

存货期末余额虚高或大幅增加表明企业可能存在销售挂账、隐藏收入的涉税风险。企业的期末存货特别是库存商品大幅增加,若不存在产品滞销,同时报表中预收账款项目的余额较大,企业可能存在销售挂账的问题。企业已发出货物,收到货款,但由于购货方不开票或者延期开票,所以企业将收到货款挂在预收账款项目,账面不确认收入,同时也不结转产品销售成本,造成报表中存货余额和预收账款余额都比较大。因销售挂账一般会造成存货的账面数大于实存数,税务检查人员可通过向购货方函证货物是否发出或者盘点存货的方式进行核实。

【案例5-13】 广州市黄埔(开发)区税务局以涉税风险信息为线索,对广州某日用化工有限公司实施纳税评估。评估人员通过对纳税人的财务报表进行分析,发现该企业涉税指标异常。其一是库存异常,2020年流动资产期末余额1 183万元,而期末存货730万元占流动资产的61%,占比过高。其二是营业收入与营业成本增长率异常,该企业2020年营业收入2 510万元,与2019年相比较增长5.6%,但营业成本同比增长31.4%,比例异常。评估人员认为,从运营指标看,该企业可能存在虚挂库存商品隐瞒销售收入和少缴税款的问题,或者存在未按规定列支成本问题。广州市黄埔(开发)区税务局查明该企业通过长期挂账方式隐瞒库存商品销售收入450万元。该局依法对其做出追缴增值税76万元、企业所得税93万元,加收滞纳金5.7万元的处理决定。

2. 存货余额大幅减少

(1) 是否存在将外购存货用于简易计税方法计税项目、免征增值税项目、集体福利或者个人消费而未转出进项税额的问题;是否存在存货发生非正常损失而未转出进项税额的问题。存货因管理不善造成的损失需要做进项税额转出处理,同时企业还应申报"资产损失(专项申报)税前扣除及纳税调整明细表",如果企业未申报资产损失,则不允许在企业所得税税前扣除。

(2) 是否存在视同销售并正确计税。根据《增值税暂行条例实施细则》第四条的规定,单位或者个体工商户的下列行为,视同销售货物:①将货物交付其他单位或者个人代销。②销售代销货物。③设有两个以上机构并实行统一核算的纳税人,将货物从一个机构移送其他机构用于销售,但相关机构设在同一县(市)的除外。④将自产或者委托加工的货物用于非增值税应税项目。⑤将自产、委托加工的货物用于集体福利或者个人消费。⑥将自产、委托加工或者购进的货物作为投资,提供给其他单位或者个体工商户。⑦将自产、委托加工或者购进的货物分配给股东或者投资者。⑧将自产、委托加工或者购进货物无偿赠送其他单位或者个人。

根据《企业所得税法实施条例》第二十五条的规定,企业发生非货币性资产交换,以及将货物、财产、劳务用于捐赠、偿债、赞助、集资、广告、样品、职工福利或者利润分配等用途的,应当视同销售、转让财产或者提供劳务。

【案例5-14】 日前,石嘴山税务局稽查局对宁夏石嘴山富海煤业有限公司2019年1月1日至2020年12月31日期间的纳税申报和税款缴纳情况进行了检查。经查,该纳税人在此期间外购货物视同销售,未计提销项税,造成少缴增值税43 058.14元。根据《税收征收管理法》的有关规定,该纳税人外购货物上述行为属于偷税行为,处以少缴增值税43 058.14元50%的罚款,并从滞纳税款之日起按日加收滞纳税款0.5‰的滞纳金。目前,该企业已补缴入库税款增值税43 058.14元、入库罚款21 529.07元、入库滞纳金24 942.51元。

(3) 是否计提存货跌价准备并进行纳税调整。未经核定的准备金支出在计算应纳税所得额时不得扣除,因此企业计提的存货跌价准备不允许税前扣除,企业在申报表中应进行纳税调整。

(六) 固定资产

固定资产是指为生产商品、提供劳务、出租或经营管理而持有的,使用寿命超过一个会计年度的有形资产。"固定资产"项目，反映资产负债表日企业固定资产的期末账面价值和企业尚未清理完毕的固定资产清理净损益。应根据"固定资产"科目的期末余额，减去"累计折旧"和"固定资产减值准备"科目的期末余额后的金额，以及"固定资产清理"科目的期末余额填列。①

1. 固定资产期末余额与产出是否匹配

机器设备类固定资产的规模决定着企业尤其是制造业企业的产能和经营规模。纳税评估和税务稽查的评估分析方法之一就是通过机器设备类固定资产的规模，预计设备的生产能力，估算企业的生产经营规模，从而推断企业是否存在隐瞒收入逃避缴纳税款或虚开发票牟取不法利益的行为。对于制造业企业来说，生产用固定资产的规模决定了企业可以达到的最大生产经营规模。假如公司在前一年度生产用固定资产数量一直比较稳定，而公司的产出和销售也同样平稳，但在本年度生产用固定资产出现了较大幅度增加，产出和销售并未出现大幅度增加，或者本年度生产用固定资产出现较大幅度的减少，但产出和销售却并未出现大幅下降甚至有所增加，都表明公司很可能存在涉税风险。在评估企业的生产用固定资产与产出的匹配程度时，通常会选取两者关系比较平稳的时期，测算出每月每台设备产出产成品的平均数；再对生产用固定资产出现较大变动的年度进行当年度的产出估算，与企业当年度实际的产出进行比对，以确定是否存在重大差异；若存在重大差异，税务部门将进一步深入了解造成实际产出与预期不一致的原因，确定是否存在少报收入、账外经营或者虚开发票的情况。

2. 固定资产期末余额减少

固定资产期末余额减少说明企业当期很可能发生了固定资产处置，存在处置固定资产是否按照《企业所得税法》规定计算缴纳增值税的涉税风险。

（1）一般纳税人销售自己使用过的2009年1月1日以后购进或者自制的固定资产，按照适用税率征收增值税。

（2）2008年12月31日以前未纳入扩大增值税抵扣范围试点的纳税人，销售自己使用过的2008年12月31日以前购进或自制的固定资产，按照3%征收率减按2%征收增值税。

（3）2008年12月31日以前已纳入扩大增值税抵扣范围试点的纳税人，销售自己使用过的在本地区扩大增值税抵扣范围试点以前购进或者自制的固定资产，按照3%征收率减按2%征收增值税；销售自己使用过的在本地区扩大增值税抵扣范围试点以后购进或者自制的固定资产，按照适用税率征收增值税。

【案例5-15】 某公司于2019年5月将使用过的两台铲车转让给同一老板所属的另一公司使用，且没有签订租赁合同。其中一台铲车于2008年2月购入，原值176 000元，累计折旧153 200元，净值22 800元。另一台于2014年6月购入，原值367 800元，累计折旧189 680元，净值178 120元。根据《增值税暂行条例实施细则》第四条的规定，纳税

---

① 税会差异引起的涉税风险将在第三节中单独说明。

人将自产、委托加工或购进的货物无偿赠送其他单位或者个人使用,应视同销售。纳税人使用过的固定资产无法确定销售额的,以固定资产净值为销售额。故该公司应补交增值税,转让购于2008年的铲车应补交增值税=22 800÷(1+3%)×2%=442.72(元),转让购于2014年的铲车应补交增值税=178 120×13%=23 155.60(元)。

(七) 在建工程

在建工程指企业固定资产的新建、改建、扩建,或技术改造、设备更新和大修理工程等尚未完工的工程支出。在建工程通常有"自营"和"出包"两种方式。"在建工程"项目应根据"在建工程"科目的期末余额,减去"在建工程减值准备"科目的期末余额后的金额,以及"工程物资"科目的期末余额,减去"工程物资减值准备"科目的期末余额后的金额填列。

1. 在建工程试运行收入是否纳税调整

《企业会计制度》规定,企业在建工程项目达到预定可使用状态前所取得的试运转过程中形成的、能够对外销售的产品,其发生的成本,计入在建工程成本,销售或转为库存商品时按实际销售收入或按预计售价冲减工程成本;《企业会计准则第4号——固定资产》规定,试运行的净支出应计入固定资产的成本。而《企业所得税法》规定,企业在建工程发生的试运行净收入,应并入所得额予以征税,而不能冲减在建工程成本。即会计处理是将在建工程试运行收入直接冲减工程成本,而《企业所得税法》是计入收入缴纳相应税费,需调增应纳税所得额。"在建工程"账户的借方红字发生额和贷方发生额是税务部门检查的重点,若账户贷方发生额并不对应"固定资产"账户借方,可能是将在建工程的试运营收入直接冲减在建工程成本,逃避企业所得税。

【案例5-16】 某化学集团股份有限公司2019年年初在建工程为74.48亿元,年末在建工程108.88亿元,在建工程年末余额-年初余额=34.40亿元,远大于事前设定的风险值(在建工程年末余额-年初余额>500万元)。税务机关通过审阅财务报表、企业所得税年度申报表、金税征管信息及该公司2019年上市公司年报,获取有关在建工程信息,发现疑点:该公司在建工程试运行收入28 753 510.90元冲减在建工程,其中某化学IPDA中试装置项目冲减14 766 142.10元,某化学IP中试项目冲减13 987 368.80元,经核实共少计应纳税收入28 753 510.90元,存在少申报缴纳企业所得税的疑点。

2. 在建工程长期挂账是否完工未结转

企业"在建工程"余额长期存在,说明企业所建工程很有可能已经达到预定可使用状态或已经使用而未及时结转为固定资产,企业推迟房屋、建筑物的在建工程结转存在少缴房产税等涉税风险。

【案例5-17】 2019年10月26日,税务检查人员对红光公司进行纳税检查,发现该公司所使用的8层营业用房,自行建造并使用6年没有办理竣工决算,所以未结转固定资产和计提折旧。经核实,红光公司对因少提折旧和少缴房产税而增加的利润,全部通过多结转商品销售成本进行了调整,从营业用房投入使用6年来,红光公司根本没有因少提折旧、少缴房产税、多实现利润而多缴过企业所得税。最终,检查组对红光公司因弄虚作假而少缴有关税款依法进行了处理。

3. 在建工程结转固定资产计税基础是否正确

根据《国家税务总局关于贯彻落实企业所得税法若干税收问题的通知》(国税函〔2010〕79号)第五条的规定,企业固定资产投入使用后,由于工程款项尚未结清,未取得全额发票的,可暂按合同规定的金额计入固定资产计税基础计提折旧,待发票取得后进行调整,但该项调整应在固定资产投入使用后12个月内进行。

(八) 投资性房地产

投资性房地产,是指为赚取租金或资本增值,或两者兼有而持有的房地产,包括已出租的土地使用权、持有并准备增值后转让的土地使用权和已出租的建筑物。存在的涉税风险主要有以下情况。

1. 不动产出租是否按规定申报纳税

涉税风险主要在于不动产出租涉及的增值税、企业所得税和房产税等是否按规定申报缴纳。

(1) 根据《纳税人提供不动产经营租赁服务增值税征收管理暂行办法》,一般纳税人出租不动产,按照以下规定缴纳增值税:一般纳税人出租其2016年4月30日前取得的不动产,可以选择适用简易计税方法,按照5%的征收率计算应纳税额;一般纳税人出租其2016年5月1日后取得的不动产,适用一般计税方法计税。

(2) 根据《企业所得税法实施条例》第十九条、《企业所得税法》第六条第(六)项所称租金收入,是指企业提供固定资产、包装物或者其他有形资产的使用权取得的收入。租金收入,按照合同约定的承租人应付租金的日期确认收入的实现。

根据国税函〔2010〕79号文件第一条、《企业所得税法实施条例》(以下简称《实施条例》)第十九条的规定,企业提供固定资产、包装物或者其他有形资产的使用权取得的租金收入,应按交易合同或协议规定的承租人应付租金的日期确认收入的实现。其中,如果交易合同或协议中规定租赁期限跨年度,且租金提前一次性支付的,根据《实施条例》第九条规定的收入与费用配比原则,出租人可对上述已确认的收入,在租赁期内,分期均匀计入相关年度收入。

(3) 纳税人出租房屋的,需以房产租金收入为房产税的计税依据,税率为12%。纳税人出租不动产的,应于出租房产的次月起,缴纳房产税。应纳房产税 = 月租金 × 12%。

(4) 企业出租不动产签订的租赁合同属于财产租赁合同,按照1‰的税率计算贴花,税额不足1元,按1元缴纳印花税。

2. 出租后企业房屋建筑物与其生产经营规模是否匹配

投资性房地产表明企业存在空余房产用于出租,需评估企业出租房产后是否有足够生产经营空间与其生产经营规模相匹配,若不匹配表明企业存在隐瞒收入或虚开发票等涉税风险。

(九）长期股权投资

长期股权投资是指投资方对被投资单位实施控制、重大影响的权益性投资，以及对其合营企业的权益性投资。"长期股权投资"项目应根据"长期股权投资"科目的期末余额，减去"长期股权投资减值准备"科目的期末余额后的金额填列。

1. 长期股权投资期末余额大幅增加

企业若存在以非货币资产对外投资的情况，需关注投资过程中产生的涉税风险。

（1）以非货币性资产对外投资的增值税处理。根据《增值税暂行条例实施细则》的规定，单位或个体工商户将自产、委托加工或者购进的货物作为投资，提供给其他单位或者个体工商户的行为视同销售货物，应计算缴纳增值税。

【案例5-18】 A公司为增值税一般纳税人，2019年10月，该公司与B公司签订股权收购协议，A公司以本企业10%的股权（公允价值600万元）和一套设备（2008年10月购进并投入使用，账面价值300万元，公允价值400万元），收购B公司持有的C公司60%的股权（计税基础200万元，公允价值1 000万元）。A公司应缴纳增值税=400÷(1+3%)×3%÷2=5.83（万元）。

（2）以非货币性资产对外投资的所得税处理。根据《财政部 国家税务总局关于非货币性资产投资企业所得税政策问题的通知》（财税〔2014〕116号）的规定，①居民企业（以下简称企业）以非货币性资产对外投资确认的非货币性资产转让所得，可在不超过5年期限内，分期均匀计入相应年度的应纳税所得额，按规定计算缴纳企业所得税。②企业以非货币性资产对外投资，应对非货币性资产进行评估并按评估后的公允价值扣除计税基础后的余额，计算确认非货币性资产转让所得。企业以非货币性资产对外投资，应于投资协议生效并办理股权登记手续时，确认非货币性资产转让收入的实现。③企业以非货币性资产对外投资而取得被投资企业的股权，应以非货币性资产的原计税成本为计税基础，加上每年确认的非货币性资产转让所得，逐年进行调整。④企业在对外投资5年内转让上述股权或投资收回的，应停止执行递延纳税政策，并就递延期内尚未确认的非货币性资产转让所得，在转让股权或投资收回当年的企业所得税年度汇算清缴时，一次性计算缴纳企业所得税；企业在计算股权转让所得时，可按本通知第三条第一款规定将股权的计税基础一次调整到位。

【案例5-19】 2015年1月A公司将原价1 000万元、已提折旧200万元的房产对B公司股权投资，评估公允价为2 000万元。2017年1月A公司又将该股权出让，收款2 500万元。

确认非货币性资产转让所得=2 000-(1 000-200)=1 200（万元）；

2015和2016分年均匀计入相应年度的应纳税所得额=1 200/5=240（万元）；

2017年确认非货币性资产转让所得=240×3=720（万元）；

股权转让所得=2 500-(1 000-200+240×2+240×3)=500（万元）。

2. 长期股权投资期末余额大幅减少

若长期股权投资期末余额大幅减少，需关注企业转让股权是否按规定计算缴纳企业所得税。根据《国家税务总局关于贯彻落实企业所得税法若干税收问题的通知》（国税函〔2010〕79号）第三条关于股权转让所得确认和计算问题的规定，企业转让股权收入，应于转让协议生效、且完成股权变更手续时，确认收入的实现。转让股权收入扣除为取得该股权所发生的成本后，为股权转让所得。企业在计算股权转让所得时，不得扣除被投资企业未分配利润等股东留存收益中按该项股权所可能分配的金额。

根据《国家税务总局关于企业取得财产转让等所得企业所得税处理问题的公告》（国家税务总局公告2010年第19号）的规定：企业取得财产（包括各类资产、股权、债权等）转让收入、债务重组收入、接受捐赠收入、无法偿付的应付款收入等，不论是以货币形式、还是非货币形式体现，除另有规定外，均应一次性计入确认收入的年度计算缴纳企业所得税。

【案例5-20】 大连市税务机关检查人员接到国家税务总局交办的专项检查任务：大连A投资有限公司（以下简称A投资公司）存在减持和协议转让股权行为，但未见该企业申报缴纳相关税款的记录，企业涉嫌少缴税款。A投资公司的资产负债表、利润表信息显示，A投资公司2014—2016年长期股权投资持续减少，平均每年减少1.5亿元；投资收益连年增加，2015年投资收益甚至达到了8.3亿元。2014—2016年，企业股权变动较为频繁，在此期间企业共减持了十多家公司股权。

面对企业复杂的股权业务，检查人员经过分析，决定让A投资公司提供股权转让的所有合同和交易记录，同时将减少的股权与企业投资收益科目信息比对分析，以核查企业股权转让所得情况。检查人员发现，A投资公司2016年"投资收益"科目记载了两笔金额，合计－760余万元。检查人员了解到，这笔账目是A投资公司境外股权投资不当，损失了760余万元，企业已在2016年企业所得税汇算时做了税前扣除处理，但A投资公司却无法按照《企业所得税法》规定出示上述股权投资损失的相关证据材料，并且未按规定向主管税务机关作专项申报。因此，检查人员认为，企业该笔760余万元股权投资损失不符合税前扣除规定，应进行企业所得税纳税调增。

（十）无形资产、开发支出

无形资产是指企业拥有或者控制的没有实物形态的可辨认非货币性资产，包括专利权、非专利技术、商标权、著作权、特许权和土地使用权等。会计准则强调无形资产的可辨认性，将《企业所得税法》视作无形资产的商誉排除在外。"无形资产"项目根据"无形资产"科目期末余额，减去"累计摊销"和"无形资产减值准备"科目的期末余额后的金额填列。"开发支出"项目根据"研发支出"科目中所属的"资本化支出"明细科目期末余额填列。

1. 土地使用权是否并入房产原值计征房产税

根据《企业会计准则》的规定，自行开发建造厂房等建筑物，相关的土地使用权与建筑物应当分别进行处理。外购土地及建筑物支付的价款应当在建筑物与土地使用权之间按照合理的方法进行分配;难以合理分配的,应当全部作为固定资产。按照《财政部 国家税务总局关于安置残疾人就业单位城镇土地使用税等政策的通知》(财税〔2010〕121号)的规定,对按照房产原值计税的房产,无论会计上如何核算,房产原值均应包含地价,包括为取得土地使用权支付的价款、开发土地发生的成本费用等。宗地容积率低于0.5的,按房产建筑面积的2倍计算土地面积并据此确定计入房产原值的地价。因此,房产原值应包括了为取得土地使用权支付的价款。无论会计上如何核算,房产原值均应包含地价,应关注土地使用权税会差异导致的涉税风险。

2. 是否接受个人以无形资产投资入股

(1)个人股东补交个人所得税及滞纳金风险。个人以无形资产投资入股,在税法上属于非货币性资产投资行为,视为"转让非货币性资产"和"投资"同时发生,依据《个人所得税法》等相关税法规定,对个人"转让非货币性资产"的所得,应按照"财产转让所得"项目,以转让财产的收入额减除财产原值和合理费用后的余额,按照20%的税率依法计算缴纳个人所得税。2015年3月30日,财政部、国家税务总局联合发布《财政部 国家税务总局关于个人非货币性资产投资有关个人所得税政策的通知》(财税〔2015〕41号),明确规定"个人以非货币性资产投资,应按评估后的公允价值确认非货币性资产转让收入""应按照'财产转让所得'项目,依法计算缴纳个人所得税",并规定纳税人一次性缴税有困难的,可合理确定分期缴纳计划并报主管税务机关备案后,自发生上述应税行为之日起不超过5个公历年度内(含)分期缴纳个人所得税。

(2)个人股东股权转让纳税义务。股权转让一直是近年来税务机关征管的重点,《股权转让所得个人所得税管理办法(试行)》(国家税务总局公告2014年第67号)颁布实施后,由于对股权转让征税范围、股权转让收入、原值进行了更加具体的界定,个人股权转让的税收监管更加严格、规范。投资人转让股权的行为需要按照该文件第二十条的规定,及时进行纳税申报,扣缴义务人、纳税人应当依法在次月15日内向主管税务机关申报纳税。

【案例5-21】 徐州市铜山某公司在5年时间内多次变更公司名称、注册资本、更换股东,引起了徐州市铜山区税务局的重点关注。徐州市铜山区税务局收集了该公司近几年来的工商登记信息,发现该公司从2010年开始,频繁变更公司名称、股东和注册资本,通过这一系列的操作,该公司原有的老股东已经全部彻底退出公司经营了,后期新增的两名股东则成了公司实际控制人。并且,在公司最近的一次减资行为中,工商登记信息可查询,但是税务局没有股权变更记录,稽查人员认为很可能绕开了税务管理。经稽查人员深入的了解得知,该公司在了解到股东变更时会涉及缴纳个人所得税,就找会计师事务所做了一些避税筹划,采取的方式就是以新股东注资入股、老股东撤资退股的形式掩盖股权转让行为,从而达到逃避股权转让所得缴纳个人所得税的目的。

(3)无形资产摊销纳税调整风险。若自然人股东以"虚高"的无形资产投资入股,被投资企业以此作为无形资产原值进行的摊销减少了纳税期间的应纳税所得额,将导致无形资产摊销纳税调整的涉税风险,这时需按照税法规定进行追溯调整。

3. 无形资产处置是否缴纳相关税款

如果企业资产负债表中无形资产大幅减少,税务检查人员将结合现金流量表中"处置固定资产、无形资产和其他非流动资产收回的现金净额"进行分析,如果报表中无形资产大幅减少,而现金流量表中相关的现金流量很小或者没有,表明企业的无形资产很可能存在着销售以外的其他用途,如投资、抵债、捐赠等。上述业务在会计上不一定确认损益,可能不会体现为现金流量表中的现金流,但由于所有权转移,税法要视同销售处理,因此必须进一步落实企业的会计处理和纳税申报是否正确。

【案例 5-22】 某税务检查人员在对甲房地产企业 2020 年税收检查时发现,该企业 2020 年度资产负债表中"无形资产"减少 3 亿元,但是现金流量表中"处置固定资产、无形资产和其他非流动资产收回的现金净额"为 0。企业的长期股权投资大幅增加,但是现金流量表中"投资支付的现金""取得子公司及其他营业单位支付的现金"为 0。因此怀疑企业可能存在无形资产对外投资的问题。于是检查了"长期股权投资""无形资产"相关账户和记账凭证,发现甲企业发生以下经济业务:甲房地产企业 2020 年 8 月 20 日以 2018 年取得的一块土地使用权对外投资,该土地取得时的成本为 4 亿元,已累计摊销 2 400 万元。投资时该土地的评估价为 6 亿元,该企业的城市维护建设税税率 7%,教育费附加 3%,企业当期未缴纳任何税款。

4. 研发费用是否符合加计扣除标准

根据《关于提高研究开发费用税前加计扣除比例的通知》的规定,企业开展研发活动中实际发生的研发费用,未形成无形资产计入当期损益的,在按规定据实扣除的基础上,在 2018 年 1 月 1 日至 2020 年 12 月 31 日期间,再按照实际发生额的 75% 在税前加计扣除;形成无形资产的,在上述期间按照无形资产成本的 175% 在税前摊销。企业必须结合最新研发费用税前加计扣除政策,从可以享受研发费用加计扣除的行业和企业范围、适用研发费用加计扣除政策的研发活动范围、研发费用加计扣除的项目、研发费用的归集和核算管理、享受研发费用税前加计扣除政策的申报及备案管理的基本要求进行纳税申报,关注研发费用加计扣除的涉税风险。

(十一)长期待摊费用

长期待摊费用是企业已经支出,但摊销期限在 1 年以上(不含 1 年)的各项费用,包括固定资产修理支出、租入固定资产的改良支出以及摊销期限在 1 年以上的其他待摊费用。

1. 长期待摊费用界定是否合规

根据《企业所得税法》第十三条的规定,在计算应纳税所得额时,企业发生的下列支出作为长期待摊费用,按照规定摊销的,准予扣除:①已足额提取折旧的固定资产的改建支出。②租入固定资产的改建支出。③固定资产的大修理支出。④其他应当作为长期待摊费用的支出。

《企业所得税法实施条例》第六十九条进一步明确,固定资产的大修理支出是指同时符合下列条件的支出:①修理支出达到取得固定资产时的计税基础 50% 以上。②修理后固定资产的使用年限延长 2 年以上。不能同时满足以上条件的修理支出不能作为长期待摊费用,而应作为收益性支出当期扣除。

2. 核算范围和摊销期限的税会差异是否调整

《企业所得税法实施条例》第六十八条规定,已提足折旧的固定资产的改建支出,按照固定资产预计尚可使用年限分期摊销;经营租入固定资产的改建支出,按照合同约定的剩余租赁期限分期摊销;固定资产的大修理支出,按照固定资产尚可使用年限分期摊销。第七十条规定,其他长期待摊费用,自支出发生月份的下月起分期摊销,摊销期不得低于 3 年。

《企业会计准则》规定,筹建期发生的费用,记入"管理费用——开办费"科目,不再通过"长期待摊费用"科目核算。而根据《国家税务总局关于企业所得税若干税务事项衔接问题的通知》(国税函〔2009〕98 号)第九条的规定,新税法中开(筹)办费未明确列作长期待摊费用的,企业可以在开始经营之日的当年一次性扣除,也可以按照税法有关长期待摊费用的规定处理,但一经选定,不得改变。

企业应关注长期待摊费用核算范围和摊销期限税会差异的涉税风险,在所得税纳税申报表中进行纳税调整。

【案例 5-23】 B 企业长期待摊费用突然增加 4 800 万元,并在其后 3 年摊销完毕,每年税前扣除金额达 1 600 万元。企业解释该笔长期待摊费用是装修款。但是,稽查人员发现,这一金额为酒店加盖楼层支出,完工后原本记在固定资产项下,2019 年重新归类于长期待摊费用,摊销年限由 20 年缩短为 3 年。根据《企业所得税法实施条例》,维修支出达到取得固定资产时的计税基础 50% 以上,且修理后固定资产的使用年限延长 2 年以上,属于固定资产的大修理支出,应作为长期待摊费用按照固定资产尚可使用年限分期摊销。B 企业刻意缩短固定资产大修理支出摊销期限的行为被稽查人员发现并补缴企业所得税。

3. 期末余额是否存在异常变动

长期待摊费用的期末余额存在异常变动,表明企业可能存在将试运行收入或筹建期利息收入计入该科目贷方以隐瞒收入的涉税风险。

【案例 5-24】 某热电有限责任公司于 2018 年 11 月成立,目前仍然处于筹建期间,计划 2022 年 9 月投产。2020 年 6 月,税务检查人员对该公司 2019 年财务报表和纳税申报资料进行审核,发现该公司资产负债表上"长期待摊费用"科目有些异常,余额较大,而且月度之间不够平衡,平时月份"长期待摊费用"余额呈上升趋势,到季末呈下降趋势,其中有一个季末余额为负。经审核,"长期待摊费用"科目的"其他"一项内容中并没有出现红字,也就是没有取得在建工程的试运行收入,在这里冲减。与此同时,检查人员却发现长期待摊费用——利息支出栏发现红字,其摘要栏说明是筹建期间取得的银行存款利息收入,冲减了"长期待摊费用——利息支出",由于银行是按季度结息的,所以出现了平时月份金额呈上升趋势,每季末"长期待摊费用"科目余额下降,有时出现负数,且具有规律性。按照税法规定,企业无论是筹建期间还是生产经营期间取得的利息收入均要申报纳税,该公司取得的银行存款利息收入应全额申报缴纳企业所得税。

二、负债项目涉税风险分析

(一) 短期借款和长期借款

短期借款是企业向银行或其他金融机构借入的期限在 1 年以下(含 1 年)或超过 1 年的 1 个正常营业周期以内的各种借款。长期借款是企业向银行和其他金融机构借入的期限在 1 年以上(不含 1 年)的各项借款。"短期借款"项目根据"短期借款"总账科目余额填列,"长期借款"项目根据"长期借款"总账科目余额扣除"长期借款"科目所属的明细科目中将在资产负债表日起 1 年内(含 1 年)到期、且企业不能自主地将清偿义务展期的长期借款后的金额计算填列。

1. 利息支出的涉税风险

(1) 利息支出是否符合扣除标准。①根据《企业所得税法实施条例》第三十七条的规定,企业在生产经营活动中发生的合理的不需要资本化的借款费用,准予扣除。②企业为购置、建造固定资产、无形资产和经过 12 个月以上的建造才能达到预定可销售状态的存货发生借款的,在有关资产购置、建造期间发生的合理的借款费用,应当作为资本性支出计入有关资产的成本,并依照本条例的规定扣除。资本化的利息支出应作为资产的入账成本,以折旧摊销或销售货物成本的形式进行税前扣除,而不得在利息支出发生当期计入财务费用税前扣除。如果企业资产负债表上存在较大的借款余额,同时存在符合资本化条件的资产,如在建工程项目或建造开发周期较长的存货项目等,需关注每笔借款实际是否用于构建符合资本化条件的资产,是否处于资本化期间,利息支出是否按规定进行了资本化处理等。③根据《企业所得税法实施条例》第三十八条的规定:"企业在生产经营活动中发生的下列利息支出,准予扣除①:(一)非金融企业向金融企业借款的利息支出、金融企业的各项存款利息支出和同业拆借利息支出、企业经批准发行债券的利息支出;(二)非金融企业向非金融企业借款的利息支出,不超过按照金融企业同期同类贷款利率计算的数额的部分。"

【案例5-25】 2017 年 8 月 16 日,北海公司与长城公司等三家公司签订业务合作协议,从民生银行取得 3 亿元短期贷款,贷款合同写明:用于"中南明珠"项目后续工程建设。2017 年 9 月至 2017 年 12 月,北海公司共向民生银行支付贷款利息 5 425 000.7 元,并将该贷款利息计入"开发成本—资本化利息—利息支出"科目核算。2017 年 12 月,该贷款债权被长城公司收购,并收取北海公司债务重组顾问服务费、财务顾问服务费 1 125 万元。北海公司将上述贷款利息及顾问费共计 16 675 000.7 元归并入一期住宅销售成本。北海市稽查局于 2019 年 4 月至 2020 年 6 月对北海公司 2016~2017 会计年度的企业所

---

① 详见"利润表涉税风险分析"中的"财务费用"。

得税纳税情况进行检查,认定北海公司上述做法未按照长期贷款的成本核算对象分摊造成多结转营业成本,存在虚假纳税申报并造成少缴2013年企业所得税的违法行为。

(2) 借款增长与利息费用增长是否一致。若短期借款或长期借款项目的期末余额较期初增长较大,但是财务费用的增长较小,则表明企业可能存在将借款投入到应予资本化的资产建设项目的情况,例如在建工程、需要较长生产周期的存货等。如果将资本化利息加总后,利息支出增长仍然不符合借款增长幅度,企业可能存在将收入记入借款类科目,隐匿收入以逃避缴纳税款的涉税风险。

(3) 向金融机构借款被关联方无偿占用的利息是否税前扣除。根据《企业所得税法》第八条的规定,企业实际发生的与取得收入有关的、合理的支出,包括成本、费用、税金、损失和其他支出,准予在计算应纳税所得额时扣除。企业贷款的利息支出应由该企业负担并进行税前扣除,如果贷款并未用于本企业生产经营而是无偿借给其他关联企业占用的,那么贷款利息支出与企业取得收入无关。税务机关在发现上述情况时,会要求企业将被其他企业无偿占用的贷款产生的利息进行纳税调增,不允许税前扣除。①

2. 短期借款和长期借款贷方累计发生额是否缴纳印花税

应计征印花税的借款合同的范围包括银行及其他金融组织和借款人(不包括银行同业拆借)所签订的借款合同。单据作为合同使用的,也应按合同贴花。借款合同的计税金额为借款金额,应纳税额 = 借款金额×0.005%。

【案例 5-26】 A 市 C 县某建筑工程公司"短期借款"期初余额为 0,期末余额 1 200 万元。经查询该公司全年纳税申报,未发现借款合同印花税。税务机关在调查核实过程中,根据企业纳税申报情况以及税收风险平台预警信息,指出了企业可能存在的少申报缴纳借款合同印花税以及营业账簿印花税问题,企业承认了对该税种重视程度不够的问题。

(二) 应付账款

应付账款是企业因购买原材料、商品或接受劳务等而发生的一般结算性债务。"应付账款"项目应根据"应付账款"和"预付账款"科目所属的相关明细科目的期末贷方余额合计数填列。

1. 大额应付账款长期挂账

(1) 是否隐藏收入。一些企业为了隐藏收入在取得收入时不开具发票,账上不作为收入纳税,而是通过应付账款、其他应付款等往来科目核算。一旦被税务机关要求确认收入,企业需要补缴相应的增值税和企业所得税,同时有罚款、滞纳金等损失。

(2) 是否虚列成本费用。《增值税会计处理规定》(财会〔2016〕22 号)的规定,一般纳税人购进的货物等已到达并验收入库,但尚未收到增值税扣税凭证并未付款的,应在月末按货物清单或相关合同协议上的价格暂估入账,不需要将增值税的进项税额暂估入账。下月初,用红字冲销原暂估入账金额,待取得相关增值税扣税凭证并经认证后,按应计入

---

① 案例详见"其他应收款"。

相关成本费用或资产的金额,借记"原材料""库存商品""固定资产""无形资产"等科目,按可抵扣的增值税额,借记"应交税费——应交增值税(进项税额)"科目,按应付金额,贷记"应付账款"等科目。国家税务总局公告2011年第34号文件第六条规定,企业当年度实际发生的相关成本、费用,由于各种原因未能及时取得该成本、费用的有效凭证,企业在预缴季度所得税时,可暂按账面发生金额进行核算;但在汇算清缴时,应补充提供该成本、费用的有效凭证。需注意的是,暂估入账需要有真实的业务基础和合同等相关资料,"应付账款"科目挂账也应有对应的供应商信息,为了降低利润而暂估成本费用入账将被税务机关要求纳税调增补税。

(3) 是否购买发票。一些企业为降低税负,采用购买成本费用发票冲减利润的方式操作,而并未实际向相关单位支付款项。购买发票时,借记"库存商品""应交税费——应交增值税(进项税额)"等科目,贷记"应付账款"科目,从而造成"应付账款"长期挂账。

【案例5-27】 宁波市税务局第三稽查局在实际税务检查工作中发现,Q公司通过虚构经营业务收用虚开增值税专用发票,因没有实际货款支付,便将该笔款项长期挂在应付账款科目下。Q公司的做法属于虚开增值税专用发票行为,其进项税额不得抵扣、所列票面金额不得计入成本,宁波市税务局第三稽查局依法对该公司追缴税款和罚款,并按规定移送司法机关处理。

(4) 是否为确实无法偿付的款项。依据《企业所得税法》和《企业所得税法实施条例》的规定,企业以货币形式和非货币形式从各种来源取得的收入,为收入总额。其中"其他收入"中包括确实无法偿付的应付款项。根据《关于企业取得财产转让等所得企业所得税处理问题的公告》(国家税务总局公告2010年第19号)的规定,企业取得财产(包括各类资产、股权、债权等)转让收入、债务重组收入、接受捐赠收入、无法偿付的应付款收入等,不论是以货币形式、还是非货币形式体现,除另有规定外,均应一次性计入确认收入的年度计算缴纳企业所得税。

2. 应付账款期末余额大额减少

若应付账款年末余额与年初余额相比大幅减少,而现金流量表中"购进商品接受劳务支付的现金"本期与上期相比变化不大,企业"短期借款""长期借款""其他应付款"等其他负债类的项目也没有大幅上升,表明企业可能发生了债务重组,需关注债务重组过程中的涉税风险,核实债务重组利得的税务处理是否正确。

(三) 其他应付款

"其他应付款"项目,应根据"应付利息""应付股利"和"其他应付款"科目的期末余额合计数填列。"应付利息"仅反映相关金融工具已到期应支付但于资产负债表日尚未支付的利息。基于实际利率法计提的金融工具的利息应包含在相应金融工具的账面余额中。"应付股利"反映按利润分配方案已宣告但尚未发放的现金股利。"其他应付款"是指企业除了应付票据、应付账款、预收账款、应付利息、应付股利、应付职工薪酬、应交税费等以外的其他各项应付款项,主要包括应付经营租赁租入固定资产的租金、应付租入包装物的租金、存入保证金等。

1. "其他应付款"长期挂账

（1）是否隐匿收入。"其他应付款"长期挂账可能是企业将应确认的收入计入"其他应付款"科目，税务检查人员将通过对期末余额较大的债权人逐笔核查往来款项的原始凭证，并与现金、银行存款日记账核对，核实是否属于其他应付款核算范围，确定是否收入挂账，不确认收入或延迟确认收入。企业还可能存在将逾期未退的包装物押金在"其他应付款"长期挂账的情况，税法规定对因逾期未收回包装物而不再退还的押金，应按所包装货物适用的税率计算销项税额，其中"逾期"指以1年为限，对于收取的1年以上的押金，无论今后是否退还均应并入销售额征税。此外还需核实是否将无法偿付的其他应付款计入收入，对于确实无法偿付的款项应结转至营业外收入，计入确认收入的年度计算缴纳企业所得税。

【案例5-28】 某税务局在对汇算清缴情况进行核查时，注意到金税三期系统显示A公司所得明显低于行业平均水平，于是对公司进行重点关注。查看申报资料后，发现该公司"其他应付款"挂账金额很大，于是将A公司列为异常企业，对A公司展开调查。经过核实，该公司"其他应付款"中金额较大的原因是核算了老板的借款。

三年来，A公司现金账户每将出现赤字前，就会进行借款，导致"其他应付款"余额越来越大。A公司约有三分之一的现金来源于此，但却从未见偿还借款和支付过利息的痕迹。会计人员解释，企业的周转资金十分紧缺，只能借老板的钱进行周转。这些异常情形让检查人员"嗅"出了A公司存在账外经营的"味道"。紧接着检查人员就对公司存货进行盘查，发现存货账实不符，账面存货大于公司的库存。

面对事实，A公司承认，为了避税，对现金销售且不需要开具发票的部分收入不进行入账，直接存到老板账户。由于现金销售收入不入账的金额累积过大，使得公司流动资金经常出现周转困难，这时便以公司名义向老板借款给公司补充资金。最终，税务局要求A公司补缴税款、滞纳金并处以罚款。

（2）是否占用股东或关联方资金。对于特定交易对方的长期大额挂账可能是企业长期占用股东或关联方的资金。若股东或关联方是单位或者个体工商户，则存在无偿提供贷款服务视同销售处理，补缴增值税的风险。企业所得税方面，按照《企业所得税法》第六条的规定，企业以货币形式和非货币形式从各种来源取得的收入，为收入总额，关联企业间拆借资金，资金借出方应根据独立交易原则确认利息收入，缴纳企业所得税，存在被认定为不符合独立交易原则而做纳税调增的风险；资金借入方即使根据《特别纳税调整实施办法》（国税发〔2009〕2号）在资金借出方应纳税所得额纳税调增的基础上向主管税务局申请应纳税所得额调减，但关联方借款税前利息扣除还受到债资比的限制，可能造成资金借出方被纳税调增的利息收入在资金借入方不能全额税前扣除的涉税风险。根据《财政部 国家税务总局关于企业关联方利息支出税前扣除标准有关税收政策问题的通知》（财税〔2008〕121号）的规定，在计算应纳税所得额时，企业实际支付给关联方的利息支出，不超过以下规定比例和《企业所得税法》及其实施条例有关规定计算的部分,准予扣除,超过的部分不得在发生当期和以后年度扣除,其中金融企业为5:1,其他企业为2:1,符合全额扣除适用情形的除外。

【案例5-29】 A集团公司实行多种经营,集团公司企业所得税适用税率为25%,A集团公司的成员企业B公司是高新技术企业,企业所得税适用15%的优惠税率。B公司注册资本1亿元,截至2015年12月底所有者权益为1.2亿元。A集团公司持有B公司100%的股份。A集团公司2015年1月拟投资(债权性投资)3亿元用于B公司生产经营。

A公司无偿提供金融服务应当视同销售缴纳增值税。A公司与B公司为关联方关系,并且A公司与B公司在企业所得税适用的税率不同,B公司为低税率,A公司无偿将资金借与B公司使用,存在明显避税目的,属于不具有合理商业目的安排。因此,A公司应当按照市场独立交易原则确认利息收入。由于A公司实际税负高于B公司,且关联交易不符合独立交易原则,B公司接受关联方的债权性投资和权益性投资分别为3亿元和1.2亿元,其比例为2.5:1,高于规定的2:1,假设金融机构同期同类贷款利率为8%,并且债资比从年初至年末没有变化,则B公司可税前扣除的借款额=1.2×2=2.4(亿元),允许税前扣除的年利息额=2.4×8%=0.192(亿元)。也就是说,A公司将资金无偿提供给B公司使用,一方面,A公司当年应当按照市场公允价值0.24亿元(3×8%)调增应纳税所得额;另一方面,B公司当年接受A公司债权性投资不超过权益性投资200%,即2.4亿元的利息费用0.192亿元,调减相应纳税所得额。

(3) 是否取得虚开发票虚抵进项。企业取得虚开发票虚抵进项税额,经济业务未真实发生,为掩盖虚开事实,行为人往往要虚构交易款项支付痕迹,将虚假支付的资金回流计入"其他应付款"科目,会导致该科目存在大额贷方余额且长期挂账。

2. 应付利息

结合"财务费用"等对应科目,分析偿付的利息是否符合企业所得税税前扣除标准。根据《企业所得税法实施条例》第三十八条的规定,企业在生产经营活动中发生的下列利息支出,准予扣除:①非金融企业向金融企业借款的利息支出、金融企业的各项存款利息支出和同业拆借利息支出、企业经批准发行债券的利息支出。②非金融企业向非金融企业借款的利息支出,不超过按照金融企业同期同类贷款利率计算的数额的部分。

企业在进行涉税处理时需注意以下两个问题:

第一,关联方借款利息扣除计算的原则。根据《国家税务总局关于企业向自然人借款的利息支出企业所得税税前扣除问题的通知》(国税函〔2009〕777号)的规定,企业向股东或其他与企业有关联关系的自然人借款的利息支出,应根据《企业所得税法》第四十六条及《关于企业关联方利息支出税前扣除标准有关税收政策问题的通知》(财税〔2008〕121号)规定的条件,计算企业所得税扣除额。企业向除关联方以外的内部职工或其他人员借款的利息支出,其借款情况同时符合以下条件的,其利息支出在不超过按照金融企业同期同类贷款利率计算的数额的部分,根据《企业所得税法》第八条和《企业所得税法实施条例》第二十七条的规定,准予扣除:①企业与个人之间的借贷是真实、合法、有效的,并且不具有非法集资目的或其他违反法律、法规的行为。②企业与个人之间签订了借款合同。

第二,投资者在规定期限内未缴足其应缴资本额的,企业对外借款所发生的利息,相当于实缴资本额与在规定期限内应缴资本额的差额应计付的利息,不得在计算应纳税所得额时扣除。

3. 应付股利

应关注发放的现金股利是否按规定代扣缴个人所得税。根据《个人所得税法实施条例》的规定,扣缴义务人在向个人支付应税款项时,应当依照《个人所得税法》规定代扣税款,按时缴库,并专项记载备查。《国家税务总局关于利息、股息、红利所得征税问题的通知》(国税函〔1997〕656号)规定,扣缴义务人将属于纳税义务人应得的利息、股息、红利收入,通过扣缴义务人的往来会计科目分配到个人名下,收入所有人有权随时提取,在这种情况下,扣缴义务人将利息、股息、红利所得分配到个人名下时,即应认为所得的支付,应按税收法规规定及时代扣代缴个人应缴纳的个人所得税。依据上述规定,当现金股利分配到个人名下时,即应认为所得的支付,存在代扣代缴20%的个人所得税的涉税风险。

【案例5-30】 某玻璃股份有限公司《2020年半年度财务报告》显示,该公司于2020年2月28日召开的2019年度股东大会通过2019年度利润分配预案,同意每10股分配2元的现金股利。该项议案已经于5月31日之前执行,公司应代扣代缴利息、股息、红利所得个人所得税。但税务机关查询金税三期系统,却无该项目纳税记录,存在少缴个人所得税的疑点。

经税务部门查看应付股利明细账发现,该公司分别于2019年5月2日和2020年5月31日计提2017~2018年度和2019年度个人所得税5 440 000元、2 720 000元,合计8 160 000元,未申报。

(四)应付职工薪酬

"应付职工薪酬"科目核算企业为获得职工提供的服务或解除劳动关系而给予的各种形式的报酬或补偿。职工薪酬包括短期薪酬、离职后福利、辞退福利和其他长期职工福利。企业提供给职工配偶、子女、受赡养人、已故员工遗属及其他受益人等的福利,也属于职工薪酬。其中,短期薪酬是指企业在职工提供相关服务的年度报告期间结束后12个月内需要全部予以支付的职工薪酬,因解除与职工的劳动关系给予的补偿除外。短期薪酬具体包括:职工工资、奖金、津贴和补贴,职工福利费,医疗保险费、工伤保险费和生育保险费等社会保险费,住房公积金,工会经费和职工教育经费,短期带薪缺勤,短期利润分享计划,非货币性福利以及其他短期薪酬。

1. 工资薪金是否合理

根据《企业所得税法实施条例》的规定,工资薪金是指企业每一纳税年度支付给在本企业任职或者受雇的员工的所有现金形式或者非现金形式的劳动报酬,包括基本工资、奖金、津贴、补贴、年终加薪、加班工资,以及与员工任职或者受雇有关的其他支出。企业发生的合理的工资薪金支出,准予扣除。

《国家税务总局关于企业工资薪金及职工福利费扣除问题的通知》(国税函〔2009〕3号)及《企业所得税法实施条例》第四十、第四十一、第四十二条所称的"工资薪金总额",是指企业按照本通知第一条规定实际发放的工资薪金总和,不包括企业的职工福利费、职工教育经费、工会经费以及养老保险费、医疗保险费、失业保险费、工伤保险费、生育保险费等社会保险费和住房公积金。

工资薪金的合理性包括企业的工资薪金制度是否符合行业及地区水平,是否存在虚列工资偷逃企业所得税的问题;对企业实际发放的工资薪金,是否已依法履行了代扣代缴个人所得税义务。应关注"应付职工薪酬——工资"明细科目每月发生额是否正常,贷方是否长期挂有余额,若出现异常可能存在多列工资薪金总额、工资薪金多提取而未实际发放、以报销形式变相发放工资等情况。

【案例 5-31】 某公司 2019 年账列应付工资为 5 013 120 元,其中列支工作人员 2 779 470 元,销售及相关人员工资 714 500 元,外勤人员工资 1 519 150 元。税务机关检查时发现账列外勤人员发放的工资中有 1 211 400 元无签字记录、转账凭证或收据等有效发放依据。对于无有效发放依据的工资,属多列工资的 1 211 400 元,应补缴企业所得税 302 850 元。

【案例 5-32】 近日,深圳市税务局第三稽查局对某工程管理顾问有限公司实施稽查过程中发现,该公司计提工资费用与实际发放的工资金额不一致,一些月份甚至相差将近 20 万元。稽查人员查看账目中的相关凭证及企业纳税记录,发现该公司每月按工资表计提工资费用并计算、代扣代缴个人所得税,但在实际发放工资时却按不同的金额做账,并且记账凭证后只附一张银行代收付业务委托书,上面只有一个代发工资的总金额,并没有员工工资的详细发放清单。税务稽查人员查实该企业通过工资单造假方式,少代扣代缴个人所得税。该局依法对企业做出补缴个人所得税 50 万元,罚款 25 万元的处理决定。

【案例 5-33】 新三板挂牌公司易合网络 2018～2020 年,以报销费用形式发放员工绩效奖金 93 437.28 元,记入"管理费用"账户,没有列入员工工资所得并代扣代缴个税。因此,被依法追缴个税 14 629.46 元并罚款 7 314.73 元。

2. 是否符合企业所得税前扣除标准

根据《企业所得税法实施条例》第三十四条的规定,对企业工资、薪金的扣除时间为实际发放的纳税年度。因此,如果企业计提了职工的工资,当年没有实际发放,不得在企业所得税税前扣除,但可以在以后实际发放年度申报扣除。《关于企业工资薪金和职工福利费等支出税前扣除问题的公告》(国家税务总局公告 2015 年第 34 号)规定,企业在年度汇算清缴结束前向员工实际支付的已预提汇缴年度工资薪金,准予在汇缴年度按规定扣除。

应关注"应付职工薪酬"下职工福利费、工会经费、职工教育经费等明细科目,检查企业计入成本费用的职工福利费是否超过税法规定的扣除限额,是否将不应在职工福利中列支的项目进行列支,企业发生的福利费取得的发票是否合规,发生的职工福利费不超过工资薪金总额14%的部分,准予扣除;检查企业计入成本费用的工会经费是否拨缴,是否取得工会组织开具的《工会经费专用收据》,拨缴的工会经费不超过工资总额2%的部分,准予扣除;检查企业计入成本费用的职工教育经费是否已经发生,发生的职工教育经费不超过工资薪金总额8%的部分,准予在计算企业所得税应纳税所得额时扣除,超过部分,准予在以后纳税年度结转扣除。

【案例5-34】 本市Y公司,2020年福利费支出总额未超过工资、薪金总额的14%,但企业在"管理费用——福利费"科目列支20万元费用,其中列支部分员工5万元的"健身费"与15万元的"旅游费"。经税务稽查核实后,要求该公司对部分员工列支的20万元调整相应纳税所得额,并补缴企业所得税和加收滞纳金。

3. 非货币性福利的税务处理是否正确

可通过"应付职工薪酬——非货币性福利"的对应账户,核实企业通过该账户发放现金和实物的具体情况。非货币性福利的常见形式包括以自产或委托加工的产品发放给职工、外购商品发放给职工以及将企业资产无偿提供给职工使用。以自产或委托加工的产品发放给职工要视同销售处理,要关注企业是否按照公允价值确认销售收入;外购商品发放给职工,如果外购货物已抵扣进项税额需要做进项税额转出处理,要关注企业是否在企业所得税申报表中申报了视同销售收入和视同销售成本;将企业的资产无偿提供给职工使用(如住房),每期计提的折旧费用也属于福利费支出。要关注非货币性福利与其他的福利费合计是否超过了工资薪金总额的14%,超过部分要进行纳税调增,要关注非货币性福利是否并计当月"工资薪金所得"代扣代缴个人所得税。

【案例5-35】 国家税务总局浙江省税务局于2018年6月29日向招商银行股份有限公司杭州分行出具的浙税稽罚〔2018〕5号,具体内容如下:2013年度1~12月在"职工福利费"科目中列支员工生活补贴、高温费等支出3 279 884.40元,超标准缴付部分员工住房公积金2 147 185.50元,合计5 427 069.90元,未按规定并计员工当月"工资薪金所得"代扣代缴个人所得税,应代扣代缴个人所得税13 012 514.28元,已代扣代缴个人所得税11 805 202.43元,应补代扣代缴个人所得税1 207 311.85元;2014年度1~12月在"职工福利费"科目中列支员工生活补贴、高温费等支出3 135 168.33元,超标准缴付部分员工住房公积金2 084 208.20元,合计5 219 376.53元,未按规定并计员工当月"工资薪金所得"代扣代缴个人所得税,应代扣代缴个人所得税15 954 738.38元,已代扣代缴个人所得税14 962 585.78元,应补代扣代缴个人所得税992 152.60元;2015年度7月和9月在"职工福利费"科目中列支员工生活补贴、高温费等支出1 315 660.33元,未按规定并计员工当月"工资薪金所得"代扣代缴个人所得税,应补代扣代缴个人所得税256 997.19元。

4. 是否混淆工资薪金与劳务报酬

新版《中华人民共和国个人所得税法》(以下简称《个人所得税法》)中"工资薪金所得"与"劳务报酬所得"存在以下重大区别:

（1）扣缴义务人预扣预缴方式不同，两项所得在预扣预缴时的减除项目、适用预扣预缴税率方面都有很大不同，若不能有效区分将导致税法执行缺少确定性。

（2）纳税人最终承受税负不同，两项所得计入综合收入总额的数额不同，工资薪金为全额计入，而劳务报酬则是将扣减 20% 后的余额计入，这决定了两项所得的定性对纳税人的实际税负会造成差异。

《个人所得税法实施条例》第六条规定，"工资薪金所得，是指个人因任职或者受雇取得的工资、薪金、奖金、年终加薪、劳动分红、津贴、补贴以及与任职或者受雇有关的其他所得。"劳动者和用工单位是任职或者受雇关系，双方签订劳动合同。劳动者要服从用工单位劳动时间、劳动地点、劳动标准等方面的管理，用工单位一般应为劳动者缴纳社保。劳动报酬计算以劳动时间为基础（一般按月），根据劳动绩效作上下浮动。"劳务报酬所得，是指个人从事劳务取得的所得，包括从事设计、装潢、安装、制图、化验、测试、医疗、法律、会计、咨询、讲学、翻译、审稿、书画、雕刻、影视、录音、录像、演出、表演、广告、展览、技术服务、介绍服务、经纪服务、代办服务以及其他劳务取得的所得。"劳动者和用工单位是平等的劳务合同关系。劳动者按约定提供符合要求的劳动成果，用工单位按约定给付报酬；用工单位无须为劳动者缴纳社保。劳动报酬计算以合同约定价款为基础，违反约定者承担违约责任。

鉴于"工资薪金所得"与"劳务报酬所得"两个税目如何明确区分，是税务实务中一个公认的难点问题，许多税务争议由此产生，企业应及时与税务机关沟通，避免产生涉税风险。

三、所有者权益项目涉税风险分析

（一）实收资本

实收资本（或股本），是企业在创办时及以后的生产经营过程中，所有者按照公司的章程、或合同、协议的约定，实际投入企业的资本。

1. 实收资本增加

（1）资本增加额是否按规定计征印花税。

（2）结合固定资产、无形资产等账户关联分析，资产评估增值增加的实收资本是否未按规定缴纳个人所得税。个人股东从被投资企业取得的、以企业资产评估增值转增个人股本的部分，属于企业对个人股东股息、红利性质的分配，按照"利息、股息、红利所得"项目计征个人所得税。税款由企业在转增个人股本时代扣代缴。

（3）盈余公积、未分配利润转增资本属于个人股东的部分，应视同先分配利润再投资，按照"利息、股息、红利所得"税目缴纳个人所得税；资本公积转增资本属于个人股东的部分，除股本溢价外，其余资本公积转增资本均需计征个人所得税。

（4）个人股东发生股权转让申报计税依据明显偏低且无正当理由的，主管税务机关可参照每股净资产或个人股东享有的股权比例所对应的净资产份额核定。

2. 实收资本减少

投资企业从被投资企业撤回或减少投资，其取得的资产中，相当于初始出资的部分，应确认为投资收回;相当于被投资企业累计未分配利润和累计盈余公积按减少实收资本比例计算的部分,应确认为股息所得;其余部分确认为投资资产转让所得。

【案例5-36】 某科技集团有限公司2019年固定资产、无形资产增加6 217 849 465.63元,同期实收资本增加5 850 000 000元。通过审核财务报表、金税三期系统,发现涉税疑点如下:

(1) 实收资本增加5 850 000 000元,查询金税三期发现,该公司未申报缴纳资金账簿印花税2 925 000元,应补缴印花税。

(2) 2019年年初无形资产为49 151 833.92元,年末无形资产为6 268 151 042.02元,增加6 217 849 465.63元,根据第三方信息得知该企业拥有133项技术专利,4项高新技术专利,股东为5名自然人,注册资本为60亿元,则人均需要出资12亿元,实践中不现实。经核实,实收资本由专利投资而来,应申报缴纳产权合同印花税3 108 924.73元,查询金税三期发现该公司未缴纳,应补缴产权合同印花税。

(3) 无形资产增加6 217 849 465.63元,股东全部是自然人,因此存在为个人非货币性资产评估增值,应按照财产转让所得计算个人所得税,该公司存在少缴纳个人所得税的疑点。经核算该公司应补缴个人所得税=58.5×20%=11.7(亿元)。

3. 是否存在股东出资不实

《国家税务总局关于企业投资者投资未到位而发生的利息支出企业所得税前扣除问题的批复》(国税函〔2009〕312号)指出,关于企业由于投资者投资未到位而发生的利息支出扣除问题,根据《企业所得税法实施条例》第二十七条规定,凡企业投资者在规定期限内未缴足其应缴资本额的,该企业对外借款所发生的利息,相当于投资者实缴资本额与在规定期限内应缴资本额的差额应计付的利息,其不属于企业合理的支出,应由企业投资者负担,不得在计算企业应纳税所得额时扣除。

具体计算不得扣除的利息,应以企业一个年度内每一账面实收资本与借款余额保持不变的期间作为一个计算期,每一计算期内不得扣除的借款利息按该期间借款利息发生额乘以该期间企业未缴足的注册资本占借款总额的比例计算。其计算公式为:

企业每一计算期不得扣除的借款利息 = 该期间借款利息额×该期间未缴足注册资本额÷该期间借款额

【案例5-37】 某公司按《公司章程》规定,5月以前股东应出资10万元,5月以后应出资50万元,实际股东只出资10万元。公司有对外80万借款的利率5%支付利息4万元,其中有40万元的借款是没有合理性的,因为这笔钱本该由股东出资,不应产生利息,所以,此40万元对应的利息,企业所得税前不得扣除。那么,4万的利息有2万要调增,因为不满足税前扣除的合理性原则,否则,税务查处后,可以要求补税、滞纳金和罚款。5月以前,出资是充足的,利息不调整。5月以后,有40万元出资不到位,应按权责发生制,对6~12月的利息,进行纳税调整,不得在税前扣除。不得扣除的利息=(4×7÷12)×40÷80=1.17(万元)。

(二) 资本公积

资本公积是资本公积核算企业受到投资者出资额超出其在注册资本或股本中所占份额的部分(资本公积——资本溢价或股本溢价)、以权益结算的股份支付(资本公积——其他资本公积)、按照权益法核算的被投资单位除净损益、其他综合收益以及利润分配以外所有者权益的其他变动中所享有的份额(资本公积——其他资本公积)等。

1. 资本公积期末余额增加

根据《企业所得税法实施条例》第五十六条的规定，企业持有各项资产期间资产增值或者减值，除国务院财政、税务主管部门规定可以确认损益外，不得调整该项资产的计税基础。评估增值部分提取的折旧依法不能在税前扣除，因此对资产评估增值部分计提的折旧要调增应纳税所得额。财政主管部门对特定企业下发过文件的除外。

2. 资本公积期末余额减少

资本公积期末余额减少，应关注企业是否发生了资本公积转增资本及其涉税风险。

(1) 对于法人股东，根据国税函〔2010〕79号文件的规定，被投资企业将股权(票)溢价所形成的资本公积转为股本的，不作为投资方企业的股息、红利收入，投资方企业也不得增加该项长期投资的计税基础，所以无需计入应纳税所得额计征企业所得税。

其他资本公积转增实收资本(股本)需要视同分配股息进行税务处理。居民企业取得符合条件的居民企业发放的股息红利作为免税收入，《企业所得税法》第二十六条规定，符合条件的居民企业之间的股息、红利等权益性投资收益属于免税收入。《企业所得税法实施条例》第八十三条规定，居民企业之间的股息、红利等权益性投资收益免征企业所得税，不包括连续持有居民企业公开发行并上市流通的股票不足12个月取得的投资收益。

(2) 对于个人股东，《国家税务总局关于进一步加强高收入者个人所得税征收管理的通知》(国税发〔2010〕54号)规定，加强企业转增注册资本和股本管理，对以未分配利润、盈余公积和除股票溢价发行外的其他资本公积转增注册资本和股本的，要按照"利息、股息、红利所得"项目，依据现行政策规定计征个人所得税。

如果被投资企业是境内上市公司(包括新三板挂牌的公司)，则按照上市公司股息红利差别化处理的相关规定来征免个税。《关于上市公司股息红利差别化个人所得税政策有关问题的通知》(财税〔2015〕101号)规定，个人从公开发行和转让市场取得的上市公司股票，持股期限超过1年的，股息红利所得暂免征收个人所得税。个人从公开发行和转让市场取得的上市公司股票，持股期限在1个月以内(含1个月)的，其股息红利所得全额计入应纳税所得额；持股期限在1个月以上至1年(含1年)的，暂减按50%计入应纳税所得额；上述所得统一适用20%的税率计征个人所得税。上市公司派发股息红利时，对个人持股1年以内(含1年)的，上市公司暂不扣缴个人所得税；待个人转让股票时，证券登记结算公司根据其持股期限计算应纳税额，由证券公司等股份托管机构从个人资金账户中扣收并划付证券登记结算公司，证券登记结算公司应于次月5个工作日内划付上市公司，上市公司在收到税款当月的法定申报期内向主管税务机关申报缴纳。

如果被投资企业是非上市公司或境外上市公司，则个人股东取得股票股利应按照股息、红利所得缴纳个人所得税。如果是境内非上市公司,则企业在发放股票股利时需要履行扣缴个税的义务。

【案例 5-38】 北京某企业近两年利润率保持在 20% 左右,企业正计划上市。该企业股本由 875 万元增加至 7 000 万元,其中,有 6 125 万元为资本公积转增股本;有 7 名自然人股东的股本,由 540 万元增加到 4 320 万元,但并没有缴纳相关个人所得税的记录。

经税务机关调查,该企业资本公积形成于 2017 年,是一家医药公司直接股权投资形成的,没有股票发行过程,属于投资者投入形成的资本公积增加,而非股票溢价发行形成,不符合上述文件的要求,应缴纳个人所得税。企业最终认可了税务机关的观点,并接受了补缴个人所得税 756 万元,罚款 378 万元的处罚决定。

(三) 盈余公积

盈余公积是指企业按照规定从净利润中提取的各种积累资金。公司制企业的盈余公积包括法定盈余公积和任意盈余公积。法定盈余公积是指公司制企业按照《公司法》的规定按净利润的 10% 计提的公司法定公积金,公司法定公积金累计额为公司注册资本的 50% 以上的可以不再提取。任意盈余公积是指公司制企业经股东大会或类似机构批准,按照规定比例从净利润中提取的公积金。

1. 盈余公积期末余额增加

当盈余公积的增加数大于利润表中净利润的 10% 时,税务检查人员将首先关注企业的利润分配方案中是否存在计提任意盈余公积,并进一步检查"盈余公积"科目的对应借方科目是否为"利润分配"。如果借方科目是"库存现金""银行存款""原材料"等,表明企业将收入计入了盈余公积,存在隐瞒收入的问题。

【案例 5-39】 税务人员在对甲企业 2017 年企业所得税纳税检查时发现,企业资产负债表中盈余公积期初有余额 1 350 万元,期末余额 2 000 万元,甲企业期初没有未弥补的亏损。甲企业当期利润表中实现的净利润为 3 000 万元,假定企业按照净利润的 10% 提法定盈余公积,盈余公积的增加数应该是 300 万元,而企业的盈余公积增加 650 万元。而甲企业提供的 2017 年利润分配方案中未提到计提任意盈余公积,甲企业的所有者权益变动表中也只反映了计提法定盈余公积 300 万元。最后税务人员检查"盈余公积"科目,发现企业有借记"原材料"科目 3 500 000 元,贷记"盈余公积"科目 3 500 000 元,查原始凭证,企业是把材料盘盈计入了盈余公积,根据《企业所得税法》规定,资产盘盈应该计入当期所得,因此调增了企业 2017 年度的应纳税所得额 350 万元。

2. 盈余公积期末余额减少

盈余公积期末余额减少,表明企业可能发生了盈余公积转增资本的业务。未分配利润、盈余公积转增股本或注册资本,实际上是该公司将未分配利润、盈余公积金向股东分配了股息、红利,股东再以分得的股息、红利增加注册资本。

(1) 当股东为法人企业时,取得符合条件的居民企业发放的股息红利是作为免税收入的,《企业所得税法》第二十六条规定,符合条件的居民企业之间的股息、红利等权益性投资收益属于免税收入。

(2) 当股东为个人时,应当按"利息、股息、红利所得"项目计征个人所得税。

(四) 未分配利润

未分配利润是指企业实现的净利润经过弥补亏损、提取盈余公积和向投资者分配利润后留存在企业的、历年结存的利润。

1. 未分配利润项目减少

在未分配利润项目减少的情况下,税务检查人员可以结合所有者权益变动表分析企业利润分配的去向,核实是否存在向个人股东进行变相分配,如股东向公司长期借款、转增资本、应付股利挂账、股东将公款用于消费性支出、股东将公款用于个人财产性支出、税后利润转作投资,存在代扣代缴个人所得税的涉税风险。

2. 注意未分配利润项目与报表其他项目的勾稽关系

期末未分配利润等于期初未分配利润加上本期实现净利润减去本期提取的盈余公积和分出利润后的余额,一般情况净利润应大于或等于未分配利润增加额,若勾稽关系不正确,税务检查人员将进一步落实原因。

【案例 5-40】 某科技公司 2020 年度利润表的"净利润"为 －2 918 016.28 元,资产负债表的"未分配利润"期末比期初增加 149 563.12 元,不符合净利润大于等于未分配利润增加额。经税务机关核实发现,企业在 2019 年所得税汇算清缴时调增的应纳税所得额 3 067 529.40 元(不合法票据),在 2020 年又通过主营业务成本调了回来,减少了 2020 年的应纳税所得额,企业借记"主营业务成本"3 067 529.40 元,贷记"利润分配——未分配利润"3 067 519.40 元。以上情况核实后,企业同意补税。

第二节 利润表项目涉税风险分析

利润表是反映企业在一定会计期间的经营成果的财务报表。利润表根据"收入－费用＝利润"的基本关系编制,其具体内容取决于收入、费用、利润等会计要素及其内容,利润表项目是收入、费用和利润要素内容的具体体现。从反映企业经营资金运动的角度看,它是一种反映企业经营资金动态表现的报表,主要提供有关企业经营成果方面的信息,属于动态会计报表。

一、收入[①]项目涉税风险分析

(一) 营业收入

"营业收入"项目,反映企业经营业务所取得的收入的净额,应根据"主营业务收入"科

---

① 此处采用广义的收入定义,而非"收入"会计要素。

目和"其他业务收入"科目的发生额分析填列。新版《企业会计准则第 14 号——收入》(以下简称《收入准则》)实施以后,收入在会计和税务上的处理存在重大差异,将在第三节"常见税会差异涉税风险"中详细介绍。本节仅涉及税会差异以外的风险点。

1. 是否存在销售滞后申报

(1) 直销收入滞后。企业直接销售商品或提供劳务,若购货方不急于取得销售发票,企业当期不确认收入,也不进行纳税申报,从而形成销售滞后。根据国税函〔2008〕875 号文件的规定,企业销售商品同时满足下列条件的,应确认收入的实现:①商品销售合同已经签订,企业已将商品所有权相关的主要风险和报酬转移给购货方。②企业对已售出的商品既没有保留通常与所有权相联系的继续管理权,也没有实施有效控制。③收入的金额能够可靠地计量。④已发生或将发生的销售方的成本能够可靠地核算。

(2) 代销收入滞后。企业将货物发给异地代理商,代理商销售货物并将货款汇给企业后,不提供或延缓提供"代销售清单"(或代理商提供"代销售清单"后,供货方不及时确认收入),从而造成销售滞后。《增值税暂行条例实施细则》规定,委托其他纳税人代销货物,为收到代销单位的代销清单或者收到全部或者部分货款的当天。未收到代销清单及货款的,为发出代销货物满 180 天的当天。

(3) 经销业务滞后。供货方发送货物给经销商,经销商取得货物时暂不索取发票,并直接将货物开给购货方,经销商达到了不缴或少缴流通环节税收的目的,供货方企业也推迟了申报税款,造成销售滞后。

【案例 5-41】 2020 年 9 月份,某县国税局稽查局在对某企业的所得税纳税情况进行检查时,发现该企业有滞后做销售收入,调节年度利润的现象。经查,该企业存在以下两个违法事实:违法一,企业将 2018 年 12 月份已实现的销售收入 30 051 450 元挂"预收账款"科目贷方,于 2019 年元月份转作销售收入,当月成本收入比率为 81.2%,该笔收入已纳入 2019 年度的年度申报,并办理了汇算清缴;违法二,将 2019 年 12 月份实现的收入 19 937 110 元以上述同样方式滞后 2020 年元月份转作销售收入,当月成本收入比率 80.01%,该笔收入已于 2020 年一季度办理了季度所得税预缴(以下分别简称违法一、违法二)。由于涉案税款数额较大,稽查局立即将该案件移交县国税局重大税务案件审理委员会进行审理。

对该企业违法一,按规定加收所得税滞纳金,并根据《税收征收管理法》第六十四条第一款规定,按编造虚假计税依据处以 1 万元罚款。对违法二,按规定追缴所得税 1 315 191.4 元和加收滞纳金,并根据《税收征收管理法》第六十三条规定,按价税处以 0.5 倍罚款,同时要求企业在办理 2004 年度所得税申报中自行调整。

2. 商业折扣、现金折扣和折让退回的税务处理是否规范

根据国税函〔2008〕875 号文件的规定:企业为促进商品销售而在商品价格上给予的价格扣除属于商业折扣,商品销售涉及商业折扣的,应当按照扣除商业折扣后的金额确定销售商品收入金额。

《增值税若干问题的规定》(国税发〔1993〕154号)第二条第(二)款规定：纳税人采取折扣方式销售货物，如果销售额和折扣额在同一张发票上分别注明的，可按折扣后的销售额征收增值税。国税函〔2010〕56号文件的规定：纳税人采取折扣方式销售货物，销售额和折扣额在同一张发票上分别注明是指销售额和折扣额在同一张发票上的"金额"栏分别注明的，可按折扣后的销售额征收增值税。未在同一张发票"金额"栏注明折扣额，而仅在发票的"备注"栏注明折扣额的，折扣额不得从销售额中减除。

根据《国家税务总局关于纳税人折扣折让行为开具红字增值税专用发票问题的通知》(国税函〔2006〕1279号)的规定：纳税人销售货物并向购买方开具增值税专用发票后，由于购货方在一定时期内累计购买货物达到一定数量，或者由于市场价格下降等原因，销货方给予购货方相应的价格优惠或补偿等折扣、折让行为，销货方可按现行《增值税专用发票使用规定》的有关规定开具红字增值税专用发票。

(二) 投资收益[①]

"投资收益"项目，反映企业以各种方式对外投资所取得的净收益，是指对外投资所取得的利润、股利和债券利息等收入减去投资损失后的净收益。本项目应根据"投资收益"科目的发生额分析计算填列，如为投资经损失，以"－"号填列。

1. 利息和股息收入是否满足税收优惠政策

根据《企业所得税法》第二十六条的规定，企业的下列收入为免税收入：①国债利息收入；②符合条件的居民企业之间的股息、红利等权益性投资收益。根据《中华人民共和国企业所得税法实施条例》第八十三条的规定，企业所得税法所称符合免征条件的居民企业之间的股息、红利等权益性投资收益，是指居民企业直接投资于其他居民企业取得的投资收益，不包括连续持有居民企业公开发行并上市流通的股票不足12个月取得的投资收益。如果符合税法上规定的股利分配的免税条件，要在做出利润分配决定的当年做好免税资料的留存备查，进行企业所得税的免税申报处理。

2. 股息收入确认时点是否正确

根据国税函〔2010〕79号文件的规定，企业权益性投资取得股息、红利等收入，应以被投资企业股东会或股东大会作出利润分配或转股决定的日期，确定收入的实现。

3. 对联营企业合营企业投资收益的税会差异是否调整

会计准则规定对联营企业合营企业的长期股权投资采用权益法核算，权益法下投资收益并非企业实际分配的股利，而税法上的投资收益是实际分配的股利，纳税申报时应进行调整[②]。

【案例5-42】 税务检查人员在2019年对甲机电股份有限公司进行税收检查时，发现该企业利润表中"其中：对联营企业合营企业的投资收益"为678 307.07元，但在企业现金流量表中"取得投资收益收到的现金"为0，说明投资方没有收到现金股利；同时资产负

[①] 税会差异在第三节中详细介绍。
[②] 在"常见税会差异的涉税风险"中详细分析。

债表中"应收股利"的期末余额为 0,说明被投资企业本期未宣告分红,税法上的投资收益应该为 0,而会计上的投资收益为 678 307.07 元。为了落实企业申报是否正确,税务检查人员进一步检查了该企业所得税年度纳税申报表,未发现有"投资收益"的调减,因此应调减企业 2016 年度的应纳税额所得额 678 307.07 元。

4. 金融商品转让收益的增值税处理是否正确

根据财税〔2016〕36 号文件的规定,金融商品转让,按照卖出价扣除买入价后的余额为销售额。转让金融商品出现的正负差,按盈亏相抵后的余额为销售额。若相抵后出现负差,可结转下一纳税期与下期转让金融商品销售额相抵,但年末时仍出现负差的,不得转入下一个会计年度。金融商品的买入价,可以选择按照加权平均法或者移动加权平均法进行核算,选择后 36 个月内不得变更。

(三) 营业外收入

"营业外收入"项目,反映企业发生的营业利润以外的收益,主要包括债务重组利得(2019 年 6 月 17 日起施行新《企业会计准则第 12 号——债务重组》后计入其他收益——债务重组收益)、与企业日常活动无关的政府补助、盘盈利得、捐赠利得等。本项目应根据"营业外收入"科目的发生额分析填列。

1. 是否需要缴纳增值税

《增值税暂行条例实施细则》第十二条对价外费用的解释,包括了价外向购买方收取的违约金、滞纳金、延期付款利息、赔偿金等带有惩罚性或赔偿性的费用,税收实务中对营业外收入中的罚款收入、合同违约金收入是否需要缴纳增值税存在争议。

根据《增值税暂行条例》第六条的规定,销售额为纳税人发生应税销售行为收取的全部价款和价外费用,但是不包括收取的销项税额。因此是否属于价外费用应结合"应税性"和"方向性"判断:从"应税性"上判断,如果纳税人未发生增值税应税行为,这种情况下收取的"手续费、违约金"等不需要缴纳增值税,例如还未实施就终止的合同,其中一方收取违约方的违约金;从"方向性"上判断,如果是销售方向购买方支付的"手续费、违约金"等也不需要缴纳增值税,如销售方向购买方支付合同违约金。如果符合应税性和方向性两个条件,销售方收取的各种性质的收费应作为价外费用缴纳增值税。

根据财税〔2016〕36 号文件的规定,价外费用,是指价外收取的各种性质的收费,但不包括以下项目:①代为收取并符合本办法第十条规定的政府性基金或者行政事业性收费。②以委托方名义开具发票代委托方收取的款项。即不再强调"向购买方收取",因此销售方取得的各种经济利益包括但不限于购买方支付,例如发生了应税行为,购买方支付了一部分违约金、购买方又委托第三方支付了另外一部分违约金,销售方应就各方支付的违约金一并作为价外费用缴纳增值税。

2. 是否需要进行企业所得税纳税调整

(1) 权益法核算的长期股权投资初始成本调整收益。权益法核算下,当企业初始投资时支付的对价公允价值小于应享有被投资企业可辨认净资产公允价值时,差额部分需要调整初始投资成本,并确认营业外收入。但税法规定股权投资的计税基础,是按照实际支付的对价确认,不承认初始投资成本调整的部分,同时,也不确认因调整投资成本而形成的营业外收入。企业在纳税申报时,应进行纳税调减。

(2) 符合特殊性税务处理条件的债务重组利得。当以非货币资产清偿债务时,如果债务豁免的利得加上非货币资产视同销售所得之和(即债务重组确认的应纳税所得额)占该企业当年应纳税所得额50%以上,可以在 5 个纳税年度的期间内,均匀计入各年度的应纳税所得额。此时,在债务重组完成年度,应做纳税调减,往后的四个年度应做相应的纳税调增。

二、费用①项目涉税风险分析

(一) 营业成本

"营业成本"项目,反映企业经营活动发生的实际成本,应根据"主营业务成本"科目和"其他业务成本"科目的发生额分析填列。

1. 营业收入与营业成本是否匹配

通过分析营业收入与营业成本的匹配关系能够推断企业是否存在操纵营业成本的问题。一般来说,营业成本是伴随着营业收入的产生而结转的,在企业的经营模式或产品结构没有发生重大变化情况下,营业收入与营业成本一般应呈同趋势变动,如果企业营业收入下降而营业成本上升,或者营业收入的下降幅度远远大于营业成本的下降幅度,表明企业很可能存在少记收入多转成本的问题。

2. 营业成本构成项目是否合理

产品的成本项目主要包括直接材料、直接人工、制造费用三个项目。一般情况下各成本项目占总成本的比重应相对稳定,如果出现异常变动,或者构成不符合行业特点,税务检查人员将进一步落实可能存在的问题。

【案例 5-43】 A 公司是一家商贸业增值税小规模纳税人。今年 4 月,A 公司第一季度的财务报表刚刚报送 30 分钟,稽查局就打来稽查电话,称企业财务报表数据存在异常,需提供相关业务实际发生的证据来证明业务的真实性,一季度财务报表数据异常情况如表 5-1 所示。

表 5-1 一季度财务报表数据异常情况表

报表名称	项目	金额	备注
资产负债表	应收账款	一季度增长 130 万元	
	应付账款	一季度增长 90 万元	
利润表	营业收入	136.21 万元	130÷(1+3%)
	营业成本	90 万元	暂未取得合规票据,属无票入账

---

① 此处采用广义的费用定义,而非"费用"会计要素。

1. 稽查处理

（1）对130万元收入提供证据证明业务的真实性。

（2）对90万元未取得合规票据的入账成本取得合规入账票据并提供证据证明其真实性。

（3）应收与应付账款作限期回款与付款。

（4）如果无法做到以上几点，企业开具的130万元发票将被定性为疑似虚开，税务机关将进一步进行调查核实。

2. 涉税风险分析

（1）白条入账。成本发票，历时一个季度一张都没取得，实属异常。

（2）资金流缺失。整个过程未见资金流，站在企业正常经营的角度，历时一个季度不收也不付，实属异常。

（3）稽查不再分小规模和一般纳税人。"金三"监管只要数据异常即会预警。

（4）稽查提速。企业的财务数据刚刚报送半小时，就被预警，速度惊人，说明"金三"系统的动态监管正在不断地加强。

（5）发票不再是唯一证据。本次从财务报表数据分析，引发对业务真实性的怀疑，如处理不当，130万元将被疑似虚开。

3. 涉税风险管理建议

（1）财务人员记账并出具财务报表后应提升财务敏感度，发现风险，及时提醒，把风险扼杀在报送报表前。

（2）随着"金三"稽查预警速度的提升，企业税收全面法治化进程应加快脚步，意识转变是根基，只要意识转变了，税收要求就会潜移默化的植入到业务当中。

（3）税收法治化的今天，财务人员与老板、业务人员、采购人员等其他经办人员，应加强沟通，让他们也了解基本的税收知识，对业务环节涉及财税支持做到互通有无，共同防范企业的涉税风险。

（二）税金及附加

全面营改增后，"税金及附加"科目用于核算企业经营活动发生的消费税、城市维护建设税、教育费附加、资源税、房产税、城镇土地使用税、车船税、印花税等相关税费。"税金及附加"项目应根据"税金及附加"科目的发生额分析填列。在评估税金及附加项目的涉税风险时，应了解本企业的经营业务涉及的所有税种及税率。消费税、城市维护建设税、资源税、教育费附加、地方教育附加、房地产开发企业的土地增值税、从租计征的房产税、特定类型合同的印花税与企业的营业收入密切相关，因此变动方向应与营业收入的变动方向一致，可计算税金及附加与营业收入的比例，通过同行业比较和趋势比较，发现企业是否存在涉税问题。

【案例5-44】 某公司系江苏省新沂市重点税源企业，数据显示近3年该户主营业务收入稳定增长，但年度利润及所得税不升反降。新沂市税务局稽查局对该公司2019年度履行税法义务情况实施了检查。经查,该公司存在以下涉税问题:一是,采取不打印电子记账凭证及收到主管国税机关《生产企业出口货物免抵退税审批通知单》后不作为记账凭证附件的方法,多次隐瞒免抵退税信息,少申报缴纳 2009 年度城市维护建设税 100 422.44 元,教育费附加 43 038.19 元,地方教育附加 14 346.06 元;二是,少调增 2019 年度企业所得税应纳税所得额 6 296 151.95 元,少申报、缴纳 2019 年度企业所得税 2 077 730.14 元,其中在计算出口业务不予抵扣税额时,多转出进项税额、多记销售成本,海运费部分应调增应纳税所得额 282 632.92 元,佣金部分应调增应纳税所得额 13 597.37 元,进料加工复出口业务不予抵扣税额抵减额部分应调增应纳税所得额 307 264.3 元。该公司采取不打印记账凭证、不如实进行纳税申报的手段,造成了少缴 2019 年度城市维护建设税 100 422.44 元。同时,该公司采取隐瞒收入、多列成本费用手段,造成少缴 2019 年度企业所得税 2 077 730.14 元。根据《税收征收管理法》的相关规定,其行为已构成逃税,该局对其处少缴税款 1 倍罚款。

(三) 销售费用

"销售费用"项目,反映企业在销售商品和材料、提供劳务的过程中发生的各项费用,根据"销售费用"科目的发生额分析填列。

1. 销售费用变动趋势与营业收入变动趋势是否一致

销售费用是企业为促进销售发生的支出,其变动趋势应与营业收入的变动趋势保持基本一致或短期提前于营业收入变动。若出现销售费用大幅增长而营业收入下降或增长幅度很小,表明企业可能少计收入或虚增费用。

2. 手续费、佣金是否超过扣除限额

(1) 企业发生与生产经营有关的手续费及佣金支出,按与具有合法经营资格中介服务机构或个人(不含交易双方及其雇员、代理人和代表人等)所签订服务协议或合同确认的收入金额的 5% 计算限额。不超过规定计算限额以内的部分,准予扣除;超过部分,不得扣除。

(2) 从 2019 年 1 月 1 日起,保险企业发生与其经营活动有关的手续费及佣金支出,不超过当年全部保费收入扣除退保金等后余额的 18%(含本数)的部分,在计算应纳税所得额时准予扣除;超过部分,允许结转以后年度扣除。

(3) 从事代理服务、主营业务收入为手续费、佣金的企业(如证券、期货、保险代理等企业),其为取得该类收入而实际发生的营业成本(包括手续费及佣金支出),准予在企业所得税前据实扣除。

(4) 房地产开发企业委托境外机构销售开发产品的,其支付境外机构的销售费用(含佣金或手续费)不超过委托销售收入 10% 的部分,准予据实扣除。

(5) 企业应与具有合法经营资格中介服务企业或个人签订代办协议或合同,并按国家有关规定支付手续费及佣金。除委托个人代理外,企业以现金等非转账方式支付的手续费及佣金不得税前扣除。企业为发行权益性证券支付给有关证券承销机构的手续费及佣金不得在税前扣除。

3. 广告费和业务宣传费是否超过扣除限额

企业发生的符合条件的广告费和业务宣传费支出,除国务院财政、税务主管部门另有规定外,不超过当年销售(营业)收入15%的部分,准予扣除;超过部分,准予在以后纳税年度结转扣除。对化妆品制造或销售、医药制造和饮料制造(不含酒类制造)企业,广告及业务宣传费支出不超过当年销售(营业)收入30%的部分,准予扣除;超过部分,准予在以后纳税年度结转扣除。烟草企业的广告及业务宣传费支出一律不得税前扣除。企业在筹建期间发生的广告费和业务宣传费支出,可按实际发生额计入企业筹办费,并按有关规定在税前扣除(移至长期待摊费用)。企业在计算业务招待费、广告费和业务宣传费等费用扣除限额时,其销售(营业)收入额应会计上确认的主营业务收入、其他业务收入和会计上确认收入而税法上视同销售的收入。

(四) 管理费用

"管理费用"项目,反映企业为组织和管理企业生产经营所发生的各项费用,包括企业筹建期间发生的开办费、董事会和行政管理部门在企业的经营管理中发生的或者应由企业同意负担的公司经费、工会经费、董事会费、诉讼费、业务招待费、财产保险费等。本项目应根据"管理费用"科目的发生额扣除"研发费用"明细科目的发生额分析填列。

1. 管理费用变动趋势与营业收入变动趋势是否一致

管理费用与企业营业收入一般应同趋势变动,如果营业收入下降或增长很小而管理费用大幅上升,表明企业可能存在少计收入或虚增费用的问题。

2. 费用发生是否真实合法

是否存在将应由个人负担的开支在企业列支、将不符合列支范围和扣除限额的费用税前扣除等行为。

【案例 5-45】 北京市税务局第六稽查局在影视业专项检查中,检查组从调取某公司 2013 年度和 2014 年度电子账,发现该公司费用中交通费、油料费所占比重很大,且与公司的主营业务不符。根据账务信息,检查组审阅了该公司两年的凭证,进一步发现该企业报销的过路过桥费、油料费、停车费发票,数量大且票面金额小。通过与公司自有交通工具比对,和正常的消耗严重不匹配。检查组在前期对同类企业收入成本配比进行了相关调查准备,了解到该类企业的设备、人力成本应该占比较大,并横向对比了同类企业的经营方式,经初步分析,该企业可能存在个人拿发票报销计入费用,隐瞒个人所得税收入的问题。检查组取得了项目组拍摄影视片时发放劳务报酬的记录,确认了以报销油费方式支付劳务报酬的具体金额,共涉及问题发票 1 322 张,总金额 732 万元。最终该企业补缴个人所得税 100 余万元,税务机关对该企业未按照规定代扣代缴个人所得税行为处以 1 倍罚款。目前税款、罚款总计 200 余万元均已足额入库。

3. 业务招待费是否超过扣除限额

企业发生的与生产经营活动有关的业务招待费支出,按照发生额的 60% 扣除,但最高不得超过当年销售（营业）收入的5‰。

业务招待费的税前扣除限额计算基数与广告费和业务宣传费的税前扣除限额计算基数一致，都为销售（营业收入）。根据国税函〔2010〕79号文件关于从事股权投资业务的企业业务招待费计算问题的规定，对从事股权投资业务的企业（包括集团公司总部、创业投资企业等），其从被投资企业所分配的股息、红利以及股权转让收入，可以按规定的比例计算业务招待费扣除限额。

根据国家税务总局公告2012年第15号文件第五条关于筹办期业务招待费等费用税前扣除问题的规定，企业在筹建期间发生的业务招待费，可按实际发生额的60%计入企业筹办费，并按有关规定在税前扣除。

【案例5-46】 4月20日，某家医药公司刚结束2019年度企业汇算清缴工作，补缴了企业所得税220万元。一周之后，该财务负责人收到了主管税务机关的电话，原来是该医药公司《A104000期间费用明细表》中"管理费用"这个科目合计1 196万元，单是管理费用中的"其他"项目就高达1 120万元，这样的管理费用引起了税务机关的重视。经税务人员核查后发现，该医药公司财务人员把近千万元的礼品招待支出全部放入了"管理费用——其他"。税务人员调取了该医药公司的费用明细账，依法要求该企业据实进行了所得税汇算清缴的重新申报，业务招待费做了纳税调增960万元，并如实补缴了2019年度的企业所得税近260万元。

4. 是否存在企业之间支付的管理费、企业内营业机构之间支付的租金和特许权使用费，以及非银行企业内营业机构之间支付的利息

企业之间支付的管理费、企业内营业机构之间支付的租金和特许权使用费，以及非银行企业内营业机构之间支付的利息在企业所得税前不得扣除，应调增应纳税所得额。

（五）研发费用

"研发费用"项目，反映企业进行研究与开发过程中发生的费用化支出，以及计入管理费用的自行开发无形资产的摊销。该项目应根据"管理费用"科目下的"研究费用"明细科目的发生额，以及"管理费用"科目下的"无形资产摊销"明细科目的发生额分析填列。

1. 研发费用加计扣除是否合规

根据《财政部 国家税务总局 科技部关于提高研究开发费用税前加计扣除比例的通知》（财税〔2018〕99号）第一条规定，企业开展研发活动中实际发生的研发费用，未形成无形资产计入当期损益的，在按规定据实扣除的基础上，在2018年1月1日至2020年12月31日期间，再按照实际发生额的75%在税前加计扣除；形成无形资产的，在上述期间按照无形资产成本的175%在税前摊销。企业如果存在符合条件的研发费用，在纳税申报时，则需要对应纳税所得额进行纳税调减，并且按照税法规定留存相关资料备查。

《财政部 国家税务总局科技部关于完善研究开发费用税前加计扣除政策的通知》（财税〔2015〕119号）、《国家税务总局关于企业研究开发费用税前加计扣除政策有关问题的公告》（国家税务总局公告2015年第97号）、《财政部 国家税务总局 科技部关于企业

委托境外研究开发费用税前加计扣除有关政策问题的通知》（财税〔2018〕64号）等文件明确了企业享受研发费用税前加计扣除政策的其他政策口径和管理要求，烟草制造业、住宿和餐饮业、批发和零售业、房地产业、租赁和商务服务业、娱乐业不适用税前加计扣除政策。对产品的常规升级、产品售后技术支持、对产品、服务、技术、材料或工艺流程的重复或简单改变、市场调研、人文、社科、艺术方面的研究等活动不能让企业获得新的科学技术，对于产品、服务、工艺等没有实质性改进，或没有明确的研发目标，不属于研发活动，不能适用加计扣除的政策优惠。会计上没有按规定设研发辅助账、按项目归集研发费用的；税务上实行核定征收的、属于非居民企业的，都不能享受加计扣除政策优惠。委托境外进行研究活动所发生的费用，按照费用实际发生额的80%计入委托方的委托境外研发费用。委托境外研发费用不超过境内符合条件的研发费用三分之二的部分，可以按规定在企业所得税前加计扣除。

2. 研发费用成本归集主体是否正确

企业应严格遵循相关政策规定，按研发项目设置辅助账，准确归集核算发生额，准确归集研发主体。技术实力领先的企业牵头进行产品研发，授权被控股企业使用、生产和销售，研发费用成本归集时必须分清实际研发主体，将授权获得的研发项目充当享受高新技术企业税收优惠必要条件的做法将带来相应的涉税风险。

【案例5-47】 日前，国家税务总局厦门市税务局利用大企业数据仓库、税收风险管理软件及大企业税务审计软件等多个智能税务信息化工具，对高新技术企业A公司进行风险分析时发现疑点。A公司最近3个年度企业所得税平均贡献率分别为8.9%、8.3%、4.7%，变动率异常。税务人员进一步分析发现，A公司在享受高新优惠的第1年和第2年，在账上专门设置了研发支出科目，经测算研发费用分别占收入总额的3.27%，略高于《高新技术企业认定管理办法》（国科发火〔2016〕32号）要求的比例3%。但是，A公司在后3年的账目上，并未设置研发支出科目，研发费用无专项列支，而转变的节点恰逢A公司股东变更的特殊时期，其与股东之间每月均有大笔资金往来；同时，作为年均销售收入上百亿、内控机制完善、有着较强财务核算部门的公司，连续5年研发费用支出使用两种差异较大的核算方式，存在一定异常。

结合这些信息，税务人员综合判断认为，被控股后的A公司，其核心研发项目实际均由B公司进行研究开发，后经授权由A公司使用和生产。A公司的研发项目由B公司的研发中心统一研发，发生的研发费用应当由B公司归集，A公司并无实际发生的研发支出，其由外资控股后的3个年度不符合高新技术企业税收优惠的条件。因此，根据《高新技术企业认定管理办法》（国科发火〔2016〕32号）第十六条规定，对已认定的高新技术企业，有关部门在日常管理过程中发现其不符合认定条件的，需追缴其不符合认定条件年度起已享受的税收优惠，A公司共需补缴企业所得税2.3亿元，滞纳金1亿元。

（六）财务费用

"财务费用"项目下的"利息费用"项目，反映企业为筹集生产经营所需资金等而发生的应予费用化的利息支出。该项目应根据"财务费用"科目的相关明细科目的发生额分析填列;该项目作为"财务费用"项目的其中项,以正数填列。"财务费用"项目下的"利息收入"项目,反映企业按照相关会计准则确认的应冲减财务费用的利息收入。该项目应根据"财务费用"科目的相关明细科目的发生额分析填列;该项目作为"财务费用"项目的其中项,以正数填列。

1. 利息费用与借款余额是否匹配

如果报表中短期借款或长期借款的期末余额增长较大,但利息费用的增长却不匹配,应核实是否将各类借款投入到应予资本化的资产建设项目,如在建工程、需要较长生产周期的存货等,如果考虑资本化利息后利息支出的增长仍然与借款增长不匹配,有可能存在将收入计入借款类科目,以逃避缴纳税款的情况。

2. 利息费用是否超出扣除限额

(1) 非金融企业向金融企业借款的利息支出、金融企业的各项存款利息支出和同业拆借利息支出、企业经批准发行债券的利息支出可据实扣除。

(2) 非金融企业向非金融企业借款的利息支出,不超过按照金融企业同期同类贷款利率计算的数额的部分可据实扣除,超过部分不允许扣除。

(3) 关联企业利息费用的扣除需进行借款总量合理性和利率合理性的衡量,超过债资比例(接受关联方债权性投资与其权益性投资的比例,金融企业5:1,其他企业2:1)的利息不得在当年和以后年度扣除。

(4) 企业向自然人借款的利息支出。企业向股东或其他与企业有关联关系的自然人借款的利息支出,符合规定条件的(关联方债资比例和利率标准),准予扣除;向除上述规定外的内部职工或其他人员借款的利息支出,其借款情况同时符合以下条件的,其利息支出在不超过按照金融企业同期同类贷款利率计算的数额的部分,准予扣除:①企业与个人之间的借贷是真实、合法、有效的,并且不具有非法集资目的或其他违反法律、法规的行为。②企业与个人之间签订了借款合同。

3. 应资本化的利息费用是否资本化

企业为购置、建造固定资产、无形资产和经过12个月以上的建造才能达到预定可销售状态的存货发生借款的,在有关资产购置、建造期间发生的合理的借款费用,应当作为资本性支出计入有关资产的成本;有关资产交付使用后发生的借款利息,可在发生当期扣除。

4. 利息支出是否取得合法有效的税前扣除凭证

根据《国家税务总局关于发布〈企业所得税税前扣除凭证管理办法〉的公告》(国家税务总局公告2018年第28号)第九条规定,企业在境内发生的支出项目属于增值税应税项目的,对方为已办理税务登记的增值税纳税人,其支出以发票(包括按照规定由税务机关代开的发票)作为税前扣除凭证;对方为依法无需办理税务登记的单位或者从事小额零星经营业务的个人,其支出以税务机关代开的发票或者收款凭证及内部凭证作为税前扣除凭证,收款凭证应载明收款单位名称、个人姓名及身份证号、支出项目、收款金额等相关信息。

5. 利息收入税务处理是否正确

"利息收入"项目存在发生额或"财务费用"科目有贷方发生额,表明企业当期取得了利息收入。财税〔2016〕36号文件规定,除存款利息收入外,各种占用、拆借资金取得的收入,包括金融商品持有期间(含到期)利息(保本收益、报酬、资金占用费、补偿金等)收入、信用卡透支利息收入、买入返售金融商品利息收入、融资融券收取的利息收入,以及融资性售后回租、押汇、罚息、票据贴现、转贷等业务取得的利息及利息性质的收入,按照贷款服务缴纳增值税。

【案例5-48】 山东省青州市税务局稽查局对某重工集团实施税收检查,针对经营数据中"其他应收款"增幅过高、财务费用大等疑点,检查人员确定了以企业资金往来为突破口,全面核查企业财务费用列支情况的检查方案。经过对企业信息的比对分析,检查人员发现,该企业年度增值税税负明显偏低;企业账目中"其他应收款"借方余额过大且增幅过高,两年增长了280%;企业在建工程科目余额增减变化大;财务费用过大等多个涉税疑点。

结合征管部门提供的管理信息,检查人员认为,这些疑点的显现,说明该企业可能存在多抵扣进项税额或少计销项税额行为;不动产在建工程违规抵扣税款问题;借款利息违规列支虚增财务费用等多个问题。根据这些疑点和问题,检查人员制定了详细的检查预案,确定了从企业在建工程入手,以企业资金往来为突破口,通过对企业财务费用列支、进项税抵扣等方面实施全面核查,查实企业涉税问题的检查思路。

检查人员在检查中还发现,该企业确实存在新建车间及车间改造等在建工程项目。检查人员在检查企业账簿时,发现2018年、2019年企业在建工程平均占用贷款资金2 195万元,应资本化利息351.1万元,但企业直接计入了财务费用,并在当期一次性进行了扣除,依法应调增应税所得额。

检查人员以企业资金往来为突破口,对企业"其他应收款"情况进行调查,最终确认济南某物资有限公司(关联企业)与该企业存在资金拆借情况。确定该企业将借款资金转借给其他单位而利息列入财务费用税前扣除。该企业共在财务费用中列支利息165.4万元,依法应调增应税所得额。

此外,检查人员还对企业发票使用情况开展核查,经对该企业2018年—2019年度全部账簿、凭证中的期间费用和生产成本进行检查发现,该企业还具有以下问题:使用不规范票据列支成本、费用70.7万元,应调增应税所得额;购进玻璃、彩钢瓦、铝材等,用于不动产建设抵扣税款,应补缴增值税2.4万元;业务招待费超标,并已在税前扣除,应调增应税所得额9.8万元等。

通过采集各项证据,检查人员最终确定,该企业通过虚增财务费用、多抵进项税等方式共少缴增值税42.3万元,少计应纳税所得额755.4万元,少缴企业所得税188.8万元。青州市国税局依法追征了税款,并对该企业进行了处罚。

(七) 资产(信用)减值损失

"资产减值损失"项目,反映企业计提各项资产减值准备所形成的损失,应根据"资产减值损失"科目的发生额分析填列。"信用减值损失"项目,反映企业按照《企业会计准则第 22 号——金融工具确认和计量》的要求计提的各项金融工具减值准备所形成的预期信用损失,应根据"信用减值损失"科目的发生额分析填列。

《企业所得税法》第十条规定,未经核准的准备金支出在计算应纳税额所得额时不得扣除。除证券、保险、金融、期货和中小信用担保机构等高风险特殊行业的准备金允许税前扣除外,企业计提不符合国务院、税务主管部门规定的各类资产减值准备、风险准备,需要调增应纳税所得额。

(八) 营业外支出

"营业外支出"项目,反映企业发生的营业利润以外的支出,主要包括债务重组损失、公益性捐赠支出、非常损失、盘亏损失、非流动资产毁损报废损失等。本项目应根据"营业外支出"科目的发生额分析填列。

1. 不得税前扣除的项目是否进行纳税调整

(1) 行政罚款、滞纳金、司法罚金、赞助支出不得税前扣除。企业因违法行为被处的行政罚款,因犯罪被处的罚金,因逾期缴纳税款或行政罚款被加收的滞纳金不得税前扣除,与企业生产经营无关的赞助支出不得税前扣除,需要进行纳税调增。但是,因违反经济合同约定而被处的经济罚款、滞纳金,因逾期支付利息而被金融机构处的罚息,可以在税前扣除。

(2) 不符合条件的捐赠支出不得税前扣除。自 2017 年 1 月 1 日起,企业发生的公益性捐赠支出,在年度利润总额 12% 以内的部分,准予在计算应纳税所得额时扣除,超过年度利润总额 12% 的部分,准予结转以后 3 年内在计算应纳税所得额时扣除。年度利润总额,是指企业依照国家统一会计制度的规定计算的年度会计利润,尚未扣除允许弥补的以前年度亏损。公益性捐赠,是指企业通过公益性社会组织或者县级以上人民政府及其部门,用于符合法律规定的慈善活动、公益事业的捐赠。对于企业通过不符合资格的团体或部门捐赠、直接向受益方捐赠、未取得符合条件的捐赠收据等捐赠支出,不得在税前扣除。

《财政部 国家税务总局 民政部关于公益性捐赠税前扣除有关事项的公告》(财政部公告 2020 年第 27 号)规定,企业或个人通过公益性社会组织、县级以上人民政府及其部门等国家机关,用于符合法律规定的公益慈善事业捐赠支出,准予按税法规定在计算应纳税所得额时扣除。

公益慈善事业,应当符合《中华人民共和国公益事业捐赠法》第三条对公益事业范围的规定或者《中华人民共和国慈善法》第三条对慈善活动范围的规定。

公益性社会组织,包括依法设立或登记并按规定条件和程序取得公益性捐赠税前扣除资格的慈善组织、其他社会组织和群众团体。公益性群众团体的公益性捐赠税前扣除资格确认及管理按照《企业所得税法实施条例》第五十二条、《关于通过公益性群众团体的公益性捐赠税前扣除有关事项的公告》(财政部 国家税务总局公告 2021 年第 20 号)第四条执行。依法登记的慈善组织和其他社会组织的公益性捐赠税前扣除资格确认及管理按财政部公告 2020 年第 27 号文件规定执行。

2. 营业外支出涉及业务的增值税处理是否正确

因自然灾害造成的损失不属于非正常损失,不做进项税额转出处理,应注意与管理不善造成的损失区分;"非流动资产处置损失"和"非货币性资产交换损失"项目有发生额,应注意是否缴纳了增值税。

3. 营业外支出中的资产损失是否真实准确

企业发生的资产损失,应按规定程序和要求向主管税务机关申报后方能在税前扣除。未经申报的损失,不得在税前扣除。企业向税务机关申报扣除资产损失,仅需填报企业所得税年度纳税申报表《资产损失税前扣除及纳税调整明细表》进行纳税调减,不再报送资产损失相关资料,相关资料由企业留存备查。

第三节 现金流量表项目涉税风险分析

现金流量表是反映一定时期内企业经营活动、投资活动和筹资活动对其现金及现金等价物所产生影响的财务报表。现金流量表项目涉税风险分析主要是通过现金流量表项目与资产负债表、利润表项目的勾稽关系分析,识别出异常项目可能导致的涉税风险。

一、经营活动产生的现金流量涉税风险分析

企业应当采用直接法列示经营活动产生的现金流量。经营活动,是指企业投资活动和筹资活动以外的所有交易和事项。经营活动产生的现金流量至少应当单独列示反映下列信息的项目:销售商品、提供劳务收到的现金;收到的税费返还;收到其他与经营活动有关的现金;购买商品、接受劳务支付的现金;支付给职工以及为职工支付的现金;支付的各项税费;支付其他与经营活动有关的现金。

(一)销售商品、提供劳务收到的现金

本项目反映企业销售商品、提供劳务实际收到的现金,包括销售收入和应向购买者收取的增值税销项税额,具体包括:本期销售商品、提供劳务收到的现金,以及前期销售商品、提供劳务本期收到的现金和本期预收的款项,减去本期销售本期退回的商品和前期销售本期退回的商品支付的现金。企业销售材料和代购代销业务收到的现金,也在本项目反映。本项目可以根据"库存现金""银行存款""应收票据""应收账款""预收账款""主营业务收入""其他业务收入"科目的记录分析评估。

该项目与利润表中的"营业收入"存在内在联系,税务人员可以利用两者之间的联系,将收付实现制下的现金流量调整为利润表中权责发生制下的"营业收入",如果调整后的数据与企业利润表中报告数据不匹配,则可能存在收入不真实的问题,将进一步落实资金流,函证往来账户,推测企业收入规模,发现企业涉税问题。营业收入的计算公式为:

$$营业收入 = 销售商品、提供劳务收到的现金 - \begin{pmatrix} 应收票据的 \\ 期初余额 \end{pmatrix} - \begin{pmatrix} 期末 \\ 余额 \end{pmatrix} - \begin{pmatrix} 应收账款的 \\ 期初余额 \end{pmatrix} - \begin{pmatrix} 期末 \\ 余额 \end{pmatrix}$$
$$- \begin{pmatrix} 预收账款的 \\ 期末余额 \end{pmatrix} - \begin{pmatrix} 期初 \\ 余额 \end{pmatrix} - 本期销项税发生额$$

【案例5-49】 某集团实业有限公司2018年度企业所得税征收方式为查账征收,本期销项税发生额100 334 835.97元,其他相关数据如表5-2、表5-3、表5-4所示:

表5-2 资产负债表相关数据 单位:元

项目	期末余额	上年年末余额
应收票据	8 860 000.00	9 900 000.00
应收账款	19 102 365.45	7 007 481.81
预收账款	29 269 220.38	16 968 093.13

表5-3 利润表相关数据 单位:元

项目	本年金额	上年金额
营业收入	590 204 917.47	370 900 113.37
减:营业成本	520 298 708.90	294 108 371.77
税金及附加	1 135 123.25	2 561 714.89
营业利润	68 771 085.32	74 230 026.71

表5-4 现金流量表相关数据 单位:元

项目	本年金额	上年金额
一、经营活动产生的现金流量		
销售商品、提供劳务收到的现金	689 566 140.79	440 153 221.058

营业收入的计算公式为:

营业收入=销售商品、提供劳务收到的现金-(应收票据的期初余额-期末余额)-(应收账款的期初余额-期末余额)-(预收账款的期末余额-期初余额)-本期销项税发生额

=689 566 140.79-(9 900 000.00-8 860 000.00)-(7 007 481.81-19 102 365.45)-(29 269 220.38-16 968 093.13)-100 334 835.97=587 985 061.21(元)

申报数与评估测算数不一致,差额=590 204 917.47-587 985 061.21=-2 219 856.26(元)

该公司营业收入与相应的现金流量不匹配,经核实,财务人员将多计预收账款、少计收入的事实向税务机关进行说明,并调增了应纳税额所得额,补缴了增值税和企业所得税等。

(二)收到的税费返还

本项目反映企业收到返还的各种税费,如收到的增值税、所得税、消费税、关税和教育

费附加返还款等。如果利润表中"营业外收入"和"其他收益"的发生额小于该项目发生额，企业可能存在隐瞒税费返还收入的问题。（财务报表涉税风险）

（三）收到的其他与经营活动有关的现金

本项目反映企业除上述各项目外，收到的其他与经营活动有关的现金，如罚款收入、经营租赁固定资产收到的现金、投资性房地产收到的租金收入、流动资产损失中由个人赔偿的现金收入、除税费返还外的其他政府补助收入等。可根据库存现金、银行存款、营业外收入等评估分析，着重评估其组成、收入来源，通过逻辑关系判断企业是否存在隐瞒收入问题。

（四）购买商品、接受劳务支付的现金

本项目反映企业购买材料、商品、接受劳务实际支付的现金（包括支付的货款以及与货款一并支付的增值税进项税额），具体包括：本期购买商品、接受劳务支付的现金，以及本期支付前期购买商品、接受劳务的未付款项和本期预付款项，减去本期发生的购货退回收到的现金。为购置存货而发生的借款利息资本化部分，应在"分配股利、利润或偿付利息支付的现金"项目中反映。本项目可以根据"库存现金""银行存款""应付票据""应付账款""预付账款""主营业务成本""其他业务支出"等科目的记录分析评估。可将收付实现制下的现金流量调整为利润表中权责发生制下的"营业成本"，如果调整后的数据与利润表中报告数据不匹配，则企业可能存虚增成本的涉税风险。营业成本的计算公式为：

$$营业成本 = 购买商品、接受劳务支付的现金 - (存货期末余额 - 期初余额) - (应付票据的期末余额 - 期初余额) - (应付账款的期初余额 - 期末余额) - (预付账款的期初余额 - 期末余额) - 本期进项税发生额$$

【案例5-50】 某集团实业有限公司2018年度企业所得税征收方式为查账征收，本期进项税发生额55 184 159.80元，其他相关数据如表5-5、表5-6、表5-7所示。

表5-5 资产负债表相关数据　　　　　　　　　　　　　　　单位：元

资产	期末余额	上年年末余额
存货	126 336 298.70	55 941 301.84
应付账款	67 546 079.11	57 799 733.99
应付票据	23 200 000.00	33 000 000.00
预付账款	4 537 525.35	12 460 338.82

表5-6 利润表相关数据　　　　　　　　　　　　　　　　　单位：元

项目	本年金额	上年金额
一、营业收入	590 204 917.47	370 900 113.37
减：营业成本	520 298 708.90	294 108 371.77

表 5-7　现金流量表相关数据　　　　　　　　　　　　　　　　单位：元

项目	本年金额	上年金额
一、经营活动产生的现金流量		
购买商品、接受劳务支付的现金	599 889 258.60	302 568 453.71

营业成本的计算公式为：

营业成本＝购买商品、接受劳务支付的现金－(存货期末余额－期初余额)－(应付票据的期初余额－期末余额)－(应付账款的期初余额－期末余额)－(预付账款的期末余额－期初余额)－本期进项税发生额＝599 889 258.60－(126 336 298.70－55 941 301.84)－(33 000 000.00－23 200 000.00)－(57 799 733.99－67 546 079.11)－(4 537 525.35－12 460 338.82)－55 184 159.80＝482 179 260.53(元)

申报数与评估测算差额＝520 298 708.90－482 179 260.53＝38 119 448.37(元)

该公司营业成本与相应的现金流量应该匹配，根据计算结果，存在一定差异。经公司财务人员重新计算，如实向税务机关进行说明，调增了相应的应纳税所得额，补缴了企业所得税等。

(五) 支付给职工以及为职工支付的现金

该项目反映企业实际支付给职工，以及为职工支付的现金，包括本期实际支付给职工的工资、奖金、各种津贴和补贴等，以及为职工支付的其他费用。企业代扣代缴的职工个人所得税，也在本项目反映。可根据该项目计算企业平均的货币形式的职工薪酬与企业前期和同行业水平进行合理性对比，将该项目发生额与应付职工薪酬贷方发生额核对，如果该项目发生额小于应付职工薪酬贷方发生额，说明企业可能存在已提取但尚未实际发放的职工薪酬或非货币性福利等，要进一步关注税务处理是否正确。

(六) 支付的各项税费

该项目反映企业按规定支付的各项税费，包括本期发生并支付的税费，以及本期支付以前各期发生的税费和本期预交的税费。计算该项目占利润表中营业收入的比重，与上期数据及同行业数据比对，若比值明显偏低，可能存在少交税的问题。

二、投资活动产生的现金流量涉税风险分析

投资活动，是指企业长期资产的购建和不包括在现金等价物范围的投资及其处置活动。投资活动产生的现金流量至少应当单独列示反映下列信息的项目：收回投资收到的现金；取得投资收益收到的现金；处置固定资产、无形资产和其他长期资产收回的现金净额；处置子公司及其他营业单位收到的现金净额；收到其他与投资活动有关的现金；购建固定资产、无形资产和其他长期资产支付的现金；投资支付的现金；取得子公司及其他营业单位支付的现金净额；支付其他与投资活动有关的现金。

"投资活动产生的现金流量"中的各项目与投资收益、资产处置损益比较，如果反差较

大,则可能少计投资收益、多计资产处置收益或隐藏相关交易的可能。

(一) 收回投资收到的现金

本项目反映企业出售、转让或到期收回除现金等价物以外的以公允价值计量且其变动计入当期损益的金融资产、以摊余成本计量的金融资产、以公允价值计量且其变动计入其他综合收益的金融资产、长期股权投资等而收到的现金。不包括债权性投资收回的利息、收回的非现金资产,以及处置子公司及其他营业单位收到的现金净额。

如果该项目有发生额,说明企业发生了相关投资业务,应检查利润表中投资收益项目是否有发生额,若无投资收益则可能存在隐瞒收入问题。

(二) 取得投资收益收到的现金

本项目反映企业因股权性投资而分得的现金股利,因债权性投资而取得的利息收入。如果该项目有发生额,说明企业发生了相关投资业务,应检查利润表中投资收益项目是否有发生额,若无投资收益则可能存在隐瞒收入问题。

(三) 处置固定资产、无形资产和其他长期资产收回的现金净额

本项目反映企业出售固定资产、无形资产和其他长期资产(如投资性房地产)所取得的现金,减去为处置这些资产而支付的有关税费后的净额。

该项目有发生额表明企业发生了固定资产、无形资产和其他长期资产处置业务,要结合利润表中资产处置收益和营业外收支进行分析,关注处置损益计算是否正确以及涉及的流转税金及附加是否正确计税。

(四) 处置子公司及其他经营单位收回的现金净额

本项目反映企业处置子公司及其他营业单位所取得的现金减去子公司或其他营业单位持有的现金和现金等价物以及相关处置费用后的净额。

该项目有发生额表明企业有股权转让业务,要结合利润表中的投资收益,注意股权转让损益计算是否正确以及涉及的流转税金及附加是否正确计税。

(五) 构建固定资产、无形资产和其他长期资产支付的现金

该项目发生额应与资产负债表中固定资产、无形资产和其他长期资产的增加数进行比对,如果该项目发生额大于资产增加额,表明可能存在资产不入账,少缴房产税等问题。

【案例 5-51】 某农商行 2019 年度"固定资产"增加 20 415 540.22 元,2020 年增加 14 732 295.23 元;现金流量表中"构建固定资产、无形资产和其他长期资产支付的现金"项目为:2019 年 37 266 532.07 元,2020 年 35 074 164.00 元,可能存在企业取得土地使用权或购置房产少缴纳契税和印花税的疑点以及土地价值未计入房产原值纳税的疑点。

经与企业财务人员核实,由于单位改制,土地使用权被政府收回重新出让,企业 2013 年通过"招、拍、挂"方式取得土地使用权,共计 43 宗地块,成交价格 19 306 万元,企业已支付了土地价款并办理了土地使用证,但未缴纳契税和印花税。应补缴契税 19 306×3%=579.18(万元),产权转移数据印花税 19 306×0.05%=9.653(万元);其中部分土地价值未计入房产

原值缴纳房产税,2019年少缴纳房产税1 265 309.89元,2020年少缴纳房产税147 352.57元。

(六)投资支付的现金和取得子公司及其他营业单位支付的现金净额

以上两个项目有发生额,表明企业存在对外投资业务,要注意利润表中投资收益是否有发生额。资产负债表中"交易性金融资产""债权投资""其他债权投资""其他权益工具投资"的增加数大于投资支付的现金和取得子公司及其他营业单位支付的现金净额,表明企业可能存在非货币性资产对外投资的业务,应关注涉税处理是否正确。

三、筹资活动产生的现金流量涉税风险分析

筹资活动,是指导致企业资本及债务规模和构成发生变化的活动。筹资活动产生的现金流量至少应当单独列示反映下列信息的项目:吸收投资收到的现金;取得借款收到的现金;收到其他与筹资活动有关的现金;偿还债务支付的现金;分配股利、利润或偿付利息支付的现金;支付其他与筹资活动有关的现金。

"筹资活动产生的现金流量"中各项目与财务费用比较,如果反差较大,则有多计或少计财务费用以调节利润、调节应税所得额的可能。

(一)吸收投资收到的现金

本项目反映企业以发行股票等方式筹集资金实际收到的款项净额(发行收入减去发行费用后的净额)。可与资产负债表中"股本""实收资本""资本公积""应付债券"核对,关注企业资本金来源渠道,如果"股本""实收资本""资本公积"增加数大于该项目发生额,表明存在接受非货币性资产投资、债转股等业务,需关注税务处理是否正确。

(二)取得借款到的现金、偿还债务支付的现金

"取得借款到的现金"项目反映企业举借各种短期、长期借款而收到的现金,以及发行债券实际收到的款项净额(发行收入减去发行费用后的净额)。"偿还债务支付的现金"项目反映企业以现金偿还债务的本金,包括:归还金融企业的借款本金、偿付企业到期的债券本金等。

可根据资产负债表中"短期借款""长期借款""应付债券"期初余额+取得借款收到的现金-偿还债务支付的现金得到的金额与"短期借款""长期借款""应付债券"期末余额比对。

(三)分配股利、利润或偿付利息支付的现金

本项目反映企业实际支付的现金股利、支付给其他投资单位的利润或用现金支付的借款利息、债券利息。可结合应付股利、财务费用、长期借款、应付利息等项目评估分析,重点关注借款利息税前扣除标准问题。

第四节 财务报表指标涉税风险分析

税务机关在进行纳税评估分析时,会综合运用各类指标,并参照评估指标预警值进行

配比分析。评估指标预警值是税务机关根据宏观税收分析、行业税负监控、纳税人生产经营和财务会计核算情况以及内外部相关信息,运用数学方法测算出的算术、加权平均值及其合理变动范围。税务机关在测算预警值时会综合考虑地区、规模、类型、生产经营季节、税种等因素,考虑同行业、同规模、同类型纳税人各类相关指标的若干年度的平均水平,以使预警值更加真实、准确和具有可比性。纳税评估指标预警值由各地税务机关根据实际情况自行确定,国家税务总局在《纳税评估管理办法(实行)》的附件 1 中列举了纳税评估通用分析指标及使用方法,附件 2 中列举了纳税评估分税种特定分析指标及使用方法,本节结合其中的常用涉税指标进行介绍。

一、财务类指标涉税风险分析

(一)资产负债表主要指标涉税风险分析

(1)资产负债率的计算公式为:

$$资产负债率 = 负债总额 \div 资产总额 \times 100\%$$

其中:

$$负债总额 = 流动负债 + 长期负债$$

资产总额是扣除累计折旧后的净额。

分析纳税人经营活力,判断其偿债能力。如果资产负债率与预警值相差较大,则企业偿债能力有问题,要考虑由此对税收收入产生的影响。

(2)总资产周转率的计算公式为:

$$总资产周转率 = 营业收入 \div 平均总资产 \times 100\%①$$

分析总资产周转情况,推测销售能力。如总资产周转率加快,而应纳税税额减少,可能存在隐瞒收入、虚增成本的问题。

(3)存货周转率的计算公式为:

$$存货周转率 = 主营业务成本 \div [(期初存货成本 + 期末存货成本) \div 2] \times 100\%$$

分析存货周转情况,推测销售能力。如存货周转率加快,而应纳税税额减少,可能存在隐瞒收入、虚增成本的问题。

(4)应收(付)账款变动率的计算公式为:

$$应收(付)账款变动率 = [期末应收(付)账款 - 期初应收(付)账款] \div 期初应收(付)账款 \times 100\%$$

分析纳税人应收(付)账款增减变动情况,判断其销售实现和可能发生坏账情况。如应收(付)账款增长率增高,而销售收入减少,可能存在隐瞒收入、虚增成本的问题。

---

① 《纳税评估管理办法(试行)》(国税发〔2005〕43 号)附件 1 中总资产周转率的计算公式为:总资产周转率 =(利润总额 + 利息支出)÷ 平均总资产 × 100%。

(5) 固定资产综合折旧率的计算公式为：

$$\text{固定资产综合折旧率} = \text{基期固定资产折旧总额} \div \text{基期固定资产原值总额} \times 100\%$$

固定资产综合折旧率高于与基期标准值，可能存在税前多列支固定资产折旧额问题。要求企业提供各类固定资产的折旧计算情况，分析固定资产综合折旧率变化的原因。

（二）利润表主要指标涉税风险分析

1. 收入、费用类评估分析指标

（1）营业收入变动率的计算公式为：

$$\text{营业收入变动率} = (\text{本期营业收入} - \text{基期营业收入}) \div \text{基期营业收入} \times 100\%$$

如营业收入变动率超出预警值范围，可能存在少计收入问题和多列成本等问题，运用其他指标进一步分析。

（2）营业成本变动率的计算公式为：

$$\text{营业成本变动率} = (\text{本期营业成本} - \text{基期营业成本}) \div \text{基期营业成本} \times 100\%$$

其中：

$$\text{营业成本率} = \text{营业成本} \div \text{营业收入}$$

营业成本变动率超出预警值范围，可能存在销售未计收入、多列成本费用、扩大税前扣除范围等问题。

（3）期间费用变动率的计算公式为：

$$\text{期间费用变动率} = (\text{本期期间费用} - \text{基期期间费用}) \div \text{基期期间费用} \times 100\%$$

期间费用包括利润表的销售费用、管理费用和财务费用，如果期间费用变动率与前期相差较大，可能存在税前多列支期间费用问题。

（4）成本费用利润率的计算公式为：

$$\text{成本费用利润率} = \text{利润总额} \div \text{成本费用总额} \times 100\%$$

其中：

$$\text{成本费用总额} = \text{营业成本} + \text{费用总额}$$

与同行业企业比较，如果企业本期成本费用利润率异常低，可能存在多列成本、费用等问题。

（5）营业外收支增减额。营业外收入增减额与基期相比减少较多，可能存在隐瞒营业外收入问题。营业外支出增减额与基期相比支出增加较多，可能存在将不符合规定支出列入营业外支出。

（6）营业利润变动率的计算公式为：

$$\text{营业利润变动率} = (\text{本期营业利润} - \text{基期营业利润}) \div \text{基期营业利润} \times 100\%$$

营业利润变动率若与预警值相比相差较大,可能存在多结转成本或不计、少计收入问题。

2. 盈利能力分析指标

(1) 销售毛利率的计算公式为:

$$销售毛利率 =(本期营业收入 - 本期营业成本)÷本期营业收入 \times 100\%$$

$$销售毛利率变动率 =(本期毛利率 - 上年同期毛利率)÷上年同期毛利率 \times 100\%$$

当期与前期比较如下降幅度太大,可能存在不计或少计销售、销售价格偏低等问题。

(2) 销售利润率的计算公式为:

$$销售利润率 = 本期营业利润 ÷ 本期营业收入 \times 100\%$$

将销售利润率和以前年度(特别是享受税收优惠期间)进行纵向比较,若明显下降,则可能存在隐瞒收入、不按规定结转成本、人为调节成本和利润、违规享受优惠政策等问题。

(3) 资产利润率的计算公式为:

$$资产利润率 = 利润总额 ÷ 平均资产 \times 100\%$$

分析纳税人资产综合利用情况,如与同行业企业相差较大,可能存在隐瞒收入,或闲置未用资产多计提折旧等问题。

(4) 净资产收益率的计算公式为:

$$净资产收益率 = 净利润 ÷ 平均净资产 \times 100\%$$

分析纳税人资产综合利用情况,如与同行业企业相差较大,可能存在隐瞒收入,或闲置未用资产多计提折旧等问题。

(三) 现金流量表主要指标涉税风险分析

(1) 销售收现率的计算公式为:

$$销售收现率 = 销售商品提供劳务收到的现金 ÷ 营业收入 \times 100\%$$

若该指标等于1,说明企业销售在当年均已收现;若该指标大于1,说明企业不仅将当年销售收入全部收现,还回笼了部分以前年度欠款,收益质量较高,但税务人员要注意企业是否存在隐瞒收入和销售挂账;若该指标小于1,说明当年销售部分未收现,存在收益上的风险。

(2) 现金获利能力的计算公式为:

$$现金获利能力 = 净利润 ÷ 经营活动现金流量 \times 100\%$$

该比率反映企业每实现1元的经营活动现金流量所实现的收现净利润,用于衡量经营活动现金流量的获利能力。若该指标与同行业或以前年度相比明显偏低,要注意企业可能存在隐瞒收入、多计成本费用的问题。

(四) 财务报表综合指标涉税风险分析

1. 营业收入变动率与营业利润变动率配比分析

正常情况下,二者基本同步变动。下列情况表明企业可能存在多列成本费用、扩大税前扣除范围等问题：①当比值<1，且相差较大，二者都为负时，说明两者都在下降，且营业利润降低幅度远大于营业收入降低幅度。②当比值>1且相差较大、二者都为正时，说明两者都在上升，且营业收入上升幅度远大于营业利润上升幅度。③当比值为负数，且前者为正后者为负时，说明营业收入上升而营业利润反之下降。

对产生疑点的纳税人可从以下三方面进行分析：①结合"营业利润率"指标进行分析，了解企业历年营业利润率的变动情况。②对"营业利润率"指标也异常的企业，应通过年度申报表及附表分析企业收入构成情况，以判断是否存在少计收入问题。③结合资产负债表中"应付账款""预收账款"和"其他应付账款"等科目的期初、期末数进行分析，如出现"应付账款"和"其他应付账款"红字和"预收账款"期末大幅度增长等情况，应判断存在少计收入问题。

2. 营业收入变动率与营业成本变动率配比分析

正常情况下二者基本同步增长，比值接近1。下列情况表明企业可能存在多列成本费用、扩大税前扣除范围等问题：①当比值>1，且相差较大，二者都为负（数）时，说明两者都在下降，且营业收入降低幅度远大于营业成本降低幅度。②当比值<1且相差较大，二者都为正（数）时，说明两者都在上升，且营业收入上升幅度远低于营业成本上升幅度。③当比值为负数，且前者为负（数）后者为正（数）时，说明营业收入下降而营业成本反而上升。

对产生本疑点的纳税人可以从以下三个方面进行分析：①结合"营业收入变动率"指标，对企业营业收入情况进行分析，通过分析企业年度申报表及附表营业收入表，了解企业收入的构成情况，判断是否存在少计收入的情况。②结合资产负债表中"应付账款""预收账款"和"其他应付账款"等科目的期初、期末数额进行分析，如"应付账款"和"其他应付账款"出现红字和"预收账款"期末大幅度增长情况，应判断存在少计收入问题。③结合主营业务成本率对年度申报表及附表进行分析，了解企业成本的结转情况，分析是否存在改变成本结转方法、少计存货（含产成品、在产品和材料）等问题。

3. 营业收入变动率与期间费用变动率配比分析

正常情况下，二者基本同步增长。下列情况表明企业可能存在多列成本费用、扩大税前扣除范围等问题：①当比值>1且相差较大，二者都为负（数）时，说明营业收入下降幅度大于费用下降幅度。②当比值<1且相差较大，二者都为正（数）时，说明营业收入上升幅度低于费用上升幅度。③当比值为负数，且前者为负后者为正（数）时，说明营业收入下降而费用不降反增。

通过利润表对销售费用、财务费用、管理费用的若干年度数据分析三项费用中增长较多的费用项目，对财务费用增长较多的，结合资产负债表中短期借款、长期借款的期初、期末数进行分析，以判断财务费用增长是否合理，是否存在应予资本化的利息列入当期财务费用等问题。

4. 营业成本变动率与营业利润变动率配比分析

当两者比值大于1，都为正时，可能存在多列成本的问题；前者为正，后者为负时，视为异常，可能存在多列成本、扩大税前扣除范围等问题。

5. 资产利润率、总资产周转率、销售利润率配比分析

综合分析本期资产利润率与上年同期资产利润率，本期销售利润率与上年同期销售利润率，本期总资产周转率与上年同期总资产周转率。

（1）如本期总资产周转率－上年同期总资产周转率＞0，本期销售利润率－上年同期销售利润率≤0，而本期资产利润率－上年同期资产利润率≤0 时，说明本期的资产使用效率提高，但收益不足以抵补销售利润率下降造成的损失，可能存在隐匿销售收入、多列成本费用等问题。

（2）如本期总资产周转率－上年同期总资产周转率≤0，本期销售利润率－上年同期销售利润率＞0，而本期资产利润率－上年同期资产利润率≤0 时，说明资产使用效率降低，导致资产利润率降低，可能存在隐匿销售收入问题。

6. 存货变动率、总资产周转率配比分析

若本期存货增加不大，即存货变动率≤0，本期总资产周转率－上年同期总资产周转率≤0，可能存在隐匿销售收入问题。

二、税种类指标涉税风险分析

（一）增值税指标涉税风险分析

增值税税收负担率的计算公式为：

$$增值税税收负担率 = 本期应纳税额 \div 本期应税营业收入 \times 100\%$$

计算分析纳税人税负率，与销售额变动率等指标配合使用，将销售额变动率和税负率与相应的正常峰值进行比较，销售额变动率高于正常峰值，税负率低于正常峰值的；销售额变动率低于正常峰值，税负率低于正常峰值的和销售额变动率及税负率均高于正常峰值的均可列入疑点范围。运用全国丢失、被盗增值税专用发票查询系统对纳税评估对象的抵扣联进行检查验证。

根据评估对象报送的增值税纳税申报表、资产负债表、利润表及其他有关纳税资料，进行毛益率测算分析、存货、负债、进项税额综合分析和销售额分析指标的分析，对其形成异常申报的原因作出进一步判断。

与预警值对比。销售额变动率高于正常峰值及税负率低于预警值或销售额变动率正常，而税负率低于预警值的，以进项税额为评估重点，查证有无扩大进项抵扣范围、骗抵进项税额、不按规定申报抵扣等问题，对应核实销项税额计算的正确性。

对销项税额的评估，应侧重查证有无账外经营、瞒报、迟报计税销售额、混淆增值税与营业税征税范围、错用税率等问题。

（二）企业所得税指标涉税风险分析

（1）企业所得税税收负担率的计算公式为：

$$企业所得税税负率 = 应纳所得税额 \div 利润总额 \times 100\%$$

与当地同行业同期和本企业基期所得税负担率相比,低于标准值可能存在不计或少计销售(营业)收入、多列成本费用、扩大税前扣除范围等问题,运用其他相关指标深入评估分析。

(2) 营业利润税负率的计算公式为:

$$营业利润税负率 = 应纳所得税额 \div 本期营业利润 \times 100\%$$

上述指标设定预警值并与预警值对照,与当地同行业同期和本企业基期所得税负担率相比,如果低于预定值,企业可能存在销售未计收入、多列成本费用、扩大税前扣除范围等问题,应做进一步分析。

(3) 应纳税所得额变动率的计算公式为:

$$应纳税所得额变动率 = (评估期累计应纳税所得额 - 基期累计应纳税所得额) \div 基期累计应纳税所得额 \times 100\%$$

关注企业处于税收优惠期前后,该指标如果发生较大变化,可能存在少计收入、多列成本,人为调节利润问题;也可能存在费用配比不合理等问题。

(4) 所得税贡献率的计算公式为:

$$所得税贡献率 = 应纳所得税额 \div 营业收入 \times 100\%$$

将当地同行业同期与本企业基期所得税贡献率相比,低于标准值视为异常,可能存在不计或少计销售(营业)收入、多列成本费用、扩大税前扣除范围等问题,应运用所得税变动率等相关指标作进一步评估分析。

(5) 所得税贡献变动率的计算公式为:

$$所得税贡献变动率 = (评估期所得税贡献率 - 基期所得税贡献率) \div 基期所得税贡献率 \times 100\%$$

与企业基期指标和当地同行业同期指标相比,低于标准值可能存在不计或少计销售(营业)收入、多列成本费用、扩大税前扣除范围等问题。

运用其他相关指标深入详细评估,并结合上述指标评估结果,进一步分析企业销售(营业)收入、成本、费用的变化和异常情况及其原因。

(6) 所得税负担变动率的计算公式为:

$$所得税负担变动率 = (评估期所得税负担率 - 基期所得税负担率) \div 基期所得税负担率 \times 100\%$$

与企业基期和当地同行业同期指标相比,低于标准值可能存在不计或少计销售(营业)收入、多列成本费用、扩大税前扣除范围等问题。

运用其他相关指标深入详细评估,并结合上述指标评估结果,进一步分析企业销售(营业)收入、成本、费用的变化和异常情况及其原因。

(三) 税费支付率指标涉税风险分析

$$现金税费支付率 = 本期支付的各项税费 \div 本期经营活动现金流入 \times 100\%$$

$$收入税费支付率 = 本期支付的各项税费 \div 本期营业收入 \times 100\%$$

$$利润税费支付率 = 本期支付的各项税费 \div 本期利润总额 \times 100\%$$

不同时期指标对比如果出现较大反差,都可能存在少申报缴纳税收的可能。

三、综合案例

【案例 5-52】 某材料制造有限公司的经济类型:集体;注册资本:500 000 元;职工人数:538 人;主营:粉煤灰制品、保温材料的研制、生产及新技术开发。该公司的增值税、企业所得税均由某市国税二分局负责征管。增值税市局行业税负率为 3.61%。该公司2017—2019 年度纳税申报情况及财务报表如表 5-8、表 5-9、表 5-10 所示。

表 5-8 2017—2019 年度纳税申报　　　　　　　　　　　单位:元

税种	年份		
	2017 年	2018 年	2019 年
增值税	171 950	340 691	320 040
企业所得税	280 000	830 000	480 000

表 5-9 2017—2019 年度资产负债表

编制单位:某材料制造有限公司　　　　　　　　　　　　　单位:万元

资产	2017 年期初数	2018 年期初数	2019 年期初数	2019 年期末数
流动资产:				
货币资金	407	216	272	283
应收账款	93	56	202	399
预付款项	127	56	44	90
其他应收款	23	25	23	12
存货		69	95	45
流动资产合计	650	422	636	829
非流动资产:				
固定资产	390	1 187	1 269	1 228
在建工程	17	16		
无形资产	13	15	10	18
非流动资产合计	420	1 218	1 279	1 246
资产总计	1 070	1 640	1 915	2 075
负债和所有者权益				
流动负债:				
短期借款	50	70	100	120
应付票据	1		25	

（续表）

资产	2017年期初数	2018年期初数	2019年期初数	2019年期末数
应付账款	75	84	94	153
预收款项	24	54	71	197
应付职工薪酬	26	35	54	29
应交税费	3		20	9
其他应付款	354	537	530	456
流动负债合计	533	780	894	964
负债合计	533	780	894	964
所有者权益（或股东权益）				
实收资本（或股本）	50	320	320	320
资本公积	364	364	364	364
盈余公积		8	32	46
未分配利润	123	168	305	381
所有者权益（或股东权益）合计	537	860	1 021	1 111
负债和所有者权益（或股东权益）总计	1 070	1 640	1 915	2 075

表5-10　2017—2019年度利润表

编制单位：某材料制造有限公司　　　　　　　　　　　　　　　　单位：万元

项目	2017年度	2018年度	2019年度
一、营业收入	475	949	1 143
减：营业成本	393	702	957
税金及附加	3	7	7
销售费用	31	38	55
管理费用	21	33	60
财务费用	2	3	6
二、营业利润（亏损以"-"号填列）	25	166	58
加：营业外收入	56	78	84
减：营业外支出			4
三、利润总额（亏损总额以"-"号填列）	81	244	138
减：所得税费用	28	83	48
四、净利润（净亏损以"-"号填列）	53	161	90

(一)税种类指标涉税风险分析

1. 增值税税负率分析

$$2017年度增值税税负率 = 171\,950 \div 4\,750\,000 \times 100\% = 3.62\%$$
$$2018年度增值税税负率 = 340\,691 \div 9\,490\,000 \times 100\% = 3.59\%$$
$$2019年度增值税税负率 = 320\,040 \div 11\,430\,000 \times 100\% = 2.80\%$$

2019年度在收入增长,存货减少的情况下,增值税税负率下降不正常,而且明显低于增值税市局行业税负率3.61%,因此可能存在少计收入、多抵进项的问题。

2. 所得税税负率分析

$$2017年所得税税负率 = 28 \div 81 \times 100\% = 34.56\%$$
$$2018年所得税税负率 = 83 \div 244 \times 100\% = 34.02\%$$
$$2019年所得税税负率 = 48 \div 138 \times 100\% = 34.78\%$$

2019年所得税税负率与2017年、2018年相比,变化不大,需进一步分析。

(二)财务类指标涉税风险分析

1. 资产负债表主要指标涉税风险分析

(1)资产负债率。

$$2019年资产负债率 = 964 \div 2\,075 \times 100\% = 46.46\%$$
$$2018年资产负债率 = 894 \div 1\,915 \times 100\% = 46.68\%$$

2019年资产负债率与2018年相比,变化不大,需进一步分析。

(2)总资产周转率和存货周转率。

$$2019年总资产周转率 = 1\,143 \div [(2\,075 + 1\,915) \div 2] \times 100\% = 57.29\%$$
$$2018年总资产周转率 = 949 \div [(1\,915 + 1\,640) \div 2] \times 100\% = 53.39\%$$
$$2019年存货周转率 = 957 \div [(45 + 95) \div 2] \times 100\% = 1\,367.14\%$$
$$2018年存货周转率 = 702 \div [(95 + 69) \div 2] \times 100\% = 856.10\%$$

2019年总资产周转率、存货周转率加快,而应纳所得税税额比2018年减少35万元,减少42.17%,可能存在隐瞒收入、虚增成本的问题。

(3)固定资产综合折旧率。固定资产折旧如表5-11所示。

表5-11 2017—2019年固定资产折旧表　　　　　　　　　单位:万元

	2017年期初数	2018年期初数	2019年期初数	2019年期末数
固定资产原价	463	1 312	1 506	1 608
减:累计折旧	73	125	237	380
固定资产净值	390	1 187	1 269	1 228

$$2019年固定资产综合折旧率 = (380 - 237) \div [(1\,608 + 1\,506) \div 2] \times 100\% = 9.18\%$$
$$2018年固定资产综合折旧率 = (237 - 125) \div [(1\,506 + 1\,312) \div 2] \times 100\% = 7.95\%$$

2019年固定资产综合折旧率高于与2018年,可能存在税前多列支固定资产折旧额问题。

2. 利润表主要指标涉税风险分析

(1) 营业收入变动率。

$$2019年营业收入变动率 = (1\,143 - 949) \div 949 \times 100\% = 20.44\%$$
$$2018年营业收入变动率 = (949 - 475) \div 475 \times 100\% = 99.79\%$$

2019年营业收入变动率低于2018年,相差较大,结合《资产负债表》中"预收账款"科目的期初、期末余额进行分析,2019年"预收账款"期末大幅度增长,绝对额增长126万元,比年初增长177%,可能存在少计收入问题和多列成本等问题。

(2) 营业成本变动率。

$$2019年营业成本变动率 = (957 - 702) \div 702 \times 100\% = 36.32\%$$
$$2018年营业成本变动率 = (702 - 393) \div 393 \times 100\% = 78.63\%$$

2019年营业成本变动率低于2018年,相差较大,可能存在少计收入等问题。

(3) 期间费用变动率。

$$2019年期间费用变动率 = [(55+60+6)-(38+33+3)] \div (38+33+3) \times 100\%$$
$$= (121-74) \div 74 \times 100\% = 63.51\%$$
$$2018年期间费用变动率 = [(38+33+3)-(31+21+2)] \div (31+21+2)$$
$$= (74-54) \div 54 = 37.04\%$$

2019年期间费用变动率与2018年相比,相差较大,可能存在税前多列支期间费用问题,进一步就具体项目进行分析。

$$2019年销售费用变动率 = (55-38) \div 38 \times 100\% = 44.74\%$$
$$2018年销售费用变动率 = (38-31) \div 31 \times 100\% = 22.58\%$$

2019年销售费用变动率与2018年相差较大,可能存在税前多列支销售费用问题。

$$2019年管理费用变动率 = (60-33) \div 33 \times 100\% = 81.82\%$$
$$2018年管理费用变动率 = (33-21) \div 21 \times 100\% = 57.14\%$$

2019年管理费用变动率与2018年相差较大,可能存在税前多列支管理费用问题。

$$2019年财务费用变动率 = (6-3) \div 3 \times 100\% = 100\%$$
$$2018年财务费用变动率 = (3-2) \div 2 \times 100\% = 50\%$$
$$2019年比2018年借款增长(120-100) \div 100 \times 100\% = 20\%$$

2019年财务费用变动率与2018年相比,相差较大,并且财务费用增加高于借款增长幅度,可能存在税前多列支财务费用问题。

(4) 成本费用利润率。

$$2019年成本费用利润率 = 138 \div (957+55+60+6) \times 100\% = 12.80\%$$
$$2018年成本费用利润率 = 244 \div (702+38+33+3) \times 100\% = 31.44\%$$

2019 年成本费用率与 2018 年比较，2019 年成本费用利润率异常，可能存在多列成本、费用等问题。

（5）营业利润变动率。

$$2019 \text{ 年营业利润变动率} = (58 - 166) \div 166 \times 100\% = -65.06\%$$
$$2018 \text{ 年营业利润变动率} = (166 - 25) \div 25 \times 100\% = 564.00\%$$

2019 年营业利润变动率与 2018 年相比相差较大，且 2019 年为负数，可能存在多结转成本或不计、少计收入问题。

（6）净资产收益率。

$$2019 \text{ 年净资产收益率} = 90 \div [(1\,111 + 1\,021) \div 2] \times 100\% = 8.44\%$$
$$2018 \text{ 年净资产收益率} = 161 \div [(1\,021 + 860) \div 2] \times 100\% = 17.12\%$$

2019 年净资产收益率与 2018 年相差较大，可能存在隐瞒收入，或闲置未用资产计提折旧问题。

3. 企业财务报表综合指标涉税风险分析

（1）营业收入变动率与营业利润变动率配比分析。

2019 年营业收入变动率为 20.44%，营业利润变动率为 -65.06%。二者比值为负数，且前者为正后者为负时，说明营业收入上升而营业利润反之下降。

（2）营业收入变动率与营业成本变动率配比分析。

2019 年营业收入变动率为 20.44%，营业成本变动率为 36.32%。二者比值<1 且二者都为正，说明营业收入和营业成本都在上升，但营业收入上升幅度低于营业成本上升幅度。

（3）营业收入变动率与期间费用变动率配比分析。

2019 年营业收入变动率为 20.44%，期间费用变动率为 63.51%。二者比值<1 且相差较大，说明营业收入上升幅度远低于期间费用上升幅度。

（4）营业成本变动率与营业利润变动率配比分析。

2019 年营业成本变动率为 36.32%，营业利润变动率为 -65.06%。前者为正，后者为负，存在异常，可能存在多列成本、扩大税前扣除范围等问题。

（5）资产利润率、总资产周转率、销售利润率配比分析。

$$2019 \text{ 年资产利润率} = 138 \div [(1\,915 + 2\,075) \div 2] = 6.92\%$$
$$2018 \text{ 年资产利润率} = 244 \div [(1\,640 + 1\,915) \div 2] = 13.73\%$$
$$2019 \text{ 年销售利润率} = 58 \div 1\,143 \times 100\% = 5.07\%$$
$$2018 \text{ 年销售利润率} = 166 \div 949 \times 100\% = 17.49\%$$

2019 年总资产周转率为 57.29%，2018 年总资产周转率为 53.39%；2019 年销售利润率为 5.07%，2018 年销售利润率为 17.49%；2019 年资产利润率为 6.92%，2018 年资产利润率为 13.73%，总资产周转率提高，销售利润率和资产利润率均下降，说明在资产使用效率提高的情况下，收益不足以抵补销售利润率下降造成的损失，可能存在隐匿销售收入、多列成本费用等问题。

(三)财务报表涉税风险分析结论

通过对财务报表进行综合分析,发现该公司2019年存在隐匿或不计、少计销售收入,虚增成本;税前多列支固定资产折旧额;税前多列支销售费用、管理费用、财务费用的涉税风险。

第五节　常见税会差异项目涉税风险分析

会计准则和税法的目标、原则以及基本前提之间的差异导致了会计利润和应税利润的分离,企业在遵循会计准则进行会计核算的同时,还需要在纳税申报时依照税法对税会差异进行调整。随着近年来金融工具、收入等企业会计准则的大规模修订以及税制改革的持续推进,税法与会计准则之间的差异进一步拉大,进而导致企业产生了更高的涉税风险。本节对存在较大税会差异的金融资产、长期股权投资、固定资产和收入项目进行涉税风险分析。

一、金融资产税会差异涉税风险分析

金融资产在资产负债表中主要通过"交易性金融资产""应收票据""应收账款""应收款项融资""债权投资""其他债权投资"和"其他权益工具投资"项目列示。

"交易性金融资产"项目,反映资产负债表日企业分类为以公允价值计量且其变动计入当期损益的金融资产,以及企业持有的指定为以公允价值计量且其变动计入当期损益的金融资产的期末账面价值。

"应收票据"项目,反映资产负债表日以摊余成本计量的、企业因销售商品、提供服务等收到的商业汇票,包括银行承兑汇票和商业承兑汇票。该项目应根据"应收票据"科目的期末余额,减去"坏账准备"科目中相关坏账准备期末余额后的金额分析填列。

"应收账款"项目,反映资产负债表日以摊余成本计量的、企业因销售商品、提供服务等经营活动应收取的款项。该项目应根据"应收账款"科目的期末余额,减去"坏账准备"科目中相关坏账准备期末余额后的金额分析填列。"应收款项融资"项目,反映资产负债表日以公允价值计量且其变动计入其他综合收益的应收票据和应收账款等。

"债权投资"项目,反映资产负债表日企业以摊余成本计量的长期债权投资的期末账面价值。该项目应根据"债权投资"科目的相关明细科目期末余额,减去"债权投资减值准备"中相关减值准备的期末余额后的金额分析填列。自资产负债表日起一年内到期的长期债权投资的期末账面价值,在"一年内到期的非流动资产"项目反映。企业购入的以摊余成本计量的一年内到期的债权投资的期末账面价值,在"其他流动资产"项目反映。

"其他债权投资"项目,反映资产负债表日企业分类为以公允价值计量且其变动计入其他综合收益的长期债权投资的期末账面价值。该项目应根据"其他债权投资"科目的相

关明细科目的期末余额分析填列。自资产负债表日起一年内到期的长期债权投资的期末账面价值,在"一年内到期的非流动资产"项目反映。企业购入的以公允价值计量且其变动计入其他综合收益的一年内到期的债权投资的期末账面价值,在"其他流动资产"项目反映。

"其他权益工具投资"项目,反映资产负债表日企业指定为以公允价值计量且其变动计入其他综合收益的非交易性权益工具投资的期末账面价值。该项目应根据"其他权益工具投资"科目的期末余额填列。

(一) 初始确认时的税会差异及涉税风险

1. 会计准则

企业应当根据其管理金融资产的业务模式和金融资产的合同现金流量特征,将金融资产划分为以下三类:①以摊余成本计量的金融资产。②以公允价值计量且其变动计入其他综合收益的金融资产。③以公允价值计量且其变动计入当期损益的金融资产。

金融资产在初始确认时,均以公允价值为基础,第一类和第二类金融资产的初始投资成本是公允价值加上交易费用;第三类金融资产的初始投资成本是公允价值,交易费用计入当期损益。

2. 税法

根据《企业所得税法实施条例》第七十一条的规定,投资资产是指企业对外进行权益性投资和债权性投资形成的资产,其投资成本按照以下方式确定:①通过支付现金方式取得的投资资产,以购买价款为成本。②通过支付现金以外的方式取得的投资资产,以该资产的公允价值和支付的相关税费为成本。即税法规定的金融资产初始投资成本是公允价值加上交易费用。

3. 税会差异及涉税风险

第一类和第二类金融资产的初始确认不存在税会差异,会计准则要求将第三类金融资产即"交易性金融资产"的相关交易费用直接计入当期损益,税法上则要求计入投资资产的计税基础。在投资当期的纳税申报时,因企业初始投资于交易性金融资产在会计上确认的当期损益,不允许税前扣除,应进行纳税调整,在《纳税调整项目明细表》"(五)交易性金融资产初始投资调整"项目调增。

(二) 持有期间的税会差异及涉税风险

1. 会计准则

初始确认后,企业应对不同类别的金融资产,分别以摊余成本、以公允价值计量且其变动计入其他综合收益或以公允价值计量且其变动计入当期损益进行后续计量。利息收入按照实际利率法即根据金融资产期初账面余额乘以实际利率计算确定。

2. 税法

(1) 增值税。根据财税〔2016〕36号文件的规定,贷款是指将资金贷与他人使用而取得利息收入的业务活动。利息收入包括各种占用、拆借资金取得的收入,包括金融商品持有期间(含到期)利息(保本收益、报酬、资金占用费、补偿金等)收入等,按照贷款服务缴纳增值税。财税〔2016〕140号文件进一步规定:《销售服务、无形资产、不动产注释》(财税〔2016〕36号)第一条第(五)款第1项所称"保本收益、报酬、资金占用费、补偿金",是指合同中明确承诺到期本金可全部收回的投资收益。金融商品持有期间(含到期)取得的非保本的上述收益,不属于利息或利息性质的收入,不征收增值税。

(2)企业所得税。《企业所得税法》规定,国债利息收入和符合条件的居民企业之间的股息、红利等权益性投资收益。《企业所得税实施条例》进一步规定,企业所得税法所称的符合免征条件的居民企业之间的股息、红利等权益性投资收益,是指居民企业直接投资于其他居民企业取得的投资收益。对连续持有居民企业公开发行并上市流通的股票不足12个月取得的投资收益不符合上述免征企业所得税规定,应按规定并入应纳税所得额征收企业所得税。

3. 税会差异及涉税风险

(1)增值税风险。

风险一,从征税对象来看,增值税是对贷款行为征收,对于共担风险、共享收益的投资行为不征。金融资产持有期间取得的收益,要看具体该项金融工具的合同是否有向购买者做出保本的承诺,包括各类增信措施让购买者的本金亏蚀的风险降至极低。未作出保本承诺的金融资产持有期间取得的收益不属于利息收入,不用缴纳增值税。否则要按照利息收入缴纳增值税。

风险二,会计上按照权责发生制于每个会计期末确认利息收入,税法上关于债券利息收入的增值税纳税义务发生时间并无特殊规定,应遵循营改增中销售服务的纳税义务发生时间的一般性规定。因此企业持有债券,实际上提供贷款服务,其增值税纳税义务发生时间应为发行债券章程规定的利息兑付日期,如合同约定到期一次性还本付息,则其增值税纳税义务发生时间为债券到期日。会计上确认利息收入的时点与债券利息收入的增值税纳税义务发生时点可能存在差异。

(2)所得税风险。

风险一,股息红利和利息收入是否符合免税条件。如果投资的金融资产是居民企业连续持有超过12个月的国内上市流通股或者直接投资于其他居民企业的股权,取得的股息、红利等权益性投资收益免征企业所得税,收到连续持有时间未超过12个月的国内上市流通股的分红,则要按规定缴纳企业所得税。"符合条件"应注意:①居民企业之间(不包括投资到独资企业、合伙企业、非居民企业)。②直接投资(不包括间接投资)。③连续持有居民企业公开发行并上市流通的股票在一年(12个月)以上取得的投资收益。国债利息收入免税,而转让国债的所得需要缴纳企业所得税。如果投资收益项目中,包括了上述符合免税规定的收益,在申报纳税时,应进行税收优惠申报,填报相关的税收优惠附表。

风险二,股票股利在会计上作备查登记,不进行账务处理。税法要求视同分配处理,相当于"先分配再投资",按股息红利所得进行所得税处理。

风险三,会计准则要求按实际利率法确认利息收入,而税法是按照票面金额乘以票面利率确认利息收入,存在的差异需要进行纳税调整。

风险四,会计按照权责发生制于每个会计期末确认利息收入,而《企业所得税法实施条例》第十八条规定利息收入,按照合同约定的债务人应付利息的日期确认收入的实现,存在差异的需要进行纳税调整。

风险五,会计准则规定,"交易性金融资产"在资产负债表日的公允价值变动计入"公允价值变动损益",而税法规定"公允价值变动损益"不计入当期应纳税所得额,应进行纳税调整。

风险六,会计准则规定,资产负债表日,企业应以预期信用损失为基础,对第一类金融资产和第二类金融资产中的债权性投资即"其他债权投资"进行减值会计处理并确认损失准备。而税法规定,未经核准的准备金支出在计算应纳税额所得额时不得扣除,即"信用减值损失"不得税前扣除,需要调增应纳税所得额。

(三) 处置时的税会差异及涉税风险

处置金融资产时,金融资产账面价值和计税基础之间的差异将导致确认的投资收益存在税会差异,在进行年度企业所得税申报时,需要进行纳税调整。除此之外,第二类金融资产中的权益性投资即指定为第二类金融资产的非交易性权益工具投资,报表项目为"其他权益工具投资",在会计处理和税务处理方面,存在重大差异。

1. 会计准则

根据《企业会计准则第23号——金融资产转移》第十四条,金融资产整体转移满足终止确认条件的,应当将下列两项金额的差额计入当期损益:①被转移金融资产在终止确认日的账面价值。②因转移金融资产而收到的对价,与原直接计入其他综合收益的公允价值变动累计额中对应终止确认部分的金额(涉及转移的金融资产为根据《企业会计准则第22号——金融工具确认和计量》第十八条分类为以公允价值计量且其变动计入其他综合收益的金融资产的情形)之和。

第二类金融资产中的权益性投资即指定为第二类金融资产的非交易性权益工具投资,报表项目为"其他权益工具投资",除了被投资单位宣告发放现金股利(属于投资成本收回部分除外)计入当期损益外,其他相关的利得和损失(包括汇兑损益)均应计入其他综合收益,且后续不得转入当期损益。终止确认时,处置所得与账面价值的差额计入留存收益,之前计入其他综合收益的累计利得或损失应当从其他综合收益中转出,计入留存收益。

2. 税法

(1) 增值税。全面营改增后,转让金融商品已经纳入增值税的征税范围。根据财税〔2016〕36号文件的规定,金融商品转让,按照卖出价扣除买入价后的余额为销售额。企业出售金融资产,按照出售金融资产的价格与购买的价格差额计税。差额为负的,即亏损可结转下一纳税期与下期转让金融商品销售额相抵,但年末时仍出现负差的,不得转入下一个会计年度。但根据财税〔2016〕140号文件的规定:纳税人购入基金、信托、理财产品等各类资产管理产品持有至到期,不属于财税〔2016〕36号文件中《销售服务、无形资产、不动产注释》第一条第(五)项第 4 点所称的金融商品转让。

(2) 企业所得税。所有投资资产的处置,都应作为财产转让行为,处置损益应计入应纳税所得额。无论债权投资还是股权投资,其计税基础都是初始投资时按支付对价确认的成本,初始确认后保持不变。处置投资资产的所得或损失,按照处置时收到的对价减去计税基础得出,并不考虑减值、权益法调整以及投资资产在会计上的分类。

3. 税会差异及涉税风险

(1) 增值税风险。财税〔2016〕36 号文件中《销售服务、无形资产、不动产注释》中将金融商品转让界定为转让各类金融商品所有权的行为。因此购买有期限的金融商品持有至期限结束时收回的本金和收益,是金融商品所有权的灭失而非转让,不属于金融商品转让的增值税征税范围。

(2) 所得税风险。金融资产账面价值和计税基础之间的差异导致处置时确认的投资收益存在税会差异的,在进行年度企业所得税申报时,需要进行纳税调整。处置其他权益工具投资不会对利润表产生影响,若发生其他权益工具投资的处置行为,汇算清缴时应进行纳税调整,按规定申报缴纳企业所得税。

二、长期股权投资税会差异涉税风险分析

长期股权投资,是指投资方对被投资单位实施控制、重大影响的权益性投资,以及对其合营企业的权益性投资。"长期股权投资"项目应根据"长期股权投资"总账账户余额扣除"长期投资减值准备"账户计算填列。长期股权投资,不仅在会计处理上属于难点,在税务处理上也会因为其与会计处理的差异和税法对股权投资的特殊规定而变得复杂,从而产生重大的税务风险。

(一) 初始确认时的税会差异及涉税风险

会计上对长期股权投资的初始确认根据是否为企业合并形成以及合并前后是否为同一控制下分成三类:同一控制下的企业合并形成的长期股权投资、非同一控制下的企业合并形成的长期股权投资和企业合并以外的方式形成的长期股权投资。税法上的收购股权根据是否符合企业重组的特殊性税务处理分为两种处理方式。

1. 同一控制下企业合并形成的长期股权投资

(1) 会计准则。同一控制下的企业合并,合并方应当在合并日按照被合并方所有者权益在最终控制方合并财务报表中的账面价值的份额作为长期股权投资的初始投资成本。

(2) 税法。股权收购,是指一家企业(以下称为收购企业)购买另一家企业(以下称为被收购企业)的股权,以实现对被收购企业控制的交易。收购企业支付对价的形式包括股权支付、非股权支付或两者的组合。具体税务处理方式如下:

一是,一般性税务处理。被收购方应确认股权、资产转让所得或损失;收购方取得股权或资产的计税基础应以公允价值为基础确定;被收购企业的相关所得税事项在原则上保持不变。

二是,特殊性税务处理。财税〔2019〕59号文件和财税〔2014〕109号文件规定,企业重组同时符合下列条件的,适用特殊性税务处理规定:①具有合理的商业目的,且不以减少、免除或者推迟缴纳税款为主要目的。②被收购、合并或分立部分的资产或股权比例符合本通知规定的比例。③企业重组后的连续12个月内不改变重组资产原来的实质性经营活动。④重组交易对价中涉及股权支付金额符合本通知规定比例。⑤企业重组中取得股权支付的原主要股东,在重组后连续12个月内,不得转让所取得的股权。

股权收购,收购企业购买的股权不低于被收购企业全部股权的50%,且收购企业在该股权收购发生时的股权支付金额不低于其交易支付总额的85%,可以选择按以下规定处理:①被收购企业的股东取得收购企业股权的计税基础,以被收购股权的原有计税基础确定。②收购企业取得被收购企业股权的计税基础,以被收购股权的原有计税基础确定。③收购企业、被收购企业的原有各项资产和负债的计税基础和其他相关所得税事项保持不变。

(3) 税会差异及涉税风险。

适用一般性税务处理的第一类长期股权投资,收购方对被收购股权的计税基础为被收购股权的公允价值,从而形成了税会差异。

适用特殊性税务处理的第一类长期股权投资,收购方对被收购股权的计税基础按照被收购股权的原有计税基础确定,同样存在税会差异。

【案例5-53】 2019年7月1日,甲公司以发行股份的方式收购乙公司100%的股权,发行股份的面值为100万元,公允价值为1 000万元。合并日,乙公司所有者权益在最终控制方合并财务报表中的账面价值为800万元,乙公司100%股权的公允价值为1 000万元。甲公司和乙公司在合并前均受丙公司(法人企业)100%直接控制,乙公司是丙公司在以往年度以400万元投资设立,截至被收购前未对其进行任何增资操作,计税基础为400万元。

根据会计准则的规定,应当在合并日按照被合并方所有者权益在最终控制方合并财务报表中的账面价值的份额作为长期股权投资的初始投资成本,因此甲公司对乙公司的长期股权投资的初始投资成本应为800万元(800×100%)。

(1) 适用一般性税务处理。

丙公司应确认股权转让收益600万元(1 000-400),计入股权转让所属年度的应纳税所得额申报企业所得税;

丙公司取得甲公司向其发行的股份的计税基础为1 000万元;

甲公司取得乙公司100%股权的计税基础为被收购股权的公允价值1 000万元。

此时,甲公司对乙公司长期股权投资的账面价值为800万元,计税基础为1 000万元,存在税会差异。

(2) 适用特殊性税务处理。

丙公司不确认股权转让收益;

丙公司取得的甲公司向其发行的股份计税基础为被收购股权的原有计税基础400

万元;

甲取得乙公司100%股权的计税基础为被收购股权的原有计税基础400万元。

此时,甲公司对乙公司长期股权投资的账面价值为800万元,计税基础为400万元,存在税会差异。

2. 非同一控制下企业合并形成的长期股权投资

(1) 会计准则。购买方在购买日应当按照《企业会计准则第20号——企业合并》的有关规定确定的合并成本作为长期股权投资的初始投资成本。企业合并成本包括购买方为进行企业合并支付的现金或非现金资产、发行或承担的债务、发行权益性证券等在购买日的公允价值。合并方或购买方为企业合并发生的审计、法律服务、评估咨询等中介费用以及其他相关管理费用,应当于发生时计入当期损益。

(2) 税法。股权收购的税法规定同第一类长期股权投资。

(3) 税会差异及涉税风险。适用一般性税务处理的第二类长期股权投资,收购方对被收购股权的计税基础为被收购股权的公允价值,不存在税会差异。

适用特殊性税务处理的第一类长期股权投资,收购方对被收购股权的计税基础按照被收购股权的原有计税基础确定,存在税会差异。

【案例5-54】 2019年7月1日,甲公司以发行股份的方式收购乙公司100%的股权,发行的股份面值为100万元,公允价值为1 000万元。购买日,乙公司所有者权益在最终控制方合并财务报表中的账面价值为800万元,乙公司100%股权的公允价值为1 000万元。在合并前,甲公司与乙公司无任何关联关系。乙公司是丙公司(法人企业)在以往年度以400万元投资设立,截至被收购前未对其进行任何增资操作。

根据《企业会计准则》的规定,应以购买日购买方为取得被购买方股权而支付的对价的公允价值作为长期股权投资的初始投资成本,因此甲公司对乙公司长期股权投资的初始投资成本应为1 000万元。

(1) 适用一般性税务处理。

丙公司应确认股权转让收益600万元(1 000-400),计入股权转让所属年度的应纳税所得额申报企业所得税;

丙公司取得的甲公司向其发行的股份计税基础为1 000万元;

甲公司取得的乙公司100%股权的计税基础为1 000万元。

此时,甲公司对乙公司长期股权投资的账面价值为1 000万元,计税基础为1 000万元,不存在税会差异。

(2) 适用特殊性税务处理(假设符合条件)。

丙公司不确认股权转让收益;

丙公司取得的甲公司向其发行的股份计税基础为400万元;

甲公司取得的乙公司100%股权的计税基础为400万元。

此时,甲公司对乙公司长期股权投资的账面价值为1 000万元,计税基础为400万元,存在税会差异。

3. 企业合并以外的方式形成的长期股权投资

企业合并以外的方式形成的长期股权投资是对联营企业、合营企业的投资。

(1) 会计准则。除企业合并形成的长期股权投资以外,其他方式取得的长期股权投资,应当按照下列规定确定其初始投资成本:

一是,以支付现金取得的长期股权投资,应当按照实际支付的购买价款作为初始投资成本。初始投资成本包括与取得长期股权投资直接相关的费用、税金及其他必要支出。

二是,以发行权益性证券取得的长期股权投资,应当按照发行权益性证券的公允价值作为初始投资成本。与发行权益性证券直接相关的费用,应当按照《企业会计准则第37号——金融工具列报》的有关规定确定。

三是,通过非货币性资产交换取得的长期股权投资,其初始投资成本应当按照《企业会计准则第7号——非货币性资产交换》的有关规定确定。

四是,通过债务重组取得的长期股权投资,其初始投资成本应当按照《企业会计准则第12号——债务重组》的有关规定确定。

(2) 税法。由于投资方对被投资方未能达到控制,收购的股权比例一般不能达到50%以上,此时只能适用一般性税务处理,即投资方收购股权的计税基础为被收购股权的公允价值。

(3) 税会差异及涉税风险。第三类长期股权投资适用一般性税务处理,收购方对被收购股权的账面价值和计税基础均为被收购股权的公允价值,初始投资成本的确认不存在税会差异。但会计准则要求对联营企业、合营企业的投资采用权益法进行后续计量,因此需要将初始投资成本根据投资时应享有被投资单位可辨认净资产公允价值的份额调整,而计税基础不需调整,从而产生税会差异。

(二) 持有期间的税会差异及涉税风险

1. 成本法核算的长期股权投资

(1) 会计准则。投资方能够对被投资单位实施控制的长期股权投资应当采用成本法核算。采用成本法核算的长期股权投资应当按照初始投资成本计价。追加或收回投资应当调整长期股权投资的成本。被投资单位宣告分派的现金股利或利润,应当确认为当期投资收益。

(2) 税法。符合条件的居民企业之间的股息、红利等权益性投资收益,免征企业所得税。

(3) 税会差异及涉税风险。股息、红利不符合免税收入条件的需要缴纳企业所得税,不需进行纳税调减。符合免税条件的股息、红利的会计和税务处理存在差异,需要进行纳税调整。

2. 权益法核算的长期股权投资

(1) 会计准则。投资方对联营企业和合营企业的长期股权投资,应当采用权益法核算。

长期股权投资的初始投资成本大于投资时应享有被投资单位可辨认净资产公允价值份额的,不调整长期股权投资的初始投资成本;长期股权投资的初始投资成本小于投资时应享有被投资单位可辨认净资产公允价值份额的,其差额应当计入当期损益,同时调整长期股权投资的成本。

投资方取得长期股权投资后,应当按照应享有或应分担的被投资单位实现的净损益和其他综合收益的份额,分别确认投资收益和其他综合收益,同时调整长期股权投资的账面价值;投资方按照被投资单位宣告分派的利润或现金股利计算应享有的部分,相应减少长期股权投资的账面价值;投资方对于被投资单位除净损益、其他综合收益和利润分配以外所有者权益的其他变动,应当调整长期股权投资的账面价值并计入所有者权益。

(2) 税法。税法上长期股权投资的计税基础保持不变,税法在被投资单位股东会或股东大会作出利润分配或的日期确认投资收益。

(3) 税会差异及涉税风险。税会差异及涉税风险包括:①权益法下长期股权投资的初始投资成本要根据投资时享有被投资单位可辨认净资产公允价值的份额调整,计税基础则保持不变。②确认投资收益的时点不相同,会计准则在被投资单位实现净损益时确认投资收益,税法在被投资单位宣告分配利润的日期确认投资收益。在进行纳税申报时,对于权益法核算的长期股权投资持有期间的投资收益应根据"应收股利"借方发生额而非"投资收益"科目的发生额填列。

【案例 5-55】 2019 年 7 月 1 日,甲公司以银行存款 100 万元,收购乙公司 40% 的股权,甲公司取得该部分股权后,能够对乙公司的财务和经营政策施加重大影响。在股权交易日,乙公司所有者权益的账面价值为 180 万元,当天乙公司除一项固定资产的公允价值比账面价值高 20 万元以外,其他各项可辨认资产、负债的公允价值与账面价值均相同。

甲公司对乙公司 40% 股权投资的计税基础为 100 万元。

根据会计准则的规定,应当先以实际支付的购买价款 100 万元作为初始投资成本,再按照权益法将初始投资成本 100 万元与投资时应享有乙公司可辨认净资产公允价值的份额 80 万元(800×10%)进行比较,100 万元>80 万元,因此初始投资成本不需调整。

此时,长期股权投资的账面价值与计税基础一致。

假设上例改为甲公司以银行存款 70 万元收购乙公司 40% 的股权,其余条件不变,那么初始投资成本 70 万元<投资时应享有乙公司可辨认净资产公允价值的份额 80 万元(800×10%),根据会计准则,需要将差额 10 万元确认为营业外收入,同时调增长期股权投资的初始投资成本。

此时,长期股权投资的账面价值为 80 万元,计税基础为 70 万元,存在税会差异。

【案例 5-56】 甲公司 2019 年 1 月以 1 000 万元投资乙公司并取得其 20% 的股权,并向乙公司派出一个董事,能对其施加重大影响,假设投资日乙公司各项可辨认资产、负债的账面价值与公允价值一致。假定乙公司 2019 年实现净利润 500 万元,甲公司和乙公司的会计年度及采用的会计政策相同,没有未实现损益的内部交易,没有其他所有者权益的变动。

根据会计准则,2019年甲公司应确认投资收益100万元(500×20%),同时增加长期股权投资账面价值100万元。

但是,税法上规定,股息、红利收入的纳税义务发生时间为被投资企业宣告分配利润的日期。上例中,由于乙公司2019年尚未宣告分配利润,所以在申报2019年度的企业所得税时,应进行纳税调减100万元。

假如乙公司在2020年3月宣告分配利润。

根据会计准则,甲公司应确认应收股利50万元,同时调减长期股权投资账面价值50万元,并不影响当期损益。

根据税法的规定,50万元应收取的股息应计入2020年度的收入总额,若该项股息符合免税收入条件,则可以享受免征企业所得税,不需进行纳税调整,否则需调增当期应纳税额所得额。

3. 长期股权投资的减值

(1) 会计准则。长期股权投资存在减值迹象的,应当估计其可收回金额。可收回金额低于其账面价值的,应当将长期股权投资的账面价值减记至可收回金额,减记的金额确认为资产减值损失,计入当期损益,同时计提长期股权投资减值准备。其中可收回金额应当根据资产的公允价值减去处置费用后的净额与资产预计未来现金流量的现值两者之间较高者确定。

资产减值损失一经确认,在以后会计期间不得转回。

(2) 税法。未经核定的准备金支出,即不符合国务院财政、税务主管部门规定的各项资产减值准备、风险准备等准备金支出,在计算应纳税所得额时不得扣除。长期股权投资的计税基础按照取得股权投资所支付的价款来确定并保持不变。

(3) 税会差异及涉税风险。长期股权投资的减值损失在纳税申报时需要进行纳税调整。根据《财政部 国家税务总局关于企业资产损失税前扣除政策的通知》(财税〔2009〕57号文)规定,企业的股权投资符合条件的,减除可收回金额后确认的无法收回的股权投资,可以作为股权投资损失在计算应纳税所得额时扣除,由企业填报企业年度纳税申报表《资产损失税前扣除及纳税调整明细表》,向税务机关申报扣除资产损失。

(三) 处置时的税会差异及涉税风险

1. 会计准则

处置长期股权投资,其账面价值与实际取得价款之间的差额,应当计入当期损益。采用权益法核算的长期股权投资,在处置该项投资时,采用与被投资单位直接处置相关资产或负债相同的基础,按相应比例对原计入其他综合收益的部分进行会计处理,因被投资单位除净损益、其他综合收益和利润分配以外的其他所有者权益变动而确认的所有者权益(资本公积——其他资本公积)转入投资收益。

2. 税法

转让或处置投资资产所得价款与其计税基础之间的差额,为股权转让所得(或损失)。无论债权投资还是股权投资,其计税基础都是初始投资时确认的成本,初始确认后一直保持不变。所以,企业处置投资资产的所得或损失,按照处置时收到的对价,减去计税基础得出,并不考虑减值、权益法调整以及投资资产在会计上的分类。

3. 税会差异及涉税风险

处置时长期股权投资的账面价值与计税基础之间的差异,会导致会计上确认的处置损益与税法上的股权转让所得(或损失)金额存在差异,在进行年度企业所得税申报时,需要进行纳税调整。股权转让在税法上为收益的,需要在"投资收益纳税调整明细表"进行调整;股权转让在税法上为损失的,在税法上属于资产损失,需要填报"资产损失税前扣除及纳税调整明细表"进行申报扣除。

三、固定资产税会差异涉税风险分析

(一) 初始确认时的税会差异及涉税风险

1. 符合特殊重组条件的接受投资固定资产

《企业会计准则》规定,投资者投入固定资产的成本,应当按照投资合同或协议约定的价值确定,但合同或协议约定价值不公允的除外。《企业所得税法》规定,对于投资者投入的固定资产,如果符合特殊重组条件,投资双方选择免税处理,则固定资产以其在投资方原有的计税基础作为计税基础。此时会形成账面价值与计税基础的差异,造成后续会计折旧与税法折旧差异,应在企业所得税申报表《资产折旧、摊销情况及纳税调整明细表》中进行纳税调整。

2. 固定资产评估增值

会计上对于资产评估增值增加固定资产账面价值,同时确认"资本公积"。《企业所得税法实施条例》规定,企业的各项资产以历史成本为计税基础,企业持有各项资产期间资产增值或者减值,除国务院财政、税务主管部门规定可以确认损益外,不得调整该资产的计税基础。此时会形成账面价值与计税基础的差异,评估增值部分提取的折旧依法不能在税前扣除,应在企业所得税申报表《资产折旧、摊销情况及纳税调整明细表》中进行纳税调整。

3. 融资租入固定资产

《企业会计准则》规定,使用权资产应当按照成本进行初始计量。该成本包括:①租赁负债的初始计量金额,租赁负债应当按照租赁期开始日尚未支付的租赁付款额的现值进行初始计量。②在租赁期开始日或之前支付的租赁付款额,存在租赁激励的,扣除已享受的租赁激励相关金额。③承租人发生的初始直接费用。④承租人为拆卸及移除租赁资产、复原租赁资产所在场地或将租赁资产恢复至租赁条款约定状态预计将发生的成本。

根据《企业所得税法实施条例》的规定,融资租入的固定资产,以租赁合同约定的付款总额和承租人在签订租赁合同过程中发生的相关费用为计税基础,租赁合同未约定付款总额的,以该资产的公允价值和承租人在签订租赁合同过程中发生的相关费用为计税基础。

融资租入的固定资产在会计初始确认时需要考虑货币时间价值,采用现值计量属性,而税法不考虑货币时间价值,造成固定资产初始确认的账面价值和计税基础不一致,进而造成持有期间折旧额的纳税调整。

【案例 5-57】 甲公司因扩充生产需要,向乙公司融资租入一台生产设备,该生产设备预计寿命为 10 年。合同约定租赁期限为 10 年,每年年末甲公司需支付 10 万元的租金,合同总租赁付款额(最低租赁付款额)为 100 万元。租赁开始日,该生产设备最低租赁付款额现值为 80 万元,设备公允价值为 85 万元。

由于现值低于公允价值,所以该设备初始入账价值为 80 万元,最低租赁付款额与入账价值差额 20 万元确认为未确认融资费用。

该设备的初始确认计税基础为合同总租赁付款额 100 万元。

4. 分期付款购买固定资产

《企业会计准则》规定,购买固定资产的价款超过正常信用条件延期支付,实质上具有融资性质的,固定资产的成本以购买价款的现值为基础确定。实际支付的价款与购买价款的现值之间的差额计入未确认融资费用,除按照《企业会计准则第 17 号——借款费用》应予资本化的以外,应当在信用期间内计入当期损益。

根据《企业所得税法实施条例》的规定,外购的固定资产,以购买价款和支付的相关税费以及直接归属于使该资产达到预定用途发生的其他支出为计税基础。

《企业所得税法》在初始确认时不考虑是否存在重大融资成分的情形,也不需折现。而会计初始确认时需要考虑货币时间价值,采用现值计量属性,造成初始确认的账面价值和计税基础的差异,进而造成固定资产持有期间折旧额的纳税调整。

5. 不具有商业实质的非货币性资产交换换入固定资产

企业会计准则对非货币性资产交换按"以公允价值为基础计量"和"以账面价值为基础计量"划分并分别进行规定。①以公允价值为基础计量。非货币性资产交换同时满足下列条件的,应当以公允价值为基础计量:一是该项交换具有商业实质;二是换入资产或换出资产的公允价值能够可靠地计量。对于换入资产,应当以换出资产的公允价值和应支付的相关税费作为换入资产的成本进行初始计量;对于换出资产,应当在终止确认时,将换出资产的公允价值与其账面价值之间的差额计入当期损益。②以账面价值为基础计量。不满足条件的非货币性资产交换,应当以账面价值为基础计量。对于换入资产,应当以换出资产的账面价值和应支付的相关税费作为换入资产的初始计量金额;对于换出资产,终止确认时不确认损益。

《企业所得税法》规定,非货币性资产交换换出资产视同销售处理。因此以公允价值为基础计量的非货币性资产交换不存在税会差异。以账面价值为基础计量的非货币性资产交换,无论是否涉及补价,会计上均不确认损益;而税法上需要视同销售确认非货币性资产转让所得,存在税会差异,应进行纳税调整。换入资产的账面价值以换出资产的账面价值为基础确定,而计税基础则是以换出资产的公允价值为基础确定,二者存在差异,进而造成持有期间折旧额的纳税调整。

(二) 持有期间的税会差异及涉税风险

1. 折旧起始时点的税会差异及涉税风险

《企业会计准则》规定,固定资产达到预定可使用状态的次月起计提折旧。《企业所得税法实施条例》规定,除房屋建筑物以外的固定资产,应在实际投入使用的次月起计提折旧;停止使用的固定资产,应当自停止使用月份的当月起停止计算折旧。

【案例 5-58】 甲公司 2019 年 5 月起开始自行建造一台生产设备,于 2019 年 12 月生产设备达到预定可使用状态,在 2020 年 6 月开始投入使用。

会计上,甲公司应于 2019 年 1 月起对该台设备计提折旧。但在进行 2019 年度企业所得税纳税汇算清缴申报时,由于设备在 2019 年 6 月才开始投入使用,则税法上只允许设备从 2019 年 7 月起计提的折旧可以在税前扣除,因此,甲公司需要对 2020 年 1~6 月的该台设备会计上计提的折旧进行纳税调整。

2. 计提折旧范围的税会差异及涉税风险

会计上不得计提折旧的固定资产:①已提足折旧仍继续使用的固定资产。②单独计价入账的土地。

税法上不得计提折旧的固定资产:①房屋、建筑物以外未投入使用的固定资产。②以经营租赁方式租入的固定资产。③以融资租赁方式租出的固定资产。④已足额提取折旧仍继续使用的固定资产。⑤与经营活动无关的固定资产。⑥单独估价作为固定资产入账的土地。⑦其他不得计算折旧扣除的固定资产。

房屋、建筑物以外未投入使用的固定资产和与经营活动无关的固定资产会计上计提折旧,而税法上不得计提折旧,应进行纳税调整。

3. 折旧年限的税会差异及涉税风险

(1) 会计上,企业应根据预计生产能力或实物产量、预计有形损耗和无形损耗及法律或者类似规定对资产使用的限制等因素来合理确定固定资产的使用寿命,并在使用寿命内对固定资产进行折旧。并未对固定资产的最低折旧年限进行规定。

(2) 税法上,根据固定资产的不同分类分别规定了最低折旧年限:房屋、建筑物,为 20 年;飞机、火车、轮船、机器、机械和其他生产设备,为 10 年;与生产经营活动有关的器具、工具、家具等,为 5 年;飞机、火车、轮船以外的运输工具,为 4 年;电子设备,为 3 年。

根据国家税务总局公告 2014 年第 29 号文件的规定,企业固定资产会计折旧年限如果短于税法规定的最低折旧年限,其按会计折旧年限计提的折旧高于按税法规定的最低折旧年限计提的折旧部分,应调增当期应纳税所得额;企业固定资产会计折旧年限已期满且会计折旧已提足,但税法规定的最低折旧年限尚未到期且税收折旧尚未足额扣除,其未足额扣除的部分准予在剩余的税收折旧年限继续按规定扣除。企业固定资产会计折旧年限如果长于税法规定的最低折旧年限,其折旧应按会计折旧年限计算扣除,税法另有规定除外。

(3) 特殊情况。根据《国家税务总局关于设备 器具扣除有关企业所得税政策执行问题的公告》(国家税务总局公告 2018 年第 46 号)规定,所有行业的企业在 2018 年 1 月 1 日至 2020 年 12 月 31 日期间新购进的设备、器具,单位价值不超过 500 万元的,允许一次性计入当期成本费用在计算应纳税所得额时扣除,不再分年度计算折旧。

根据《财政部 税务总局关于扩大固定资产加速折旧优惠政策适用范围的公告》(财政部、国家税务总局公告 2019 年第 66 号)规定,从 2019 年 1 月 1 日起,全部制造业领域的企业,购进的单位价值超过 500 万元的设备、器具类固定资产,均可以选择缩短折旧年限的方法计提折旧,缩短后的折旧年限不得低于税法规定的最低折旧年限的 60%。

以上特殊情况会造成重大的税会差异,在该项固定资产的使用寿命期内,需要注意在各年度的汇算清缴时进行纳税调整。

4. 折旧方法的税会差异及涉税风险

《企业会计准则》规定,固定资产根据性质和使用情况,在合理确定固定资产使用寿命和预计净残值的基础上,结合与固定资产有关的经济利益的预期实现方式,合理选择固定资产折旧方法。企业至少应当于每年年度终了,对固定资产的使用寿命、预计净残值和折旧方法进行复核。固定资产使用寿命、预计净残值和折旧方法的改变应当作为会计估计变更。

《企业所得税法实施条例》规定,固定资产按照直线法计算的折旧,准予扣除。固定资产的预计净残值一经确定,不得变更。国家税务总局公告 2014 年第 29 号文件规定,企业按税法规定实行加速折旧的,其按加速折旧办法计算的折旧额可全额在税前扣除。

如果会计上确定的折旧方法和预计净残值与税法上不同,则进行纳税申报时需要按照税法规定的折旧方法和预计净残值重新计算折旧费用,并对差异进行纳税调整。

5. 减值资产折旧的税会差异

根据《企业会计准则第 8 号——资产减值》第十六条的规定,资产减值损失确认后,减值资产的折旧费用应当在未来期间做相应调整,以使该资产在剩余使用寿命内,系统地分摊调整后的资产账面价值(扣除预计净残值)。

《企业所得税法》规定,企业按会计规定提取的固定资产减值准备,不得税前扣除,其折旧仍按税法确定的固定资产计税基础计算扣除。减值资产折旧产生的税会差异需进行纳税调整。

(三) 期末计量的税会差异及涉税风险

《企业会计准则》规定,固定资产的可收回金额低于账面价值时,应将其账面价值减记至可收回金额,减记的金额确认为资产减值损失,计入当期损益,同时计提固定资产减值准备。《企业所得税法》规定,未经核定的准备金支出,在计算应纳税所得额时不得扣除。固定资产的减值损失在纳税申报时需要进行纳税调整。

(四) 处置时的税会差异及涉税风险

《企业会计准则》规定,企业出售、转让、报废固定资产或发生固定资产毁损,应当将处置收入扣除账面价值和相关税费后的金额计入当期损益。固定资产的账面价值是固定资产成本扣减累计折旧和累计减值准备后的金额。

《企业所得税法》第十六条规定,企业转让资产,该项资产的净值,准予在计算应纳税所得额时扣除。《企业所得税法实施条例》第七十四条规定,《企业所得税法》第十六条所称资产的净值和第十九条所称财产净值,是指有关资产、财产的计税基础减除已经按照规定扣除的折旧、折耗、摊销、准备金等后的余额。

因此,固定资产初始确认的计税基础与账面价值的差异、折旧、准备金的税会差异,都将造成处置时确认损益的税会差异,应进行纳税调整。

四、收入税会差异涉税风险分析

2017 年修订的《企业会计准则第 14 号——收入》在适用范围、收入确认标准、收入实现时点、收入处理流程等方面均做出了重大调整。在企业所得税法未同步修订的背景下,执行新收入准则的企业在收入确认和计量方面的税会差异进一步加大,若纳税调整不及时、不准确,必将引致更高的涉税风险。

(一)收入分类及范围的税会差异及涉税风险

1. 会计准则

《企业会计准则第 14 号——收入》(2017,以下简称收入准则)第二条规定,收入是指企业在日常活动中形成的、会导致企业所有者权益增加的、与所有者投入资本无关的经济利益的总流入。而不包括企业取得的非日常的长期资产处置利得、政府补贴等收入。

收入准则适用于所有与客户之间的合同,但下列各项除外:长期股权投资、金融工具确认和计量、金融资产转移、套期会计、合并财务报表、合营安排、租赁、保险合同。

2. 税法

《企业所得税法》第六条规定,企业以货币形式和非货币形式从各种来源取得的收入,为收入总额。包括:①销售货物收入。②提供劳务收入。③转让财产收入。④股息、红利等权益性投资收益。⑤利息收入。⑥租金收入。⑦特许权使用费收入。⑧接受捐赠收入。⑨其他收入。

3. 税会差异及涉税风险

从分类来看,会计准则的收入主要有销售商品收入、提供劳务收入和让渡资产使用权收入三大类;而税法则将收入分为九类。

从范围上看,会计准则的收入,主要是指主营业务收入和其他业务收入;而税法上的收入,是指所有能够增加应纳税所得额的项目。

(二)收入确认的税会差异及涉税风险

1. 会计准则

2006 年版《企业会计准则第 14 号——收入》第四条规定,销售商品收入同时满足下列条件的,才能予以确认:①企业已将商品所有权上的主要风险和报酬转移给购货方。

②企业既没有保留通常与所有权相联系的继续管理权，也没有对已售出的商品实施有效控制。③收入的金额能够可靠地计量。④相关的经济利益很可能流入企业。⑤相关的已发生或将发生的成本能够可靠地计量。

2017年修订的《企业会计准则第14号——收入》规定，企业与客户的合同应同时满足下列条件时，企业应当在客户取得相关商品控制权时确认收入：①合同各方已批准该合同并承诺将履行各自义务。②该合同明确了合同各方与所转让商品或提供劳务（以下简称"转让商品"）相关的权利和义务。③该合同有明确的与所转让商品相关的支付条款。④该合同具有商业实质，即履行该合同将改变企业未来现金流量的风险、时间分布或金额。⑤企业因向客户转让商品而有权取得的对价很可能收回。

在境内外同时上市的企业以及在境外上市并采用国际财务报告准则或企业会计准则编制财务报表的企业，自2018年1月1日起施行；其他境内上市企业，自2020年1月1日起施行；执行企业会计准则的非上市企业，自2021年1月1日起施行。

2. 税法

（1）增值税纳税义务发生时间。

确定增值税纳税义务发生时间的原则分为两种情况：销售货物及应税劳务按照《增值税暂行条例》及其实施细则确定；销售应税服务、无形资产和不动产按照财税〔2016〕36号文件的规定执行。具体分为两种规定。

一种是一般规定：①发生应税销售行为，为收讫销售款项或者取得索取销售款项凭据的当天；先开具发票的，为开具发票的当天。②进口货物，为报关进口的当天。③增值税扣缴义务发生时间为纳税人增值税纳税义务发生的当天。

另一种是具体规定：①采取直接收款方式销售货物，不论货物是否发出，均为收到销售款或者取得索取销售款凭据的当天。②采取托收承付和委托银行收款方式销售货物，为发出货物并办妥托收手续的当天③采取赊销和分期收款方式销售货物，为书面合同约定的收款日期的当天，无书面合同的或者书面合同没有约定收款日期的，为货物发出的当天。④采取预收货款方式销售货物，为货物发出的当天。但生产销售生产工期超过12个月的大型机械设备、船舶、飞机等货物，为收到预收款或者书面合同约定的收款日期的当天。⑤委托其他纳税人代销货物，为收到代销单位的代销清单或者收到全部或者部分货款的当天；未收到代销清单及货款的，为发出代销货物满180天的当天。⑥销售应税劳务，为提供劳务同时收讫销售款或者取得索取销售款的凭据的当天。⑦纳税人发生除将货物交付其他单位或者个人代销和销售代销货物以外的视同销售行为，为货物移送的当天。⑧纳税人提供租赁服务采取预收款方式的，其纳税义务发生时间为收到预收款的当天。⑨纳税人从事金融商品转让的，为金融商品所有权转移的当天。⑩纳税人发生视同销售服务、无形资产或者不动产情形的，其纳税义务发生时间为服务、无形资产转让完成的当天或者不动产权属变更的当天。

（2）企业所得税纳税义务发生时间。企业所得税纳税义务发生时间从以下两方面确认：

一是销售收入的确认条件。《关于确认企业所得税收入若干问题的通知》(国税函〔2008〕875号)规定,除《企业所得税法》及《企业所得税法实施条例》另有规定外,企业销售收入的确认,必须遵循权责发生制原则和实质重于形式原则。企业销售商品同时满足下列条件的,应确认收入的实现:①商品销售合同已经签订,企业已将商品所有权相关的主要风险和报酬转移给购货方。②企业对已售出的商品既没有保留通常与所有权相联系的继续管理权,也没有实施有效控制。③收入的金额能够可靠地计量。④已发生或将发生的销售方的成本能够可靠地核算。

符合收入确认条件,采取下列商品销售方式的,应按以下规定确认收入实现时间:①销售商品采用托收承付方式的,在办妥托收手续时确认收入。②销售商品采取预收款方式的,在发出商品时确认收入。③销售商品需要安装和检验的,在购买方接受商品以及安装和检验完毕时确认收入。如果安装程序比较简单,可在发出商品时确认收入。④销售商品采用支付手续费方式委托代销的,在收到代销清单时确认收入。

二是劳务收入的确认条件。企业在各个纳税期末,提供劳务交易的结果能够可靠估计的,应采用完工进度(完工百分比)法确认提供劳务收入。

提供劳务交易的结果能够可靠估计,是指同时满足下列条件:①收入的金额能够可靠地计量。②交易的完工进度能够可靠地确定。③交易中已发生和将发生的成本能够可靠地核算。

企业应按照从接受劳务方已收或应收的合同或协议价款确定劳务收入总额,根据纳税期末提供劳务收入总额乘以完工进度扣除以前纳税年度累计已确认提供劳务收入后的金额,确认为当期劳务收入;同时,按照提供劳务估计总成本乘以完工进度扣除以前纳税期间累计已确认劳务成本后的金额,结转为当期劳务成本。

下列提供劳务满足收入确认条件的,应按规定确认收入:①安装费。应根据安装完工进度确认收入。安装工作是商品销售附带条件的,安装费在确认商品销售实现时确认收入。②宣传媒介的收费。应在相关的广告或商业行为出现于公众面前时确认收入。广告的制作费,应根据制作广告的完工进度确认收入。③软件费。为特定客户开发软件的收费,应根据开发的完工进度确认收入。④服务费。包含在商品售价内可区分的服务费,在提供服务的期间分期确认收入。⑤艺术表演、招待宴会和其他特殊活动的收费。在相关活动发生时确认收入。收费涉及几项活动的,预收的款项应合理分配给每项活动,分别确认收入。⑥会员费。申请入会或加入会员,只允许取得会籍,所有其他服务或商品都要另行收费的,在取得该会员费时确认收入。申请入会或加入会员后,会员在会员期内不再付费就可得到各种服务或商品,或者以低于非会员的价格销售商品或提供服务的,该会员费应在整个受益期内分期确认收入。⑦特许权费。属于提供设备和其他有形资产的特许权费,在交付资产或转移资产所有权时确认收入;属于提供初始及后续服务的特许权费,在提供服务时确认收入。⑧劳务费。长期为客户提供重复的劳务收取的劳务费,在相关劳务活动发生时确认收入。

3. 税会差异及涉税风险

(1)会计收入确认与增值税纳税义务发生时间的差异。2017年版与2006年版收入准则关于收入确认时点的最大区别是以"控制权转移"替代"风险报酬转移"作为判断标准。新收入准则要求客户取得相关商品控制权时确认收入,而增值税暂行条例等税收法规则以收款日、取得索取销售款项凭据日、开具发票日、约定的收款日、预收款日、所有权转移日、发货日等作为纳税义务发生时间,不以控制权是否转移为依据进行判断。因此,会计确认收入时点与增值税纳税义务发生时点存在较大差异。

(2) 会计收入确认与企业所得税收入确认的差异。会计确认收入时需要考虑谨慎性原则,2006年版和2017年版的收入准则均强调商品销售的"相关的经济利益很可能流入企业";而税款的征收要遵循法律性原则和确保收入的原则,注重界定和准确计算应纳税额的计税依据,因此企业所得税法确认收入一般不考虑谨慎性原则,不考虑商品销售后是否能够收回货款。《国家税务总局关于确认企业所得税收入若干问题的通知》(国税函〔2008〕875号)规定的企业所得税收入确认条件,除了对经济利益流入企业的可能性的考量以外,与2006年版收入准则差异不大,2017年准则的修订和实施将导致新的税会差异的产生。

【案例 5-59】 A公司与B公司签订供货合同,约定的账期为月结15天(即每月底核对账目,次月15日前开具发票并支付款项)。2019年12月15日,A公司按合同约定向B公司销售商品500万元(不含税),B公司已验收。2020年1月10日A公司按合同约定向B公司开具了增值税专用发票并收到了销售款。假定该批商品的成本为300万元。

1. 会计处理

A公司运用"五步法"模型确认收入:

第一步,识别与客户订立的合同:A与B签订的是商品购销合同,该合同同时满足会计收入确认的五个条件。

第二步,识别合同中的单项履约义务:本合同只有一个在约定时点交付约定商品的单项履约义务。

第三步,确定交易价格:500万元。

第四步,将交易价格分摊至各单项履约义务:本合同只有一个单项履约义务,故交易价格500万元即为该单项履约义务额。

第五步,履行每一单项履约义务时确认收入。A公司2019年12月15日交付商品、B公司验收时,商品控制权发生转移,A公司确认收入。

账务处理:

借:应收账款——B公司	5 650 000
贷:主营业务收入	5 000 000
应交税费——待转销项税额	650 000

同时,结转成本:

借:主营业务成本	3 000 000
贷:库存商品	3 000 000

2. 税务处理

企业所得税：2019年12月，该业务符合企业所得税收入确认条件，A公司应确认企业所得税收入500万元。

增值税：该项业务发货后，货物的所有权及相关的风险与报酬已转移给买方，为赊销方式销售货物，增值税纳税义务发生时间为书面合同约定的收款日期的当天，即为2020年1月10日，所以该笔业务在2019年12月不产生增值税纳税义务。

3. 税会差异及涉税风险

2019年12月，A企业在会计和企业所得税均须确认收入500万元，但增值税不确认收入，从而产生增值税与会计收入、企业所得税收入的差异。该差异于2020年1月10日，A开具发票、收到销售款时转回，当月增值税应税销售额为500万元，而会计和企业所得税就该项业务确认的收入为0元。

账务处理：

借：银行存款	5 650 000
应交税费——待转销项税额	650 000
贷：应收账款——B公司	5 650 000
应交税费——应交增值税（销项税额）	650 000

（三）收入计量的税会差异及涉税风险

1. 可变对价

（1）会计准则。2017年修订的《企业会计准则第14号——收入》规定，企业应当按照分摊至各单项履约义务的交易价格计量收入。交易价格，是指企业因向客户转让商品而预期有权收取的对价金额。企业代第三方收取的款项以及企业预期将退还给客户的款项，应当作为负债进行会计处理，不计入交易价格。

合同中存在可变对价的，企业应当按照期望值或最可能发生金额确定可变对价的最佳估计数，但包含可变对价的交易价格，应当不超过在相关不确定性消除时累计已确认收入极可能不会发生重大转回的金额。企业在评估累计已确认收入是否极可能不会发生重大转回时，应当同时考虑收入转回的可能性及其比重。

（2）税法。国税函〔2008〕875号第一条规定，企业销售收入的确认，必须遵循权责发生制原则和实质重于形式原则。

《增值税暂行条例》第六条规定，销售额为纳税人发生应税销售行为收取的全部价款和价外费用，但是不包括收取的销项税额。《企业所得税法》第六条规定，企业以货币形式和非货币形式从各种来源取得的收入，为收入总额。

（3）税会差异及涉税风险。根据新收入准则，企业在确定交易价格时应当考虑可变对价，按照期望值或最可能发生金额确定可变对价的最佳估计数。而税法并无可变对价相关规定，对可变对价一般不认可。会计收入与税法收入的计量结果会产生不一致，需要进行增值税和企业所得税应税收入的调整。

【案例 5-60】 甲空调公司 2019 年 12 月向乙家电经销公司售出某型号液晶电视 800 台,价格不含税 5 000 元/台,同时约定如果乙公司两个月内能够订满 1 000 台,价格可优惠 100 元/台。甲公司认为春节前属于销售旺季,且按照以往的惯例乙公司极可能会在次年 1 月份订购 200 台,因此确认收入时把可变对价即 100 元折扣考虑在内。

1. 会计处理

借:银行存款	4 520 000
贷:主营业务收入	3 920 000
应交税费——应交增值税(销项税额)	520 000
合同负债	80 000

假设乙公司在次年 1 月又订购了 200 台,此时价格折扣生效,价格为 4 900 元/台,12 月份多支付的 80 000 元可作为 1 月份合同的价格折扣并开具在同一张发票上(即实际开票金额为 900 000 元)。甲公司会计分录如下:

借:银行存款	1 017 000
合同负债	80 000
贷:主营业务收入	980 000
应交税费——应交增值税(销项税额)	117 000

2. 税务处理

税法上并不承认甲公司预计的可变对价,因此 2019 年应按合同固定价格即 5 000 元/台确认对乙公司的应税收入 4 000 000 元,次年 1 月份发生的折扣 80 000 元冲减当期收入,也即 2020 年 1 月份对乙公司的应税收入为 900 000 元。

3. 税会差异及涉税风险

2019 年 12 月,甲公司在会计上确认收入 3 920 000 元,增值税和企业所得税确认应税收入 4 000 000 元,应进行纳税调增 80 000 元。2020 年 1 月,甲公司在会计上确认收入 980 000 元,增值税和企业所得税确认应税收入 900 000 元,应进行纳税调减 80 000 元。

2. 合同存在重大融资成分

(1) 会计准则。2017 年修订的《企业会计准则第 14 号——收入》规定,合同中存在重大融资成分的,企业应当按照假定客户在取得商品控制权时即以现金支付的应付金额确定交易价格。该交易价格与合同对价之间的差额,应当在合同期间内采用实际利率法摊销。

合同开始日,企业预计客户取得商品控制权与客户支付价款间隔不超过 1 年的,可以不考虑合同中存在的重大融资成分。

(2) 税法。《增值税暂行条例实施细则》第三十八条规定,采取预收货款方式销售货物,为货物发出的当天。但生产销售生产工期超过 12 个月的大型机械设备、船舶、飞机等货物,为收到预收款或者书面合同约定的收款日期的当天。

《国家税务总局关于确认企业所得税收入若干问题的通知》(国税函〔2008〕875号)第一条第二款规定,销售商品采取预收款方式的,在发出商品时确认收入。

(3)税会差异及涉税风险。企业与客户签订的合同中若存在重大融资成分,应根据对价金额与现销价格之差、时间间隔和现行市场利率,对是否存在重大融资成分进行评估。合同中的重大融资成分存在两种情况:一种是企业为客户提供重大融资利益,即企业以赊销的方式销售商品,企业应按照应收合同价款,借记"长期应收款"等科目,按照假定客户在取得商品控制权时即以现金支付的应付金额确定的交易价格(现销价格)贷记"主营业务收入",按其差额,贷记"未实现融资收益"科目。另一种是客户为企业提供重大融资利益,即企业要求客户支付预付款,企业应按照已收合同价款,借记"银行存款"等科目,按照客户取得商品控制权时即以现金支付的应付金额确定的交易价格贷记"合同负债"科目,按其差额,借记"未确认融资费用"科目。税法则按简化处理,在应税收入确认时不考虑重大融资成分。

企业为客户提供重大融资利益的案例与解析。

【案例5-61】 2019年1月1日,A公司采用分期收款方式向B公司销售一套大型设备,合同约定不含税销售价格为2 100万元,分3次于2019—2021年每年12月31日等额收取。合同约定,合同签订日交付设备,增值税专用发票在收取货款时开具。该大型设备成本1 500万元。在现销方式下,该大型设备不含税销售价格为1 850万元。设备的控制权在交付时转移。

1. 会计处理

甲公司在2019年度应当确认销售商品收入金额为1 850万元。按照上述两种收款方式计算的实际利率为6.616%。

(1)确认销售收入。

2019年1月1日

借:长期应收款	23 730 000
贷:主营业务收入	18 500 000
未实现融资收益	2 500 000
应交税费——待转销项税额	2 730 000

结转销售成本:

借:主营业务成本	15 000 000
贷:库存商品	15 000 000

(2)合同期间。

2019年12月31日

确认分摊的融资收益:

借:未实现融资收益	(18 500 000×6.616%)1 223 960
贷:财务费用	1 223 960

收取货款：

借：银行存款 7 910 000
　　贷：长期应收款 7 910 000

确认增值税纳税义务发生：

借：应交税费——待转销项税额 910 000
　　贷：应交税费——应交增值税（销项税额）　（7 000 000×13%）910 000

2020 年 12 月 31 日

确认分摊的融资收益：

借：未实现融资收益　[18 500 000－(7 000 000－1 223 960)]×6.616% 841 817
　　贷：财务费用 841 817

收取货款：

借：银行存款 7 910 000
　　贷：长期应收款 7 910 000

确认增值税纳税义务发生：

借：应交税费——待转销项税额 910 000
　　贷：应交税费——应交增值税（销项税额）　（7 000 000×13%）910 000

2021 年 12 月 31 日

确认分摊的融资收益：

借：未实现融资收益　（2 500 000－1 223 960－841 817）434 223
　　贷：财务费用 434 223

收取货款：

借：银行存款 7 910 000
　　贷：长期应收款 7 910 000

确认增值税纳税义务发生：

借：应交税费——待转销项税额 910 000
　　贷：应交税费——应交增值税（销项税额）　（7 000 000×13%）910 000

2. 税务处理

增值税：《增值税暂行条例实施细则》第三十八条规定，采取赊销和分期收款方式销售货物，为书面合同约定的收款日期的当天，无书面合同的或者书面合同没有约定收款日期的，为货物发出的当天。因此，甲公司发出货物暂时不产生增值税纳税义务。分期收取款项时产生增值税纳税义务，2019—2021 年，每年 12 月 31 日确认应税收入各 700 万元。

企业所得税：根据《企业所得税法实施条例》第二十三条规定，以分期收款方式销售货物的，按照合同约定的收款日期确认收入的实现。因此，A 公司 2017—2019 年每年确认应税收入各 700 万元。

3. 税会差异及涉税风险

2019—2021 年度应分期确认企业应税收入 700 万元,而不是一次性确认 1 850 万元,需要对 2019 年度收入进行纳税调减和 2020 年、2021 年收入进行纳税调增;同时,按照配比原则,与应税收入对应的成本也应按比例分期确认,需要对 2019—2021 年度成本进行相应的纳税调整。

A 公司 2019—2021 年会计上通过分摊"未实现融资收益"确认的"财务费用"贷方发生额,在税法上已确认收入,需调减每期的应纳税所得额。

客户为企业提供重大融资利益的案例与解析。

【案例 5-62】 2019 年 1 月 1 日,甲公司与乙公司签订合同,向其销售一批产品。合同约定,该批产品将于 2 年后交付。合同中包含两种可供选择的付款方式,即乙公司可以在 2 年后交付产品时支付不含税价款 449.44 万元,或者在合同签订时支付不含税价款 400 万元。乙公司选择在合同签订时支付货款,甲公司在收到货款后按合同约定开具了增值税专用发票,价款 400 万元,税额 52 万元。甲公司在 2020 年 12 月 31 日完成交货任务,该批产品的控制权在交货时转移。

1. 会计处理

按照上述两种付款方式计算的实际利率为 6%。考虑到乙公司付款时间和产品交付时间的间隔以及现行市场利率水平,甲公司认为该合同包含重大融资成分,在确定交易价格时,应当对合同承诺的对价金额进行调整,以反映该重大融资成分的影响。假定该融资费用不符合借款费用资本化的条件。

(1) 收到货款。

2019 年 1 月 1 日

借:银行存款		4 520 000
未确认融资费用		494 400
贷:合同负债		4 494 400
应交税费——应交增值税(销项税额)		520 000

(2) 确认分摊的融资费用。

2019 年 12 月 31 日

借:财务费用	(4 000 000×6%)	240 000
贷:未确认融资费用		240 000

(3) 交付商品。

2020 年 12 月 31 日

借:财务费用	(494 400−240 000)	254 400
贷:未确认融资费用		254 400

借：合同负债　　　　　　　　　　　　　　　　　　　4 494 400
　　贷：主营业务收入　　　　　　　　　　　　　　　　　　4 494 400

2. 税务处理

（1）增值税方面。甲公司提前收款为"采取预收货款方式销售货物"且"先开具发票"的情况，应在收取货款（开具发票）时即2019年1月1日确认增值税纳税义务发生，计税依据为合同约定且发票开具的金额400万元。

（2）企业所得税方面。销售商品采取预收款方式的，在发出商品时确认收入，不考虑重大融资成分，应在交付商品时即2020年12月31日按合同约定的收款额确认应税收入400万元。

3. 税会差异及涉税风险

（1）收入方面。2019年1月1日甲公司收取货款时，增值税确认应税收入400万元，而会计和企业所得税不确认收入。2020年12月31日交付商品时，会计上确认收入449.44万元，企业所得税在收入确认时不考虑重大融资成分，确认收入400万元，应进行纳税调减49.44万元。

（2）成本费用方面。会计上在2019年12月31日和2020年12月31日通过分摊"未确认融资费用"确认的财务费用24万元和25.44万元，无税务扣除的依据，需要对该部分的"财务费用"进行纳税调整，调增每期的应纳税所得额。

3. 合同附有销售退回条款

（1）会计准则。2017年修订的《企业会计准则第14号——收入》规定，对于附有销售退回条款的销售，企业应当在客户取得商品控制权时，按照因向客户转让商品而预期有权收取的对价金额（不包含预期因销售退回将退还的金额）确认收入，按照预期因销售退回将退还的金额确认负债（"预计负债"）；同时，按照预期将退回商品转让时的账面价值，扣除收回该商品预计发生的成本（包括退回商品的价值减损）后的余额，确认为一项资产（"应收退货成本"），按照所转让商品转让时的账面价值，扣除上述资产成本的净额结转成本（"主营业务成本"）。

每一资产负债表日，企业应当重新估计未来销售退回情况，如有变化，应当作为会计估计变更进行会计处理。

（2）税法。国税函〔2008〕875号规定，企业销售商品，同时满足销售合同已经签订，商品所有权相关的主要风险和报酬转移给购货方，对已售出的商品没有继续管理权和控制权，收入的金额能够可靠地计量，成本能够可靠地核算四项条件的，应确认收入的实现。企业因售出商品质量、品种不符合要求等原因而发生的退货属于销售退回。企业已经确认销售收入的售出商品发生销售退回，应当在发生当期冲减当期销售商品收入。

（3）税会差异及涉税风险。对于附有销售退回条款的销售，会计准则规定企业在客户取得商品控制权时确认的收入不包含预期因销售退回将退还的金额，而税法规定企业应在商品销售时全部确认应纳税所得额,实际发生退货时冲减当期收入和成本,从而形成税会差异。

【案例5-63】 甲公司是一家体育用品批发公司。2019年10月24日,甲公司向乙公司销售5 000件体育器材,单位销售价格300元,单位成本240元,开出增值税专用发票上注明的销售价款1 500 000元,增值税额195 000元。体育器材已经发出,但款项尚未收到。假定体育器材发出时控制权已经转移给乙公司。根据双方签署的协议,乙公司应在2019年12月31日前支付货款,但在2020年3月31日前有权退还体育器材。甲公司根据过去的经验,估计该批体育器材的退货率约为20%。在2019年12月31日,甲公司对退货率进行了重新评估,认为只有10%的体育器材会被退回。

甲公司是一般纳税人,实际发生退货时按规定开具红字专用发票。假定2020年3月31日实际发生退货400件。

1. 2019年10月24日货物发出时

(1) 会计处理。

根据会计准则规定,对于附有销售退回条款的,确认收入的金额不包含预期因销售退回将退还的金额,预期因销售退回将退还的金额确认为负债;同时,在结转成本时应扣除预期退回商品成本的净额。

发出商品时:

借:应收账款——乙公司	16 950 000
贷:主营业务收入 (1 500 000×80%)	1 200 000
预计负债——应付退货款 (1 500 000×20%)	300 000
应交税费——应交增值税(销项税额)	1 950 000

结转成本:

借:主营业务成本	960 000
应收退货成本 (5 000×240×20%)	240 000
贷:库存商品	1 200 000

(2) 税务处理。

增值税方面:货物已发出,且已开出增值税发票,甲公司就取得了收取货款的权利,因此纳税义务就产生了,需要全额确认为应税收入。

企业所得税方面:虽然附有销售退回条款,但是已经满足了税务对收入确认的条件,因此应全额计算为应税收入。

(3) 税会差异及涉税风险。

收入方面:会计处理预计的退货金额,税务方面无论是增值税还是企业所得税均不予扣减,需要全额确认应税收入150万元,因此收入方面存在30万元税会差异。

成本方面:根据配比原则,税务处理时全额确认应税收入,与收入的对应成本也应全额确认120万元,因此成本方面存在24万元的税会差异。

2. 2019年12月31日前收到货款

借:银行存款		1 695 000
贷:应收账款——乙公司		1 695 000

3. 2019年12月31日,甲公司对退货率进行重新评估

(1) 会计处理。

每一资产负债表日,企业应当重新估计未来销售退回情况,如有变化,应当作为会计估计变更进行会计处理。

冲减多估计的退货款:

借:预计负债——应付退货款		150 000
贷:主营业务收入		150 000

结转少退货500件的成本:

借:主营业务成本		120 000
贷:应收退货成本		120 000

(2) 税务处理。

会计处理重新估计了销售退回情况,不产生纳税义务,不需进行税务处理。

(3) 税会差异及涉税风险。

收入方面:会计处理方面新增确认收入15万元,转回15万元的收入税会差异。

成本方面:会计处理方面新增确认成本12万元,转回12万元的成本税会差异。

4. 2020年3月31日发生销售退回,实际退货量为400件,退货款已支付

(1) 会计处理。

比预计少退货100件,需要重新确认与2019年12月31日估计退货量差额100件的收入30 000元。

借:应交税费——应交增值税(销项税额)		15 600
预计负债——应付退货款		150 000
贷:银行存款		135 600
主营业务收入		30 000
借:库存商品		96 000
贷:应收退货成本		96 000

结转少退货100件的成本:

借:主营业务成本		24 000
贷:应收退货成本		24 000

(2) 税务处理。

增值税:按照实际退货量开具红字发票冲减应税收入12万元,冲减销项税额1.56万元。

企业所得税:按照实际退货量计算并冲减应税收入12万元,同时冲减成本9.6万元。

(3) 税会差异及涉税风险。

收入方面:会计新增确认收入3万元,税务处理冲减应税收入12万元,转回15万元的税会差异。

成本方面:会计新增确认成本2.4万元,税务处理冲减成本9.6万元,转回12万元的税会差异。

4. 合同附有质量保证条款

(1) 会计准则。质量保证条款分为服务类条款和保证类条款。2017年修订的《企业会计准则第14号——收入》规定,对于附有质量保证条款的销售,企业应当评估该质量保证是否在向客户保证所销售商品符合既定标准之外提供了一项单独的服务。企业提供额外服务的,应当作为单项履约义务,按照收入准则规定进行会计处理;否则,质量保证责任应当按照《企业会计准则第13号——或有事项》规定进行会计处理。在评估质量保证是否在向客户保证所销售商品符合既定标准之外提供了一项单独的服务时,企业应当考虑该质量保证是否为法定要求、质量保证期限以及企业承诺履行任务的性质等因素。客户能够选择单独购买质量保证的,该质量保证构成单项履约义务。

即对于服务类质量保证条款,按单项履约义务处理,将交易价格分摊至该单项履约义务,履行合同时确认收入;对于保证类质量保证条款,按或有事项准则处理,计入销售费用——产品质量保证,同时计入预计负债。

(2) 税法。《企业所得税法实施条例》第八条规定,企业实际发生的与取得收入有关的、合理的支出,包括成本、费用、税金、损失和其他支出,准予在计算应纳税所得额时扣除。

(3) 税会差异及涉税风险。税法不允许企业扣除按照历史经验与数据预揣的因质量保证而发生的费用,只有在费用实际发生时,才准予扣除。即对于作为单项履约义务的质量服务类销售,按照新收入准则规定确认的会计收入与应税收入并无差异;对于不作为单项履约义务的质量保证类的销售,须全额确认应税收入,存在税会差异。

【案例5-64】 甲公司是一家专业的手机销售商店,所有由该店销售的手机,甲公司书面向客户承诺:手机自售出起一年内如果发生质量问题,甲公司负责提供质量保证服务(三包服务);此外,在此期间内,由于客户使用不当(例如手机进水)等原因造成的产品故障,甲公司也免费提供维修服务(该服务不能单独购买)。假设甲公司2019年度实际销售手机收入3 000万元,增值税税额390万元,手机成本2 500万元。2019年实际发生质量保证服务支出8万元,其中包含2018年度所售手机三包服务支出6万元。2019年按照销售额的1%预提质量保证服务支出费用(三包)。对于额外的免费维修服务,与甲公司类似的企业有单独销售,市场公允价格为手机售价(不含税)的0.8%。2019年度售出的手机,截至12月31日共发生因客户使用不当等原因造成的故障维修支出3万元,预计2020年度还会支出3万元。

1. 会计处理

甲公司的承诺包括:销售手机、提供质量保证服务以及额外免费维修服务。甲公司针对产品的质量问题提供的质量保证服务是为了向客户保证所销售商品符合既定标准,因此不构成单项履约义务;甲公司由于客户使用不当而导致的产品故障提供的额外免费维修服务,属于在向客户保证所销售商品符合既定标准之外提供的单独服务,尽管其没有单独销售,该服务与手机可明确区分,应作为单项履约义务。

因此,在该合同下,甲公司的履约义务有两项:销售手机和提供免费维修服务,甲公司应当按照其各自单独售价的相对比例,将交易价格分摊至这两项履约义务,并在各项履约义务履行时分别确认收入。甲公司提供的质量保证服务,应当按照《企业会计准则第13号——或有事项》的规定进行会计处理。

(1) 售出手机时。

将交易价格分摊至各单项履约义务:

手机销售分摊＝3 000×1÷(1+0.8%)＝2 976.19(万元)。

额外免费维修分摊＝3 000×0.8%÷(1+0.8%)＝23.81(万元)。

借:银行存款	33 900 000
贷:主营业务收入	29 761 900
合同负债——免费维修	238 100
应交税费——应交增值税(销项税额)	3 900 000

结转手机销售成本:

借:主营业务成本	25 000 000
贷:库存商品	25 000 000

(2) 额外的免费维修服务。

截至12月31日尚未达到承诺的一年服务期限,2019年度确认的免费维修服务合同负债尚不能转化为收入,支出只能暂时计入合同资产。

借:合同资产——免费维修	30 000
贷:应付职工薪酬——工资等	30 000

(3) 三包服务。

实际支出三包费用:

借:预计负债	80 000
贷:银行存款	80 000

预提2019年度三包费用:

借:销售费用	300 000
贷:预计负债	300 000

2. 税务处理

(1) 增值税:纳税人生产经营活动中采取直接收款方式销售货物,已将货物移送对方并暂估销售收入入账,但既未取得销售款或取得索取销售款凭据也未开具销售发票的,其增值税纳税义务发生时间为取得销售款或取得索取销售款凭据的当天;先开具发票的,为开具发票的当天。

公司的产品在保修期内出现问题,进行免费维修消耗的材料或免费更换的配件,属于用于增值税应税项目,不属于《增值税暂行条例》第十条规定的不得抵扣的情形,不需要作进项税额转出处理。

根据《增值税暂行条例实施细则》第四条关于视同销售的规定,保修期内免费保修业务作为销售合同的一部分,有关收入实际已经在销售时获得,该公司已就销售额缴纳了税款,免费保修时无需再缴纳增值税,维修领用零件也不需视同销售缴纳增值税。

因此,甲公司应在售出手机时确认全部应税收入,对于三包服务和额外的免费服务不需要作进项税额转出或视同销售处理。

(2) 企业所得税:《企业所得税法实施条例》第九条规定,企业应纳税所得额的计算,以权责发生制为原则,属于当期的收入和费用,不论款项是否收付,均作为当期的收入和费用;不属于当期的收入和费用,即使款项已经在当期收付,均不作为当期的收入和费用。

因此,甲公司应在售出手机时确认全部应税收入,三包服务和额外维修服务的实际支出可以税前扣除。

3. 税会差异及涉税风险

(1) 收入方面:会计确认收入 2 976.19 万元,税务确认应税收入 3 000 万元,税会差异 23.81 万元,对于会计处理计入合同负债而未确认收入的部分应进行纳税调整;

(2) 三包及维修成本费用方面:实际支出 11 万元(含额外维修服务 3 万元),预提 30 万元,税会差异 19 万元,应进行纳税调整。

第六章 日常税务管理风险分析

第一节 发票管理涉税风险与防范

一、发票及其开具范围

（一）政策法规

根据《中华人民共和国发票管理办法》（以下简称《发票管理办法》）的规定，发票是指在购销商品、提供或者接受服务以及从事其他经营活动中，开具、收取的收付款凭证。在我国税务机关是发票的主管机关，负责发票印制、领购、开具、取得、保管、缴销的管理和监督。单位、个人在购销商品、提供或者接受经营服务以及从事其他经营活动中，应当按照规定开具、使用、取得发票。

按照发票的介质，可分为纸质发票和电子发票；按照是否可以抵扣增值税进项税款，可分为增值税普通发票、增值税专用发票[①]。除了通过增值税发票管理系统开具和管理的发票外，我国目前还有纳税发票管理范围，但由其他部门负责日常管理的发票，如航空运输电子客票行程单、铁路车票、公路和水路客运发票等。

《中华人民共和国发票管理实施细则》（以下简称《发票管理实施细则》）第三十四条规定，发票真伪由税务机关鉴定。包括发票真伪在内的发票信息可以通过税务机关提供的平台查验，其中5年内的增值税专用发票、增值税普通发票、机动车销售统一发票和二手车销售统一发票的信息可通过全国增值税发票查验平台查验，其他发票信息则需至发票开具方税务机关及其提供的发票查验网站进行查验。

根据《国家税务总局关于普通发票真伪鉴定问题的通知》（国税函〔2008〕948号）的规定，普通发票的真伪鉴定由鉴定受理税务机关负责；受理税务机关鉴定有困难的，可以提请发票监制税务机关协助鉴定；在伪造、变造现场查获的假发票，由当地税务机关负责鉴定。

增值税发票的开具范围包括销售商品、提供服务以及其他经营活动，一般由收款方向付款方开具发票。在特殊情况下，如农产品收购活动，由付款方向收款方开具发票。就具体的开具范围而言，属于增值税征税范围的应税经营活动应当开具发票；对于增值税免税项目，除国有粮食购销企业销售免税粮食外，不得开具增值税专用发票，但免税项目可以开具普通发票；对于不征收增值税的项目，一般不需要开发票；对于不属于增值税征税范围的项目，不得开具增值税专用发票，但对于未发生销售行为的不征税项目，有16种情形[②]需要开具税率栏为"不征税"的增值税普通发票。包括预付卡销售和充值，销售自行开发的房地产项目预收款，已申报缴纳营业税未开票补开票，代收印花税，代收车船税，融

[①] 截至2021年年初，增值税电子专票仅在新办纳税人中试点使用，由各省确定试行电子专票的新办纳税人具体范围。

[②] 截至2020年10月《商品和服务税收分类与编码表》中编码为6开头的项目共16项，可能会随着经营模式发展的需要而继续增加。

资性售后回租业务中承租方出售资产,资产重组涉及的不动产,资产重组涉及的土地使用权,代理进口免税货物货款,有奖发票奖金支付,不征税自来水,建筑服务预收款,代收民航发展基金,拍卖行受托拍卖文物艺术品代收货款,与销售行为不挂钩的财政补贴收入,资产重组涉及的货物。

增值税发票应按照增值税纳税义务发生时间开具。在实务中,会根据发票开具日期和收讫销售款项或者取得索取销售款项凭据的时间孰先来确定纳税义务发生时间。当发票开具时,即使企业尚未取得销售款,纳税义务也已发生。

(二) 风险防范

开具发票时,企业应注意按规定使用商品和服务税收分类编码。商品和服务税收分类与编码是指在增值税发票管理新系统中,纳税人开具发票时票面上的商品应与国家税务总局核定的税收编码进行关联,按分类编码上注明的税率和征收率开具发票。纳税人不选择商品和服务税收分类与编码的,属于发票栏目填写不全。不符合规定的发票,不得作为财务报销凭证,任何单位和个人有权拒收。未按照规定的时限、顺序、栏目,全部联次一次性开具发票的,由主管税务机关责令限期改正,可以处1万元以下的罚款。

企业通过该系统开具发票时,商品和服务税收分类编码对应的简称会自动显示并打印在发票票面"货物或应税劳务、服务名称"或"项目"栏次中,企业应选择与商品一致的编码。对于存在多个编码的货物,编码选择需要企业根据经营范围和提供的主要产品服务做辅助判断。企业可以根据实际经营情况细化商品编码。企业在编码选择时,应选择符合本单位实际生产销售和服务能力的商品编码,票面销售项目和所选商品编码的分类应一致,不要将商品和服务混用,避免选错门类和3、4级子类。税务机关发现企业选择的编码不符合规定的,由主管税务机关责令限期改正,逾期不更正的,可被视为恶意选择编码,可能受到行政处罚。

未按规定填写"备注"栏信息的增值税发票不能作为有效税收凭证。《国家税务总局关于全面推开营业税改征增值税试点有关税收征收管理事项的公告》(国家税务总局公告2016年第23号)规定,提供建筑服务应在备注栏中注明建筑服务发生地县(市、区)名称及项目名称,销售不动产、出租不动产应在备注栏中注明不动产的详细地址。对于车船税扣缴义务人,《国家税务总局关于保险机构代收车船税开具增值税发票问题的公告》(国家税务总局公告2016年第51号)要求其应在备注栏中注明代收车船税款信息等。

不按要求注明的发票,由主管税务机关责令限期改正。构成不符合规定的发票的,取得发票的企业不得作为财务报销凭证,任何单位和个人有权拒收;企业支付的分包款不得从取得的全部价款和价外费用中扣除;增值税进项税额不得从销项税额中抵扣;不得作为企业所得税税前扣除凭据;不得计入土地增值税扣除项目金额。

发票是企业所得税税前扣除的主要凭证。根据《国家税务总局关于发布〈企业所得税税前扣除凭证管理办法〉的公告》(国家税务总局公告2018年第28号)的规定,企业在境内发生的支出项目属于增值税应税项目的,对方为已办理税务登记的增值税纳税人,其支出以发票(包括按照规定由税务机关代开的发票)作为税前扣除凭证;对方为依法无需办理税务登记的单位或者从事小额零星经营业务的个人,其支出以税务机关代开的发票或者收款凭证及内部凭证作为税前扣除凭证,收款凭证应载明收款单位名称、个人姓名及身份证号、支出项目、收款金额等相关信息。

企业需注意按照纳税义务发生时间开具发票。对于货物销售,纳税义务发生时间依销售结算方式不同而异:采取直接收款方式销售货物,不论货物是否发出,均为收到销售款或者取得索取销售款凭据的当天;采取托收承付和委托银行收款方式销售货物,为发出货物并办妥托收手续的当天;采取赊销和分期收款方式销售货物,为书面合同约定的收款日期的当天,无书面合同的或者书面合同没有约定收款日期的,为货物发出的当天;采取预收货款方式销售货物,为货物发出的当天,但生产销售生产工期超过12个月的大型机械设备、船舶、飞机等货物,为收到预收款或者书面合同约定的收款日期的当天;委托其他纳税人代销货物,为收到代销单位的代销清单或者收到全部或者部分货款的当天。未收到代销清单及货款的,为发出代销货物满180天的当天。

对于应税劳务销售,提供应税行为的,纳税义务发生时间为提供劳务、应税行为同时收讫销售款或者取得索取销售款凭据的当天。

对于提供应税行为的,收讫销售款项以应税行为开始发生为前提,除了提供租赁服务采取预收款方式外,在发生应税行为之前收到的款项不属于收讫销售款项,不需要确认纳税义务发生,但是先开具发票的,纳税义务为开具发票的当天。

应开发票而不开发票可能会产生额外的税款。对于交易方拒绝开具发票,而对企业造成的损失,可要求开票方赔偿税款、滞纳金、罚款等损失。

企业取得错开的发票的,应退回发票,要求开票方作废重开。错开发票是企业在经营活动中会碰到的现象,错开发票与虚开发票具有本质区别。错开发票的情形包括买方的名称填写不规范或不完整,项目填写不齐全;发票中名称、单位、数量、金额、税率等项目开具错误;备注栏应填而未填或未按照规定填写;发票票种开具错误,不应开具增值税专用发票而开具,不应自行开具农产品收购发票而开具等。若未及时退回发票,开票方需要开具红字发票,然后重新开具符合条件的发票。取得错开发票的企业不能抵扣增值税进项税额,不得作为企业所得税税前扣除的凭证。

【案例6-1】 取得不符合规定的发票,不得税前扣除。某市A药业公司在2012年～2018年间,收受B企业管理咨询事务所等公司咨询费普通发票505份,金额为6 853余万元,2019年该市国税局第一稽查局在对A药业公司的检查中,认定其所接收的普通发票为不符合规定的发票,追缴企业所得税。

二、虚开发票

(一)政策法规

根据《发票管理办法》第二十二条的规定,开具发票应当按照规定的时限、顺序、栏目,全部联次一次性如实开具,并加盖发票专用章。任何单位和个人不得有下列虚开发票行为：①为他人、为自己开具与实际经营业务情况不符的发票。②让他人为自己开具与实际经营业务情况不符的发票。③介绍他人开具与实际经营业务情况不符的发票。

对于违反上述规定虚开发票的,《发票管理办法》第三十七条规定,由税务机关没收违法所得;虚开金额在1万元以下的,可以并处5万元以下的罚款;虚开金额超过1万元的,并处5万元以上50万元以下的罚款;构成犯罪的,依法追究刑事责任。非法代开发票的,依照前款规定处罚。

发票的交易方包括开票方、受票方和中间方。实际经营业务情况是指开票方与受票方之间实际发生的经营业务活动。根据与实际经营业务不符来认定虚开发票,可以分为有货虚开和无货虚开两种,前者是指有购销货物或者提供、接受了应税劳务但开具内容与购销货物、提供劳务的情况不相符,后者是指没有购销货物或者没有提供、接受应税劳务,但仍然开具了发票。当前我国的虚开发票呈现出以下三个特点:

一是空壳企业成为虚开发票攫取非法利益的主要载体。对外虚开发票的源头企业,主要是不进行任何经营活动的空壳企业。这些空壳企业,大多是不法分子通过骗用、租用、借用、盗用他人身份信息,为实施虚开注册成立的。

二是粗暴虚开成为虚开团伙大肆违法犯罪的主要方式。所谓粗暴虚开是指虚开企业甚至不需要编造任何经营行为,比如伪造合同、进行虚假资金支付等,简单粗暴地对外虚开增值税发票。这些企业在短期存续领票开票后,进行虚假纳税申报或不进行申报即走逃失联。

三是走逃失联成为不法分子逃避打击的主要方法。现阶段,走逃已经成为虚开分子逃避打击、保护下游用票企业的一种基本手段。同时,不法企业滥用简化注销程序等服务措施,通过注销逃避检查的现象也非常突出[1]。

虚开增值税专用发票会受到一系列的行政甚至刑事处罚。《国家税务总局关于纳税人虚开增值税专用发票征补税款问题的公告》(国家税务总局公告2012年第33号)规定,纳税人虚开增值税专用发票,未就其虚开金额申报并缴纳增值税的,应按照其虚开金额补缴增值税;已就其虚开金额申报并缴纳增值税的,不再按照其虚开金额补缴增值税。对纳税人虚开增值税专用发票的行为,应按《税收征收管理法》及《发票管理办法》的有关规定给予处罚、加收滞纳金。纳税人构成重大税收违法失信案件,实施调整纳税信用级别等惩戒措施[2],构成犯罪的,依法追究刑事责任[3]。

当然,虚开发票并不必然意味着构成虚开发票类犯罪。一般而言,虚开发票的界定较广,发票上的销货方、购货方、商品名称、数量、单价、金额等任意信息与实际经营业务不一致的,即构成虚开发票。但虚开发票是否构成犯罪还需要结合是否有通过虚开骗取国家税款的目的等其他构成要件展开分析[4]。

---

[1] 金鑫,《打防结合,强力整治利用"三假"实施税收违法行为》,国家税务总局在线访谈,2020年12月3日。
[2] 详见第七章第一节重大税收违法失信案件的分析。
[3] 详见第七章第二节的分析。
[4] 详见第七章第二节虚开发票类犯罪的分析。

（二）风险防范

企业需注意"三流"（货物流、资金流、发票流）不一致并不一定是虚开。根据《国家税务总局关于加强增值税征收管理若干问题的通知》（国税发〔1995〕192号）第三条的口径，对于企业是否构成虚开增值税专用发票的判定往往遵循货物、资金和发票的"三流"一致，即纳税人购进货物或应税劳务，支付运输费用，所支付款项的单位，必须与开具抵扣凭证的销货单位、提供劳务的单位一致，才能够申报抵扣进项税额，否则不予抵扣。但是也存在少数例外，比如对于个别实行统一结算的企业，分公司购买货物从销售方取得增值税专用发票，总公司统一支付货款，造成购进货物的实际付款单位与发票上注明额购货单位名称不一致的，也可能允许其抵扣增值税进项税额[①]。

在实际经营中，两种"三流"不一致的经营情况已明确不属于虚开：一种是先卖后买，即纳税人将货物销售给下家在前，从上家购买货物在后的经营活动。纳税人对外开具的销售货物的增值税专用发票，纳税人应当拥有货物的所有权，这种所有权包括以直接购买方式取得货物的所有权，也包括先卖后买方式取得货物的所有权。另一种是挂靠经营，对于以挂靠方式开展经营活动的行为，需要根据双方的交易关系来判定纳税人。①如果挂靠方以被挂靠方名义，向受票方纳税人销售货物、提供增值税应税劳务或者应税服务，应以被挂靠方为纳税人。被挂靠方作为货物的销售方或者应税劳务、应税服务的提供方，按照相关规定向受票方开具增值税专用发票。②如果挂靠方以自己名义向受票方纳税人销售货物、提供增值税应税劳务或者应税服务，则应以挂靠方为纳税人。

对于先卖后买、挂靠经营等"三流"不一致情况的，企业应尽量通过签订与上家的货物买卖合同、取得货物的所有权，签订书面挂靠协议、形成明确挂靠关系等方式，形成完整的交易锁链，防止被认定为虚开增值税专用发票。

企业应注意善意取得增值税专用发票的处理。《国家税务总局关于纳税人善意取得虚开的增值税专用发票处理问题的通知》（国税发〔2000〕187号）中指出，受票方不知道取得的增值税专用发票是销售方虚开，受票方就有善意取得增值税专用发票的可能性。当受票方与销售方存在真实的交易，销售方使用的是其所在省（自治区、直辖市和计划单列市）的专用发票，专用发票注明的销售方名称、印章、货物数量、金额及税额等全部内容与实际相符，且没有证据表明受票方知道销售方提供的专用发票是以非法手段获得的，对受票方不以偷税或者骗取出口退税论处。但应按有关法规不予抵扣进项税款或者不予出口、退税；购货方已经抵扣的进项税款或者取得的出口退税，应依法追缴，被依法追缴的已抵扣税款，不加收滞纳金。受票方能够重新从销售方取得合法、有效专用发票的，依法准予抵扣进项税款或者出口退税。对于善意取得虚开的增值税专用发票，企业业务真实且实际发生，企业所得税可以税前扣除。在善意的判定上，"三流"一致是税务机关的主要考虑因素。

开票方、受票方和作为介绍人均可能构成虚开发票。对于介绍人，不以其获利与否作

---

① 《国家税务总局关于诺基亚公司实行统一结算方式增值税进项税额抵扣问题的批复》（国税发〔2006〕1211号）

为判定虚开的前提条件,即使是友情介绍开票方与受票方之间虚开发票,也构成介绍他人虚开。

企业取得虚开的增值税专用发票的,对外开具增值税专用发票的,并不一定构成对外虚开增值税专用发票。这包括如下两种情况。

第一种情况是,受票方取得虚开的增值税专用发票的行为,本身就是善意的,其不具有虚增增值税进项税额偷逃税款的目的,那么其对外开具的增值税专用发票是否构成虚开需要根据其开具目的来判定。

第二种情况是,受票方①取得虚开的增值税专用发票是为了虚增进项税额偷逃税款,其作为开票方纳税人(以下称为纳税人)向他的受票方(以下称为受票方纳税人)开具的增值税专用发票同时符合以下三个情形的,税务机关可以直接认定为不属于对外虚开增值税专用发票:①纳税人向受票方纳税人销售了货物,或者提供了增值税应税劳务、应税服务。②纳税人向受票方纳税人收取了所销售货物、所提供应税劳务或者应税服务的款项,或者取得了索取销售款项的凭据。③纳税人按规定向受票方纳税人开具的增值税专用发票相关内容,与所销售货物、所提供应税劳务或者应税服务相符,且该增值税专用发票是纳税人合法取得、并以自己名义开具的。取得符合上述情形的增值税专用发票的纳税人,可以抵扣进项税额。如果无法同时满足这三个条件的,需要由纳税人向税务机关证明其不构成虚开行为。

企业应注意防范变名开具发票产生的变名虚开风险。变名虚开是指企业开具的增值税发票上所载货物与实际经营情况不符,或者同一种商品开具发票和取得发票的编码不一致,或者系统开具的销货清单无法对应发票上的业务,或者缺乏规范开具的销货清单。变名虚开被视为虚开发票,税务行政处罚风险较高。变名虚开与无货虚开具有一定的相似性,当企业的上述专用发票开具行为,被认定为无货虚开时,可能会被认定为构成虚开增值税专用发票罪。

企业虚开普通发票的税务风险在上升。近年来,部分不法企业通过操纵空壳企业实施小微化分散领票,虚开增值税普通发票后迅速走逃逃避监管等快速增加。随着增值税电子普通发票的逐渐普及,已经出现电子普通发票和纸质普通发票夹杂虚开的案件②。对于虚开增值税普通发票 100 份或者金额 40 万元以上的,构成重大税收违法失信案件,除按规定进行税务处理和税务行政处罚外,还会面临纳税信用直接调整为 D 级,多个部门联合进行惩戒等处理。触犯刑法的,构成虚开发票罪。

企业在业务往来中,需要提高防范意识,保留交易过程中的各类资料凭证,通过完善交易各环节内控制度以有效防范虚开,同时给税务机关甚至公安机关调查时提供依据。在进行交易活动前,企业应加强对交易对方经营范围、经营规模、企业资质、开票资格等情况的了解;加强存货、发货环节控制,财务人员应根据出库凭证及购销合同开具增值税专

---

① 包括作为货物销售方或者应税劳务、应税服务提供方的被挂靠方。
② 金鑫,《打防结合,强力整治利用"三假"实施税收违法行为》,国家税务总局在线访谈,2020 年 12 月 3 日。

用发票;验证并留存领票人的身份信息,防止不法分子套取增值税专用发票;尽量通过银行采取转账方式进行结算并保留银行结算凭证,对交易方提供的银行账户与发票信息一致性进行审查。保证票、货、款一致。

企业应按规定开具和取得发票,避免取得虚开发票。开具发票应当按照规定的时限、顺序、栏目,全部联次一次性如实开具,并加盖发票专用章。企业应当合法取得并以自己名义开具与实际交易相符的增值税专用发票,注意资金流、发票流、货物流"三流"一致,取得发票时不得变更品名和金额。企业应拒收不符合规定的发票,不得作为财务报销凭证。对合法性存疑的发票在核查后付款和申报抵扣税款。

企业应当建立发票使用登记制度,设置发票登记簿,并定期向主管税务机关报告发票使用情况。企业应当按照税务机关的规定存放和保管发票,不得擅自损毁、转借、转让发票。已经开具的发票存根联和发票登记簿要保存5年。

【案例6-2】 善意取得虚开增值税发票。某煤炭公司为增值税一般纳税人,成立于2007年,主要从事煤炭购销业务。2019年5月从涉嫌对外虚开增值税专用发票的DA市某煤炭物资有限公司取得发票1份,金额85.47万元,税额14.53万元。税务机关检查后认为受票方的这份发票是从销售方所在地主管税务机关领购的,并通过了防伪税控系统认证,发票的发票联、抵扣联开具的项目内容一致,项目内容填写齐全,项目内容与实际业务相符,是真实的。从业务资料看,受票方与销售方均签订了货物购销合同。合同书对所购商品的名称、数量、单价、质量标准、运输方式、交货时间及地点、付款方式、由谁负担运输费用等细节性问题都作了约定,有双方公司经办人签字,公司合同印章齐全。从受票方购货的入库单据看,货物名称、数量等内容与增值税专用发票上开具的货物名称、数量等内容均相符。从出库资料看,所购货物具有明确的使用、销售去向。从资金流看,货款全部以现金方式支付给销售方,取得了销售方的收款凭据。税务机关对煤炭公司按纳税人善意取得虚开增值税专用发票问题处理。

【案例6-3】 介绍他人虚开,构成虚开发票。2015年,某鞋厂在无真实货物交易的情况下,经朱某介绍,以支付手续费的方式从某商贸有限公司虚开取得5份增值税专用发票,价税合计533 500元。其间,朱某等人帮助鞋厂垫付部分资金伪造货物真实交易的假象。鞋厂收取的5份增值税专用发票均用于申报抵扣税款,税务机关认定朱某在没有发生直接货物交易的情况下,介绍他人虚开增值税专用发票,其行为已构成虚开增值税专用发票。

第二节 税款缴纳风险与防范

一、延期申报与延期纳税

(一)政策法规

延期申报和延期纳税的规定分别在《税收征收管理法》中的第二十七条和第三十一条

予以规定。纳税人、扣缴义务人不能按期办理纳税申报或者报送代扣代缴、代收代缴税款报告表的,经税务机关核准,可以延期申报。经核准延期办理前款规定的申报、报送事项的,应当在纳税期内按照上期实际缴纳的税额或者税务机关核定的税额预缴税款,并在核准的延期内办理税款结算。

纳税人、扣缴义务人按照法律、行政法规规定或者税务机关依照法律、行政法规的规定确定的期限,缴纳或者解缴税款。纳税人因有特殊困难,不能按期缴纳税款的,经省、自治区、直辖市税务局批准,可以延期缴纳税款,但是最长不得超过三个月。

为进一步便利纳税人,《国家税务总局关于进一步简化税务行政许可事项办理程序的公告》(国家税务总局公告2019年第34号)对延期申报的办理程序予以简化,纳税人、扣缴义务人按照规定的期限办理纳税申报或者报送代扣代缴、代收代缴税款报告表有实际困难的,自2019年12月1日起,可在《税务行政许可申请表》中填写申请理由,不再要求申请人单独提供确有困难不能正常申报的情况说明,不再要求申请人填写《延期申报申请核准表》。申请人的主管税务机关自受理申请之日起10个工作日内做出决定。在上述时限内不能办结的,经税务机关负责人批准,可以延长5个工作日。

针对不可抗力这一情况,考虑到一旦发生,对区域内纳税人而言可能是普遍现象,会出现由省级(含计划单列市)税务机关或国家税务总局直接规定延期申报纳税的情况。比如在新冠疫情期间,国家税务总局根据疫情防控需要延长申报纳税期限。对按月申报的纳税人、扣缴义务人,在全国范围内将2020年2月份的法定申报纳税期限延长至2月24日;湖北等疫情严重地区可以视情况再适当延长,具体时间由省税务局确定并报税务总局备案;纳税人、扣缴义务人受疫情影响,在2020年2月份申报纳税期限延长后,办理仍有困难的,可依法申请进一步延期[①]。

延期纳税是合法的欠缴税款行为[②]。一般由存在特殊困难的纳税人申请,允许延期纳税的特殊困难包括两种:一是因不可抗力,导致纳税人发生较大损失,正常生产经营活动受到较大影响的;二是当期货币资金在扣除应付职工工资、社会保险费后,不足以缴纳税款的。其中,职工工资是指纳税人在正常情况下应付的工资,不包括纳税人为延期缴纳税款而虚增的应付工资。社会保险费是指依照法律、行政法规及国家有关规定以职工工资为基数,按一定比例提取的社会保险费,包括基本养老保险费、基本医疗保险费、失业保险费,不包括纳税人为职工所缴纳的各种商业保险费支出。

按照国家税务总局公告2019年第34号文件的要求,自2019年12月1日起,延期缴纳税款的申请人在《税务行政许可申请表》中填写相关信息及申请理由。申请人不需要填写《延期缴纳税款申请审批表》,不需要单独提供申请延期缴纳税款报告、当期货币资金余额材料、应付职工工资和社会保险费等税务机关要求提供的支出预算材料,不需要提供连续3个月缴纳税款情况和资产负债表,由税务机关在信息系统中主动核查。

---

① 《国家税务总局关于优化纳税缴费服务配合做好新型冠状病毒感染肺炎疫情防控工作的通知》(税总函〔2016〕19号)第二条。

② 关于非延期申报下的欠税,详见第六章第二节关于逃避追缴欠税的分析。

(二) 风险防范

延期申报和延期纳税是两项不同的纳税人的权利,没有必然的联系。两项分属纳税申报环节和税款征收环节,性质不同,管理权限各异,但两者往往被企业混淆。税务机关批准延期申报后,并不表示纳税人可以延期缴纳税款。经核准延期申报的纳税人,应当在纳税期内按照上期实际缴纳的税额或者税务机关核定的税额预缴税款,并在核准的延期内办理税款结算。经核准预缴税款之后按照规定办理税款结算而补缴税款的,均不加收滞纳金。当预缴税额大于应纳税额时,税务机关结算退税但不向纳税人计退利息;当预缴税额小于应纳税额时,税务机关在纳税人结算补税时不加收滞纳金。

企业需注意延期申报时,税务机关能够核定预缴税款。当纳税人本期应纳税额远远大于比照上期税额的预缴税款时,延期申报则可能成为纳税人拖延缴纳税款的手段,造成国家税款被占用。为防止此类问题发生,税务机关在审核延期申报时,要结合纳税人本期经营情况来确定预缴税额,对于经营情况变动大的,应合理核定预缴税额。

延期申报企业需确认预缴税款是否完成。对已签银税三方协议的纳税人直接在协议银行账户中划转税款,未签三方协议的,纳税人可通过电子税务局的网上申报缴税模块预缴税款。若银行账户余额低于预缴税款金额,企业未能足额预缴税款,会产生加收滞纳金的风险。

企业需注意延期纳税的审批期限和滞纳金要求。税务机关应当自收到申请延期缴纳税款报告之日起 20 日内作出批准或者不予批准的决定。延期纳税一经税务机关批准,在批准的延期纳税期间内,纳税人不需要缴纳滞纳金。未经批准的,滞纳金的计算从纳税人应缴纳税款的期限届满之次日起至实际缴纳税款之日止。

企业需注意延期纳税与延期缴纳税收罚款之间的差异。两者的适用条件和审批程序不同,因税收违法行为而被处以罚款的企业,确有经济困难,可以向税务机关提出延期或分期缴纳罚款的申请,请求税务机关批准。但税务机关未批准的,必须如期缴纳。到期不缴纳罚款的,税务机关可采取强制执行措施[①]。

【案例 6-4】 甲公司为纳税信用等级为 A 级的增值税一般纳税人,主营机械设备的生产销售。2020 年一季度公司实现销售收入 1 000 万元,销项税额 130 万元,已经取得的进项税发票上注明的税额 100 万元,当月需要缴纳增值税 30 万元。4 月初发现进项税发票上开具错误,必须退回重开,预计在 4 月底能取得重新开具的发票。公司向税务机关申请延期申报,并按照税务机关的要求预缴税款 60 万元。在 7 月,公司完成一季度和二季度的纳税申报。

二、核定征收

(一) 政策法规

核定征收是我国税款征收的主要方式之一。《税收征收管理法》第三十五条规定了税

---

① 详见第七章第一节关于税务行政处罚的分析。

务机关有权核定纳税人应纳税额六种情形:①依照法律、行政法规的规定可以不设置账簿的。②依照法律、行政法规的规定应当设置账簿但未设置的。③擅自销毁账簿或者拒不提供纳税资料的。④虽设置账簿,但账目混乱或者成本资料、收入凭证、费用凭证残缺不全,难以查账的。⑤发生纳税义务,未按照规定的期限办理纳税申报,经税务机关责令限期申报,逾期仍不申报的。⑥纳税人申报的计税依据明显偏低,又无正当理由的。

此外,对于延期申报纳税人的税款预缴也可以采取核定征收的形式,经核准办理延期申报、报送事项的,应当在纳税期内按照上期实际缴纳的税额或者税务机关核定的税额预缴税款,并在核准的延期内办理税款结算。

适用核定征收的对象包括未取得营业执照从事经营的纳税人和跨县(市)经营的纳税人,逾期未进行纳税清算的;合资企业的合作者采取产品分成方式分得产品的;企业取得的收入为非货币资产或者为某项权益的。

对于应缴税的外国企业常驻代表机构,不能提供准确的证明文件和正确的申报收入额,或者不能提供准确的成本、费用凭证的,应当按主管国家税务机关的审查意见,依照核定的收入额或者费用发生额核算应税收入计算纳税。

外商承包工程作业或对有关工程项目提供劳务服务所取得的业务收入,如不能提供准确的成本、费用凭证,不能正确计算应纳税所得额的,应当按主管国家税务机关核定的利润率计算应纳税所得额并缴纳应纳税款。

企业或者外国企业在中国境内设立的从事生产、经营的机构、场所与其关联企业之间的业务往来,未按照独立企业之间的业务往来收取或者支付价款、费用而减少应纳税额的,应当按照主管国家税务机关合理调整后的应纳税收入或者所得额缴纳税款。

(二) 风险防范

特定纳税人不得核定征收。《国家税务总局关于印发〈企业所得税核定征收办法(试行)〉的通知》(国税发〔2008〕30号)指出,对于享受《企业所得税法》及其实施条例和国务院规定的一项或几项企业所得税优惠政策的企业(不包括仅享受《企业所得税法》第二十六条规定免税收入优惠政策的企业、第二十八条规定的符合条件的小型微利企业);汇总纳税企业;上市公司;银行、信用社、小额贷款公司、保险公司、证券公司、期货公司、信托投资公司、金融资产管理公司、融资租赁公司、担保公司、财务公司、典当公司等金融企业;会计、审计、资产评估、税务、房地产估价、土地估价、工程造价、律师、价格鉴证、公证机构、基层法律服务机构、专利代理、商标代理以及其他经济鉴证类社会中介机构。

核定征收的小型微利企业也可享受普惠性所得税减免政策。2019年1月1日至2021年12月31日,对小型微利企业年应纳税所得额不超过100万元的部分,减按25%计入应纳税所得额,按20%的税率缴纳企业所得税;对年应纳税所得额超过100万元但不超过300万元的部分,减按50%计入应纳税所得额,按20%的税率缴纳企业所得税。小型微利企业无论按查账征收方式或核定征收方式缴纳企业所得税,均可享受上述优惠政策。

企业需注意税务机关有核定方法的选择权。在核定税款时,税务机关有权采用下列任何一种方法核定其应纳税额：①参照当地同类行业或者类似行业中经营规模和收入水平相近的纳税人的税负水平核定。②按照营业收入或者成本加合理的费用和利润的方法核定。③按照耗用的原材料、燃料、动力等推算或者测算核定。④按照其他合理方法核定。采用前款所列一种方法不足以正确核定应纳税额时，可以同时采用两种以上的方法核定。

企业对于核定税款具有陈述申辩权。纳税人对税务机关采取本条规定的方法核定的应纳税额有异议的，应当提供相关证据，经税务机关认定后，调整应纳税额。但是在行政复议或行政诉讼时，由税务机关举证证明其核定税款的依据和方法。

【案例 6-5】 汇总纳税企业不得核定征收①。某建筑安装企业甲公司，系法人居民企业，主要从事有关工程建筑安装业务，该公司下设两个跨省分公司（非法人二级分支机构），分别是 A 分公司和 B 分公司。2010 年度，甲公司企业所得税采取按收入额核定应税所得率的征收方式，公司当年营业收入为 53 000 万元。该建筑公司适用的核定应税所得率为 8%，实际缴纳企业所得税 53 000×8%×25%＝1 060（万元）。甲公司 2010 年度账面核算的会计利润总额为 11 000 万元，如果企业按查账征收方式缴纳企业所得税，不考虑纳税调整等因素，应缴纳企业所得税 11 000×25%＝2 750（万元），比核定征收多 2 750－1 060＝1 690（万元）。甲公司为汇总纳税企业，对其核定征收属于违规扩大核定征收企业所得税范围的行为。税务机关最终将其变更为查账征收，同时补缴税款。

三、少缴税款

对于少缴税款的行为，《税收征收管理法》第五十二条规定，因税务机关的责任，致使纳税人、扣缴义务人未缴或者少缴税款的，税务机关在 3 年内可以要求纳税人、扣缴义务人补缴税款，但是不得加收滞纳金。因纳税人、扣缴义务人计算错误等失误，未缴或者少缴税款的，税务机关在 3 年内可以追征税款、滞纳金；有特殊情况的，追征期可以延长到 5 年。

税务机关的责任，是指税务机关适用税收法律、行政法规不当或者执法行为违法。纳税人、扣缴义务人计算错误等失误，是指非主观故意的计算公式运用错误以及明显的笔误。特殊情况，是指纳税人或者扣缴义务人因计算错误等失误，未缴或者少缴、未扣或者少扣、未收或者少收税款，累计数额在 10 万元以上的。

追征期限的规定，是指因税务机关或纳税人的责任造成未缴或少缴税款在一定期限内未发现的，超过此期限不再追征。

【案例 6-6】 企业预收账款处理失误，少缴税款②。2019 年 3 月，某市税务局对 A 公司进行日常检查发现该公司预收账款余额高达 615 万元，主要是 2017 年收取的模具开发款项，并且生产工期已经远远超过 12 个月。企业财务人员认为预收账款时既没有开具发

---

① 改编自朱冬、成凤杰，企业所得税核定征收常见的涉税风险，中国税务报，2012 年 9 月 12 日。
② 改编自王海涛，避免认识误区，企业应防控"预收账款"涉税风险，中国税务报，2014 年 8 月 30 日。

票,随后也没有将资金正式投入生产,模具也发出,因此未就该笔收入申报纳税。税务机关指出预收款,并且生产销售工期超过 12 个月的货物,增值税纳税义务发生时间应为收到预收款的当天。企业账务处理存在失误,对纳税义务发生时间认识错误,构成少缴税款,补缴增值税和滞纳金。

四、偷税

(一) 法律法规

《税收征收管理法》第六十三条对偷税进行了界定,纳税人伪造、变造、隐匿、擅自销毁账簿、记账凭证,或者在账簿上多列支出或者不列、少列收入,或者经税务机关通知申报而拒不申报或者进行虚假的纳税申报,不缴或者少缴应纳税款的,是偷税。对纳税人偷税的,由税务机关追缴其不缴或者少缴的税款、滞纳金,并处不缴或者少缴的税款 50% 以上 5 倍以下的罚款;构成犯罪的,依法追究刑事责任[1]。

扣缴义务人采取前款所列手段,不缴或者少缴已扣、已收税款,由税务机关追缴其不缴或者少缴的税款、滞纳金,并处不缴或者少缴的税款 50% 以上 5 倍以下的罚款;构成犯罪的,依法追究刑事责任。

(二) 风险防范

伪造、变造、隐匿、擅自销毁账簿、记账凭证中的记账凭证既包括记载账目支出和收入情况的凭证,也包括发票等记载实际发生的账目支出和收入情况的原始凭证。

"经税务机关通知申报"包括三种情况:①纳税人、扣缴义务人已经依法办理税务登记或者扣缴税款登记。②依法不需要办理税务登记的纳税人,经税务机关依法书面通知其申报。③尚未依法办理税务登记、扣缴税款登记的纳税人、扣缴义务人,经税务机关依法书面通知其申报。

"虚假的纳税申报",是指纳税人或者扣缴义务人向税务机关报送虚假的纳税申报表、财务报表、代扣代缴、代收代缴税款报告表或者其他纳税申报资料,如提供虚假申请,编造减税、免税、抵税、先征收后退还税款等虚假资料等。

【案例 6-7】 公司注销后仍可查处其经营期的偷税[2]。A 公司成立于 2008 年 6 月,2018 年 3 月 19 日完成工商注销。该公司所在地税务局检查发现,该公司在经营期间接受由 B 公司开具的增值税专用发票 2 份,价税合计为 232 003 元,货物名称不详,并于 2015 年 11 月抵扣增值税 33 709.84 元。检查人员根据资金流线索进行核查,发现资金形成闭环。税务机关认定 A 公司取得虚开的增值税专用发票用于抵扣、少缴应纳税款的行为是偷税,决定对公司少缴的增值税、城市维护建设税税款处以 50% 的罚款,罚款金额共计 17 697.67 元。

---

[1] 详见本书第七章第二节关于逃税罪的分析。
[2] 根据国家税务总局东莞市税务局第二稽查局税务文书送达公告(东税二稽公告〔2020〕264 号)改编。

五、逃避追缴欠税

(一) 政策法规

对于逃避追缴欠税的行为,《税收征收管理法》第六十五条规定,纳税人欠缴应纳税款,采取转移或者隐匿财产的手段,妨碍税务机关追缴欠缴的税款的,由税务机关追缴欠缴的税款、滞纳金,并处欠缴税款50%以上5倍以下的罚款;构成犯罪的,依法追究刑事责任。

纳税人未按税法规定的期限缴纳税款可以分为两种情况:一种是纳税人存在特殊困难,经省、自治区、直辖市税务局批准,可以延期缴纳①,这构成具有合法原因的欠税;除此之外的情况即为欠税行为。

欠税是指纳税人超过税收法律、行政法规规定的期限或者纳税人超过税务机关依照税收法律、行政法规规定确定的纳税期限(以下简称税款缴纳期限)未缴纳的税款,包括:①办理纳税申报后,纳税人未在税款缴纳期限内缴纳的税款。②经批准延期缴纳的税款期限已满,纳税人未在税款缴纳期限内缴纳的税款。③税务检查已查定纳税人的应补税额,纳税人未在税款缴纳期限内缴纳的税款。④税务机关根据《税收征收管理法》第二十七条、第三十五条核定纳税人的应纳税额②,纳税人未在税款缴纳期限内缴纳的税款。⑤纳税人的其他未在税款缴纳期限内缴纳的税款。

欠税人欠缴的税款,由税务机关依法追征,直至收缴入库,任何单位和个人不得豁免。根据《国家税务总局关于欠税追缴期限有关问题的批复》(国税函〔2005〕813号)的规定,税务机关追缴税款没有追征期的限制。从事生产、经营的纳税人未按照规定的期限缴纳或者解缴税款的,由税务机关发出限期缴纳税款通知书,责令缴纳或者解缴税款的最长期限不得超过15日。由税务机关发出限期缴纳税款通知书,责令缴纳或者解缴税款的最长期限不得超过15日。逾期仍未缴纳的,经县以上税务局(分局)局长批准,税务机关可以采取强制执行措施③。

逃避追缴欠税的纳税人,首先是欠缴应纳税款的纳税人,并且欠税人在行为上采取转移或隐匿财产的手段,妨碍税务机关追缴欠缴的税款。转移财产包括转移存款、提取存款、转移商品和货物、转移企业资产或股权、将财产无偿赠与他人等,隐匿财产包括隐藏存货、隐匿所拥有的房产等信息。妨碍是指增加了税务机关追缴欠税的难度,从最终的结果来看,如果欠税依然可以追缴的,国家税收利益未受损失,则属于本节所说的逃避追缴欠税。如果欠税无法追缴的,则要按照逃避追缴欠税罪④进行判定。

根据《重大税收违法失信案件信息公布办法》(国家税务总局公告2018年第54号)的界定,逃避追缴欠税的纳税人欠缴税款金额10万元以上的,达到"重大税收违法失信案

---

① 详见第六章第二节延期申报与延期纳税的分析。
② 详见本书第六章第二节核定征收的分析。
③ 详见第七章第一节关于税收强制执行的分析。
④ 参见第七章第一节关于逃避追缴欠税罪的分析。

件"标准。税务机关将按照规定,向社会公布重大税收违法失信案件信息,并将信息通报相关部门,共同实施严格监管和联合惩戒,包括限制乘坐火车和飞机。

(二)风险防范

无欠税的企业可以依法取得《无欠税证明》。纳税人因企业上市、境外投标等需要,确需开具《无欠税证明》的,均可以向主管税务机关申请办理。税务机关根据税收征管信息系统记载信息出具《无欠税证明》,证明截止到开具时间节点,纳税人在税收征管信息系统中不存在欠税情形。企业若申报不实,税务机关仍然要依法追缴税款。这里的"无欠税情形"是指纳税人在税收征管信息系统中,不存在应申报未申报记录且无下列应缴未缴的税款:①办理纳税申报后,纳税人未在税款缴纳期限内缴纳的税款。②经批准延期缴纳的税款期限已满,纳税人未在税款缴纳期限内缴纳的税款。③税务检查已查定纳税人的应补税额,纳税人未缴纳的税款。④税务机关根据《税收征收管理法》第二十七条、第三十五条核定纳税人的应纳税额,纳税人未在税款缴纳期限内缴纳的税款。⑤纳税人的其他未在税款缴纳期限内缴纳的税款,包括作为扣缴义务人或纳税担保人未按期缴纳的税款。

企业需注意欠税对纳税信用的影响。欠税次数,欠税金额和欠税后行为都会影响纳税人的信用等级评价。在评价周期内,每欠税一次扣5分;欠税额在5万元以上(含5万元)扣11分,5万元以下扣3分;欠税5万元以上纳税人处置其不动产或大额资产之前未向税务机关报告的,扣11分。但是税务机关也提供了纳税人信用修复的方式和方法,根据《国家税务总局关于纳税信用修复有关事项的公告》(国家税务总局公告2019年第37号)的规定,对于因上述欠税次数,欠税金额导致的失信行为,若在被税务机关列入失信记录的30日内、(超过30日但在)当年年底前、(超过30日但在)次年年底前进行纠正的,可分别按照所扣分值的80%、40%、20%进行加分修复,其中对于涉及税款在1 000元以下的欠税在失信行为被记录的30日内及时补办的,可补回全部扣分分值。对于未如实报告大额资产或不动产处置情况的欠税人,不适用纳税信用修复。

企业需注意逃避追缴欠税产生是发生了转移和隐匿财产的行为。这种转移或隐匿财产的行为对税务机关追缴欠税产生妨碍。企业需要注意的是:①如果欠税人只是把自己隐匿起来,仍属于欠税,而不属于本节所说的逃避追缴欠税。②如果没有产生妨碍的目的,即使纳税人转移或隐匿了财产,其仍然只是欠税,而不是逃避追缴欠税。③造成妨碍的财产转移或隐匿往往发生在欠税之后。对于在纳税期内就出现了上述行为的,税务机关要求纳税人提供担保,拒不提供的,经县以上税务局局长批准,进行税收保全①。④税务机关对纳税人进行了欠税追缴,比如采取了责令限期缴纳、税收强制执行等措施,若没有采取任何欠税追缴措施,不能认为欠税人逃避追缴欠税。

企业需注意逃避追缴欠税的信用救济和信用修复措施。企业存在逃避追缴欠税行为,构成犯罪的②,或者未构成犯罪,但存在逃避追缴欠税,已缴纳税款、滞纳金和罚款的,

---

① 详见第七章第一节关于税收保全的分析。
② 详见第七章第二节关于逃避追缴欠税罪的分析。

直接判为 D 级。其中未构成犯罪的,在税务机关处理结论明确的期限期满后 60 日内足额补缴的,税务机关依据纳税人申请重新评价纳税信用级别,但不得评价为 A 级。

金融机构不能为欠税的客户转移存款提供帮助。对于为纳税人转移存款提供帮助的开户银行或者其他金融机构,按导致税款流失的程度,由税务机关处 10 万元以上 50 万元以下的罚款,对直接负责的主管人员和其他直接责任人员处 1 000 元以上 10 000 元以下的罚款。

【案例6-8】 DX 公司欠税但不构成逃避追缴欠税。某市税务局第二稽查局于 2016 年 5 月对 DX 公司 2013 年 8 月 1 日至 2016 年 4 月 30 日的增值税纳税情况进行了检查,经过集体审议、依法听证、出具听证报告,认定该公司在此期间有多项收入记入销售收入,计提增值税,但未按期申报纳税。2018 年 1 月作出稽查报告,决定 DX 公司应补缴增值税额 1 331 105.22 元,应补缴文化事业建设费 705 485.76 元,处罚款 950 729.21 元。并按规定分别送达了《税务处理决定书》《税务行政处罚决定书》。

若此后 DX 公司既不缴纳欠缴的税款,也不缴纳罚款。但 XA 市税务局第二稽查局既没有依法责令 DX 公司限期补缴所欠税款和相应滞纳金,也未采取追缴手段的,DX 公司不构成逃避追缴欠税。

【案例6-9】 A 公司逃避追缴欠税。某市 A 公司成立于 2006 年,主营地板生产和销售,2011—2012 年将子公司的贷款利息费用列入税前扣除项目,导致少缴税款 58 万余元,2014 年 3 月 25 日 DG 市国税局向公司送达《税务处理决定书》,要求补缴税款及滞纳金。2014 年 6 月 27 日,A 公司主动缴纳 20 万元税款及滞纳金,拖欠 38 万元税款及相应滞纳金。2014 年 6~8 月,A 公司的法定代表人张某多次将收取的货款转移到他人个人银行账户中,导致 DG 市国税局无法划扣拖欠税款。A 公司的行为即构成妨碍税务机关追缴欠缴的税款。

六、多缴税款

(一) 政策法规

对于纳税人多缴纳的税款,《税收征收管理法》第五十一条规定,纳税人超过应纳税额缴纳的税款,税务机关发现后应当立即退还;纳税人自结算缴纳税款之日起 3 年内发现的,可以向税务机关要求退还多缴的税款并加算银行同期存款利息,税务机关及时查实后应当立即退还;涉及从国库中退库的,依照法律、行政法规有关国库管理的规定退还。

(二) 风险防范

纳税人既有应退税款又有欠税的,先将欠税和滞纳金抵顶应退税款和应退利息,抵顶后还有应退余额的才予以办理退税。《国家税务总局关于进一步加强欠税管理工作的通知》(国税发〔2004〕66 号)第二条明确了处理流程如下,由县或县以上税务机关填开《应退税款抵扣欠缴税款通知书》及《应退税款抵扣欠缴税款明细表》通知纳税人,并根据实际抵扣金额开具完税凭证。在确定实际抵扣金额时,按填开《应退税款抵扣欠缴税款通知书》

的日期作为计算应退税款的应付利息的截止期,计算应付利息金额及应退税款总额;按填开《应退税款抵扣欠缴税款通知书》的日期作为计算欠缴税款的滞纳金的截止期,计算应缴未缴滞纳金金额及欠缴税款总额。若应退总额大于欠缴总额,按欠缴总额确定实际抵扣金额;若应退总额小于欠缴总额,按应退总额确定实际抵扣金额。

可以抵扣的应退税款为2001年5月1日后征收并已经确认应退的下列各项税金:①减免(包括先征后退)应退税款。②依法预缴税款形成的汇算和结算应退税款。③误收应退税款、滞纳金、罚款及没收非法所得(以下简称罚没款)。④其他应退税款、滞纳金和罚没款。⑤误收和其他应退税款的应退利息。

可以抵扣的欠缴税款为2001年5月1日后发生的下列各项欠缴税金:①欠税。②欠税应缴未缴的滞纳金。③税务机关作出行政处罚决定,纳税人逾期不申请行政复议、不提起行政诉讼,又不履行的应缴未缴税收罚没款。④纳税人要求抵扣应退税金的应缴未缴罚没款。由税务机关征退的教育费附加、社保费、文化事业建设费等非税收入不得与税收收入相互抵扣。

增值税一般纳税人办理增值税纳税申报后,对于既有欠缴增值税,又有增值税期末留抵税额的,需要用留抵税款抵缴欠税。自2019年5月1日起,纳税人可按最近一期《增值税纳税申报表(一般纳税人适用)》期末留抵税额,抵减增值税欠税后的余额确定允许退还的增量留抵税额。

【案例6-10】 存在多缴税款和欠税情况的处理①。某纳税人2019年5月5日误缴增值税9万元、2020年3月8日误缴消费税10万元;同时该纳税人欠所得税8万元(所属期为2019年一季度,纳税期限为2019年4月15日)、增值税5万元(所属期为2020年3月,纳税期限为2020年4月15日)。主管税务机关于2020年5月11日办理应退税款抵扣欠缴税款手续。假定2001年和2002年同期银行活期存款年利率为0.72%。

(1) 计算应退总额。

应退增值税9万元的应付利息 $= 90\,000 \times 371/365 \times 0.72\% = 658.65$(元);

应退消费税10万元的应付利息 $= 100\,000 \times 64/365 \times 0.72\% = 126.25$(元);

应退总额 $= 90\,000 + 658.65 + 100\,000 + 126.25 = 190\,784.90$(元)。

(2) 计算欠缴总额。

欠缴所得税8万元的应缴滞纳金 $= 80\,000 \times (15 \times 2‰ + 376 \times 0.5‰) = 17\,440$(元);

欠缴增值税5万元的应缴滞纳金 $= 50\,000 \times 31 \times 0.5‰ = 775$(元);

欠缴总额 $= 80\,000 + 17\,440 + 50\,000 + 775 = 148\,215$(元)。

(3) 因应退总额大于欠缴总额,故实际抵扣金额等于欠缴总额,为148 215元。用于抵扣的应退增值税及应付利息 $= 90\,000 + 658.65 = 90\,658.65$(元);用于抵扣的应退消费税及应付利息 $= 148\,215 - 90\,658.65 = 57\,556.35$(元),其中用于抵扣的应退消费税 $= 57\,556.35 \div (1 + 64 \div 365 \times 0.72\%) = 57\,483.78$(元),用于抵扣的应退消费税 $= 57\,483.78$

---

① 改编自《关于应退税款抵扣欠缴税款有关问题的通知》(国税发〔2002〕150号)附件2有调整。

元的应付利息为 57 556.35 − 57 483.78 = 72.57(元)。应退消费税余额 = 100 000 − 57 483.78 = 42 516.22(元)。

七、滞纳金

(一) 政策法规

对于纳税人未按照规定期限缴纳税款的,扣缴义务人未按照规定期限解缴税款的,《税收征收管理法》第三十二条规定,由税务机关除责令限期缴纳,并从滞纳税款之日起,按日加收滞纳税款0.5‰的滞纳金。加收滞纳金的起止时间,为法律、行政法规规定或者税务机关依照法律、行政法规的规定确定的税款缴纳期限届满次日起至纳税人、扣缴义务人实际缴纳或者解缴税款之日止。

(二) 风险防范

根据现行法律法规的规定,以下情形不需要缴纳滞纳金[1]:①因税务机关责任少缴税款。②在经批准的延期申报期内预缴税款,并办理税款结算,应补缴税款的。③善意取得虚开增值税专用发票被追缴已抵扣税款的。④汇算清缴期内补缴企业所得税的。⑤汇算清缴期内补缴个人所得税的。⑥清算补缴的土地增值税。⑦纳税人身份变化而补缴税款。⑧境内居住、停留时间发生变化补缴税款。⑨扣缴义务人应扣未扣、应收而不收的税款[2]。⑩定期定额户申报缴纳税款高于定额又低于省税务机关规定申报幅度的应纳税款。对于缴税凭证上应纳税额和滞纳金1元以下的免收滞纳金。

此外,对于企业所得税特别纳税调整和个人所得税特别纳税调整补征税款的,不征收滞纳金,而是加收利息。对于纳税人善意取得虚开的增值税专用发票被依法追缴已抵扣税款的,不属于《税收征收管理法》第三十二条"纳税人未按照规定期限缴纳税款"的情形,不适用加收滞纳金的规定。应代扣个人所得税而未代扣或少代扣,不得征收滞纳金。滞纳金的追溯时效为3年。

纳税人、扣缴义务人有以下情形之一的,可以申请减、免滞纳金:①欠缴滞纳金的纳税人、扣缴义务人能积极补缴欠缴税款,并主动提供其他单位和个人偷逃税款线索的,经查属实,追缴税款数额较大的。②纳税人、扣缴义务人在税务机关实施税务检查中,积极配合检查,及时足额缴纳查补税款且缴纳滞纳金确有困难的。③纳税人、扣缴义务人缴清全部欠缴税款且缴纳滞纳金确有困难的。④纳税人、扣缴义务人主动补缴税款的。

【案例6-11】 滞纳金征收会否应先催缴税款[3]。A公司于1997年12月份申报11月份税款,在22年后,该公司所在税务机关甲于2020年1月21日向A公司作出催缴

---

[1] 根据段文涛《未按期缴税但依法不予加收滞纳金的情形》整理,"税海涛声"公众号。
[2] 根据《中华人民共和国税收征收管理法实施细则》(以下简称《税收征收管理法实施细则》)规定,扣缴义务人应扣未扣、应收而不收税款的,由税务机关向纳税人追缴税款,对扣缴义务人处应扣未扣、应收未收税款50%以上3倍以下的罚款。
[3] 根据河北省石家庄市中级人民法院行政判决书[2020]冀01行终476号改编。

1997年11月份税款的《税务事项通知书》，并加收5.9倍于税款的滞纳金。但该税务机关甲在对以前年度是否做出过税款催缴行为无法提供有效证明，一审法院和二审法院均认为税务机关未能承担及时催缴的责任，进而提出按照《中华人民共和国行政强制法》第四十五条规定，滞纳金的数额以不超出滞纳税款的数额为宜。

第三节 税务检查风险与防范

一、税务检查

（一）政策法规

税务检查是一种行政执法检查活动，是税务机关对纳税人履行纳税义务的情况及其他有关税务事项进行的审查、稽核、管理监督活动。《税收征收管理法》对税务检查进行了详细的规定，其中第五十四条对税务机关进行税务检查的权限进行了列举：①检查纳税人的账簿、记账凭证、报表和有关资料，检查扣缴义务人代扣代缴、代收代缴税款账簿、记账凭证和有关资料。②到纳税人的生产、经营场所和货物存放地检查纳税人应纳税的商品、货物或者其他财产，检查扣缴义务人与代扣代缴、代收代缴税款有关的经营情况。③责成纳税人、扣缴义务人提供与纳税或者代扣代缴、代收代缴税款有关的文件、证明材料和有关资料。④询问纳税人、扣缴义务人与纳税或者代扣代缴、代收代缴税款有关的问题和情况。⑤到车站、码头、机场、邮政企业及其分支机构检查纳税人托运、邮寄应纳税商品、货物或者其他财产的有关单据、凭证和有关资料。⑥经县以上税务局（分局）局长批准，凭全国统一格式的检查存款账户许可证明，查询从事生产、经营的纳税人、扣缴义务人在银行或者其他金融机构的账。税务机关在调查税收违法案件时，经设区的市、自治州以上税务局（分局）局长批准，可以查询案件涉嫌人员的储蓄存款。税务机关查询所获得的资料，不得用于税收以外的用途。

根据《税收征收管理法》第五十七条的规定，税务机关依法进行税务检查时，有权向有关单位和个人调查纳税人、扣缴义务人和其他当事人与纳税或者代扣代缴、代收代缴税款有关的情况，有关单位和个人有义务向税务机关如实提供有关资料及证明材料。

《税收征收管理法》第五十五条给予税务机关在税务检查过程中的税收强制权。税务机关对从事生产、经营的纳税人以前纳税期的纳税情况依法进行税务检查时，发现纳税人有逃避纳税义务行为，并有明显的转移、隐匿其应纳税的商品、货物以及其他财产或者应纳税的收入的迹象的，可以按照本法规定的批准权限采取税收保全措施或者强制执行措施。

对于纳税人和扣缴义务人在接受税务检查时应该履行的义务，《税收征收管理法》第五十六条规定，纳税人、扣缴义务人必须接受税务机关依法进行的税务检查，如实反映情况，提供有关资料，不得拒绝、隐瞒。纳税人、扣缴义务人逃避、拒绝或者以其他方式阻挠税务机关检查的。《税收征收管理法》第七十条规定,由税务机关责令改正,可以处1万元以下的罚款;情节严重的,处1万元以上5万元以下的罚款。

从税务检查的类型来看,包括税源管理部门的日常检查、税务机关开展的专项检查和稽查局的税务稽查三种。

税务日常检查是税源管理部门的日常工作,是指税务机关对纳税人履行纳税义务的情况进行的常规检查。包括检查核实纳税人税务登记事项,非正常户和漏征户的检查,了解纳税人的生产经营和财务状况、所得税汇算清缴检查、税收定额变化、申报情况核查、纳税催报、税款催缴、税收优惠政策检查,发票管理与使用检查、纳税评估问询和疑点情况的核查等。

税务专项检查是指税务机关根据特定的目的和要求,依据征收管理部门或其他信息部门提供的信息、数据资料,通过分类、分析,选取特定的检查对象进行某个方面或某些方面的检查,以实现特定的检查目的。按照所要实现的目的,专项检查包括行业性税收专项检查,区域性税收专项检查,对特定税收违法行为的专项检查等。与日常检查相比,专项检查在检查范围、检查力度、监督管理、定性处理等方面的标准和要求更高,检查会触及企业的各个方面和层次,通过检查会暴露出企业隐含的诸多涉税风险和问题。

税务稽查是由税务局稽查局依法实施的,对纳税人、扣缴义务人和其他涉税当事人履行纳税义务、扣缴义务情况及涉税事项进行检查处理的活动。税务稽查的基本任务是依法查处税收违法行为,保障税收收入,维护税收秩序,促进依法纳税。按照现行征管法的规定,省以下税务局的稽查局均为按照国务院规定设立的并向社会公告的税务机构,《征管法实施细则》第九条规定,稽查局专司偷税、逃避追缴欠税、骗税、抗税案件的查处。

为明确日常税务检查和税务稽查的职责,避免职责交叉,《税收征收管理法实施细则》第九条授权国家税务总局划分税务局和稽查局的职责。据此,国家税务总局在《国家税务总局关于进一步加强税收征管基础工作若干问题的意见》(国税发〔2003〕124号)中规定征收管理部门与稽查部门在税务检查上的职责范围要按照以下三个原则划分:①在征管过程中,对纳税人、扣缴义务人履行纳税义务的日常性检查及处理由基层征收管理机构负责。②税收违法案件的查处(包括选案、检查、审理、执行)由稽查局负责。③专项检查部署由稽查局负责牵头统一组织。《国家税务总局关于进一步加强税收征管工作的若干意见》(国税发〔2004〕108号)进一步规定,对于日常税务检查与税务稽查的业务边界,在原则上应从税务检查的对象、范围、性质和时间等方面来划分。对于税务稽查的案源则包括:①举报案件。②日常管理过程中发现有偷、逃、骗税等税收违法行为嫌疑、需要移送稽查的案件。③上级交办的案件;稽查局按规定采取计算机选取或人工随机抽样等办法选取并与税源管理部门协调后确定的案件。④外单位(包括国际情报交换)转办的案件等。

目前,《税务稽查工作规程》(国税发〔2009〕157号)确定的稽查局的法定职权包括依法对纳税人、扣缴义务人和其他涉税当事人履行纳税义务、扣缴义务情况及涉税事项进行检查处理,以及围绕检查处理开展的其他相关工作。具体包括:①稽查选案、检查等工作。②税收举报案件的受理、上级交办、转办及征收管理部门移交的有关税务违法案件的查处工作。③与公安、检察、法院协调税务稽查中的司法工作。④增值税专用发票和其他抵扣凭证涉税问题稽查和协查工作。⑤组织税收专项检查和整顿规范税收秩序工作。

(二) 风险防范

企业在接受税务检查之前,应根据企业自身的生产经营特点、财务核算情况和纳税申报情况,依据有关税收法律、法规的规定,认真排查企业可能存在的涉税风险点①,做好自查自纠工作,采取补救措施,提前排除有关涉税风险。

审查检查的合法性。税务检查必须向被检查企业下达《税务检查通知书》,检查应当由两名以上具有资格的检查人员共同实施,并需要向被检查对象出示检查人员的税务检查证。如果检查人员没有依法下达《税务检查通知书》,或者没有出示税务检查证,企业就可以拒绝检查。根据检查部门的不同,税务检查证分为稽查部门专用税务检查证和征收管理部门专用税务检查证。此外,日常检查和税务稽查的检查通知书内容存在差异,企业也可以确认检查通知书与税务检查证之间的一致性。

审查检查通知书的内容。如果税务检查通知书上的检查内容明确是依据《税收征收管理法》第五十四条规定②,那被检查企业履行纳税义务的情况就属于税务检查的内容。被检查企业有权要求有利害关系的检查人员回避检查,检查人员是否回避检查的决定由税务检察机关做出。

如果税务检查通知书上的检查内容明确是依据《税收征收管理法》第五十七条规定③,那么被检查企业只是税务检查的协查人(以下简称协查企业),协查企业自身履行纳税义务的情况不属于被检查的内容。在这种情况下,协查企业可以根据税务检查通知书中应明确提出的需要调查取证的具体内容提供可提供的资料,不需要提供全部的账簿凭证资料供税务部门检查。如果税务部门在调查取证中发现协查企业存在违反《税收征收管理法》的相关问题,需要根据《税收征收管理法》第五十四条的规定,另行下发对该企业的《税务检查通知书》。

被检查企业应避免被多次检查或重复检查。《国家税务总局关于加强纳税人权益保护工作的若干意见》(税总发〔2013〕15号),《国家税务总局关于进一步规范税务机关进户执法工作的通知》(税总发〔2014〕12号)两个文件对税务部门开展的税务检查的次数进行明确。税务部门不得在同一年度内对企业进行多头、交叉重复检查和重叠税收执法,整合各种检查事项。在同一年度内,除涉及税收违法案件检查和特殊调查事项外,对同一纳税人不得重复进户开展纳税评估、税务稽查、税务审计;对同一纳税人实施实地核查、反避税调查、日常检查时,同一事项原则上不得重复进户;已被税务稽查部门立案查处的,税源管理部门不再进行日常税务检查。被检查企业如果在统一纳税期间被要求进行两次税务检查而无正当理由的,可以书面提出反对。

---

① 参见本书第二至第五章的分析。
② 税务检查通知书的标题下有文书字轨"检通一",具体的检查内容参见本节政策法规部分的说明。
③ 税务检查通知书的标题下有文书字轨"检通二"。

被随机抽查的被检查企业也应注意随机抽查的年限。根据《国家税务总局关于印发〈税务稽查随机抽查对象名录库管理办法（试行）〉的通知》（税总发〔2016〕73号）的规定，除线索明显涉嫌偷逃骗抗税和虚开发票等税收违法行为直接立案查处的外，其他被检查企业均须通过摇号等方式，从税务稽查对象分类名录库和税务稽查异常对象名录库中随机抽取，但3年内只抽查一次。随机抽查方式包括定向抽查和不定向抽查。定向抽查是指按照税务稽查对象类型、行业、性质、隶属关系、组织架构、经营规模、收入规模、纳税数额、成本利润率、税负率、地理区域、税收风险等级、纳税信用级别等特定条件，通过摇号等方式，随机抽取确定待查对象名单，对其纳税等情况进行稽查。不定向抽查是指不设定条件，通过摇号等方式，随机抽取确定待查对象名单，对其纳税等情况进行稽查。对于重点税源企业，每年抽查比例为20%左右，原则上5年检查一轮。非重点税源企业，每年抽查比例不超过3%，但对于列入税务稽查异常对象名录库的企业，要加大抽查力度。

被检查企业需要甄别《调取账簿资料通知书》的有效性。税务机关检查被检查企业账簿、记账凭证、报表和有关资料时，可以在被检查企业的业务场所进行；必要时，经县以上税务局（分局）局长批准，可以将被检查企业以前会计年度的账簿、记账凭证、报表和其他有关资料调回税务机关检查，并在3个月内完整退还。无论《调取账簿资料通知书》的抬头是税务局还是稽查局，均需要县以上税务局或稽查局所属税务局局长的批准，稽查局局长无权批准。对于调取的资料，被检查企业需要获得《调取账簿资料清单》，并签章确认，注明调取日期。

被检查企业提供的电子账簿等数据供税务机关调回检查的，同样应该要求税务机关在3个月内退还。如果提供的是原始电子账簿的复制件供税务机关调回检查的，也应该要求税务机关在3个月内退还或者销毁。

被检查企业根据《调取账簿资料通知书》提供的资料时，需与《税务检查通知书》上规定的检查时期相一致。若《调取账簿资料通知书》上注明的年限区间大于《税务检查通知书》上注明的年限区间，被检查企业应按照《税务检查通知书》上注明的检查日期来提交相关资料。除非税务机关在税务检查过程中发现被检查企业在检查年限以外的年份的偷税线索，需要对所涉及的以前年度账簿凭证进行检查的。根据《税收征收管理法实施细则》第二十九条的规定，上述资料应当保存10年。

被检查企业应严格把握当年账簿、记账凭证、报表和其他有关资料的提取要求。税务机关只有在特殊情况下，才能经设区的市、自治州以上税务局局长批准，向被检查企业的当年上述资料调回检查，且必须在30日内退还。这里的特殊情况是指涉及增值税专用发票检查的；涉嫌税收违法行为情节严重的；纳税人及其他当事人可能毁灭、藏匿、转移账簿等证据资料的；税务机关认为其他需要调回检查的情况。"经设区的市、自治州以上税务局局长"包括地（市）一级（含直辖市下设区）的税务局局长。

被检查企业应明确可被税务检查的范围。区分被检查的情况是作为纳税人被检查，还是作为扣缴义务人被检查，分别提供纳税相关的账簿、记账凭证、报表和有关资料，或者作为扣缴义务人代扣代缴、代收代缴税款账簿、记账凭证和有关资料;在生产、经营场所和货物存放地的商品、货物或者其他财产;托运、邮寄应纳税商品、货物或者其他财产的有关单据、凭证和有关资料。税务检查并不是对所有的文件、资料都有检查权。

被检查企业不得逃避、拒绝或阻挠纳税检查。税务机关有权对被检查企业的上述行为进行处罚,包括责令限期改正,情节严重的,除1万元以上5万元以下的罚款。具体处罚标准由各地税务机关按照本地区的税务行政处罚裁量标准予以规定,各地间存在一定的差异。企业需要结合本地区的实际进行防范。对于跨地区的集团企业而言,则需要关注地区间的差异,尤其需要注意不要将一个地区值得借鉴的防范措施或经验不加调整地直接套用到集团其他地区的企业中。

【案例 6-12】 以税收风险为导向 精准实施税务监管①。自2021年起,国家税务总局针对逃避税问题多发的重点领域,适当提高抽查比例,有序开展随机抽查,精准实施税务监管,打击涉税违法行为。针对农副产品生产加工、废旧物资收购利用、大宗商品(如煤炭、钢材、电解铜、黄金)购销、营利性教育机构、医疗美容、直播平台、中介机构、高收入人群股权转让等行业和领域,重点查处虚开(及接受虚开)发票、隐瞒收入、虚列成本、利用"税收洼地"和关联交易恶意税收筹划以及利用新型经营模式逃避税等涉税违法行为。以"信用+风险"监管为基础,针对上述重点领域,强化税收大数据风险分析,根据税收风险适当提高"双随机、一公开"抽查比例。

二、税务检查结果

(一) 政策法规

《税务稽查工作规程》第四十一条至第四十三条对税务检查过程中税务检查人员的工作流程进行了规定。检查过程中,检查人员应当制作《税务稽查工作底稿》,记录案件事实,归集相关证据材料,并签字、注明日期。检查结束前,检查人员可以将发现的税收违法事实和依据告知被查对象;必要时,可以向被查对象发出《税务事项通知书》,要求其在限期内书面说明,并提供有关资料;被查对象口头说明的,检查人员应当制作笔录,由当事人签章。检查结束时,应当根据《税务稽查工作底稿》及有关资料,制作《税务稽查报告》,由检查部门负责人审核。检查完毕,检查部门应当将《税务稽查报告》《税务稽查工作底稿》及相关证据材料,在5个工作日内移交审理部门审理,并办理交接手续。

在对税务检查结果的处理意见,《税务稽查工作规程》第五十五条规定,审理部门区分下列情形分别作出处理:①认为有税收违法行为,应当进行税务处理的,拟制《税务处理决定书》。②认为有税收违法行为,应当进行税务行政处罚的,拟制《税务行政处罚决定书》。③认为税收违法行为轻微,依法可以不予税务行政处罚的,拟制《不予税务行政处罚决定书》。④认为没有税收违法行为的,拟制《税务稽查结论》。

---

① 《以税收风险为导向 精准实施税务监管》,http://www.chinatax.gov.cn/chinatax/n810214/n2686738/n2686748/c5164172/content.html

《税务处理决定书》《税务行政处罚决定书》《不予税务行政处罚决定书》《税务稽查结论》引用的法律、行政法规、规章及其他规范性文件,应当注明文件全称、文号和有关条款。

《税务处理决定书》《税务行政处罚决定书》《不予税务行政处罚决定书》《税务稽查结论》经稽查局局长或者所属税务局领导批准后由执行部门送达执行。

稽查局在税务检查过程中,视不同情况,会出现检查中止和检查终结两种情况。检查中止指在检查过程中,当事人被有关机关依法限制人身自由的;或者账簿、记账凭证及有关资料被其他国家机关依法调取且尚未归还的;或者有法律、行政法规或者国家税务总局规定的其他可以中止检查的,使得检查暂时无法进行的,检查部门可以填制《税收违法案件中止检查审批表》,中止检查。中止检查的情形消失后,填制《税收违法案件中止检查审批表》,经稽查局局长批准后,恢复检查。

检查终结是指当被查对象死亡或者被依法宣告死亡或者依法注销,且无财产可抵缴税款或者无法定税收义务承担主体的;或者被查对象税收违法行为均已超过法定追究期限的;或者有法律、行政法规或者国家税务总局规定的其他可以终结检查的,致使检查确实无法进行的,检查部门可以填制《税收违法案件终结检查审批表》,附相关证据材料,移交审理部门审核,经稽查局局长批准后,终结检查。

检查结束时,经检查发现有税收违法事实的,《税务稽查报告》应当包括以下主要内容:案件来源;被查对象基本情况;检查时间和检查所属期间;检查方式、方法以及检查过程中采取的措施;查明的税收违法事实及性质、手段;被查对象是否有拒绝、阻挠检查的情形;被查对象对调查事实的意见;税务处理、处罚建议及依据;其他应当说明的事项;检查人员签名和报告时间。经检查没有发现税收违法事实的,应当在《税务稽查报告》中说明检查内容、过程、事实情况。

(二) 风险防范

被检查企业应认真审核《税务稽查工作底稿》。《税务稽查工作底稿》是检查工作的法定程序,是编写税务检查报告的重要事实依据,是对被检查企业相关业务情况和数据的证据性描述。被检查企业在《税务稽查工作底稿》上签署意见之前要根据《税务稽查工作底稿》上所涉及的业务和数据,查找企业相关的财会资料,认真核实,再根据核对的情况签署企业的真实意见。

被检查企业应积极使用陈述申辩权。纳税人的陈述申辩权在税务检查的全过程中均可以应用。在检查中,被检查企业应积极、主动与检查人员进行沟通,对涉税问题进行陈述申辩。企业如果对检查人员认定的某项违法事实有异议,应当尽可能同时提供不同的证据和依据,争取在将案件移交到审理环节之前就澄清事实,减少损失。企业如果认为其少缴税款的偷税行为并非主观故意,也可以在陈述申辩的时候讲明情况,争取减少罚款额度。陈述、申辩可以采取口头形式或书面形式,对于口头形式的陈述、申辩的,由检查部门进行记录,制作《陈述申辩笔录》,企业在对陈述、申辩笔录审核无误后进行签字或者盖章。税务机关不得因当事人申辩而加重处罚。对于企业的陈述申辩意见,检查人员应当认真对待,提出判断意见。

被检查企业可以预缴涉案税款。对于被认定有税收违法行为,应当进行税务处理的,检查部门拟制《税务处理决定书》,并由执行部门送达。在送达或者拟制前,被检查企业若发现存在少交税款,的确应当补税的,可以主动补交税款,能够减少需要加收的滞纳金。根据《国家税务总局关于发布〈税务行政处罚裁量权行使规则〉的公告》(国家税务总局公告 2016 年第 78 号)的规定,若检查部门定性为偷税,则主动补交税款属于主动减轻违法行为危害后果,应当依法从轻或减轻行政处罚案。

被检查企业对于税务行政处罚有申辩权和听证权。对于应当进行税务行政处罚的税收违法行为,税务部门应先向企业下达《税务行政处罚事项告知书》,内容包括认定的税收违法事实和性质;适用的法律、行政法规、规章及其他规范性文件;拟作出的税务行政处罚;当事人依法享有的权利;告知书的文号、制作日期、税务机关名称及印章等。企业有行政处罚有不同意见时,罚款在 1 万元以下的,可以直接进行陈述申辩。罚款在 1 万元以上的,应当在税务机关送达《税务行政处罚事项告知书》后 3 日内书面提出听证申请[1]。企业认为听证主持人与企业存在直接利害关系的,可以申请支持人回避。除少数情况外,对应当进行听证的案件,税务机关不组织听证,行政处罚决定不能成立。

对于情节轻微的违法行为,被检查企业可积极沟通,免予处罚。稽查局认为税收违法行为轻微,依法可以不予税务行政处罚的,应当拟制并送达《不予税务行政处罚决定书》,内容包括被查对象或者其他涉税当事人姓名或者名称及地址;检查范围和内容;税收违法事实及所属期间;不予税务行政处罚的理由及依据;申请行政复议或者提起行政诉讼的途径和期限;不予行政处罚决定的文号、制作日期、税务机关名称及印章。根据国家税务总局公告 2016 年第 78 号的规定,企业的违法行为轻微并及时纠正,没有造成危害后果的,属于不予行政处罚规定的情形。

被检查企业应依法取得检查结论。稽查局认为没有税收违法行为的,应拟制并送达《税务稽查结论》。《税务稽查结论》包括被查对象姓名或者名称及地址;检查范围和内容;检查时间和检查所属期间;检查结论;结论的文号、制作日期、税务机关名称及印章。当检查未发现税收违法行为时,企业应在税务检查时限结束后向检查部门要求取得《税务稽查结论》。税务检查时限通常为 60 日,延长需经稽查局长批准。

被检查企业应认真审阅《税务处理决定书》《税务处罚决定书》中的处理依据。《税务处理决定书》《税务处罚决定书》中引用的法律、行政法规、规章及其他规范性文件,应当注明文件全称、文号,引用条款应直接标明具体的条款,并引用原文。对于处理依据中引用的其他规范性文件,若与法律、行政法规、规章等上位法有明显冲突的,可以在税务行政救济中附带提出。

【案例 6-13】 税务未保障陈述申辩权败诉[2]。某药品生产企业所在税局稽查局在税

---

[1] 关于税务行政处罚听证的具体分析,参见本书第七章第一节税务行政处罚听证。
[2] 案例来源:刘天永,2019,税务未保障纳税人陈述、申辩权败诉案,https://www.sohu.com/a/326165653_665862,有删节。

务检查中认定：企业收购药材存在虚假交易，以取得虚开增值税专用发票和虚开农产品收购发票进行虚假的纳税申报，其行为已构成偷税。法院经审理后发现企业在陈述申辩中向稽查局提供了相应材料，稽查局在收到陈述申辩意见后，未将纳税人的陈述申辩意见提交重大税务案件审理委员会审理，未能在行政处罚决定书中体现对纳税人的陈述申辩意见是否依法进行了复核、是否采纳，未能将陈述申辩意见作为证据材料向法院提供。法院认定稽查局未能充分保障纳税人的陈述、申辩权，属于程序严重违法。

第七章 企业涉税风险的法律责任

第一节 企业涉税风险的行政处理与处罚

一、税收保全

（一）政策法规

税收保全是指税务机关为保障税款征收，依法对从事生产、经营纳税人的财物实施暂时性控制的行为，是对纳税人财产处分权的一种限制。根据纳税人是否办理了税务登记以及纳税期限，可以区分为临时户的税收保全、登记户的期前税收保全和税务检查时的税收保全。

临时户税收保全的对象为未按照规定办理税务登记的从事生产、经营的纳税人，和临时从事经营的纳税人。《税收征收管理法》第三十七条规定，对未按照规定办理税务登记的从事生产、经营的纳税人以及临时从事经营的纳税人，由税务机关核定其应纳税额，责令缴纳；不缴纳的，税务机关可以扣押其价值相当于应纳税款的商品、货物。对于临时户的税收保全，保全金额为纳税人从事生产、经营以来到税务检查时，由税务机关核定的应纳税款和滞纳金。税务机关应责令纳税人缴纳，不缴纳的才能实施保全。税收保全的范围为纳税人从事生产、经营有关的商品、货物。对于临时户税收保全的手段是扣押，对有产权证的商品、货物，可以责令当事人将产权证件交税务机关保管，同时可以向有关机关发出协助执行通知书，暂停办理过户手续。在税收保全后，如果纳税人缴纳了税款，税务机关应立即解除扣押，退还商品、货物；如果扣押后仍不缴纳税款的，则转入税收强制执行。

登记户的期前税收保全的对象是已办理税务登记的从事生产、经营的纳税人。《税收征收管理法》第三十八条规定，税务机关有根据认为从事生产、经营的纳税人有逃避纳税义务行为的，可以在规定的纳税期之前，责令限期缴纳应纳税款；在限期内发现纳税人有明显的转移、隐匿其应纳税的商品、货物以及其他财产或者应纳税的收入的迹象的，税务机关可以责成纳税人提供纳税担保。如果纳税人不能提供纳税担保，经县以上税务局（分局）局长批准，税务机关可以采取下列税收保全措施：①书面通知纳税人开户银行或者其他金融机构冻结纳税人的金额相当于应纳税款的存款。②扣押、查封纳税人的价值相当于应纳税款的商品、货物或者其他财产。

登记户的期前税收保全金额为纳税人当期的应纳税款、滞纳金，保全的范围包括纳税人的存款、商品、货物和其他财产，保全的手段包括冻结、扣押、查封，对有产权证的不动产和动产，可以责令当事人将产权证件交税务机关保管，同时可以向有关机关发出协助执行通知书，暂停办理过户手续。期前保全触发的条件是有根据认为纳税人有逃避纳税义务行为，应先行责令限期缴纳应纳税款；在限期内发现纳税人有明显的转移、隐匿其应纳税的商品、货物以及其他财产或者应纳税的收入的迹象的，责令纳税人提供纳税担保，纳税人即未缴纳税款也未提供纳税担保的,触发税收保全。期前税收保全需要县以上税务局(分局)局长批准。在保全后,如果纳税人缴纳了税款,税务机关应立即解除保全,退还财产;如果仍不缴纳税款的,则转入税收强制执行。

税务检查期间的税收保全是指税务机关在对纳税人以前纳税期进行纳税检查的过程中,发现纳税人有逃避纳税义务行为,并有明显的转移、隐匿其应纳税的商品、货物以及其他财产或者应纳税的收入的迹象的,实施的税收保全。《税收征收管理法》第五十五条规定,税务机关对从事生产、经营的纳税人以前纳税期的纳税情况依法进行税务检查时,发现纳税人有逃避纳税义务行为,并有明显的转移、隐匿其应纳税的商品、货物以及其他财产或者应纳税的收入的迹象的,可以按照本法规定的批准权限采取税收保全措施。其批准程序、保全标的、财产范围和手段,与期前税收保全的方式相同。

根据《税收征收管理法》第四十二条的规定,税务机关采取税收保全措施和强制执行措施必须依照法定权限和法定程序,不得查封、扣押纳税人个人及其所扶养家属维持生活必需的住房和用品。

(二)风险防范

企业应注意实施税收保全的对象。税收保全措施仅适用于从事生产、经营的纳税人。不适用于其他纳税人、扣缴义务人和纳税担保人。税收保全的实施主体是税务机关,不得由法定的税务机关以外的单位和个人行使。

企业应注意期前税收保全的前置条件。对于登记户的当期税款,税务机关应该先责令限期缴纳,进而才能要求提供纳税担保,最后才可以进行税收保全。企业缴纳当期税款,或者提供了纳税担保的,税务机关不得采用税收保全。

企业应注意解除税收保全的程序。根据《税务稽查工作规程》(国税发〔2009〕157号)的规定,解除税收保全措施时,税务机关应当向企业送达《解除税收保全措施通知书》,告知其解除税收保全措施的时间、内容和依据,并通知其在限定时间内办理解除税收保全措施的有关事宜。纳税人在限期内已缴纳税款,税务机关未立即解除税收保全措施,使纳税人的合法利益遭受损失的,税务机关应当承担赔偿责任。

【案例7-1】 税收保全的实施需要注意前置程序。A公司因故未更正2018年12月的消费税申报表,该公司所在税务机关向其发出《税务事项通知书》,同日,税务机关向多家银行发出《冻结存款通知书》,分别冻结公司在银行的存款。而后才由税务局局长签批同意冻结措施。公司认为税务机关未按规定采取税收保全措施,向人民法院起诉。法院审理后认为,税务机关未按照法律规定履行责令A公司限期缴纳应纳税款、责成A公司提供纳税担保等程序,故被告作出的行政行为程序违法。

二、税收强制执行

(一)政策法规

税收强制执行是指税务机关对逾期不履行行政决定的行政相对人,依法强制其履行义务或实现与履行义务相同状态的具体行政行为。其不仅适用于纳税人,也适用于扣缴义务人和纳税担保人。

对于纳税人的税收强制执行,可以区分为实施税收保全后的税收强制执行,和直接的税收强制执行。已实施税收保全的,纳税人仍不缴纳税款的,经县以上税务局(局长)批准,由税务机关通知纳税人开户银行或者其他金融机构从其冻结的存款中扣缴税款,或者依法拍卖或者变卖所扣除的商品、货物或者其他财产,以拍卖或者变卖所得抵缴税款。

直接的税收强制执行由《税收征收管理法》第四十条予以规定,从事生产、经营的纳税人、扣缴义务人未按照规定的期限缴纳或者解缴税款,纳税担保人未按照规定的期限缴纳所担保的税款,由税务机关责令限期缴纳,逾期仍未缴纳的,经县以上税务局(分局)局长批准,税务机关可以采取下列强制执行措施:①书面通知其开户银行或者其他金融机构从其存款中扣缴税款。②扣押、查封、依法拍卖或者变卖其价值相当于应纳税款的商品、货物或者其他财产,以拍卖或者变卖所得抵缴税款。

对于未按规定期限缴纳税款或解缴税款的从事生产经营的纳税人、扣缴义务人,以及未按规定期限履行担保义务的纳税担保人,强制执行的金额为税款和滞纳金,需要先行责令限期缴纳,逾期未缴的,经县以上税务局(分局)局长的批准,可以扣缴存款;扣押、查封、依法拍卖、变卖商品、货物或其他财产手段来实施强制执行。

税务检查的税收强制执行可以发生在税收保全之后,也可以直接实施。但均是对税务检查作出处理决定后,纳税人不按决定书补缴税款、滞纳金的,经县以上税务局(分局)局长的批准,采取上述手段实施强制执行。

对于接受税务行政处罚的当事人,若对税务处罚决定逾期不申请行政复议,也不向人民法院起诉、又不履行的,可以由作出处罚决定的税务机关,经县以上税务局(分局)局长的批准,采取上述手段实施强制执行,或者申请人民法院强制执行。

(二) 风险防范

企业需要区分税务机关采取的是税收保全还是税收强制执行。两者都属于税收强制措施,对于从事生产经营的登记户,税收保全措施、税收强制执行措施都是责令限期缴纳在先,都必须经县以上税务局(分局)局长批准,并且在采取的查封、扣押方式上也相似。但是两者的区别在于规定的纳税期限届满以前采取的,是税收保全措施;规定的纳税期限届满后采取的,是税收强制执行。

企业需要注意税收强制执行的主体。除税务行政处罚的强制执行可以由税务机关或者人民法院执行,其余税收强制执行均只能由税务机关来实施。

企业需要注意税收强制执行前的责令限期缴纳程序和催告程序。税务机关应当先向企业作出责令限期缴纳通知,限期期满后仍不履行纳税义务的,税务机关才可以实施强制执行。税务机关作出强制执行决定前,应当事先催告当事人履行义务。催告应当以书面形式作出,并载明履行义务的期限、履行义务的方式、涉及金钱给付的,应当有明确的金额和给付方式、当事人依法享有的陈述权和申辩权。经催告,当事人逾期仍不履行行政决定,且无正当理由的,税务机关可以作出强制执行决定。在催告期间,对有证据证明有转移或者隐匿财物迹象的,税务机关可作出立即强制执行决定①。

企业应注意查封、扣押的财产价值与标的金额保持一致。税收保全或强制执行的标的包括税款、滞纳金、实施税收保全或强制执行需要支付的,依法应当由当事人承担的费用,以及可能一并执行的罚款。对于查封、扣押的财产相当于保全或执行标的,财产的价值参照评估价、市场价、出厂价,由税务机关来进行合理判断。当财产不可分割,且企业没有其他可供执行的财产时,税务机关可以超过标的实施税收保全或强制执行。但是对行政相对人及其所扶持家属维持生活必需的住房和用品(机动车辆、金银饰品、古玩字画、豪华住宅或者一处以外的住房除外),单价在5 000元以下的其他生活用品,不能实施税收保全或强制执行。

【案例7-2】 税收保全与税收强制执行。2018年6月,某县税务局对企业甲下发了《税务处理决定书》,要求企业甲缴纳欠缴税款及滞纳金计80余万元,并于2018年12月向企业甲下发《税务事项通知书》,责令在3日内限期缴纳。企业甲未在规定期限履行义务,经县税务局局长批准,税务局发出《税收保全措施决定书》,决定对企业甲的A银行的存款账户实施冻结。在本例中,税务局使用税收强制措施不当,可以直接采取税收强制执行手段。

【案例7-3】 税收强制执行前需责令限期缴纳和催告②。2014年12月,某市国税局稽查局对该市甲公司的纳税情况进行了检查,并发出《税务处理决定书》,责令甲公司自收到该决定书之日起15日内补缴企业所得税380 000余元,并按规定加收滞纳金。甲公司在接收到该决定书后并未履行补缴税款义务。2015年8月,某稽查局作出《冻结存款决定书》,冻结了甲公司在建设银行的存款730 000元。经某市国税局局长批准,某稽查局于2015年11月2日向甲公司的法定代表人送达了《税收强制执行决定书》,并于同日向甲公司的开户银行送达了《扣缴税收款项通知书》,从该银行扣缴甲公司被冻结账户资金中的600 848.94元缴入国库。甲公司不服某稽查局的扣缴行为,向法院提起行政诉讼。法院认为某稽查局在采取强制执行前未作出责令限期缴纳通知,并且在没有作出书面催告的情况下,直接向甲公司做出了税收强制执行决定,确认稽查局作出的《税收强制执行决定书》违法。

三、欠税公告和资产处置报告

(一)政策法规

对于欠税的纳税人,《税收征收管理法》第四十五条第(三)款规定税务机关应当对纳税人欠缴税款的情况定期予以公告。纳税人在合并或分立时有欠税的,《税收征收管理

---

① 根据《行政强制法》第35条和第37条相关规定整理。
② 改编自宋海涛,税收强制执行前 催告程序要规范,中国税务报,2018年11月21日。

法》第四十八条规定,纳税人合并时未缴清税款的,应当由合并后的纳税人继续履行未履行的纳税义务;纳税人分立时未缴清税款的,分立后的纳税人对未履行的纳税义务应当承担连带责任。对于欠缴税款数额较大的纳税人,《税收征收管理法》第四十九条规定,纳税人在处分其不动产或者大额资产之前,应当向税务机关报告。

县级以上税务机关应当将纳税人的欠税情况,按期在办税场所或者广播、电视、报纸、期刊、网络等新闻媒体上公告。根据纳税人的类型确定公告时间,企业或单位欠税的,每季公告1次;个体工商户和其他个人欠税的,每半年公告1次;走逃、失踪的纳税户以及其他经税务机关查无下落的非正常户欠税的,随时公告。

针对不同类型的纳税人和欠税额,公告机关的层级也有差异。企业、单位纳税人欠缴税款200万元以下(不含200万元),个体工商户和其他个人欠缴税款10万元以下(不含10万元)的,由县级税务局(分局)在办税服务厅公告。企业、单位纳税人欠缴税款200万元以上(含200万元),个体工商户和其他个人欠缴税款10万元以上(含10万元)的,由地(市)级税务局(分局)公告。

（二）风险防范

企业应注意欠税公告的内容是否超过法定范围。公告机关发布的欠税公告的内容因纳税人的性质而异,但有明确的规定,并且需要遵守保密权的规定。欠税的企业或单位纳税人,公告企业或单位的名称、纳税人识别号、法定代表人或负责人姓名、居民身份证或其他有效身份证件号码、经营地点、欠税税种、欠税余额和当期新发生的欠税金额。欠税的个体工商户,公告业户名称、业主姓名、纳税人识别号、居民身份证或其他有效身份证件号码、经营地点、欠税税种、欠税余额和当期新发生的欠税金额;欠税的其他个人,公告其姓名、居民身份证或其他有效身份证件号码、欠税税种、欠税余额和当期新发生的欠税金额。欠税公告的数额包括欠税余额和新增欠税。企业可以注意公告机关公告的欠税情况是否符合上述范围的规定,除欠税信息外,对于企业的技术信息、经营信息等商业秘密和企业不愿公开的个人事项是否依法予以保密。

企业需要注意并非所有的欠税都需要公告。根据《欠税公告办法(试行)》(国家税务总局令第9号)第九条的规定,对纳税人的以下欠税,税务机关可不公告:①已宣告破产,经法定清算后,依法注销其法人资格的企业欠税。②被责令撤销、关闭,经法定清算后,被依法注销或吊销其法人资格的企业欠税。③已经连续停止生产经营一年(按日历日期计算)以上的企业欠税。④失踪两年以上的纳税人的欠税。

欠税的企业负有向税务机关按期报告的义务。纳税人没有缴清欠税的,应定期向主管税务机关报告其生产经营、资金往来、债权债务、投资和欠税原因、清欠计划等情况,报告间隔期由各地依据欠税程度确定,但最长不得超过3个月。欠税人有合并、分立、撤销、破产和处置大额资产行为的,应随时向主管税务机关报告。欠税人有合并、分立等变更行为的,由税务机关依法认定欠税的归属。欠缴税款数额5万元以上的企业在处分其不动产或者大额资产之前,应向税务机关报告。

四、离境清税制度

(一) 政策法规

离境清税制度适用于负有纳税义务且欠缴税款的所有自然人、法定代表人和其他经济组织的负责人,包括外国人、无国籍人和中国公民。《税收征收管理法实施细则》第七十四条规定,欠缴税款的纳税人或者其法定代表人在出境前未按照规定结清应纳税款、滞纳金或者提供纳税担保的,税务机关可以通知出入境管理机关阻止其出境。

离境清税制度的实施条件是需要出境的纳税人在出境前有欠税,或单位纳税人在其法定代表人出境前有欠税,并且在出境前,不能依法结清税款、滞纳金,又不能提供纳税担保的。

对欠税人准备出境的,由税务机关向其申明不准出境,对已取得出境证件执意出境的,税务机关函请出境管理部门办理边控手续,阻止出境。

已被阻止出境的欠税人已结清阻止出境时欠缴的全部税款、滞纳金和罚款,或已向税务机关提供相当全部欠缴税款(含滞纳金和罚款)的担保,或欠税企业已依法宣告破产,并依《破产法》程序清偿终结者,税务机关应立即通知撤控。

(二) 风险防范

企业需注意离境清税制度的实施条件和实施期限。原则上企业欠税 20 万元以上,个人欠税 3 万元以上的,方可函请出境管理部门实施边控,对于不办理纳税申报的,可不受上述金额限制。边防检查站阻止欠税人出境的期限一般为一个月。对控制期限逾期的,边防检查站可自动撤控。需要延长控制期限的,税务机关需要按规定办理续控手续。

【案例 7-4】 离境清税保障税款①。2017 年,浙江省地税系统提请公安边防部门阻止欠税人出境共 1 122 人次,较 2016 年增长 146.6%,涉及税款金额 267 000 万元,全年累计实现税款入库 27 100 万元。由于阻止出境措施管理层级高、程序较烦琐,浙江省地税局强化了对省内各级地税机关的欠税管理,严格阻止出境措施的前置程序和告知环节,确保"出境红绿灯"及时准确亮起。同时,利用金税三期系统的自动监控和推送功能,仔细甄别系统推送的符合限制出境条件的欠税人,确保阻止出境工作有序开展的同时保障纳税人合法权益。2017 年 10 月,正打算出国办理个人事务的某企业法定代表人叶某收到了自己被阻止出境的通知,因为担心无法开展境外业务交流和商务谈判,这家自 2016 年起欠税费款 692.9 万元的企业一改以往对税务机关催缴多次推脱的态度,迅速筹措资金,在 2017 年 11 月初补缴了 878.3 万元税费和滞纳金。

五、税收优先权

(一) 政策法规

税收优先权是欠税的纳税人,在同时负有对外债务的情况下,因为清偿能力不足,而

---
①

产生的权利冲突。税收优先于普通债权,税务机关可以通过主张优先权而优先得到清偿。《税收征收管理法》第四十五条规定,税务机关征收税款,税收优先于无担保债权,法律另有规定的除外;纳税人欠缴的税款发生在纳税人以其财产设定抵押、质押或者纳税人的财产被留置之前的,税收应当先于抵押权、质权、留置权执行。纳税人欠缴税款,同时又被行政机关决定处以罚款、没收违法所得的,税收优先于罚款、没收违法所得。

优先权的范围是特定的,税收优先于无担保普通债权;欠缴税款发生在设定担保的时间之前的,税收优先于这种特定的有担保债权;税收优先于行政机关的罚款和没收违法所得。

纳税人有解散、撤销、破产情形的,在清算前应当向其主管税务机关报告。未结清税款的企业进行破产清算的,税务机关代表国家行使债权人权利,参与清算,按照法定偿债程序将税款征缴入库。税务机关在人民法院公告的债权申报期限内,以人民法院裁定受理破产申请之日为截止日期,向管理人申报包括企业所欠税款(含教育费附加、地方教育附加)在内的税收债权①。企业破产法中,有担保的债权优先受偿,剩余财产在优先清偿破产费用和共益债务后,再按规定顺序清偿。纳税人欠缴的税款发生在纳税人以其财产设定抵押、质押或者纳税人的财产被留置之前的,税收应当先于抵押权、质权、留置权执行,因此在担保债权发生之前的欠缴税款优先受偿,税务机关申报的因欠缴税款产生的滞纳金,因特别纳税调整产生的利息这两项税收债权按照普通破产债权申报。

(二)风险防范

欠税的企业财产足以清偿所有债务时,不会产生税收优先权,企业财产被查封冻结,不能影响税收优先权。税收优先权是以欠税的企业没有足够清偿能力为必要条件的。如果企业具有对全部债务的清偿能力,则税务机关不应主张税收优先权。当企业没有足够的债务清偿能力时,即使企业的财产已被法院查封冻结,税务机关仍可主张具有优先权的税款应优先缴纳。

税收优先权中的欠税应经过公告程序。税务机关应当对纳税人欠缴税款的情况定期予以公告,以确定税款与担保债权之间的顺序。未经公告的欠税不具有对抗其他债权人的效力,不能行使税收优先权。

企业需注意税收优先权并不是无限制的。对于企业所欠的职工工资、行政机关没收非法财物、企业的法定代表人及其所抚养家属的基本生存费用、在税收发生之前的担保债权、法定的专有权等,税收没有优先权。此外,税收优先权不包括税务机关的罚款,税收罚款不具有优先性。

对于司法拍卖的款项,税务机关有税收优先权,可就拍卖收入优先于无担保债权征

---

① 对于进入破产程序的企业,在人民法院裁定受理破产申请之日至企业注销之日期间,企业应当接受税务机关的税务管理,履行税法规定的相关义务。破产程序中如发生应税情形,应按规定申报纳税。从人民法院指定管理人之日起,管理人可以按照《中华人民共和国企业破产法》第二十五条规定,以企业名义办理纳税申报等涉税事宜。企业因继续履行合同、生产经营或处置财产需要开具发票的,管理人可以以企业名义按规定申领开具发票或者代开发票。纳税人有解散、撤销、破产情形的,在清算前应当向其主管税务机关报告;未结清税款的,由其主管税务机关参加清算。《国家税务总局关于税收征管若干事项的公告》(国家税务总局公告2019年第48号)。

税。不同于欠税,对于企业依法拍卖的财产。无论拍卖、变卖财产的行为是企业的自主行为,还是人民法院实施的强制执行活动,对拍卖、变卖财产的全部收入,企业作为纳税人均应依法申报缴纳税款。因强制执行活动而被拍卖、变卖财产的收入,人民法院应当协助税务机关依法优先从该收入中征收税款。

【案例7-5】 财产足以清偿,不主张税收优先权。2017年11月,因合同纠纷,某市企业甲所有的一块地块及地上附属物被该市人民法院进入强制执行程序。该市国税局向人民法院提出从拍卖款中优先征收该企业以前年度的欠税,并出示欠税相关证明材料。法院认为企业除该块资产外,还是三宗土地及地方附属物的权利人,企业不存在不足以清偿所有债务的情形,认为税务机关不具有优先权。

【案例7-6】 欠税未公告,担保债权优先受偿。A公司于2015年5月以房产抵押向B公司借款500万元,借款期满后,A公司无法偿还,B公司于2018年10月向法院要求拍卖房产以抵债。A公司所在税务机关以A公司2013—2017年欠税1 069万元为由主张税收优先权。法院认为,A公司也丧失对全部债务的清偿能力,但是税务局是在2019年1月发布A公司的欠税公告,未按照《欠税公告办法(试行)》的规定,对欠税企业每季度公告一次。B公司在不知A公司欠税的情况下与其签订借款合同并就涉案财产设定抵押权,属于善意抵押权人,其享有的优先受偿权应予以保护。

六、代位权、撤销权

(一) 政策法规

税收代位权是指欠缴税款的纳税人不以诉讼方式或者仲裁方式向其债务人主张其享有的具有金钱给付内容的到期债权。《税收征收管理法》第五十条规定,欠缴税款的纳税人因怠于行使到期债权,对国家税收造成损害的,税务机关可以依照合同法第七十三条规定行使代位权。现行《中华人民共和国民法典》(以下简称《民法典》)第五百三十五条规定,因债务人怠于行使其债权或者与该债权有关的从权利,影响债权人的到期债权实现的,债权人可以向人民法院请求以自己的名义代位行使债务人对相对人的权利,但是该权利专属于债务人自身的除外。代位权的行使范围以债权人的到期债权为限。债权人行使代位权的必要费用,由债务人负担。相对人对债务人的抗辩,可以向债权人主张。

根据《税收征收管理法》第五十条的规定,税收撤销权是指欠缴税款的纳税人放弃到期债权、无偿转让财产、以明显不合理的低价转让财产而受让人知道该情形,对国家税收造成损害,税务机关请求人民法院撤销纳税人该行为的权利。《民法典》第五百三十八条规定,债务人以放弃其债权、放弃债权担保、无偿转让财产等方式无偿处分财产权益,或者恶意延长其到期债权的履行期限,影响债权人的债权实现的,债权人可以请求人民法院撤销债务人的行为。《民法典》第五百三十九条规定,债务人以明显不合理的低价转让财产、以明显不合理的高价受让他人财产或者为他人的债务提供担保,影响债权人的债权实现,债务人的相对人知道或者应当知道该情形的,债权人可以请求人民法院撤销债务人的行为。

(二)风险防范

税收代位权的实施前提是纳税人存在怠于行使到期债权的行为,这种行为会影响纳税人履行纳税义务,导致国家税收受到损害,税务机关可以向人民法院请求以自己的名义代位行使纳税人的债权的权利。

税务机关不得对纳税人的人身专属性债权行使代位权。专属于纳税人的权利,税务机关不能代位行使,包括基于抚养关系、扶养关系、赡养关系、继承关系产生的给付请求权和劳动报酬、退休金、养老金、抚恤金、安置费、人寿保险、人身伤害赔偿请求权等权利。税务机关依照规定行使代位权、撤销权的,不免除欠缴税款的纳税人尚未履行的纳税义务和应承担的法律责任。

税收撤销权依判决撤销而发生效力,其效力及于纳税人及第三人。纳税人的行为一经被撤销,视为自始无效。

撤销权实施需注意第三人的主观要件。当纳税人的行为为有偿行为时,第三人主观上需要为恶意,税务机关才能行使撤销权;当纳税人的行为为无偿行为时,无论第三人主观上是否为恶意,税务机关都可行使撤销权。

【案例7-7】 纳税人未怠于行使,税务机关不得行使代位权。某县大方公司在2012年11月至2020年4月共欠税款530余万元。该县税务局了解到该县自然资源局因逾期交付土地而需向大方公司支付滞纳金1 612万余元,且已到期。县税务局行使税收代位权,向人民法院提前诉讼,要求县自然资源局履行代为清偿义务。法院认为大方公司已提起诉讼,主张其与县自然资源局之间的债券,不存在怠于行使到期债权的情形,县税务局的税收代位权达不到条件。

七、重大税收违法失信案件

(一)政策法规

重大税收违法失信案件是指符合下列标准的案件:纳税人伪造、变造、隐匿、擅自销毁账簿、记账凭证,或者在账簿上多列支出或者不列、少列收入,或者经税务机关通知申报而拒不申报或者进行虚假的纳税申报,不缴或者少缴应纳税款100万元以上,且任一年度不缴或者少缴应纳税款占当年各税种应纳税总额10%以上的;纳税人欠缴应纳税款,采取转移或者隐匿财产的手段,妨碍税务机关追缴欠缴的税款,欠缴税款金额10万元以上的;骗取国家出口退税款的;以暴力、威胁方法拒不缴纳税款的;虚开增值税专用发票或者虚开用于骗取出口退税、抵扣税款的其他发票的;虚开普通发票100份或者金额40万元以上的;私自印制、伪造、变造发票,非法制造发票防伪专用品,伪造发票监制章的;具有偷税、逃避追缴欠税、骗取出口退税、抗税、虚开发票等行为,经税务机关检查确认走逃(失联)的[①];其他违法情节严

---

① 经税务机关检查确认走逃(失联)的,是指检查对象在税务局稽查局案件执行完毕前,不履行税收义务并脱离税务机关监管的。

重、有较大社会影响的。

对于重大税收违法失信案件,税务局稽查局依法作出《税务处理决定书》或者《税务行政处罚决定书》的,当事人在法定期间内没有申请行政复议或者提起行政诉讼,或者经行政复议或者法院裁判对此案件最终确定效力后,按重大税收违法失信案件信息公布办法处理;未作出《税务处理决定书》《税务行政处罚决定书》的走逃(失联)案件,经税务机关查证处理,进行公告30日后,按重大税收违法失信案件信息公布办法处理。

重大税收违法失信案件信息向社会公布,并将信息通报相关部门,共同实施严格监管和联合惩戒。对向社会公布的当事人,公布时限为3年,可采取的措施包括:纳税信用级别直接判为D级,适用相应的D级纳税人管理措施;对欠缴查补税款的纳税人或者其法定代表人在出境前未按照规定结清应纳税款、滞纳金或者提供纳税担保的,税务机关可以依据《税收征收管理法》相关规定,通知出入境管理机关阻止其出境;税务机关将当事人信息提供给参与实施联合惩戒的相关部门,由相关部门依法对当事人采取联合惩戒和管理措施。对未向社会公布的当事人,纳税信用级别直接判为D级,适用相应的D级纳税人管理措施。

(二) 风险防范

企业需区分信息公布与失信记录之间的差别。重大税收违法失信案件的案件信息是否在公告栏中向社会公布,公布时限等依企业的情况而定,但信息一经录入税务信息管理系统,将作为税收信用记录一直存在。重大税收违法失信案件信息实行动态管理,案件信息撤除或发生变化后不再符合"重大税收违法失信案件"标准的,企业应积极与税务机关沟通,要求其停止公布,从公告栏中撤除,并向同级参与联合惩戒和管理的部门提供更新信息。

企业需关注信用救济程序,更好保护合法权益。对于偷税、逃避追缴欠税的企业,构成重大税收违法失信案件的,在公布前能按照《税务处理决定书》《税务行政处罚决定书》缴清税款、滞纳金和罚款的,经实施检查的税务机关确认,只将案件信息录入相关税务信息管理系统,不向社会公布该案件信息,但企业的纳税信用级别直接判为D级。在公布后能按照《税务处理决定书》《税务行政处罚决定书》缴清税款、滞纳金和罚款的,经实施检查的税务机关确认,停止公布并从公告栏中撤出,并将缴清税款、滞纳金和罚款的情况通知实施联合惩戒和管理的部门。

【案例7-8】 税收失信,寸步难行[①]。"福州某科技有限公司"的法人代表老刘,为了钻税收政策空子,2011年以来采取"真租赁假仓储"手段偷逃税款,该公司被福州闽侯地税稽查局查补2010年以来少缴的税款1 431 059.47元(其中偷税税款1 187 183.33元)、滞纳金196 587.16元,并处以罚款593 591.67元。他不仅受到了经济制裁,而且被推送列入了全国税收违法"黑名单"。2015年1月税务部门将该违法案件信息推送给工商、银

---

① 福州市地税局稽查局落实税收"黑名单"和联合惩戒制度,https://www.creditchina.gov.cn/xinyongfuwu/shixinheimingdan/shixinheimingdanzuixindongtai/201805/t20180521_116028.html。

行、航空公司、铁路公司等,该公司受到了社会相关部门的联合惩戒,生产、生活受到了严重影响。2015年8月8日,他坐飞机去上海竟然不能买头等舱;在上海投资付款刷信用卡也被限制交易,只能叫亲戚从老家将钱转过来;他从上海回来坐高铁也不能买一等座。直到2016年6月12日税务局根据《重大税收违法案件信息公布办法(试行)》《国家税务总局稽查局关于做好重大税收违法案件信息撤出公布有关工作的通知》相关撤出规定,决定停止该公司重大税收违法案件信息公布,并从税务部门网站"重大税收违法信息公布栏"中撤出后,老刘的生活才恢复正常。

八、税务行政处罚

(一) 政策法规

行政处罚是指行政机关依法对违反行政管理秩序的公民、法人或者其他组织,以减损权益或者增加义务的方式予以惩戒的行为。税务行政处罚是税务行政处罚主体对相对人违反税收征管秩序行为所实施的处罚。

税务行政处罚主体包括税务总局、省、市、县税务局、税务分局①、税务所以及省以下税务局稽查局。税务行政处罚的种类包括罚款;没收违法所得、没收非法财物;停止出口退税权;以及法律、法规和规章规定的其他行政处罚。目前,罚款是税务行政处罚中最常用的一种处罚种类。

税务行政处罚必须有法律、法规和规章设定。法律可以设定各种行政处罚,行政法规可以设定除限制人身自由以外的行政处罚,税务行政规章可以设定警告或者一定数量罚款的行政处罚。国家税务总局和各级税务机关可以通过制定税收规范性文件,对行政处罚的实施做出具体的、细化的规定,但不得存在法律、法规和规章之外设定行政处罚,也不可能扩大和抵触法律、法规和规章的规定。

税务行政处罚必须有法定依据,要有法律、法规或者规章作为依据,引用法律要适当,引用条文要具体,一般而言,上位法优于下位法。适用法律法规要与事实相符,对违法者的认定、违法行为的认定、处罚的种类和处罚幅度的运用等,都应当依法进行。

税务行政处罚必须符合法定程序。行政处罚分为一般程序与简易程序。简易程序处罚是指税务机关对违法事实确凿并有法定依据,对公民处以50元以下、对法人或者其他组织处以1 000元以下罚款或警告的行政处罚。简易处罚是当场作出的行政处罚决定,不需要审批。一般程序处罚是指税务机关对违反税收法律,且不适用简易程序处罚的税收违法行为实施行政制裁的处理,包括一般程序处罚决定处理、税务行政处罚事项告知处理。

税务行政处罚实行重大税务案件审理制度。根据《国家税务总局重大税务案件审理办法》(国家税务总局令第34号),对情节复杂或者重大违法行为给予较重的行政处罚,税

---

① 根据《行政处罚法》和《征管法》的界定,本书中的税务分局是指部分城市设立的县级或以上的税务分局,不同于部分地区设立的县级以下的税务分局(即税务所)。

务机关需要集体讨论决定。重大税务行政处罚案件的具体标准由各省、自治区、直辖市和计划单列市税务局根据本地情况自行制定,报国家税务总局备案。审理委员会重点审查案件事实是否清楚;证据是否充分、确凿;执法程序是否合法;适用法律是否正确;案件定性是否准确;拟处理意见是否合法适当。

税务行政处罚必须严格执行涉税案件司法移送制度。税务机关在依法查处违法行为过程中,发现违法事实涉及的金额、违法事实的情节、违法事实造成的后果等,根据刑法关于破坏税收征管秩序罪规定和最高人民法院、最高人民检察院关于破坏税收征管秩序罪的司法解释以及最高人民检察院、公安部关于经济犯罪案件的追诉标准等规定,涉嫌构成犯罪,依法需要追究刑事责任的,必须依规向公安机关移送[1]。

在税务行政处罚中,行政相对人具有知情权、陈述和申辩权,申请听证权、申请税务行政复议权、提起税务行政诉讼权,要求行政赔偿权等权利。

(二) 风险防范

企业应注意税务机关是否在法定职权范围内实施行政处罚。税务行政处罚的实施主体必须是法律规定具有执法资格的税务机关,其中税务所有权实施2 000元以下罚款的行政处罚,超过2 000元的罚款,应由税务所所属的税务局来实施。除此之外,税务行政处罚由违法行为发生地具有行政处罚权的主管税务机关管辖,其他税务机关无权逾越管辖权实施行政处罚。

企业应注意税务行政处罚是否遵循法定依据。税务行政处罚的设定文件包括《税收征收管理法》《税收征收管理法实施细则》《发票管理办法》及其实施细则;企业应注意税务行政处罚是否注明适用的法律依据;是否存在应适用高位阶的法律法规而适用地位阶的法规、规章,甚至规范性文件的情况;是否存在适用有关法律法规,而不注明具体的条款的情况;是否存在适用法律法规错误的情况。

企业应注意简易处罚是否遵守法定程序。简易处罚简便操作,但不能简化程序,税务机关在适用简易程序时,仍需遵守以下顺序和要求:①表明身份。②以格式文书或口头告知违法事实,即将给予税务行政处罚的理由和依据,当事人依法享有的陈述、申辩权等权利。③听取当事人陈述和申辩。④填写具有预定格式、编有号码的税务行政处罚决定书。⑤当场送达当事人。⑥报所属税务机关备案[2]。简易处罚程序不等于当场收缴罚款,只有依法给予20元以下的罚款或不当场收缴罚款事后难以执行的;在边远、水上、交通不便地区,税务机关及其执法人员做出罚款决定后,当事人向指定的银行缴纳罚款确有困难,经当事人提出当场收缴要求的,才能当场收缴罚款。

企业应注意"一事不再罚"的适用。对企业的税收违法行为由具有管辖权的税务机关事实处罚,对于同一个税收违法行为,不得以同一事实和同一依据给予两个(次)以上罚款

---

[1] 《国务院关于修改〈行政执法机关移送涉嫌犯罪案件的规定〉的决定》(中华人民共和国国务院令第730号)。关于企业涉税风险的刑事责任,详见本章第二节的分析。
[2] 税务行政一般处罚的法定程序参见第六章第一节税务检查的相关内容。

的处罚。如果一个税收违法行为，同时违反了两个以上税收法律法规的规定，则应该根据相关文件法律效力的高低确定法律依据。对于企业逾期不改正的税收违法行为，如果已对该行为进行了罚款的，对"逾期不改正行为"不得再次予以罚款。如果企业存在多个税收违法行为，则税务机关可以依法分别予以处罚，合并执行。若企业的一个行为同时违反了税务机关和其他机关执行的不同法律（但位阶相同）的规定，罚款的行政处罚只能由先做出罚款决定的机关进行，而其余机关只能做出罚款以外的行政处罚。如果该行为同时违反了税务机关和其他机关执行的不同法律（但位阶不同）的规定，行政处罚只能由执行上位法的机关依据上位法进行，执行下位法的行政机关不能再依据下位法进行行政处罚。

企业可申请延期缴纳税收罚款。因税收违法行为而被处以罚款的企业，确有经济困难，可以向税务机关提出延期或分期缴纳罚款的申请，请求税务机关批准。但税务机关未批准的，必须如期缴纳。到期不缴纳罚款的，税务机关可采取强制执行措施，或申请人民法院强制执行。

企业应注意税务行政处罚的时效。《中华人民共和国行政处罚法》（以下简称《行政处罚法》）规定，违法行为在2年内未被发现的，不再给予行政处罚。《税收征收管理法》规定，在5年内未被发现的，不再给予行政处罚。对于违反税收法律、行政法规的税收违法行为，其追溯时效应按照《税收征收管理法》规定的5年时效处理；对于其他税收违法行为，则按照2年的规定处理；企业的税收违法行为如果违反的是部门规章，而非税收法律、法规，其追溯时效就是2年。违法行为的时效从该行为发生之日开始计算，发生之日是指违法行为完成或者停止之日。而发现时间是指税务机关的立案时间，而不是税务机关作出行政处罚的时间。但税收违法行为有连续性或连续状态的，从行为终了之日起计算。这种连续状态是指行为基于同一个故意，连续实施数个性质相同的违法行为，对其追诉时效，则从最后一个违法行为实施完毕时开始计算。

企业应注意可以减轻或者不予税务行政处罚的情况。根据《国家税务总局关于发布〈税务行政处罚裁量权行使规则〉的公告》（国家税务总局公告2016年第78号）的规定，对于主动消除或者减轻违法行为危害后果的；受他人胁迫有违法行为的；配合税务机关查处违法行为有立功表现的，可以依法从轻或减轻处罚。法律、法规、规章规定可以给予行政处罚，当事人首次违反且情节轻微，并在税务机关发现前主动改正的或者在税务机关责令限期改正的期限内改正的，不予行政处罚。违法行为轻微并及时纠正，没有造成危害后果的，不予行政处罚。违反税收法律、行政法规应当给予行政处罚的行为在5年内未被发现的，不再给予行政处罚。

对于涉嫌犯罪的税收违法行为，不得以税务行政处罚代替移送。《国务院关于修改〈行政执法机关移送涉嫌犯罪案件的规定〉的决定》（中华人民共和国国务院令第730号）规定，拟处罚的税收违法行为涉嫌犯罪的，应按规定将案件移送给公安机关，不得以行政处罚代替移送。在移送前，已经依法给予当事人罚款的，人民法院判处罚金时，依法折抵相应罚金。

税务行政违法案件移送司法后，税务行政处罚应中止。根据《关于加强行政执法与刑事司法衔接工作的意见》（中办发〔2011〕8号）的规定，税务机关在移送案件时已经作出行政处罚决定的,应当将行政处罚决定书一并抄送公安机关、人民检察院;未作出行政处罚决定的,原则上应当在公安机关决定不予立案或者撤销案件、人民检察院作出不起诉决定、作无罪判决或者免予刑事处罚后,再决定是否给予行政处罚。

【案例7-9】 税收违法行为追溯时效。2018年8月,某税务局稽查局对企业甲以往年度履行纳税义务的情况进行税收检查,发现该企业2013年9月采取使用虚假发票列支成本的手段偷逃税款5万元。2018年10月,税务局稽查局根据《税收征收管理法》作出了补征税款、加收滞纳金的处理决定,并对偷税行为进行了1倍罚款。在本例中,对偷税的行政处罚的时效从2013年9月开始计算,到2018年8月,未超过5年。同时对该企业未按照规定取得发票的行为,按照《发票管理办法》予以处罚,《发票管理办法》为行政法规,税收行政处罚的追溯时效同样为5年。

第二节　企业涉税风险的刑事责任

一、逃税罪

(一) 法律法规

逃税罪[①]是指纳税人采取欺骗、隐瞒手段进行虚假纳税申报或者不申报,逃避缴纳税款数额较大的行为。《中华人民共和国刑法》(以下简称《刑法》)第二百零一条规定,纳税人采取欺骗、隐瞒手段进行虚假纳税申报或者不申报,逃避缴纳税款数额较大并且占应纳税额10%以上的,处3年以下有期徒刑或者拘役,并处罚金;数额巨大并且占应纳税额30%以上的,处3年以上7年以下有期徒刑,并处罚金。

扣缴义务人采取前款所列手段,不缴或者少缴已扣、已收税款,数额较大的,依照前款的规定处罚。

对多次实施前两款行为,未经处理的,按照累计数额计算。

有第一款行为,经税务机关依法下达追缴通知后,补缴应纳税款,缴纳滞纳金,已受行政处罚的,不予追究刑事责任;但是,5年内因逃避缴纳税款受过刑事处罚或者被税务机关给予2次以上行政处罚的除外。

《刑法》第二百零四条第二款规定,纳税人缴纳税款后,采取前款[②]规定的欺骗方法,骗取所缴纳的税款的,依照本法第二百零一条的规定定罪处罚;骗取税款超过所缴纳的税款部分,依照前款的规定处罚。

---

① 逃税罪是《中华人民共和国刑法修正案(七)》(2009年)修改后的罪名,此前称为"偷税罪"。沿袭修正前的刑法规定,《中华人民共和国税收征收管理法》中只有对偷税的界定(见第六章第二节)。偷税与逃税罪的重要差异在于,后者具有刑事危害性。

② 参见第七章第二节关于骗取出口退税罪部分的说明。

（二）风险防范

逃税罪是一种身份犯，行为人可以是单位、个体工商户和自然人。从纳税身份上看，行为人只能是纳税人或扣缴义务人，包括未按照规定办理税务登记的从事生产、经营的纳税人以及临时从事经营的纳税人，但不包括不符合法律规定的纳税主体。根据《刑法》第二百一十一条，逃税罪既处罚单位（仅处罚罚金），又处罚单位直接负责的主管人员和其他直接责任人员。若单位撤销、注销、吊销营业执照或者宣告破产的，应当对单位直接负责的主管人员和其他直接责任人员追究刑事责任，对该单位不再追诉。

逃税罪可以采用不作为方式完成，也可以通过作为方式完成。纳税人或扣缴义务人采取欺骗、隐瞒手段进行虚假纳税申报或者不申报的行为就是不作为犯罪。而纳税人缴纳税款后，又以假报出口或者其他欺骗手段，骗回所缴纳的税款的行为则为作为犯罪。

"虚假纳税申报"，是指纳税人或者扣缴义务人向税务机关报送虚假的纳税申报表、财务报表、代扣代缴、代收代缴税款报告表或者其他纳税申报资料，如提供虚假申请，编造减税、免税、抵税、先征收后退还税款等虚假资料等。

对纳税人来说，满足逃税罪的构成要件，还需具备"逃避缴纳税款数额较大并且占应纳税额百分之十以上的"这一积极的客观处罚条件，根据最高人民检察院、公安部《关于公安机关管辖的刑事案件立案追诉标准的规定（二）》[以下简称《规定（二）》]第五十七条的规定，现行逃税数额较大的标准为人民币5万元，逃税数额巨大的标准一般为人民币25万元。逃避缴纳税款额和应纳税额分别为各税种逃税总额和各税种应纳税总额。如果逃税税额达到5万元，但是占各税种应纳税总额的比例没有达到10%以上的，则不构成逃税罪。如果其多次逃税，累计数额和比例达到了《刑法》第二百零一条第一款的规定，则构成逃税罪①。

在大多数情况下，行为人是否逃税的判定首先是由税务机关做出来的，因此行为人是否就逃税罪接受刑事处罚还需满足一个客观处罚条件，就是在税务机关下达追缴通知后，拒不补缴应纳税款、拒不缴纳滞纳金或拒不接受行政处罚②的。根据《刑法》第二百零一条的规定，在税务机关下达追缴通知后，及时补缴应纳税款、滞纳金，接受了行政处罚，不再追究刑事责任。这较好地体现宽严相济的刑事政策，也是自2007年以来逃税罪的案例逐年减少的原因之一。这里需要注意以下几点：

（1）税务机关所下达的追缴通知必须是依法的。即下达追缴通知这一行政行为必须符合行为主体合法、行为权限合法、行为内容合法、行为程序合法、行为形式合法的要件。如果税务机关下达的追缴通知不合法，行为人不按照该通知补缴应纳税款，缴纳滞纳金，

---

① 对于偷税金额和占应纳税额比例的期间认定，《最高人民法院关于审理偷税抗税刑事案件具体应用法律若干问题的解释》（法释〔2002〕33号）第三条规定：偷税数额占应纳税额的百分比，是指一个纳税年度中的各税种偷税总额与该纳税年度应纳税总额的比例。不按纳税年度确定纳税期的其他纳税人，偷税数额占应纳税额的百分比，按照行为人最后一次偷税行为发生之日前一年中各税种偷税总额与该年纳税总额的比例确定。纳税义务存续期间不足一个纳税年度的，偷税数额占应纳税额的百分比，按照各税种偷税总额与实际发生纳税义务期间应当缴纳税款总额的比例确定。偷税行为跨越若干纳税年度，只要其中一个纳税年度的偷税数额及百分比达到刑法第二百零一条第一款法规的标准，即构成偷税罪。各纳税年度的偷税数额应当累计计算，偷税百分比应当按照最高的百分比确定。

② 根据《税收征收管理法》的规定，这里的行政处罚是指罚款。

接受行政处罚的,不应该被认为该行为人未接受税务机关的处理。

（2）不予追究刑事责任,要求同时具备"补缴应纳税款、缴纳滞纳金、已受行政处罚"这三个条件。如果行为人在追缴通知规定的期限内履行了税务机关的全部处理决定,则不予追究刑事责任。如果在规定的期限内只补缴应纳税款、缴纳滞纳金,但逃避税务机关做出的行政处罚的,则须追究刑事责任。对于行为人在主观上愿意履行,但没有能力缴纳税款或罚款的,也须追究刑事责任。如果税务机关没有给予行政处罚的,则不能因为行为人未受行政处罚而予以追究刑事责任。

（3）行为人补缴应纳税款、缴纳滞纳金、已受行政处罚后,不服税务机关的处理决定而申请行政复议或者提起行政诉讼的,不影响行为人不予追究刑事责任的适用。如果行为人未在规定的期限内履行处理决定,而申请行政复议或提起行政诉讼的,则须追究刑事责任。

（4）如果纳税人是在公安机关立案后再补缴应纳税款、缴纳滞纳金或者接受行政处罚的,不影响刑事责任的追究。但实施伪造、伪造、变造、隐匿、擅自销毁账簿、记账凭证；在账簿上多列支出或者不列、少列收入行为,逃避缴纳税款数额在5万元以下,纳税人或者扣缴义务人在公安机关立案侦查以前已经足额补缴应纳税款和滞纳金,犯罪情节轻微,不需要判处刑罚的,可以免予刑事处罚。

（5）这一不予追究仅适用于对第二百零一条第一款所犯逃税行为的初犯。根据《刑法》第二百零四条的规定,如果纳税人缴纳税款后,以假报出口或者其他欺骗手段,骗取所缴纳的税款,符合其他要件的,也构成逃税罪。但是这种情形,即使是初犯也不适用这一规定。

第(4)款同时对不予追究刑事责任进行了限制,即5年内因逃避缴纳税款受过刑事处罚或者被税务机关给予2次以上行政处罚的除外。这里仍然需要注意几个风险点。

一是,"刑事处罚"并不等同于刑罚处罚,只要行为人在这5年之内曾被法院作出有罪宣告即为受到刑事处罚[①],不要求实际受到刑法。但是逃税行为被人民检察院做出相对不起诉[②]处理的,不属于受到刑事处罚。

二是,行政处罚是指税务机关因为行为人的逃税行为所给予的行政处罚,这里的逃税行为并不局限于《刑法》第二百零一条的逃税罪,还包括符合《税收征收管理法》第六十三条规定,但尚未构成逃税罪的偷税行为。但是行为人因其他行为被税务机关给予的行政处罚不应作为计数依据。2次以上行政处罚,应认定为第3次逃税的,不再适用不予追究

---

① 刑法分为主刑和附加刑,刑事处罚主要包括以下几种情况:（一）受到主刑与附加刑（罚金刑）的处罚；（二）因为具有免除处罚的事由仅受到附加刑的处罚；（三）因为具有免除处罚的事由仅受到刑法第37条的非刑罚处罚（这种非刑罚处罚仍然属于刑事处罚）；（四）因为具有免除处罚的事由而仅受到有罪宣告,没有受到刑罚与非刑罚处罚。（张明楷:逃税罪不予追究刑事责任如何理解和把握,《法律适用》2011年第8期。）

② 根据《中华人民共和国刑事诉讼法》第一百七十七条第二款规定,相对不起诉,是指人民检察院对侦查机关侦查终结移送审查起诉的案件,经过审查后,认为犯罪嫌疑人的犯罪行为情节轻微,依照刑法规定不需要判处刑罚或者免除刑罚时,可以依法作出不起诉的决定。在相对不起诉的条件下,人民检察既可以作出不起诉决定,也可以作出起诉决定。

刑事责任。

三是，5年内的时间计算，是从行为人实施逃税行为并且逃税数额达到第(1)款所要求之日往前追溯5年，而不是从逃税被发现之日或受处罚之日。如果行为人实施了多次逃税，在最后一次才累积到第(1)款规定的数额，那么应该按达到第(1)款要求(即最后一次的发生)之日往前追溯。此外追溯到五年之前的判定日期，则应该是行为人的刑事处罚或者行政处罚执行完毕之日，若前次刑事处罚事项是指宣告有罪，但是没有刑事处罚的，则应该按照判决生效之日确定。

逃税罪的管辖机关为县级以上公安机关。根据《公安机关办理危害税收征管刑事案件管辖若干问题的规定》(公通字〔2004〕12号)第一条的规定，行为人未根据法律、行政法规规定应当向税务机关办理税务登记的，由税务登记机关所在地县级以上公安机关管辖。如果由纳税义务发生地公安机关管辖更为适宜的，可以由纳税义务发生地县级以上公安机关管辖；行为人未根据法律、行政法规规定不需要向税务机关办理税务登记的，由纳税义务发生地或其他法定纳税地县级以上公安机关管辖。

扣缴义务人的代扣代缴，扣缴义务人已经书面承诺代纳税人支付税款的，应当认定为扣缴义务人已扣、已收税款。书面承诺是指向纳税人提供相关的完税证明或者其他书面凭据。

根据现行《关于对重大税收违法案件当事人实施联合惩戒措施的合作备忘录(2016年版)》(发改财金〔2016〕2798号)的规定，对于因逃税罪，被判处刑罚，执行期满未逾5年的当事人，由工商行政管理等部门限制其担任企业的法定代表人、董事、监事及经理。

【案例7-10】 非法定代表人判处逃税罪①。某市L公司法定代表人为吴某，2014年，L公司实际控制人韩某，代表公司与员工赵某、张某签订协议书，约定从该二人工资中各扣下10%作为税款由公司总体规划。L公司代扣员工个人所得税款人民币310 000元后，未依法申报缴纳，经税务机关下达处理决定和行政处罚决定后，仍不缴纳应缴纳税款。2019年7月15日，被告人韩某到公安机关投案。案发后，L公司补缴了上述税款，并缴纳了相应罚款。法院认为，被告单位L公司作为扣缴义务人采取隐瞒手段，不缴已扣税款，数额较大，侵犯了国家的税收管理制度，其行为已构成逃税罪。被告人韩忠作为直接负责的主管人员，亦犯逃税罪。因此非法定代表人的主管人员或其他直接责任人员也会犯逃税罪。

【案例7-11】 未通知缴纳不构成逃税。A市税务局在《税务处理决定书》和《税务行政处罚决定书》中认定企业甲采纳欺骗手段少缴企业所得税，要求企业甲补缴税款3万元，罚款3万元，但并没有通知缴纳滞纳金。企业甲按税务机关的决定，补缴税款3万元，交纳罚款3万元。在这个情况下，司法机关不能以甲企业没有缴纳滞纳金为由，追究甲企业逃税罪的刑事责任。

---

① 《武汉龙磐置业有限公司、韩忠逃税一审刑事判决书》[湖北省武汉市东西湖区人民法院刑事判决书(2019)鄂0112刑初684号]

【案例7-12】 税务行政处罚追溯时效。B税务局在2019年9月对企业乙2018年度的纳税情况进行检查,发现其存在少缴税款的行为,于是对企业乙2013—2017年度账簿资料进行检查,发现企业乙在2013年12月有逃税行为,逃税金额8万元,且占到应纳税额40%。税务机关依法对企业下达《税务处理决定书》,要求企业补缴税款和滞纳金。根据《税收征收管理法》的规定,税务行政处罚的追溯时效为5年。税务机关无法给予行政处罚。而根据《刑法》的规定,逃税罪的追诉时效是10年,企业乙及直接责任人员应予以追究刑事责任。在这种情况下,只要行为人补缴应纳税款和缴纳滞纳金,就不应追究刑事责任,而不能以行为人不符合"已受行政处罚"的条件为由追究其刑事责任。

【案例7-13】 两次行政处罚时限的认定。企业乙成立于2013年2月,于2013年3月31日实施逃税行为,税务机关于2013年4月30日发现并于5月10日做出行政处罚决定,要求企业乙于15日之内,缴纳罚款5万元。企业乙于2013年5月20日缴纳了全部罚款。行为人于2016年5月因逃税再次收到行政处罚,并按照规定期限缴纳全部罚款。行为人于2018年5月15日第三次逃税,税务机关于2018年6月20日发现该逃税行为。在该例中,若甲的三次逃税均符合逃税罪的构成要件,其第三次逃税的计算日期是2018年5月15日,往前追溯5年为2013年5月15日,而甲完成第一次逃税的行政处罚日期是2013年5月20日,其符合在5年内因逃避缴纳税款被税务机关给予二次以上行政处罚的条件,应该追究其刑事责任。

二、逃避追缴欠税罪

(一)法律法规

《刑法》第二百零二条对逃避追缴欠税罪进行了界定。纳税人欠缴应纳税款,采取转移或者隐匿财产的手段,致使税务机关无法追缴欠缴的税款,数额在1万元以上不满10万元的,处3年以下有期徒刑或者拘役,并处或者单处欠缴税款1倍以上5倍以下罚金;数额在10万元以上的,处3年以上7年以下有期徒刑,并处欠缴税款1倍以上5倍以下罚金。

(二)风险防范

逃避追缴欠税罪的行为主体为负有缴纳欠税义务的单位和个人,扣缴义务人不能成为逃避追缴欠税罪的行为主体。与逃税追缴欠税①相比,构成逃避追缴欠税罪要求欠税人采取的转移和隐匿财产的手段,致使税务机关无法追缴,并且无法追缴欠缴的税额在1万元以上。

逃避追缴欠税罪一定要有逃避追缴欠税的故意。如果纳税人在欠税期间发生了转移和隐匿财产的行为,但是并没有逃避缴纳欠税的故意,也不能认为欠税人违反了逃避追缴欠税罪。当然,在这种情况下,若这一行为确实对税务机关追征欠税产生了妨碍,其仍然

---

① 参见第六章第二节逃税追缴欠税对于转移和隐匿财产的分析。

构成逃避追缴欠税。

致使税务机关无法追缴欠缴的税款是欠税人的故意行为所要实现的目的,其一定是造成了国家税收利益的损失。如果国家税收利益没有遭受损失,则不构成犯罪。而无法追缴欠缴的税款可以是部分欠缴的税款,即如果税务机关追缴到了一部分欠税,但是仍有一部分欠税因为欠税人的故意行为而无法被追缴,只要这一部分未追缴到的欠税额达到1万元以上,就构成本罪。而对于致使税务机关无法追缴的判定则要求税务机关已经采用了各种可以采用的税款征收手段,仍无法追缴欠税。

与逃税罪相同,逃税追缴欠税罪实行双罚制,单位犯罪的,法定代表人、负有直接责任的主管人员和其他直接责任人员也以逃避缴纳欠税罪处罚。

【案例7-14】 某环保公司逃避追缴欠税罪。2014年10月至2015年3月间,某环保公司取得不符合规定的增值税专用发票43份并使用上述发票抵扣相应税款。经原BJ市FS区国税局稽查局检查后认定该公司应当补缴已抵扣的税款,并向该公司依法送达了《税务处理决定书》。该公司原法定代表人刘某在明知公司欠税的情况下,仍然变更公司法定代表人、将对公账户内钱款转移至个人账户内后注销对公账户,并搬离注册经营办公地点,通过上述手段拒不补缴所欠税款,致使税务机关无法追缴欠税共计667 852.15元,其行为已构成逃避追缴欠税罪。

【案例7-15】 未导致无法追缴欠税的结果,不构成逃避追缴欠税罪。JX县某房地产公司成立于2011年,自2014年起,公司股东使用员工个人银行账户收取部分购房款,用于支付公司工程款、维修基金等。2015年3月JX县地税局经检查后,向公司送到《限期缴纳税款通知书》,要求公司限期缴纳1 038万余元税款,公司补缴1 095 300元欠税后,未再补交。JX县地税局冻结了公司银行账户,进行扣缴。截至2015年,公司仍欠税460余万元。2016年8月,JX县地税局将案件移送公安机关。检察院认为该公司仍有足够的财产可供税务机关扣缴,不至于会导致税务机关无法追缴欠税的结果发生,不构成逃避追缴欠税罪。

【案例7-16】 不具有故意,不构成逃避追缴欠税罪。Z县某房产公司成立于2005年,2011年11月,该公司向Z县地税局申报税款5 000 000余元,但一直为缴纳所欠税款。2012年2月Z县地税局向该公司送达了《限期缴纳税款通知书》,并采取停售发票、查询分公司账户、约谈分公司负责人等措施追缴欠税,截至2013年12月因公司账户内余额仅为1 390.04元,致使Z县地税局无法追缴欠税。在2012年2月至2013年12月期间,该公司有门面租金收入、门面销售收入等未记账收入3 430 000余元,通过公司法定代表人张某的私人账户实施隐匿、转移财产,导致税务机关无法追缴欠税。但Z县检察院认为因为公司债务纠纷,张某将公司收入转入个人账户,但是绝大部分用于支付职工工资、支付工程款、偿还公司借款,以维持公司运转。其财产转移行为自2008年就开始,早于欠税产生时间,在地税局催缴欠税期间,其多次安排员工缴纳部分欠税。不存在逃避追缴欠税的故意,不构成逃避追缴欠税罪。

三、骗取出口退税(罪)

(一) 法律法规

出口退税是指出口企业自营或委托出口的货物,除另有规定者外,可在货物报关出口并在财务上做销售核算后,凭有关凭证报送所在地税务机关批准退还或免征其增值税、消费税。由这一界定可知,骗取出口退税款是指骗取出口退还的增值税和消费税税款。《税收征收管理法》第六十六条对骗取出口退税予以规定,即以假报出口或者其他欺骗手段,骗取国家出口退税款的,由税务机关追缴其骗取的退税款,并处骗取税款1倍以上5倍以下的罚款;构成犯罪的,依法追究刑事责任。对骗取国家出口退税款的,税务机关可以在规定期间内停止为其办理出口退税。

根据《刑法》第二百零四条,骗取出口退税罪是指以假报出口或者其他欺骗手段,骗取国家出口退税款,数额较大的,处5年以下有期徒刑或者拘役,并处骗取税款1倍以上5倍以下罚金;数额巨大或者有其他严重情节的,处5年以上10年以下有期徒刑,并处骗取税款1倍以上5倍以下罚金;数额特别巨大或者有其他特别严重情节的,处10年以上有期徒刑或者无期徒刑,并处骗取税款1倍以上5倍以下罚金或者没收财产。纳税人缴纳税款后,采取前款规定的欺骗方法,骗取所缴纳的税款的,依照本法第二百零一条的规定定罪处罚;骗取税款超过所缴纳的税款部分,依照前款的规定处罚。

(二) 风险防范

在骗取出口退税(罪)中的出口企业,是指依法办理工商登记、税务登记、对外贸易经营者备案登记,自营或委托出口货物的单位或个体工商户,以及依法办理工商登记、税务登记但未办理对外贸易经营者备案登记,委托出口货物的生产企业。出口货物,是指向海关报关后实际离境并销售给境外单位或个人的货物,根据《财政部 国家税务总局关于出口货物劳务增值税和消费税政策的通知》(财税〔2012〕39号)的规定,可以分为自营出口货物和委托出口货物两类。除出口货物外,出口企业经海关报关进入国家批准的特殊区域〔出口加工区、保税物流园区、保税港区、综合保税区、珠澳跨境工业区(珠海园区)、中哈霍尔果斯国际边境合作中心(中方配套区域)、保税物流中心(B型)〕并销售给特殊区域内单位或境外单位、个人的货物,也视同出口货物。

按照企业适用的增值税退免税办法的差异,出口退税企业可以区分为生产企业(有生产能力,包括加工修理修配能力的)、外贸企业(不具有生产能力的)、外贸综合服务企业①,并按照企业的纳税信用等级、税收遵从度等划分为四类。对于纳税信用好、税收遵

---

① 外贸综合服务企业是指具备对外贸易经营者身份,接受国内外客户委托,依法签订综合服务合同(协议),依托综合服务信息平台,代为办理包括报关报检、物流、退税、结算、信保等在内的综合服务业务和协助办理融资业务的企业(《商务部海关总署税务总局质检总局外汇局关于促进外贸综合服务企业健康发展有关工作的通知》商贸函〔2017〕759号)。外贸综合服务企业主要是为供货企业提供更高效的服务,其快速退税、便利出口的行业优势也易被不法分子利用,使得骗税案件周期短、易得手、更隐蔽,成为间接骗税牟利的工具。

从度高的一、二类企业,简化申报手续,缩短退税办理时限,提供退税绿色通道等。

骗取出口退税罪属于刑期比较长的罪,在危害税收征管犯罪中,属于较重的罪。与《税收征收管理法》中规定的骗取出口退税行为相比,两者之间的主要区别在于骗取出口退税款的数额是否达到5万元以上。

骗取出口退税罪的主体为自然人和单位。自然人要求达到刑事责任年龄,具备刑事责任,单位为具有出口退税权的企事业单位。但是个人为进行违法犯罪活动而设立的公司、企业、事业单位实施犯罪的,或者公司、企业、事业单位设立后,以实施犯罪为主要活动的,不以单位犯罪论处。与逃税罪和逃避追缴欠税罪不同,骗取出口退税罪的犯罪主体并不一定是纳税人。

骗取出口退税罪具有直接故意,包括采取假报出口和其他的欺骗手段。假报出口是指以虚构已税货物出口事实为目的的行为,包括伪造或者签订虚假的买卖合同;以伪造、变造或者其他非法手段取得出口货物报关单、出口收汇核销单、出口货物专用缴款书等有关出口退税单据、凭证;虚开、伪造、非法购买增值税专用发票或者其他可以用于出口退税的发票;以及其他虚构已税货物出口事实的行为。

其他欺骗手段则包括骗取出口货物退税资格的;将未纳税或者免税货物作为已税货物出口的;虽有货物出口,但虚构该出口货物的品名、数量、单价等要素,骗取未实际纳税部分出口退税款的;以及以其他手段骗取出口退税款的。

在量刑上,骗取出口退税款5万元以上的,为数额较大;20万元以上的,为数额巨大;250万元以上的,为数额特别巨大。其他严重(特别严重)情形是指:①造成国家税款损失30万元(150万元)以上并且在第一审判决宣告前无法追回的。②因骗取国家出口退税行为受过行政处罚,两年内又骗取国家出口退税款数额在30万元(150万元)以上的。③情节严重(特别严重)的其他情形。

对于实施骗取国家出口退税行为,没有实际取得出口退税款的,也构成骗取出口退税罪,但可以从轻或者减轻处罚。但是不以骗取出口退税罪处理,并不代表其行为完全合法,税务机关有证据证明该出口企业存在违反行政法律法规的情形,构成行政违法,可由税务机关在法院作出无罪判决后,依法惩处。

对于因为疏忽,计算错误这类非主观故意导致的多申报出口退税款,使得税务机关多退税款的情况,不属于骗取出口退税,由税务机关责令退还税款,加收滞纳金。

在骗取出口退税(罪)的行为中,有两类骗税行为需要特别关注,一类是出口企业的假自营真代理行为。一类是以"四自、三不见"的方式成交出口的行为。具体情况如下:

(1)假自营真代理。假自营真代理行为是指出口企业代理其他企业出口货物,但以自营名义操作并向税务机关申请办理出口退税。出口企业在明知其代理行为不予退税的情况下,仍为取得退税款以自营名义出口并申报退税,其行为本身就不合法,属于骗取出口退税行为。

另外,虽然采购、出口等一系列业务均由骗税分子直接操纵,出口企业将收到的退税款交给骗税分子,企业只收取代理费,但是出口企业作为退税主体,直接向税务机关办理退税事项,税务机关也将税款退至该企业账户。因此,出口企业作为退税及骗税主体,应承担相应的行政法律责任,税务机关在进行检查、处理处罚时,均应以该出口企业为对象。同时,根据《税收征收管理法》第六十六条规定,以假报出口或者其他欺骗手段,骗取国家出口退税款,由税务机关追缴其骗取的退税款。因此,出口企业发生骗税行为时,税务机关有权向其追缴骗取的退税款①。

(2) 四自、三不见。对于出口企业或其他单位的出口货物劳务,如果具有以下情形的,按规定征收增值税:①将空白的出口货物报关单、出口收汇核销单等退(免)税凭证交由除签有委托合同的货代公司、报关行,或由境外进口方指定的货代公司(提供合同约定或者其他相关证明)以外的其他单位或个人使用的。②以自营名义出口,其出口业务实质上是由本企业及其投资的企业以外的单位或个人借该出口企业名义操作完成的。③以自营名义出口,其出口的同一批货物既签订购货合同,又签订代理出口合同(或协议)的。④出口货物在海关验放后,自己或委托货代承运人对该笔货物的海运提单或其他运输单据等上的品名、规格等进行修改,造成出口货物报关单与海运提单或其他运输单据有关内容不符的。⑤以自营名义出口,但不承担出口货物的质量、收款或退税风险之一的,即出口货物发生质量问题不承担购买方的索赔责任(合同中有约定质量责任承担者除外);不承担未按期收款导致不能核销的责任(合同中有约定收款责任承担者除外);不承担因申报出口退(免)税的资料、单证等出现问题造成不退税责任的。⑥未实质参与出口经营活动、接受并从事由中间人介绍的其他出口业务,但仍以自营名义出口的。

有进出口经营权的公司、企业,明知他人意欲骗取国家出口退税款,仍违反国家有关进出口经营的规定,允许他人自带客户、自带货源、自带汇票并自行报关,骗取国家出口退税款的,构成骗取出口退税罪。在实践中,明知包括知道和应当知道,并且只需要知道他们会骗取出口退税款,就可以推定明知成立②。

骗取出口退税罪由骗取出口退税地县级以上公安机关管辖,其他涉案地公安机关配合。

骗取出口退税罪和逃税罪存在交叉,根据《刑法》第二百零四条第二款,纳税人缴纳税款后,采取假报出口或其他欺骗手段骗取所缴纳的税款的,依照偷税罪定罪处罚;骗取税款超过所缴纳的税款部分,依照骗取出口退税罪的规定处罚。实施骗取出口退税犯罪,同时构成虚开增值税专用发票罪等其他犯罪的,依照刑法处罚较重的规定定罪处罚。

【案例7-17】 骗取出口退税的类型③。近年来,常见的骗取出口退税主要有以下三种类型:一是"借货出口"骗税。也称为"买单配票"或者"借货配票",其中,"买单"是指非法获取套换骗税企业名称的其他真实货主无法申请退税或者不需要退税的出口货物单证信息,而"配票"是指非法取得虚开的增值税专用发票。二是"道具出口"骗税。"道具出

---

① 金鑫,《打防结合,强力整治利用"三假"实施税收违法行为》,国家税务总局在线访谈,2020年12月3日。
② 刘兵(2019)第128页。
③ 金鑫,《打防结合,强力整治利用"三假"实施税收违法行为》,国家税务总局在线访谈,2020年12月3日。

口"又可分为两类:一类是将货物出口后走私夹带入境实施循环出口,这一行为包含了走私和骗税两种违法行为;另一类是将货物出口后不再走私夹带入境,可能就地低价出售或者抛弃。三是"低值高报"骗税,是指通过高报超出实际出口商品的价格骗取出口退税,此种手段有单独使用于真实出口货物,也常见于和"借货出口"手段叠加使用。

【案例7-18】 交还退税,从轻处理。DG市某实业公司实际控制人李某与他人密谋通过冒用他人的出口信息骗取出口退税。2015年至2016年期间,李某等通过中介买来货柜信息,并在报关单上填报＊＊公司出口信息,开好出口发票,然后向税务局申报退税,共骗取出口退税435 752.26元。2018年,经DG税务局经查实后,对该公司追缴已骗取的退税款并处一倍罚款,后将本案移交DG市公安局处理。2020年3月,李某主动向公安机关投案。检察院认为李某实施了《刑法》第二百零四条规定的行为,构成骗取出口退税罪。鉴于李某是自首,犯罪情节较轻,可以免予刑事处罚,决定对李某某不起诉。

四、虚开增值税专用发票罪

(一) 法律法规

虚开增值税专用发票罪是指故意违反国家发票管理法规,为他人虚开、为自己虚开、让他人为自己虚开或者介绍他人虚开用于抵扣税款的专用发票的行为。虚开增值税专用发票罪以危害税收征管罪入刑,《刑法》第二百零五条规定,虚开增值税专用发票的,处3年以下有期徒刑或者拘役,并处2万元以上20万元以下罚金;虚开的税款数额较大或者有其他严重情节的,处3年以上10年以下有期徒刑,并处5万元以上50万元以下罚金;虚开的税款数额巨大或者有其他特别严重情节的,处10年以上有期徒刑或者无期徒刑,并处5万元以上50万元以下罚金或者没收财产。有前款行为骗取国家税款,数额特别巨大,情节特别严重,给国家利益造成特别重大损失的,处无期徒刑或者死刑,并处没收财产。

单位犯本条规定之罪的,对单位判处罚金,并对其直接负责的主管人员和其他直接责任人员,处3年以下有期徒刑或者拘役;虚开的税款数额较大或者有其他严重情节的,处3年以上10年以下有期徒刑;虚开的税款数额巨大或者有其他特别严重情节的,处10年以上有期徒刑或者无期徒刑。

虚开增值税专用发票罪侵犯的是税收征管中的发票管理制度,特别是增值税专用发票管理制度,属于比较严重的刑事犯罪,其危害实质在于通过虚开行为骗取抵扣税款。

虚开增值税专用发票罪的犯罪主体可以是自然人和单位,自然人要求达到刑事责任年龄并且具有刑事责任能力,包括开票方、受票方和介绍人[①]。无货虚开和有货虚开都可能给会构成虚开增值税专用发票罪,在界定时,需要以事实为依据,准确进行界定,要判断行为人主观上是否有骗取抵扣税款的故意,客观上是否造成增值税款流失。

---

① 参见第六章第一节关于虚开增值税专用发票的分析。

虚开增值税专用发票罪是行为犯,对相关入罪要件的判断,应当依据、参照相关行政法规、部门规章等。比如行为人利用他人的名义从事经营活动,并以他人名义开具增值税专用发票的,即便行为人与该他人之间不存在挂靠关系,但如行为人进行了实际的经营活动,主观上并无骗取抵扣税款的故意,客观上也未造成国家增值税款损失的,也不宜认定为虚开增值税专用发票罪。

为贯彻罪刑相当原则,对虚开增值税专用发票案件的量刑数额标准,参照《关于审理骗取出口退税刑事案件具体应用法律若干问题的解释》①第三条的规定执行。虚开增值税专用发票入罪、数额较大、数额巨大的标准分别为5万元、50万元和250万元。

(二)风险防范

取得增值税专用发票的受票方,可能存在取得的增值税专用发票上注明的销售方名称、印章与其进行实际交易的销售方不符(从销售方取得第三方开具的专用发票);取得的增值税专用发票为销售方所在省(自治区、直辖市和计划单列市)以外地区的;其他有证据表明受票方明知取得的增值税专用发票系销售方以非法手段获得的,或有证据表明受票方在进项税额得到抵扣,或者获得出口退税前知道该专用发票是销售方以非法手段获得的。在这些情况下,无论受票方与销售方是否进行了实际的交易,增值税专用发票所注明的数量、金额与实际交易是否相符,购货方向税务机关申请抵扣进项税款或者出口退税的,对其均应按偷税或者骗取出口退税处理。构成犯罪的,税务机关依法进行追缴税款等行政处理,并移送司法机关追究刑事责任。

有实际生产经营活动的企业出于非骗取抵扣税款的目的,且没有造成增值税款损失的虚开增值税专用发票行为,不以虚开增值税专用发票罪论处,但若使用虚开发票冲减营业额偷逃税额的,属于偷税行为。

企业需注意不以骗税为目的的虚开增值税专用发票,不一定构成虚开增值税专用发票罪。如果行为人取得虚开的增值税专用发票,但其并不是用于抵扣税款,也没有去抵扣税款,而是为了其他目的去使用虚开的发票,比如为虚增营业额、扩大销售收入或者制造虚假繁荣,相互对开或环开增值税专用发票的行为;在货物销售过程中,一般纳税人为夸大销售业绩,虚增货物的销售环节,虚开进项增值税专用发票和销项增值税专用发票,但依法缴纳增值税并未造成国家税款损失的行为;为夸大企业经济实力,通过虚开进项增值税专用发票虚增企业的固定资产,但并未利用增值税专用发票抵扣税款,国家税款亦未受到损失的行为。这些行为不宜定性为虚开增值税专用发票罪②。

【**案例7-19**】 不以抵扣税款为目的,不构成虚开罪。2000年,SY公司向他人购买伪造的增值税专用发票326份,面额总计37 087 001.15万元,税额5 388 709.57万元。FJ省高级人民法院认为SY公司购买发票的行为不是以抵扣税款为目的③,而是为了提高购

---

① 见第七章第二节骗取出口退税罪的分析。
② 关于虚开增值税专用发票犯罪的认定,全国法院经济犯罪案件审判工作座谈会综述(2004年)。
③ 在当时,注明为固定资产的增值税专用发票不能抵扣进项税款。

进设备价值,显示公司实力,以达到在与他人合作谈判中处于有利地位的目的,且SY公司也没有要抵扣联,国家税款不会因其行为而受损失,其行为不具有严重的社会危害性,不构成犯罪。

五、虚开用于骗取出口退税、抵扣税款发票罪

(一) 法律法规

虚开用于骗取出口退税、抵扣税款的其他发票,是指有为他人虚开、为自己虚开、让他人为自己虚开、介绍他人虚开行为之一的。《刑法》第二百零五条规定,虚开用于骗取出口退税、抵扣税款的其他发票的,处3年以下有期徒刑或者拘役,并处2万元以上20万元以下罚金;虚开的税款数额较大或者有其他严重情节的,处3年以上10年以下有期徒刑,并处5万元以上50万元以下罚金;虚开的税款数额巨大或者有其他特别严重情节的,处10年以上有期徒刑或者无期徒刑,并处5万元以上50万元以下罚金或者没收财产。有前款行为骗取国家税款,数额特别巨大,情节特别严重,给国家利益造成特别重大损失的,处无期徒刑或者死刑,并处没收财产。

(二) 风险防范

增值税纳税人购进货物或者接受应税劳务支付或者负担的增值税额即进项税额,准予从销项税额中抵扣。能够被用于"抵扣税款"的发票,除增值税专用发票以外,还有农产品收购凭证、机动车统一销售发票等其他发票。如虚开此类具有抵扣税款功能的发票,则可以构成虚开抵扣税款发票罪。

【案例7-20】 不以抵扣税款为目的,不构成虚开罪,构成偷税[①]。1997年7月至1998年12月,芦兴材挂靠旭日公司,同时承租远航公司,从上述两公司分别获取了全国联运业货运统一发票和宁波市公路集装箱运输专用发票及浙江省公路货运专用发票等运输发票。通过接受虚开的表明营业支出的运输发票53张,入账冲减营业额,以实现少缴税款。同时向其他企业提供运输发票,帮助其他企业冲减营业额,达到偷税目的。浙江省高院认为,此案所有用票单位都是运输企业,均不是增值税一般纳税人,无申报抵扣税款资格[②]。被告人主观上明知所虚开的运输发票均不用于抵扣税款,客观上使用虚开发票冲减营业额的方法偷逃应纳税款,其行为符合偷税罪的构成要件,而不符合虚开用于抵扣税款发票罪的构成要件。

六、虚开发票罪

(一) 法律法规

虚开发票罪是《中华人民共和国刑法修正案(八)》[以下简称《刑法修正案(八)》]规定

---

① 芦才兴虚开抵扣税款发票案,最高法公布刑事指导案例第107号,《刑事审判参考》2001年第6辑总第17辑。
② 在2012年以前,运输企业均为营业税纳税人,其仅需要缴纳营业税。但是其向增值税一般纳税人开具的运输业发票可以以计算抵扣的方式,由受票方抵扣进项。

的罪名,其包括除虚开增值税专用发票或者骗取出口退税、抵扣税款的发票以外的其他发票。《刑法》第二百零五条之一规定,虚开本法第二百零五条规定以外的其他发票,情节严重的,处 2 年以下有期徒刑、拘役或者管制,并处罚金;情节特别严重的,处 2 年以上 7 年以下有期徒刑,并处罚金。

单位犯前款罪的,对单位判处罚金,并对其直接负责的主管人员和其他直接责任人员,依照前款的规定处罚。

(二) 风险防范

虚开发票罪也属于侵害了国家的发票管理制度,但犯罪对象是普通发票。虚开发票罪的主体同样是自然人和单位。但是对于以虚开发票为经营业务,赚取手续费、开票费的单位,不以单位犯罪论处。

虚开发票,情节严重的,构成虚开发票罪。虚开发票 100 份以上或者虚开金额累计在 40 万元以上的;或者未达到上述数额标准,但 5 年内因虚开发票行为受过行政处罚 2 次以上,又虚开发票的,应予立案追诉①。

在现行的司法实践中,虚开发票罪中的发票,不仅包括真实的发票,也包括伪造、非法制造的虚假发票。

【案例 7-21】 以劳务派遣名义虚开发票②。陈某于 2014 年 6 月成立江西省星才人力资源管理有限公司,经营范围包括劳务派遣和建筑劳务分包。2016 年 6 月至 2018 年 3 月期间,陈某在与受票单位、受票单位挂靠人、项目承包人等未发生真实劳务派遣的情况下,采取与受票单位签订虚假劳务分包合同、伪造工人工资表等手段,向受票单位虚开劳务费用增值税普通发票。在收到受票单位转入星才公司的劳务费用并扣除约定的票面金额 1.2%～3%开票费用后,陈某将余款回款至受票单位或受票单位挂靠人、项目承包人本人或指定账户。该公司采用上述手段为多家单位虚开劳务发票 2 087 份,价税合计人民币 855 425 188.64 元,其中,发票金额为人民币 854 768 668.29 元,税额为人民币 656 520.35 元。2018 年 3 月,陈某被公安人员抓获。法院认为陈某在未发生真实劳务派遣业务的情形下,为他人虚开增值税普通发票,价税共计人民币 850 000 000 余元,情节特别严重,其行为已构成虚开发票罪,判处有期徒刑 4 年,并处罚金人民币 1 600 000 元。

七、持有伪造的发票罪

(一) 法律法规

持有伪造的发票罪是《刑法修正案(八)》新增的罪名,行为人侵犯了国家的发票管理制度和税收征收管理制度。《刑法》第二百一十条之一规定,明知是伪造的发票而持有,数

---

① 《最高人民检察院、公安部关于公安机关管辖的刑事案件立案追诉标准的规定(二)的补充规定》(公通字〔2011〕47 号)第二条。
② 陈某虚开发票二审刑事判决书,https://wenshu.court.gov.cn/website/wenshu/181107ANFZ0BXSK4/index.html?docId=2654d2e994f04d9fa936ad1900369c69

量较大的,处 2 年以下有期徒刑、拘役或者管制,并处罚金;数量巨大的,处 2 年以上 7 年以下有期徒刑,并处罚金。

单位犯前款罪的,对单位判处罚金,并对其直接负责的主管人员和其他直接责任人员,依照前款的规定处罚。

(二) 风险防范

发票由省、自治区、直辖市税务机关指定的企业印制;增值税专用发票由国家税务总局统一印制。伪造,是指无权印制发票的行为人仿照真实的发票,非法制造假发票、冒充真发票的行为,包括按照该类发票的联次、内容、版面排列、规格、色彩、图案等,使用印刷、复印、描绘、拓印等各种方法印制假发票,伪造该类发票,除了要将发票本身制成和真发票一样之外,还必须使用各种方法制造发票监制章、防伪水印、紫外线防伪措施等。

持有伪造的发票罪的主体包括自然人和单位。

持有伪造的发票罪的犯罪对象是发票,包括增值税专用发票、增值税普通发票以及用于出口退税、抵扣税款的其他发票。

持有是指行为人对伪造的发票处于占有、支配、控制的一种状态。持有伪造的发票包括伪造发票而持有、购买伪造发票后持有、运输伪造的发票而持有。持有包括直接持有和间接持有,行为人既可以直接占有和控制伪造的发票,也可以将伪造的发票交由不知情的人保管。

持有伪造的发票罪是持有型犯罪,只要行为人明知是伪造的发票,而故意持有,均可能构成本罪。故意持有主要是直接故意[①]。对于"明知"的认定,可以结合按照行为人是否参与生产经营活动,其取得发票的程序和途径来综合判断,包括渠道是否正常,行为人是否已经被告知是假发票等。

根据发票的类型不同,对于直接和间接故意持有伪造发票,达到以下情形之一的,应予立案追诉:①持有伪造的增值税专用发票 50 份以上或者票面额累计在 20 万元以上的。②持有伪造的可以用于骗取出口退税、抵扣税款的其他发票 100 份以上或者票面额累计在 40 万元以上的。③持有伪造的其他发票 200 份以上或者票面额累计在 80 万元以上的,应予立案追诉。

购买伪造的发票而持有,应按照其行为确定是否构成本罪。其利用伪造的发票逃避缴纳税款的,如果持有伪造的发票的数额较大,又没有构成逃税罪[②],就构成了本罪。利用伪造的发票列支一些无法取得发票的非法支出的,可能构成本罪。利用伪造的发票向单位虚报支出,骗取、侵占单位资金的,或者利用伪造的发票套取财政资金的,可能构成诈骗罪、贪污罪、职务侵占罪或者利用伪造的发票挪用、侵占单位资金罪。

伪造发票而持有,对于伪造发票的行为人,还需要注意持有与其他行为之间的区别。对于伪造并且出售伪造增值税专用发票的行为人,应按照伪造、出售伪造的增值税专用发

---

① 对于间接故意是否构成本罪尚有争议。
② 见第七章第二节关于逃税罪的分析。

票罪进行认定。只有相关证据无法获取时,才能认定为持有伪造的发票罪。

对于非法制造、出售非法制造发票的行为人,需要区分非法制造的发票与伪造的发票。伪造的发票一定是非法制造的,但是非法制造的发票除了伪造的发票以外,还包括擅自制造,比如税务机关指定的企业超额私自加印的发票;税务机关以外的部门私自决定印制的发票等。这类非法制造的发票与合法的发票更难区别,对国家发票管理制度和税收征管秩序的危害更大,应适用非法制造、出售非法制造的发票罪。

对于伪造发票而持有的行为人,如其持有伪造发票的目的是出售,或者逃税,那么应该使用出售非法制造的发票罪,或者逃税罪。如果缺乏相关证据,才能认定为持有伪造的发票罪。

因运输而持有伪造的发票,即行为人既未制造假发票,也未购买假发票,其所持有的假发票是替他人运输或携带的。只要行为人明知所持有的是伪造的发票,不论其运输行为是否收取了费用,均可能构成本罪。

【案例7-22】 持有1份伪造发票。2018年9月,杨某在明知自己不符合提取公积金条件的情况下,为套取自己住房公积金账户余额,通过网络搜索查询到代办套取公积金人员陈某,以支付费用的方式让陈某为自己办理相关材料套取公积金。2018年9月17日,杨某持伪造的票面金额为人民币1 312 000元的增值税普通发票和商品房买卖合同各1份,至银行提取公积金时,被银行工作人员发现并报警。该发票经税务机关鉴定为假发票。检察院人认为杨某实施持有伪造发票罪,但犯罪情节轻微,有自首、认罪认罚等情节,决定对杨某不起诉。

【案例7-23】 哈某持有伪造发票罪。哈某系海权公司法定代表人,2014年下半年,为增加公司注册资金,给公司上市做准备,在北京市顺义区通过小广告联系,花费3 600元购买34份票面总额为194 940 000元伪造的增值税普通发票,以公司材料款及购买的设备入账。经税务机关对出票公司的原始发票的样本和哈某持有的发票的样本进行对比,鉴定系假发票。法院认为其行为已经构成持有伪造的发票罪。

【案例7-24】 明知伪造而持有,未使用仍构成本罪。武某为某旅游公司销售员,2017年9月以每份1元的价格向庞某购买300份伪造的空白《航空运输电子客票行程单》(以下简称《行程单》)。在收到后,把这些航空运输电子票行程单空白的信息伪造好,将一部分行程单给了下游结算的旅行社,一部分行程单自己用于抵了公司的支出,后因故无法使用。法院认为,综合考虑武某购买行程单的来源、价格等因素,武某应明知该行程单系伪造而购买,并故意持有,数量较大,侵害国家的发票管理制度,其行为已构成持有伪造的发票罪,判处拘役三个月,并处罚金人民币5 000元。

八、非法购买、购买伪造的增值税专用发票罪

(一) 法律法规

非法购买增值税专用发票是指行为人从不具备出售增值税专用发票资格的单位或者

个人处购买增值税专用发票的行为。购买伪造的增值税专用发票是指明知他人持有伪造的增值税专用发票,并向其购买的行为。《刑法》第二百零八条规定,非法购买增值税专用发票或者购买伪造的增值税专用发票的,处5年以下有期徒刑或者拘役,并处或者单处2万元以上20万元以下罚金。

非法购买增值税专用发票或者购买伪造的增值税专用发票又虚开或者出售的,分别依照本法第二百零五条、第二百零六条、第二百零七条的规定定罪处罚。

(二) 风险防范

增值税专用发票由国家税务总局统一印制。禁止私自印制、伪造、变造发票。依法办理税务登记的单位和个人,在领取税务登记证件后,向主管税务机关申请领购发票。非法购买、购买伪造的增值税专用发票罪违反了国家的增值税专用发票管理制度。该罪的犯罪主体是自然人和单位。该罪既包括增值税专用发票,也包括伪造的增值税专用发票。

非法购买、购买伪造的增值税专用发票罪主要为故意,即行为人明知他人无权出售增值税专用发票而向其购买,或者明知是伪造的增值税专用发票,但依然购买。非法购买增值税专用发票或者购买伪造的增值税专用发票25份以上或者票面额累计在10万元以上的,应认定构成本罪。

本罪仍然为行为犯罪,如果行为人在发生非法购买或购买伪造的增值税专用发票的行为后,有进行虚开或出售的,则应适用虚开增值税专用发票罪,或者出售伪造的增值税专用发票罪。

【案例7-25】 购买伪造增值税专用发票入账[①]。何某和刘某商量成立公司倒卖增值税专用发票挣钱,约定购买进项增值税专用发票,卖出销项增值税专用发票,挣了钱两人平均分。自2014年以来,两人在某市注册成立两家公司,多次虚开发票,其间为应付税务局检查,购买伪造增值税专用发票151份入账。2015年,某市国税局稽查局检查发现该企业伪造发票情形,在做出税务处理后,移送公安局立案侦查。2017年某市中级人民法院依法判决何某和刘某犯购买伪造的增值税专用发票罪,分别处有期徒刑3年和2年11个月。

第三节 企业涉税风险救济

一、税收行政处罚听证

(一) 政策法规

行政机关在作出行政处罚决定之前,应当告知当事人拟作出的行政处罚内容及事实、

---

① 何某、刘某购买伪造的增值税专用发票二审刑事判决书,https://wenshu.court.gov.cn/website/wenshu/181107ANFZ0BXSK4/index.html?docId=7cf5b222869d46c4aa4fa748017c17a0

理由、依据,并告知当事人依法享有的陈述、申辩、要求听证等权利。根据《行政处罚法》第六十三条的规定,行政机关拟作出下列行政处罚决定,应当告知当事人有要求听证的权利,当事人要求听证的,行政机关应当组织听证:①较大数额罚款。②没收较大数额违法所得、没收较大价值非法财物。③降低资质等级、吊销许可证件。④责令停产停业、责令关闭、限制从业。⑤其他较重的行政处罚。⑥法律、法规、规章规定的其他情形。

税务机关对公民作出2 000元以上(含本数)罚款或者对法人或者其他组织作出10 000元以上(含本数)罚款的行政处罚之前,应当向当事人送达《税务行政处罚事项告知书》,告知当事人已经查明的违法事实、证据、行政处罚的法律依据和拟将给予的行政处罚,并告知有要求举行听证的权利。根据《税务行政处罚听证程序实施办法(试行)》(国税发〔1996〕190号)规定,要求听证的当事人,应当在《税务行政处罚事项告知书》送达后3日内向税务机关书面提出听证;逾期不提出的,视为放弃听证权利。当事人要求听证的,税务机关应当组织听证。

税务机关应当在收到当事人听证要求后15日内举行听证,在举行听证的7日前将《税务行政处罚听证通知书》送达当事人,通知当事人举行听证的时间、地点、听证主持人的姓名及有关事项。税务机关应当在5个工作日内完成听证处理意见报告的制作和移送。税务行政处罚听证具体程序由《税务行政处罚听证程序试行办法》详细规定。

(二)风险防范

企业应在收到税务行政处罚决定前被告知听证权。如果企业被处罚的金额达到了10 000元以上,应关注税务机关是否在处罚决定前已告知听证的权利,如果没有告知,或者在处罚决定后才告知,则税务机关未遵守法定程序,行政处罚无效。企业可以提起行政复议或诉讼。

企业应在税务机关告知后3日内提出听证申请。3日为告知之日后3三个工作日,期间届满的最后一日是节假日的,以节假日后的第1日为期间届满的日期。企业因不可抗力或者其他特殊情况耽误提出听证期限的,在障碍消除后5日内,可以提出听证,如其理由正当,税务机关应当准许。逾期不提出的,视为放弃听证权利。企业在3日期限内主动放弃听证权,也需3日后接受正式处罚。在3日内又重新申请听证的,税务机关是否接受听证目前各地尚未完全统一。

企业可对检查人员提出的证据进行申辩和质证。税务行政处罚听证由调查人员出示事实证据材料及理由,企业可就所指控的事实及相关问题提出证据,进行申报和质证,企业可就对方出示的证据,进行辩论,并在最后进行陈述。企业可以申请对有关证据进行重新核实,或者提出延期听证,是否准许,由听证主持人决定。

企业应认真确认《听证笔录》。听证的全部活动,由听证记录员制作《听证笔录》,并由听证参加人员签字或者盖章,予以确认。企业应认真确认《听证笔录》所记录的内容,有权拒绝在不予认可的《听证笔录》上签字或盖章,听证记录员会记明情况附卷。

税务机关不得因当企业提出听证要求而加重处罚。企业提出听证后,税务机关发现自己拟作的行政处罚决定对事实认定有错误或者偏差,应当予以改变,并及时向当事人说明。这种改变主要表现为取消或者减少对企业的处罚,而不是加重对企业的处罚。若税务机关在听证后加重处罚的,企业可以提起行政复议或诉讼。

【案例 7-26】 经听证而不予行政处罚①。2008 年 5 月 26 日,稽查局在增值税发票协查过程中发现,A 公司利用取得的虚开增值税专用发票抵扣税款 5 万元。5 月 28 日,稽查局依法作出进项税额转出、加收滞纳金的决定,并下达了税务行政处罚事项告知书,拟处以 3 万元罚款。5 月 30 日,该公司提出税务行政处罚听证要求。稽查局在接到纳税人听证要求后,于 6 月 4 日举行听证会。听证会上该公司有证据证明其取得的虚开增值税专用发票为善意取得,要求免交滞纳金且不予行政处罚。经调查,情况属实,稽查局依据《行政处罚法》规定,不加收滞纳金,并撤销了处罚决定。

【案例 7-27】 税务机关听证过程中加重处罚败诉。某市税务机关在 2007 年就该市房地产企业 2005 年度的企业所得税纳税情况进行检查,认定该企业违反了企业所得税的相关规定,决定予以罚款 50 000 万元,企业不服,提出听证。在第一次听证会上,税务机关给出的法律依据是《国家税务总局关于房地产开发有关企业所得税问题的通知》(国税发〔2003〕83 号)文件,纳税人提出异议,在第二次听证会议时就同一事实,税务机关将适用的法律依据改为《国家税务总局关于房地产开发业务征收企业所得税问题的通知》(国税发〔2006〕31 号)。31 号文件的适用时间是 2006 年 1 月 1 日起,这个文件不适用 2005 年度的房地产开发项目纳税事项,税务机关主张适用该文件,是因为按照 31 号文件确认的税款比 83 号文件要多一倍。这构成了因听证,变相加重行政处罚的违法行政行为。

二、税务行政复议

(一) 政策法规

公民、法人或者其他组织对行政机关所给予的行政处罚,享有陈述权、申辩权;对行政处罚不服的,有权依法申请行政复议。税务行政复议是纳税人和其他当事人认为税务机关及其工作人员做出的税务具体行政行为侵犯其合法权益,依法向上一级税务机关提出审查该具体行政行为的申请,由复议机关对该具体行政行为的合法性和适当性进行审查并做出决定的制度和活动。税务机关作出的具体行政行为对申请人的权利、义务可能产生不利影响的,应当告知其申请行政复议的权利、行政复议机关和行政复议申请期限。《税收征收管理法》第八十八条规定,纳税人、扣缴义务人、纳税担保人同税务机关在纳税上发生争议时,必须先依照税务机关的纳税决定缴纳或者解缴税款及滞纳金或者提供相应的担保,然后可以依法申请行政复议;对行政复议决定不服的,可以依法向人民法院起诉。

根据《税收征收管理法实施细则》第一百条的规定,税收征管法第八十八条规定的纳

---

① 国家税务总局编,《〈纳税人权利与义务公告〉解读》,中国税务出版社,2009 年版。

税争议,是指纳税人、扣缴义务人、纳税担保人对税务机关确定纳税主体、征税对象、征税范围、减税、免税及退税、适用税率、计税依据、纳税环节、纳税期限、纳税地点以及税款征收方式等具体行政行为有异议而发生的争议。

税务行政复议的范围为具体行政行为,包括:①征税行为,包括确认纳税主体、征税对象、征税范围、减税、免税、退税、抵扣税款、适用税率、计税依据、纳税环节、纳税期限、纳税地点和税款征收方式等具体行政行为,征收税款、加收滞纳金,扣缴义务人、受税务机关委托的单位和个人作出的代扣代缴、代收代缴、代征行为等。②行政许可、行政审批行为。③发票管理行为,包括发售、收缴、代开发票等。④税收保全措施、强制执行措施。⑤行政处罚行为:罚款;没收财物和违法所得;停止出口退税权。⑥不依法履行下列职责的行为:颁发税务登记;开具、出具完税凭证、外出经营活动税收管理证明;行政赔偿;行政奖励;其他不依法履行职责的行为。⑦资格认定行为。⑧不依法确认纳税担保行为。⑨政府信息公开工作中的具体行政行为。⑩纳税信用等级评定行为。⑪通知出入境管理机关阻止出境行为。⑫其他具体行政行为。

申请人认为税务机关的具体行政行为所依据的规定不合法的,在对具体行政行为申请行政复议时,可一并向复议机关提出对该有关规定的审查申请。可以提出审查申请的规定包括国家税务总局和国务院其他部门的规定,其他各级税务机关的规定,地方各级人民政府的规定,地方人民政府工作部门的规定,但不包括部门制定的规章。申请人对具体行政行为提出行政复议申请时不知道该具体行政行为所依据的规定的,可以在行政复议机关作出行政复议决定以前提出对该规定的审查申请。

税务行政复议的管辖为上一级税务局。对计划单列市税务局的具体行政行为不服的,向国家税务总局申请行政复议。对税务所(分局)、各级税务局的稽查局的具体行政行为不服的,向其所属税务局申请行政复议。对国家税务总局的具体行政行为不服的,向国家税务总局申请行政复议。对两个以上税务机关以共同的名义作出的具体行政行为不服的,向共同上一级税务机关申请行政复议;对税务机关与其他行政机关以共同的名义作出的具体行政行为不服的,向其共同上一级行政机关申请行政复议。对被撤销的税务机关在撤销以前所作出的具体行政行为不服的,向继续行使其职权的税务机关的上一级税务机关申请行政复议。对税务机关作出逾期不缴纳罚款加处罚款的决定不服的,向作出行政处罚决定的税务机关申请行政复议。但是对已处罚款和加处罚款都不服的,一并向作出行政处罚决定的税务机关的上一级税务机关申请行政复议。

行政复议可以书面申请,也可以口头申请。申请人可以在知道税务机关作出具体行政行为之日起60日内提出行政复议申请。因不可抗力或者被申请人设置障碍等原因耽误法定申请期限的,申请期限的计算应当扣除被耽误时间。不同行政行为的行政复议申请期限不同,当场作出具体行政行为的,自具体行政行为作出之日起计算。载明具体行政行为的法律文书直接送达的,自受送达人签收之日起计算。载明具体行政行为的法律文书邮寄送达的,自受送达人在邮件签收单上签收之日起计算;没有邮件签收单的,自受送达人在送达回执上签名之日起计算。具体行政行为依法通过公告形式告知受送达人的,自公告规定的期限届满之日起计算。税务机关作出具体行政行为时未告知申请人,事后补充告知的,自该申请人收到税务机关补充告知的通知之日起计算。被申请人能够证明申请人知道具体行政行为的,自证据材料证明其知道具体行政行为之日起计算。

复议机关在收到行政复议申请后,在5日内审查,决定是否受理。对符合规定的行政复议申请,自行政复议机构收到之日起即为受理,并书面告知申请人。对不符合规定的行政复议申请,决定不予受理,并书面告知申请人。对不属于本机关受理的行政复议申请,应当告知申请人向有关行政复议机关提出。行政复议机关收到行政复议申请以后未按照前款规定期限审查并作出不予受理决定的,视为受理。

行政复议原则上采用书面审查的办法,必要时,可以采取听证的方式审查,审查复议内容的合法性和合理性。做出具体行政行为的税务机关负有举证责任。

在复议机关做出税务行政复议决定前,依法定情形,税负行政复议可能中止或终止。发生中止情况①时,复议案件暂停,待中止的原因消除以后,恢复审理。发生终止情况②时,行政复议活动终结。税务行政复议确立了和解、调解制度,按照自愿、合法的原则,申请人和税务机关在行政复议机关作出行政复议决定以前可以达成和解,复议机关也可以调解。

复议机关对复议的具体行政行为提出审查意见,并按审查结果给出税务行政复议决定。对于具体行政行为认定事实清楚,证据确凿,适用依据正确,程序合法,内容适当的,复议机关可维持原具体行政行为。税务机关不履行法定职责的,复议机关应责令其在一定期限内履行。具体行政行为主要事实不清、证据不足的;适用依据错误的;违反法定程序的;超越职权或者滥用职权的;具体行政行为明显不当的,复议机关应作出撤销、变更或者确认该具体行政行为违法的决定。决定撤销或者确认该具体行政行为违法的,可以责令税务机关在一定期限内重新作出具体行政行为。

(二)风险防范

部分行政复议有先缴纳在申请复议的要求。纳税人对税务机关作出的上述第①项征税行为不服的,必须依照税务机关根据法律、法规确定的税额、期限,先行缴纳或者解缴税款和滞纳金,或者提供相应的担保,才能提出行政复议申请。此外,对税务机关作出逾期

---

① 行政复议期间,有下列情形之一的,行政复议中止:作为申请人的公民死亡,其近亲属尚未确定是否参加行政复议的。作为申请人的公民丧失参加行政复议的能力,尚未确定法定代理人参加行政复议的。作为申请人的法人或者其他组织终止,尚未确定权利义务承受人的。作为申请人的公民下落不明或者被宣告失踪的。申请人、被申请人因不可抗力,不能参加行政复议的。行政复议机关因不可抗力原因暂时不能履行工作职责的。案件涉及法律适用问题,需要有权机关作出解释或者确认的。案件审理需要以其他案件的审理结果为依据,而其他案件尚未审结的。其他需要中止行政复议的情形。

② 行政复议期间,有下列情形之一的,行政复议终止:申请人要求撤回行政复议申请,行政复议机构准予撤回的。作为申请人的公民死亡,没有近亲属,或者其近亲属放弃行政复议权利的。作为申请人的法人或其他组织终止,其权利义务的承受人放弃行政复议权利的。申请人与被申请人按规定,经行政复议机构准许达成和解的。行政复议申请受理以后,发现其他行政复议机关已经先于本机关受理,或者人民法院已经受理的。发生中止行政复议事项前三项的,满60日行政复议中止的原因未消除的。

不缴纳罚款加处罚款的决定不服的,应当先缴纳罚款和加处罚款,再申请行政复议。对其他具体行政行为不服,可以申请行政复议,也可以直接向人民法院提起行政诉讼。

具体行政行为应依法送达而生效。税务机关作出具体行政行为,依法应当向申请人送达法律文书而未送达的,视为该申请人不知道该具体行政行为。送达必须要由申请人签收,没有申请人签收或无法证明申请人应收而不收的,也应视为申请人不知道该具体行政行为。

征税行为的申请时限在缴款得到税务机关确认之后。申请人申请行政复议必须依照税务机关根据法律、法规确定的税额、期限,先行缴纳或者解缴税款和滞纳金,或者提供相应的担保的,其申请时限在缴清税款和滞纳金以后或者所提供的担保得到作出具体行政行为的税务机关确认之日起60日内提出行政复议申请。申请人依照行政复议法的规定申请税务机关履行法定职责,税务机关未履行的,有履行期限规定的,自履行期限届满之日起计算申请期限。没有履行期限规定的,自税务机关收到申请满60日起计算申请期限。

复议机关在审查自由裁量权行使情况时,申请人与做出具体行政行为的税务机关在行政复议决定做出前可以自愿达成和解,也可以在审查期间,由复议机关进行调解。经复议机构准许和解终止行政复议的,申请人不得以同一事实和理由再次申请行政复议。税务行政处罚裁量权是主要的自由裁量权,裁量权的行使需要综合考虑税收违法行为的事实、性质、情节及社会危害程度,选择处罚种类和幅度。

【案例 7-28】 缴纳税费的利害关系人,可申请行政复议①。李某通过司法拍卖竞拍取得涉案房产,已生效的法院执行裁判文书中明确规定买受人李某负担一切税费,李某也实际缴纳了相关税费。李某虽然不是纳税人,但是李某与税务机关关于相关税费的计算数额之间存在法律上的利害关系,有权申请行政复议。

三、税务行政诉讼

(一) 政策法规

公民、法人或者其他组织对行政机关所给予的行政处罚,享有陈述权、申辩权;对行政处罚不服的,有权起行政诉讼。税务行政诉讼是公民、法人和其他组织认为税务机关和税务机关工作人员的行政行为侵犯其合法权益,依行政诉讼法向人民法院提起诉讼,人民法院依法受理并作出裁决的活动。《税收征收管理法》第八十八条规定,纳税人、扣缴义务人、纳税担保人同税务机关在纳税上发生争议时,必须先依照税务机关的纳税决定缴纳或者解缴税款及滞纳金或者提供相应的担保,然后可以依法申请行政复议;对行政复议决定不服,可以依法向人民法院起诉。

税务行政诉讼的受案范围由行政诉讼法确定,与税务工作关联性较强的包括:对暂扣或者吊销许可证和执照、责令停产停业、没收违法所得、没收非法财物、罚款、警告等行政

---

① 广东省深圳市中级人民法院行政判决书(2020)粤0行终1437号。

处罚不服的;对限制人身自由或者对财产的查封、扣押、冻结等行政强制措施和行政强制执行不服的;申请行政许可,行政机关拒绝或者在法定期限内不予答复,或者对行政机关作出的有关行政许可的其他决定不服的;对征收、征用决定及其补偿决定不服的;申请行政机关履行保护人身权、财产权等合法权益的法定职责,行政机关拒绝履行或者不予答复的;认为行政机关违法集资、摊派费用或者违法要求履行其他义务的;认为行政机关侵犯其他人身权、财产权等合法权益的。

公民、法人或者其他组织认为行政行为所依据的国务院部门和地方人民政府及其部门制定的规章以外的规范性文件不合法,在对行政行为提起诉讼时,可以一并请求对该规范性文件进行审查。人民法院在审理行政案件中,发现上述规范性文件不合法的,不作为认定行政行为合法的依据,并应当转送有权机关依法处理。

税务行政诉讼的管辖适用级别管辖、地域管辖和裁定管辖。行政案件一般由最初作出行政行为的行政机关所在地人民法院管辖。经复议的案件,可以由原行政机关所在地法院管辖,也可以由复议机关所在地人民法院管辖。对限制人身自由的行政强制措施不服而提起诉讼的,由被告所在地或原告所在地人民法院管辖。因不动产提起行政诉讼的,由不动产所在地人民法院专属管辖。

行政行为的相对人以及其他与行政行为有利害关系的公民、法人或者其他组织,有权作为原告提起行政诉讼。一般情况下,做出争议行政行为的行政机关是被告。经复议的案件,复议机关决定维持原行政行为的,作出原行政行为的行政机关和复议机关是共同被告;复议机关改变原行政行为的,复议机关是被告。复议机关在法定期限内未作出复议决定,公民、法人或者其他组织起诉原行政行为的,作出原行政行为的行政机关是被告;起诉复议机关不作为的,复议机关是被告。两个以上行政机关作出同一行政行为的,共同作出行政行为的行政机关是共同被告。行政机关委托的组织所作的行政行为,委托的行政机关是被告。行政机关被撤销或者职权变更的,继续行使其职权的行政机关是被告。

在税务行政诉讼中,遵循"先取证后裁决"的行政程序原则,由作为被告的税务机关对作出的行政行为负有举证责任,应当提供作出该行政行为的证据和所依据的规范性文件。被告不提供或者无正当理由逾期提供证据,视为没有相应证据。但是,被诉行政行为涉及第三人合法权益,第三人提供证据的除外。

行政诉讼的起诉期限一般为6个月内,自知道或者应当知道做出行政行为之日起计算。经复议而不服复议决定,起诉期限为收到复议决定书之日起15日。复议机关逾期不作决定的,起诉原行政行为的,起诉期限为复议期满之日起15日;起诉复议机关不作为的,按一般起诉期限执行。行政机关未告知起诉权利或期限的,按最长诉讼时效执行。最长诉讼时效为:因不动产提起诉讼的案件自行政行为作出之日起20年,其他案件自行政行为作出之日起5年。因不可抗力或者其他不属于其自身的原因耽误起诉期限的,被耽误的时间不计算在起诉期限内。

(二) 风险防范

税务行政诉讼受案范围以行政诉讼法的规定为准。申请人不服税务复议机关做出的不予受理决定,属于行政诉讼受案范围。对于税务机关内部的行政行为、终局行政裁决行为等,不属于税务行政诉讼的受案范围。

在诉讼过程中,税务机关不得自行向原告、第三人和证人收集证据。

在行政诉讼中,原告举证属于诉讼权利,而不属于举证责任,原告提供的证据不成立的,不免除被告的举证责任。但原告对以下两个特殊情况负有举证责任:在被诉被告不履行法定职责的案件中,原告应当提供其向被告提出申请的证据,除非被告应当依职权主动履行法定职责的,或者原告因正当理由不能提供证据的;在行政赔偿、补偿的案件中,原告应当对行政行为造成的损害提供证据。因被告的原因导致原告无法举证的,由被告承担举证责任。

【案例7-29】 文书送达不合规,行政诉讼予以撤销①。刘某于2014年成立某粮食经销站,2016年,该县国家税务总局稽查局对经销站涉嫌虚开增值税专用发票一案立案侦查,同年10月,稽查局作出税务行政处罚事项告知书,以联系不到经销站的实际经营者,无法直接送达、邮寄送达为由,以公告送达的方式向经销站送达该告知书。12月,稽查局基于同样理由,以公告送达的方式向经销站送达税务行政处罚决定书。2019年10月13日,经销站对行政处罚决定不服,向有管辖权的法院提起行政诉讼。法院认为,稽查局作出的处罚告知书及处罚决定书均采取的是公告送达的方式,但其提供的程序证据不能证明对经销站送达税务文书符合公告送达的情形,其送达程序不符合法律规定,也未能保证当事人的陈述、申辩权利及听证的权利,故稽查局作出的行政处罚决定违反法定程序。因稽查局对税务行政处罚决定的送达不符合法律规定,导致经销站实际上在2019年8月13日才正式知道该处罚决定的内容,经销站于2019年10月13日提起行政诉讼,并未超过法律规定的起诉期限。依据《中华人民共和国行政诉讼法》第七十条第(三)款的规定,行政行为有违反法定程序的,人民法院判决撤销或者部分撤销,并可以判决被告重新作出行政行为。因此法院判决撤销稽查局作出税务行政处罚决定。

---

① 辽宁省鞍山市中级人民法院行政判决书(2021)辽03行终93号。

参 考 文 献

[1] 财政部.企业会计准则(合订本)[M].北京:经济科学出版社,2020.
[2] 戴木水.隐藏在财务报表中的税务风险[EB/OL].税屋网,2019.
[3] 国家税务总局.《纳税人权利与义务公告》解读[M].北京:中国税务出版社,2009.
[4] 李先琴.财务报表涉税分析[M].上海:立信会计出版社,2019.
[5] 刘兵.涉税刑事犯罪案例解析[M].北京:中国市场出版社,2019.
[6] 陆猛,吴国玖.从税法不确定性视角探讨税收法定原则落实[J].税务研究,2017(1):62-65.
[7] 栾庆忠.增值税发票税务风险解析与应对实战案例版[M].2版.北京:中国人民大学出版社,2020.
[8] 彭怀文.企业所得税实务与税务风险管理[M].北京:中国铁道出版社,2020.
[9] 饶明晓.大数据分析识别企业税务风险思路探究[J].财会通讯,2020(14):131-133.
[10] 申山宏.大数据下涉税风险分析[M].北京:中国税务出版社,2017.
[11] 谢波峰.从税务电算化到"互联网+税务"——信息技术在我国税务管理中应用研究的回顾和展望[J].税务研究,2017(3):14-18.
[12] 许善达.中国税务信息化回顾与展望[J].电子政务.2009(10):26-33.
[13] 叶青,吕阳.基于"互联网+税务"背景下的税收信息化研究[J].税收经济研究(双月刊),2019(1):31-36.
[14] 俞学军.财务报表分析直击企业涉税风险点[EB/OL].中华会计网校,2018.
[15] 郑开如.税务部门深化"放管服"营商环境更添"获得感"——税务部门"放管服"改革与税务营商环境建设的若干思考[J].税务研究,2018(4):15-19.